节庆致辞全书

JIEQING ZHICI QUANSHU

余 柏 主编

北京工业大学出版社

图书在版编目(CIP)数据

节庆致辞全书 / 余柏主编. —北京：北京工业大学出版社，2012.1
　　ISBN 978-7-5639-2958-0

　　Ⅰ. ①节… Ⅱ. ①余… Ⅲ. ①汉语－应用文－写作 Ⅳ. ①H152.3

中国版本图书馆 CIP 数据核字（2011）第 276430 号

节庆致辞全书

主　　编：余　柏
责任编辑：王　瑶
封面设计：王晓庆
出版发行：北京工业大学出版社
　　　　　（北京市朝阳区平乐园 100 号　100124）
　　　　　010-67391722（传真）　bgdcbs@sina.com
出 版 人：郝　勇
经销单位：全国各地新华书店
承印单位：辽宁星海彩色印刷有限公司
开　　本：720 mm×960 mm　1/16
印　　张：30
字　　数：410 千字
版　　次：2012 年 1 月第 1 版
印　　次：2012 年 1 月第 1 次印刷
标准书号：ISBN 978-7-5639-2958-0
定　　价：48.00 元

版权所有　翻印必究
（如发现印装质量问题，请寄本社发行部调换　010-67391106）

前　言

节庆致辞不仅成为社会各界人士表情达意、参加节庆活动必不可少的一项工作内容,而且成为人们展现自我魅力的一种有效方式。

"话有三说,巧说为妙"。成功者的风范不仅体现在他们的工作业绩里,更体现在其举手投足、一言一行中。不同水平的领导致辞所产生的效果也是各异的,尤其是在信息日益多元化、传播速度飞速提高的今天,致辞时的连珠妙语也会增添你个人及企业的魅力,而不得体的致辞却会使你成为别人眼中的笑柄。因此,在做好领导工作的同时,提高致辞水平势在必行。

那么,领导者乃至普通工作人员如何才能提高自己的致辞水平,尤其是节庆致辞水平呢？俗话说得好,"厚积而薄发",积累是一种很重要的方式。此外,向优秀的人学习,借鉴一些经典的节日致辞范例,也是提高致辞水平的一个有效途径。正是因为有此现实需要,这本书因此应运而生,以救所需之人的燃眉之急。

本书几乎涵盖了社会各界人士在人物纪念、重大事件纪念、世界通用节日纪念、中国本土节日纪念、异国节日纪念、店庆、婚庆等各种节庆活动中的致辞,语言通俗易懂,内容丰富充实。无论你处于何种地位,扮演何种角色,这本书都会为你的致辞锦上添花。

本书共分为四篇：第一篇是纪念日篇,包括公益性宣传日纪念、重大事件发生日纪念、人物诞辰逝世日纪念、庆祝性活动纪念和拜祭性活动纪念五大部分,所选节庆致辞典雅庄重；第二篇是本土特色节日篇,如春节、元宵节、清明节、中秋节、泼水节等，旨在弘扬中华民族的传统文化，文辞优美，深入人心；第三篇是异国特色节日篇，如感恩节、圣诞节、母亲节等，"他山之石，可以攻玉"，汲取异国文化中的精髓不仅可为致辞增添亮点，而且也可为致辞注入新的活力；第四篇是世界通用节日篇，如元旦、妇女节、植树节、儿童节、护士节和记者节等。每一篇都能保证不同角色的人士在各个不同的致辞场合有话可说，并说得恰到好处。

本书还具有以下几大鲜明特点：

一、涵盖面广，内容丰富。全书涵盖了社会各界人士在各种节庆活动、纪念活动中的致辞，从高层领导到基层领导，甚至一般工作人员都能在本书中找到自己致辞的灵感。

二、题材新颖，时代性强。全书的致辞范例主要搜集了近几年的经典致辞，尽量与现实密切结合，有很强的实用性。

三、短小精悍，诙谐有趣。全书的致辞范例避免了人们致辞时容易显现的冗长、乏味的缺点，其语言中不时展现出的机智幽默的特色让致辞效果臻至完美。

本书引用了各界人士的致辞原文，在此我们谨向作者致以诚挚的谢意！衷心希望本书能使你致辞水平迅速提高，个人魅力不断彰显。

目　录

第一篇　纪念日篇

第一章　公益性宣传日纪念致辞

【世界湿地日致辞】

范例一　某自治区副区长在第 13 个世界湿地日的致辞 …………… 002
范例二　某省林业厅厅长在第 14 个世界湿地日的致辞 …………… 004
范例三　国家林业局某局长在第 15 个世界湿地日的致辞 ………… 005

【世界抗癌日致辞】

范例一　某市疾控中心主任在 2008 年世界抗癌日的致辞 ………… 007
范例二　卫生部某部长在 2010 年世界抗癌日的致辞 ……………… 009

【全国爱耳日致辞】

范例一　某市残联副理事长在全国爱耳日的致辞 …………………… 010
范例二　某区区委书记在 2008 年全国爱耳日的致辞 ……………… 011

【国际消费者权益日致辞】

范例一　某市副市长在国际消费者权益日的致辞 …………………… 013

范例二　某超市部门经理在国际消费者权益日的致辞 ············· 015

【世界睡眠日致辞】

范例一　某学校教师在第 9 个世界睡眠日的致辞 ··················· 016
范例二　某部部长在第 10 个世界睡眠日的致辞 ····················· 017
范例三　睡眠研究会某会长在 2011 年世界睡眠日的致辞 ········ 019

【世界水日致辞】

范例一　水利部某副部长在第 17 个世界水日的致辞 ·············· 020
范例二　联合国秘书长潘基文在世界水日的致辞 ···················· 021

【世界气象日致辞】

范例一　某省政协副主席在 2007 年世界气象日的致辞 ··········· 022
范例二　某省气象局局长在 2009 年世界气象日的致辞 ··········· 024
范例三　中国气象局某局长在 2011 年世界气象日的致辞 ······· 026

【"地球一小时"纪念日致辞】

范例一　某市副市长在"地球一小时"纪念日的致辞 ·············· 028
范例二　世界自然基金会总监在某企业"地球一小时"纪念
　　　　活动上的致辞 ··· 029

【世界卫生日致辞】

范例一　世界卫生组织总干事在世界卫生日的致辞 ················· 031
范例二　联合国秘书长潘基文在世界卫生日的致辞 ················· 032

【世界地球日致辞】

范例一　国土资源局某局长在第 39 个世界地球日的致辞 ······· 034

范例二　国土资源部某副部长在第 40 个世界地球日的致辞 …………… 035
范例三　国家环境保护部某副部长在第 41 个世界地球日的致辞 ……… 036

【世界读书日致辞】

范例一　某市科协主席在世界读书日的致辞 ……………………………… 037
范例二　文化部某部长在第 14 个世界读书日的致辞 …………………… 038
范例三　某学院副院长在第 15 个世界读书日的致辞 …………………… 040

【世界红十字日致辞】

范例一　中国红十字会党组某书记在世界红十字日的致辞 …………… 042
范例二　某医院党委书记在世界红十字日的致辞 ………………………… 044

【世界电信日致辞】

范例一　中国信息产业部某副部长在第 40 届世界电信日的致辞 …… 045
范例二　中国移动某分公司董事长在 2010 年世界电信日的致辞 …… 047

【世界无烟日致辞】

范例一　某市副局长在第 18 个世界无烟日的致辞 ……………………… 048
范例二　某学校校长在第 21 个世界无烟日的致辞 ……………………… 050

【世界环境日致辞】

范例一　某市委副书记在 2010 年世界环境日的致辞 …………………… 051
范例二　某自治区副主席在世界环境日的致辞 …………………………… 053

【世界献血日致辞】

范例一　某省卫生厅领导在 2009 年世界献血日的致辞 ………………… 055
范例二　某卫生局副局长在世界献血日的致辞 …………………………… 057

【国际禁毒日致辞】

范例一　某区区委书记在国际禁毒日的致辞 …………………………… 058
范例二　海关总署某书记在国际禁毒日的致辞 …………………………… 060
范例三　海关总署某新闻发言人在国际禁毒日的致辞 …………………… 061

【国际扫盲日致辞】

范例一　联合国秘书长潘基文在 2010 年国际扫盲日的致辞 …………… 063
范例二　联合国教科文组织某干事在 2011 年国际扫盲日的致辞 ……… 064

【国际保护臭氧层日致辞】

范例一　某大学校长在 2009 年国际保护臭氧层日的致辞 ……………… 065
范例二　国家环境保护部某副部长在 2010 年国际保护
　　　　 臭氧层日的致辞 …………………………………………………… 067

【国际和平日致辞】

范　例　联合国秘书长潘基文在国际和平日的致辞 ……………………… 069

【世界旅游日致辞】

范例一　某旅游局局长在世界旅游日的致辞 ……………………………… 070
范例二　世界旅游组织秘书长塔勒布·瑞法依在 2010 年世界
　　　　 旅游日的致辞 ……………………………………………………… 071
范例三　某县县委书记在世界旅游日的致辞 ……………………………… 072

【世界海事日致辞】

范例一　某市市长在 2007 年世界海事日的致辞 ………………………… 074
范例二　某市市长在 2011 年世界海事日的致辞 ………………………… 075

| 范例三 | 长江航务管理局某书记在 2011 年世界海事日的致辞 ………… 077 |

【世界心脏日致辞】

范例一	某市卫生局局长在世界心脏日的致辞 …………………… 079
范例二	世界卫生组织某驻华代表在 2007 年世界心脏日的致辞 …… 080
范例三	卫生部疾控局某副局长在 2008 年世界心脏日的致辞 ……… 081

【世界粮食日致辞】

范例一	某省粮食局局长在世界粮食日的致辞 …………………… 082
范例二	某学院院长在世界粮食日的致辞 ………………………… 084
范例三	某学校教师在世界粮食日的致辞 ………………………… 085

【世界消除贫困日致辞】

| 范　例 | 联合国秘书长潘基文在世界消除贫困日的致辞 ………… 086 |

【世界艾滋病日致辞】

| 范　例 | 联合国秘书长潘基文在世界艾滋病日的致辞 …………… 088 |

【世界残疾人日致辞】

| 范例一 | 某县县委书记在世界残疾人日的致辞 …………………… 089 |
| 范例二 | 联合国秘书长潘基文在 2010 年世界残疾人日的致辞 …… 090 |

第二章　重大事件发生日纪念致辞

【2月7日"京汉铁路罢工"纪念日(1923)致辞】

| 范例一 | 某学校教师在"京汉铁路罢工"纪念日的致辞 ………… 092 |
| 范例二 | 某铁路分局团委副书记在"京汉铁路罢工" |

　　　　　纪念日的致辞 …………………………………………… 094
　范例三　某省省委书记在"京汉铁路罢工"纪念日的致辞 ………… 095

【3月5日"向雷锋同志学习"纪念日（1963）致辞】

　范例一　某公司董事长在"向雷锋同志学习"46周年
　　　　　纪念日的致辞 …………………………………………… 097
　范例二　某学校校长在"向雷锋同志学习"47周年
　　　　　纪念日的致辞 …………………………………………… 098
　范例三　某市委宣传部干部在"向雷锋同志学习"48周年
　　　　　纪念日的致辞 …………………………………………… 100

【3月5日中国青年志愿者服务日（2000）致辞】

　范例一　某省团委副书记在中国青年志愿者服务日的致辞 ………… 101
　范例二　共青团中央书记处书记卢雍政在中国青年志愿者
　　　　　服务日的致辞 …………………………………………… 103

【5月19日至21日全国哀悼日汶川地震（2008）纪念活动致辞】

　范例一　某电视台主持人在全国哀悼日汶川地震纪念
　　　　　活动上的致辞 …………………………………………… 104
　范例二　某学校教师在全国哀悼日汶川地震纪念活动上的致辞 …… 105
　范例三　某集团董事长在全国哀悼日汶川地震纪念活动上的致辞 … 107

【5月23日毛泽东"在延安文艺座谈会上的讲话"
（1942）纪念活动致辞】

　范例一　某大学校长在纪念毛泽东"延安讲话"67周年活动
　　　　　上的致辞 ………………………………………………… 108
　范例二　某部长在纪念毛泽东"延安讲话"68周年活动上的致辞 … 109

【5月30日"五卅"反对帝国主义运动纪念日（1925）致辞】

范例一　某大学教师在"五卅"反对帝国主义运动纪念日的致辞 … 111

范例二　某干部在"五卅"反对帝国主义运动纪念日的致辞 ……… 113

【7月1日香港回归纪念日（1997）致辞】

范例一　某爱国人士在香港回归10周年纪念日的致辞 …………… 115

范例二　中共中央某领导在香港回归11周年纪念日的致辞 ……… 116

范例三　某副部长在香港回归12周年纪念日的致辞 ……………… 117

【7月7日中国人民抗日战争纪念日（1937）致辞】

范例一　某历史学家在中国人民抗日战争71周年
纪念日的致辞 …………………………………………………… 118

范例二　某学校教师在中国人民抗日战争72周年
纪念日的致辞 …………………………………………………… 119

范例三　某干部在中国人民抗日战争73周年纪念日的致辞 ………… 120

【7月11日郑和首下西洋（1405）纪念活动致辞】

范例一　交通部某部长在郑和首下西洋600周年纪念
活动上的致辞 …………………………………………………… 122

范例二　国家海洋局某局长在郑和首下西洋602周年纪念
活动上的致辞 …………………………………………………… 123

【9月3日中国人民抗日战争胜利纪念日（1945）致辞】

范例一　某学校教师在中国人民抗日战争胜利63周年
纪念日的致辞 …………………………………………………… 125

范例二　某史学专家在中国人民抗日战争胜利64周年

　　　　　纪念日的致辞 ………………………………………… 126

范例三　某领导在中国人民抗日战争胜利65周年
　　　　　纪念日的致辞 ………………………………………… 127

【9月11日美国"9·11"事件（2001）纪念活动致辞】

范例一　外交部某工作人员在美国"9·11"事件纪念
　　　　　活动上的致辞 ………………………………………… 128

范例二　联合国某工作人员在美国"9·11"事件纪念
　　　　　活动上的致辞 ………………………………………… 129

【9月18日"九一八"事变纪念日（1931）致辞】

范例一　某史学家在"九一八"事变76周年纪念日的致辞 ……… 130
范例二　某海外华人在"九一八"事变77周年纪念日的致辞 …… 132
范例三　某学校教师在"九一八"事变78周年纪念日的致辞 …… 133
范例四　某领导在"九一八"事变79周年纪念日的致辞 ………… 134

【10月10日辛亥革命爆发纪念日（1911）致辞】

范例一　某学校校长在辛亥革命爆发98周年纪念日的致辞 …… 135
范例二　宣传部某干部在辛亥革命爆发100周年
　　　　　纪念日的致辞 ………………………………………… 137

【10月13日中国少年先锋队诞辰日（1949）致辞】

范例一　某小学校长在中国少年先锋队诞辰60周年
　　　　　纪念日的致辞 ………………………………………… 139

范例二　教育部某部长在中国少年先锋队诞辰61周年
　　　　　纪念日的致辞 ………………………………………… 140

【10月22日红军长征胜利纪念日（1936）致辞】

范例一　胡锦涛总书记在红军长征胜利70周年纪念日的致辞 ……… 142
范例二　某市市长在红军长征胜利72周年纪念日的致辞 ………… 144
范例三　某学校教师在红军长征胜利73周年纪念日的致辞 ……… 145

【10月25日抗美援朝纪念日（1950）致辞】

范例一　组织部某工作人员在抗美援朝59周年
　　　　纪念日的致辞 ……………………………………………… 147
范例二　中共中央军事委员会副主席习近平在抗美援朝60周年
　　　　纪念日的致辞 ……………………………………………… 148

【12月9日"一二·九"运动纪念日（1935）致辞】

范例一　某学校校长在"一二·九"运动73周年纪念日的致辞 …… 150
范例二　教育部某领导在"一二·九"运动74周年纪念日的致辞 … 151
范例三　某省省委书记在"一二·九"运动75周年纪念日的致辞 … 153

【12月12日西安事变纪念日（1936）致辞】

范例一　中央政治局常委贾庆林在西安事变73周年纪念日的致辞 … 154
范例二　某学校教师在西安事变74周年纪念日的致辞 …………… 156

【12月13日南京大屠杀纪念日（1937）致辞】

范例一　某学校校长在南京大屠杀72周年纪念日的致辞 ………… 157
范例二　某领导在南京大屠杀73周年纪念日的致辞 ……………… 158

【12月20日澳门回归纪念日（1999）致辞】

范例一　胡锦涛同志在澳门回归10周年纪念日的致辞 …………… 159

范例二　外交部某领导在澳门回归 11 周年纪念日的致辞 ………… 163

【蒙古土尔扈特族回归祖国（1771）纪念活动致辞】

范　例　外交部某领导在蒙古土尔扈特族回归祖国纪念
　　　　活动上的致辞 …………………………………………… 165

【独立日纪念致辞】

范　例　奥巴马总统在美国独立日纪念活动上的致辞 ………… 167

【解放日纪念致辞】

范例一　济南市某市委领导在济南解放 60 周年纪念日的致辞 ……… 168
范例二　中央政治局常委贾庆林在西藏和平解放 60 周年
　　　　纪念日的致辞 …………………………………………… 170
范例三　某市市委书记在东北解放 60 周年纪念日的致辞 ………… 172

第三章　人物诞辰日、逝世日纪念致辞

【1月8日周恩来逝世纪念日（1976）致辞】

范例一　某教育集团董事长在周恩来逝世 33 周年纪念日的致辞 …… 174
范例二　外交部某部长在周恩来逝世 34 周年纪念日的致辞 ……… 175
范例三　党建部某干部在周恩来逝世 35 周年纪念日的致辞 ……… 177

【1月11日蔡元培诞辰纪念日（1868）致辞】

范例一　某教育学者在蔡元培诞辰 140 周年纪念日的致辞 ……… 178
范例二　某学校教师在蔡元培诞辰 141 周年纪念日的致辞 ……… 180
范例三　某大学校长在蔡元培诞辰 142 周年纪念日的致辞 ……… 182

范例四　某史学家在蔡元培诞辰143周年纪念日的致辞 ………… 183

【2月19日邓小平逝世纪念日（1997）致辞】

范例一　某大学生在邓小平逝世13周年纪念日的致辞 ………… 185
范例二　某市市委书记在邓小平逝世14周年纪念日的致辞 ……… 186

【2月28日李白诞辰纪念日（701）致辞】

范例一　某诗人在李白诞辰1309周年纪念日的致辞 ……………… 188
范例二　某县文化局局长在李白诞辰1310周年纪念日的致辞 …… 190

【3月5日周恩来诞辰纪念日（1898）致辞】

范例一　某集团董事长在周恩来诞辰109周年纪念日的致辞 …… 192
范例二　胡锦涛总书记在周恩来诞辰110周年纪念日的致辞 …… 193
范例三　某学生代表在周恩来诞辰111周年纪念日的致辞 ……… 195

【3月12日孙中山逝世纪念日（1925）致辞】

范例一　某市市委书记在孙中山逝世84周年纪念日的致辞 …… 196
范例二　某学校教师在孙中山逝世85周年纪念日的致辞 ……… 198
范例三　某海外华侨在孙中山逝世86周年纪念日的致辞 ……… 199

【4月2日孟子诞辰纪念日（前372）致辞】

范例一　某学者在孟子诞辰2379周年纪念日的致辞 …………… 201
范例二　某市孟氏宗亲联谊会副理事长在孟子诞辰2380周年
　　　　纪念日的致辞 ……………………………………………… 202

【4月18日爱因斯坦逝世纪念日（1955）致辞】

范例一　某物理学家在爱因斯坦逝世55周年纪念日的致辞 …… 204

范例二　某学校教师在爱因斯坦逝世 56 周年纪念日的致辞 ············ 205

【4 月 22 日列宁诞辰纪念日（1870）致辞】

范例一　某领导在列宁诞辰 139 周年纪念日的致辞 ················ 207
范例二　某企业工会主席在列宁诞辰 140 周年纪念日的致辞 ········· 209
范例三　某学者在列宁诞辰 141 周年纪念日的致辞 ················ 210

【5 月 5 日马克思诞辰纪念日（1818）致辞】

范例一　某领导在马克思诞辰 190 周年纪念日的致辞 ··············· 212
范例二　某中共党员在马克思诞辰 191 周年纪念日的致辞 ············ 214

【5 月 14 日焦裕禄逝世纪念日（1964）致辞】

范例一　某省工商局局长在焦裕禄逝世 44 周年纪念日的致辞 ········ 216
范例二　某省委党校学员在焦裕禄逝世 45 周年纪念日的致辞 ········ 218
范例三　某省省委书记在焦裕禄逝世 46 周年纪念日的致辞 ·········· 219

【8 月 22 日邓小平诞辰纪念日（1904）致辞】

范例一　国家体育总局某退休干部在邓小平诞辰 104 周年
　　　　纪念日的致辞 ·· 221
范例二　某领导在邓小平诞辰 105 周年纪念日的致辞 ··············· 223
范例三　某志愿者在邓小平诞辰 106 周年纪念日的致辞 ············· 224

【9 月 9 日毛泽东逝世纪念日（1976）致辞】

范例一　某酒业公司董事长在毛泽东逝世 32 周年纪念日的致辞 ······ 226
范例二　某干部在毛泽东逝世 33 周年纪念日的致辞 ················ 227
范例三　某学校教师在毛泽东逝世 34 周年纪念日的致辞 ············ 229

【9月25日鲁迅诞辰纪念日（1881）致辞】

范例一　某作家在鲁迅诞辰129周年纪念日的致辞 …………… 230
范例二　某市文化局局长在鲁迅诞辰130周年纪念日的致辞 ……… 233

【9月28日孔子诞辰纪念日（前551）致辞】

范例一　某学者在孔子诞辰2559周年纪念日的致辞 …………… 235
范例二　某干部在孔子诞辰2560周年纪念日的致辞 ……………… 236
范例三　某学者在孔子诞辰2561周年纪念日的致辞 …………… 238
范例四　某市市长在孔子诞辰2562周年纪念日的致辞 …………… 240

【10月22日梅兰芳诞辰纪念日（1894）致辞】

范例一　某市代市长在梅兰芳诞辰114周年纪念日的致辞 ……… 241
范例二　日本某歌舞大师在梅兰芳诞辰115周年纪念日的致辞 …… 242
范例三　某戏曲艺术家在梅兰芳诞辰116周年纪念日的致辞 ……… 243

【11月12日刘少奇逝世纪念日（1969）致辞】

范例一　某市市政协委员在刘少奇逝世40周年纪念日的致辞 …… 245
范例二　某学校教师在刘少奇逝世41周年纪念日的致辞 ………… 246

【11月12日孙中山诞辰纪念日（1866）致辞】

范例一　胡锦涛总书记在孙中山诞辰140周年纪念日的致辞 …… 247
范例二　某市市委书记在孙中山诞辰143周年纪念日的致辞 …… 249
范例三　外交部某部长在孙中山诞辰144周年纪念日的致辞 …… 251

【11月24日刘少奇诞辰纪念日（1898）致辞】

范例一　某干部在刘少奇诞辰111周年纪念日的致辞 …………… 252

范例二　某省省委书记在刘少奇诞辰 112 周年纪念日的致辞 ………… 253

【12 月 26 日毛泽东诞辰纪念日（1893）致辞】

范例一　胡锦涛总书记在毛泽东诞辰 110 周年纪念日的致辞 ………… 255
范例二　国家中医药管理局某党委书记在毛泽东诞辰 116 周年
　　　　纪念日的致辞 ………………………………………………… 257
范例三　某学校校长在毛泽东诞辰 117 周年纪念日的致辞 …………… 259

第四章　庆祝性活动纪念致辞

【《宪法》颁布纪念活动致辞】

范例一　某区区长在《宪法》颁布 25 周年纪念活动上的致辞 ……… 261
范例二　某学者在《宪法》颁布 26 周年纪念活动上的致辞 …………… 262
范例三　某省法学会会长在《宪法》颁布 27 周年纪念
　　　　活动上的致辞 ………………………………………………… 264
范例四　某市市委书记在《宪法》颁布 28 周年纪念
　　　　活动上的致辞 ………………………………………………… 266

【建市周年纪念日致辞】

范例一　某省省委书记在某市建市 18 周年纪念日的致辞 …………… 267
范例二　某市市委书记在该地撤区建市 20 周年纪念日的致辞 ……… 269
范例三　某市市委书记在该市建市 30 周年纪念日的致辞 …………… 271

【设州周年纪念日致辞】

范例一　某自治区常委在某自治州成立 50 周年纪念日的致辞 ……… 272
范例二　某自治州州委书记在该自治州成立 50 周年
　　　　纪念日的致辞 ………………………………………………… 273

范例三　国家民委党组某领导在某自治州成立 60 周年
　　　　纪念日的致辞 …………………………………………… 275

【机关单位成立周年纪念日致辞】

范例一　某检验局局长在该局恢复成立 30 周年纪念日的致辞 ……… 277
范例二　某水利厅厅长在某县水土保持站建站 60 周年
　　　　纪念日的致辞 …………………………………………… 278

【机构成立周年纪念日致辞】

范例一　某省调查总队总队长在总队成立 5 周年纪念日的致辞 …… 279
范例二　某省科协会长在该省科协成立 50 周年纪念日的致辞 …… 281
范例三　某发明协会原副会长在协会成立 25 周年纪念日的致辞 …… 282
范例四　国家林业局某局长在中国林学会成立 90 周年
　　　　纪念日的致辞 …………………………………………… 284

【建校、建院周年纪念日致辞】

范例一　某中学校长在建校 70 周年纪念日的致辞 ………………… 285
范例二　某小学校长在建校 100 周年纪念日的致辞 ……………… 287
范例三　某工程职业学院院长在建院 3 周年纪念日的致辞 ………… 288

【建馆周年纪念日致辞】

范例一　某特区副区长在某生态博物馆建馆 10 周年纪念日的致辞 … 290
范例二　某市档案局局长在档案馆建馆 50 周年纪念日的致辞 ……… 291

【公司成立周年纪念日致辞】

范例一　某市市委副书记在某公司成立 8 周年纪念日的致辞 ……… 293
范例二　某货运有限责任公司董事长在公司成立 10 周年

　　　　纪念日的致辞 …………………………………………… 294
范例三　某户外用品股份公司董事长在公司成立 11 周年
　　　　纪念日的致辞 …………………………………………… 295

【店庆日纪念等庆典活动致辞】

范例一　某董事长在总店 9 周年店庆活动上的致辞 ………… 297
范例二　某大厦总经理在大厦营业 10 周年庆祝活动上的致辞 ……… 298
范例三　某酒店董事长在酒店 12 周年店庆活动上的致辞 ………… 299

【婚礼庆典活动致辞】

范例一　某证婚人在婚礼上的致辞 …………………………… 301
范例二　某领导在婚礼上的致辞 ……………………………… 302
范例三　某新郎家长在婚礼上的致辞 ………………………… 302

第五章　拜祭性活动纪念致辞

范例一　某省省长在 2011 年黄帝陵拜祭活动上的致辞 ……… 304
范例二　某市市长在炎帝陵全球华人省亲拜祭活动上的致辞 ……… 305
范例三　某市副市长在两岸海祭妈祖拜祭活动上的致辞 ……… 307
范例四　台湾某妈祖研究专家在纪念妈祖诞辰 1045 周年拜祭
　　　　活动上的致辞 …………………………………………… 308

第二篇　本土特色节日篇

第六章　除夕、春节致辞

范例一　某学校校长 2006 年除夕致辞 ………………………… 310
范例二　某市市委书记 2007 年除夕致辞 ……………………… 311

范例三　某寺院住持2008年除夕致辞 …………………………… 313
范例四　某公司总经理2009年除夕致辞 …………………………… 314
范例五　某酒店董事长2010年除夕致辞 …………………………… 315
范例六　某医院院长2008年春节致辞 ……………………………… 315
范例七　某公司董事长2009年春节致辞 …………………………… 316
范例八　某市残联纪检组组长2010年春节致辞 …………………… 317
范例九　某银行董事长2011年春节致辞 …………………………… 318
范例十　某市市委书记2011年春节致辞 …………………………… 320

第七章　元宵节致辞

范例一　某镇镇委书记2007年元宵节致辞 ………………………… 322
范例二　某市市委书记2009年元宵节致辞 ………………………… 323
范例三　某公司总经理2010年元宵节致辞 ………………………… 324
范例四　某镇镇委书记2010年元宵节致辞 ………………………… 326
范例五　某县县委书记2011年元宵节致辞 ………………………… 327

第八章　清明节致辞

范例一　某学校校长清明节致辞 …………………………………… 329
范例二　某市市委副书记清明节致辞 ……………………………… 330
范例三　某学校教师清明节致辞 …………………………………… 331

第九章　端午节致辞

范例一　某公司董事长2008年端午节致辞 ………………………… 333
范例二　某县县委宣传部部长2009年端午节致辞 ………………… 335
范例三　文化部某部长2010年端午节致辞 ………………………… 336

第十章　七夕节致辞

范例一　某市市委副书记七夕节致辞 …………………………………… 337
范例二　某文体旅游局局长七夕节致辞 ………………………………… 338

第十一章　中秋节致辞

范例一　某市民主党派主委中秋节致辞 ………………………………… 339
范例二　某燃料集团和煤建公司董事长中秋节致辞 …………………… 340
范例三　某台商中秋节致辞 ……………………………………………… 342
范例四　某老年公寓领导中秋节致辞 …………………………………… 343

第十二章　重阳节致辞

范例一　某省粮食局局长重阳节致辞 …………………………………… 344
范例二　某学校校长重阳节致辞 ………………………………………… 346
范例三　九三学社某市市委书记重阳节致辞 …………………………… 347

第十三章　藏历新年致辞

范例一　原全国人大常委会副委员长热地2009年藏历新年致辞 …… 349
范例二　人民解放军西藏军区司令员杨金山2011年藏历新年致辞 … 351
范例三　西藏自治区党委某常委2011年藏历新年致辞 ……………… 352

第十四章　泼水节致辞

范例一　中共西双版纳傣族自治州某领导2010年泼水节致辞 ……… 354
范例二　某公司董事长泼水节致辞 ……………………………………… 355

第十五章　开斋节致辞

范例一　某网站特别顾问开斋节致辞 …………………………………… 357

| 范例二 | 某中学党委书记开斋节致辞 | 358 |
| 范例三 | 某镇镇委书记开斋节致辞 | 360 |

第十六章　青年节致辞

范例一	外交部部长杨洁篪青年节致辞	362
范例二	某矿矿长青年节致辞	364
范例三	某师范学院党委书记青年节致辞	366
范例四	某有限公司总经理青年节致辞	367

第十七章　建党节致辞

范例一	某市市委书记建党节致辞	369
范例二	某镇镇委书记建党节致辞	370
范例三	某质监局局党委书记建党节致辞	372

第十八章　建军节致辞

范例一	某市市委书记建军节致辞	374
范例二	某区区政协主席建军节致辞	375
范例三	某县县委书记建军节致辞	377

第十九章　教师节致辞

范例一	某学校校长教师节致辞	379
范例二	某学院院长教师节致辞	380
范例三	某大学校党委书记教师节致辞	382

第二十章　国庆节致辞

| 范例一 | 某厂党委书记2008年国庆节致辞 | 384 |
| 范例二 | 某县县委书记2009年国庆节致辞 | 385 |

| 范例三 | 某区党工委副书记2010年国庆节致辞 | 386 |
| 范例四 | 某师范学校校长2010年国庆节致辞 | 388 |

第三篇　异国特色节日篇

第二十一章　感恩节致辞

范例一	某中学校长感恩节致辞	390
范例二	某公司总经理感恩节致辞	391
范例三	某学校教师感恩节致辞	393

第二十二章　平安夜致辞

| 范例一 | 某保险公司总经理平安夜致辞 | 395 |
| 范例二 | 某公司董事长平安夜致辞 | 396 |

第二十三章　圣诞节致辞

范例一	某学校校长圣诞节致辞	399
范例二	某有限责任公司总经理圣诞节致辞	400
范例三	某酒业协会副会长圣诞节致辞	402

第二十四章　母亲节致辞

范例一	某市市妇联主席母亲节致辞	404
范例二	某有限公司总经理母亲节致辞	405
范例三	某县县妇联主任母亲节致辞	406

第二十五章　父亲节致辞

| 范例一 | 美国总统奥巴马父亲节致辞 | 409 |

范例二　某生物公司总经理父亲节致辞 …………………………………… 411

第四篇　世界通用节日篇

第二十六章　元旦致辞

范例一　某省某商会秘书处秘书长2008年元旦致辞 ………………… 414
范例二　某市市委书记2009年元旦致辞 ………………………………… 415
范例三　某气象局局长2010年元旦致辞 ………………………………… 417
范例四　某公司总裁2010年元旦致辞 …………………………………… 418
范例五　某学校校长2011年元旦致辞 …………………………………… 420

第二十七章　国际劳动妇女节致辞

范例一　国家统计局局长国际劳动妇女节致辞 ………………………… 422
范例二　某县妇联主任国际劳动妇女节致辞 …………………………… 423
范例三　某公司总经理国际劳动妇女节致辞 …………………………… 425

第二十八章　植树节致辞

范例一　某市市委书记植树节致辞 ……………………………………… 427
范例二　某市环保局局长植树节致辞 …………………………………… 428

第二十九章　国际劳动节致辞

范例一　某市市委书记国际劳动节致辞 ………………………………… 430
范例二　某学校工会主席国际劳动节致辞 ……………………………… 431
范例三　某文化传播公司董事长国际劳动节致辞 ……………………… 433

第三十章　国际护士节致辞

范例一　某医院总支部书记国际护士节致辞 …………………… 434
范例二　某区区委会主任国际护士节致辞 ……………………… 436
范例三　某医院受表彰的护士国际护士节致辞 ………………… 437

第三十一章　国际儿童节致辞

范例一　某学校党委书记国际儿童节致辞 ……………………… 440
范例二　某管理局局党委书记国际儿童节致辞 ………………… 441
范例三　某学校校长国际儿童节致辞 …………………………… 443

第三十二章　记者节致辞

范例一　某县广播电视局局长记者节致辞 ……………………… 445
范例二　某市宣传部部长记者节致辞 …………………………… 447
范例三　某市广电局党委书记记者节致辞 ……………………… 448

第一篇

纪念日篇

第一章 公益性宣传日纪念致辞

世界湿地日致辞

范例一　某自治区副区长在第13个世界湿地日的致辞

尊敬的各位领导、各位来宾,同志们、朋友们:

今天,2月2日我们迎来了第13个世界湿地日。今年我们世界湿地日的主题是"从上游到下游,湿地连着你和我",这一主题突出地体现了湿地在维系水、生命、文化等多方面关系的重要作用。我谨代表区委向环保部门的各位工作人员和关注环境问题的社会各界人士表示深切的问候和诚挚的敬意。

湿地与森林、海洋并称为全球三大生态系统。根据《湿地公约》的定义,湿地包括沼泽、泥炭地、湿草甸、湖泊、河流、滞蓄洪区、河口三角洲、滩涂、水库、池塘、水稻田以及低潮时水深浅于6米的海域地带等。湿地广泛分布于世界各地,是地球上价值最高的生态系统。

湿地不仅具有保持水源、净化水质、蓄洪防旱、控制土壤侵蚀、调节气候、美化环境等重要生态功能，还是生物多样性的重要发源地之一，无数种类的植物和众多的鸟类、哺乳类、爬行类、两栖类以及无脊椎动物在这里生存、繁衍，被人们誉为"地球之肾"、"天然水库"和"物种基因库"。健康的湿地生态系统，是建设生态文明和维护生态安全的重要组成部分，也是实现经济社会可持续发展的重要基础。

我们在日益关注自己的肾脏、想方设法补肾的时候，莫忘了保护"地球之肾"！

我自治区是全国湿地类型比较齐全、数量较为丰富的省区之一。多年来，我区各级林业部门认真履行职责，积极推进湿地资源保护和恢复，取得了显著成效。

随着经济的快速发展，湿地生态系统也同时受到严重威胁，湿地保护仍然是生态建设中一个十分突出的薄弱环节。首先面临的是，为了经济建设而过度开发湿地资源。其次，影响湿地保护管理工作的一些基本问题尚未得到解决，特别是思想认识缺位，政策机制缺乏，资金投入不够，管理起步较晚，管理体系薄弱。这些问题，导致了一些地方盲目开发利用、乱占滥用湿地的现象不断发生，使湿地面积不断减少，湿地功能不断下降，并且这种趋势还在继续。

对此，我们决定从以下几个方面努力，确保"地球之肾"的健康。第一，抢救：保护体系逐步完善，建立自然保护区是加强湿地资源保护的重要措施；第二，调查：摸清基本资源情况；第三，建设：工程带动初显成效，我区以实施野生动植物和自然保护区建设工程为契机，积极争取中央财政投资；第四，交流：不断拓展对外合作关系；第五，呼唤：制定专门湿地法规，完善的法制体系和政策是有效保护湿地和实现湿地资源可持续利用的基础。

一年一度的世界湿地日，是呼唤人们重视湿地、善待湿地、保护湿地的日子，更是我们探索如何更好地保护和合理利用湿地资源、实现人与自然协调发展的日子。《湿地公约》秘书处将今年世界湿地日的主题确定为

"从上游到下游，湿地连着你和我"，这充分体现了人与自然和谐统一的思想。让我们一起为我们的美好家园努力奋斗吧！

> **范例二**
>
> 某省林业厅厅长在第14个世界湿地日的致辞

尊敬的各位领导、各位来宾：

每年的2月2日是世界湿地日。今天我们迎来了世界湿地日第14个周年纪念日，为了倡导人们热爱自然，保护湿地，共建美好家园，我们××省林业厅和××市政府联合举行的××省第14个世界湿地日活动暨××××九龙国家湿地公园开工典礼在××区××镇××村隆重举行。我谨代表××省林业部门向前来参加此次典礼的各位领导、关注我们世界湿地日的各位朋友以及挥洒汗水筹建公园的各位工人致以崇高的敬意和深切的问候。

湿地是"地球之肾"，是人类生存繁衍的重要自然环境资源，是调节气候变化的主力军，是人类文化多样性和生物多样性最重要的摇篮。八百里瓯江是××人民的母亲河，是瓯越文化的发祥地。在瓯江最具原生态风貌的玉溪至开潭段进行水生态系统的保护与修复，并以九龙为核心建设以河流湿地为主要特征的湿地公园，是××坚持科学发展、加快生态文明建设的一件大事。××将以此次活动的开展为契机，全面实施《××市湿地保护与利用规划》，切实加强全市12.8万公顷湿地资源的保护和管理，合理开发利用湿地自然保护区、湿地公园以及湿地保护小区，并严格控制湿地污染，为应对气候变化、改善生态环境作出应有的贡献。

××××九龙国家湿地公园位于××城市发展的生态景观轴线，是××"一江双城"城市空间布局的生态景观廊道。公园总面积约16.86平方公里，范围涉及沿线42个行政村，规划总投资18.5亿元，分三期开发建设，建成后将形成以瓯江干流为主要轴心，53、50省道为主要道路环线,包括文化展示、自然保护、科普教育、湿地休闲、生态修复五个组团的空间结构,成为一个以沼泽—滩涂—森林为生态系统,具有江南独特的江域湿地生态景观、旖旎的自然景观、深厚的历史人文底蕴和浓郁的田园水乡风情,集保护、科研、休闲、旅游、科普为一体的国家级湿地公园。

××××九龙国家湿地公园的开工建设标志着我省湿地保护事业又迈出了新的步伐,对加强湿地生态保护、推进湿地合理利用必将产生积极的推动作用。我们坚信在××市委、市政府的正确领导和有关部门的大力支持下,以××××九龙国家湿地公园开工建设为契机,一定能在加强湿地保护、建设生态文明、推动科学发展上取得新进展、实现新突破。

最后衷心地祝愿××××九龙国家湿地公园的修建顺利进行并早日竣工,为我们的环境发挥其主力军的作用。

谢谢大家!

范例三

国家林业局某局长在第 15 个世界湿地日的致辞

尊敬的各位领导、各位来宾:

2011 年是"十二五"规划的开局之年,也是转变林业发展方式的关键之年。在这个重要的历史时刻,我们迎来了第 15 个世界湿地日及《湿地公约》签订 40 周年。今年世界湿地日的主题是"湿地与森林",这一主题深刻揭示了两大生态系统息息相关、相互依存的密切关系,充分体现了湿地和森林在维护地球生态平衡中的重要作用,必将有力地引导人们更加关注这两大生态系统。

湿地具有强大的生态功能,是人类社会赖以生存和发展的重要自然资源和生态支持系统。湿地是物种基因库,保存了大量濒危野生动植物的特有基因,孕育了世界上极为丰富的生物多样性;湿地是淡水的天然储存库,储存了我国 96% 以上的可利用淡水资源;湿地是"地球之肾",其强大的降解污染和净化水质功能，对保障人们永远能够喝上干净的水，维持多种生物的水环境安全具有不可替代的作用；湿地还是降低自然灾害风险的缓冲器，具有调洪蓄水、抵御风暴、预防侵蚀、抗御干旱、调节气候等重要功能，对于构建防灾减灾体系、缓解全球气候变暖等发挥着十分独特的作用。

我国森林面积29.32亿亩，森林覆盖率20.36%，单块面积在100公顷以上的自然湿地面积5.43亿亩，自然湿地占国土面积的3.77%，森林和自然湿地覆盖面积占国土面积的24.13%。被誉为"地球之肺"的森林和"地球之肾"的湿地，既互相依存，又互相作用，共同构筑了我国国家生态安全的强大屏障。森林是一座绿色水库，具有巨大的蓄水功能，可为湿地提供持续的水源保障。湿地的固碳能力也不容忽视，特别是泥炭湿地在缓解温室效应、应对气候变化方面发挥着不可替代的作用。因此，保护好湿地和森林，是关系到人类社会生存发展的根本问题，也是党和国家赋予林业工作者的重大历史使命。

管理和恢复好湿地生态系统，建设和保护好森林生态系统，是林业部门承担的重要职责和光荣使命。"十一五"期间，在党中央、国务院的高度重视下，我国采取了一系列重大措施，大力加强了湿地生态系统和森林生态系统保护和建设，有效发挥了两大生态系统的多种功能，取得了巨大成就。

虽然中国湿地保护事业取得了可喜成绩，但从全国总体情况来看，全社会对湿地保护的认识仍需进一步提高，天然湿地数量减少、功能退化的趋势仍在继续，湿地生态系统仍然面临着严重的威胁，保护湿地的任务仍然十分繁重。党的十七届五中全会提出了"保护好湿地"的明确要求，为加强湿地保护工作指明了方向。"十二五"期间，我们按照中央的一系列决策部署，决定着力建设以森林生态系统和湿地生态系统等为主要内容的十大生态屏障，以维护湿地生态系统健康为主要目标，正确处理保护与利用的关系，严格保护自然湿地，充分发挥湿地生态系统的多种功能，为发展现代林业、生态文明、推动科学发展作出新贡献。

2011年，我们将大力推进湿地保护立法和制度建设，建立健全湿地生态补偿制度；继续谋划实施好国家湿地保护工程，加快构建湿地保护长效机制；促进湿地公园健康发展，进一步完善湿地保护体系建设；系统加强湿地保护科技支撑，研究建立湿地生态系统健康、功能和价值评价指标体系；认真履行《湿地公约》，进一步扩大国际合作；加强国际重要湿地建设和管理，维护我国良好的国际形象；广泛开展宣传教育，提高全社会湿地保护意识。切实发挥林业部门的组织协调指导监督作用，通过各部门的通力协作和社会各界的共同努力，推动湿地保护再上新台阶。

让我们携手一道，积极行动，共同推进湿地保护与管理工作，努力为人类社会创造更多福祉，为推进生态文明建设作出新的更大贡献。

世界抗癌日致辞

范例一

某市疾控中心主任在2008年世界抗癌日的致辞

同志们、朋友们：

癌症是当今世界的头号杀手。据世界卫生组织报告，每年世界上有900万新的癌症病例发生，500万人死于各种癌症。针对全球癌症发病率和死亡率急剧上升的现状，所以在2000年2月4日在法国巴黎世界肿瘤高峰会议上签署了《巴黎抗癌宪章》，会议呼吁建立肿瘤科研的国际性合作，攻克癌症，使全世界的癌症病人都能得到更好的医疗、照顾和关心，并建议将每年的2月4日定为世界抗癌日。今年世界抗癌日的主题是"为儿童创造无烟环境"。

美国环保局近日发布的一份报告指出，儿童是环境污染的最大受害者。通常，儿童会经历比成年人更多的环境污染侵害，按每磅体重算，他们比成年人要呼吸更多的空气，从而吸入更多的污染物，再加上儿童好动、自我保护能力较差、免疫功能不健全等原因，使得他们更易受到污染物的伤害。

世界卫生组织的最新报告指出，烟草是当今人类健康的最大杀手。烟草中有4000多种化学物质，其中有69种致癌物和促癌物。吸烟者不仅危害自身的健康，吸烟时散发的烟雾（即"二手烟"）会使家人和周围人群遭受毒害，特别对少年儿童的危害更严重。世界卫生组织评估认为，"二手烟"对儿童健康的危害主要有：引发儿童哮喘、幼儿猝死综合征、气管炎、肺炎和耳部炎症等。长期被动吸"二手烟"，还可引发肺癌等多种恶性肿瘤。

中国控制吸烟协会呼吁，为儿童创造无烟环境是保护儿童健康的重要一环。有吸烟习惯的儿童家长要主动戒烟，没有戒烟的请到室外吸烟。托儿所、幼儿园和中小学校要努力创造无烟环境，老师和工作人员要主动戒烟，更不要当着孩子和学生的面吸烟。逐步推广和建立无烟托儿所、无烟幼儿园、无烟学校，为儿童创造一个健康的生活环境。

在儿童时期养成健康的生活习惯有助于预防长大成人后患癌症。小时候养成良好的卫生习惯对人一生的生活意义十分重大。儿童成长过程中，有没有主动或被动抽烟，如何饮食、运动和晒太阳，对他们以后有很大影响。孩子是否能够养成良好的健康习惯，父母起到关键作用。

儿童是世界的未来，预防癌症应以儿童为重点，从儿童时期抓起，作为父母应注意培养儿童养成健康的生活习惯，做到平衡饮食、清淡饮食、不挑食，少食烟熏、腊制食品，多参加户外活动，晒太阳、锻炼身体……为人父母者也要注意自身的卫生习惯，家长应主动戒烟或不在家里吸烟，以免儿童吸"二手烟"和"三手烟"，严格控制不让青少年吸烟等，这些措施对预防癌症十分重要。

让我们团结起来，珍爱生命，珍惜健康，为地球上的每一个孩子创造一个健康的无烟环境！

> 范例二
>
> ## 卫生部某部长在2010年世界抗癌日的致辞

尊敬的各位嘉宾、各位学者：

癌症已经成为危害中国居民健康的越来越重要的疾病之一，其给家庭、社会带来的经济负担和对社会发展产生的不良影响日益突显。据估计，中国每年癌症发病人数约260万，死亡180万，过去30年中国癌症死亡率增加了80%，成为中国城市和农村居民的第一位死因。肺癌、肝癌、胃癌、食管癌和结直肠癌是最常见的5种癌症杀手。农村地区癌症死亡率的上升速度明显高于城市，而且绝大多数的癌症高发地区分布在农村和西部地区，这增加了癌症防治工作的难度。

中国政府一直十分支持癌症的防治工作。从20世纪70年代以来，在部分癌症高发区组织开展了大量以病因研究为基础的高发现场癌症综合防控工作。近年来，针对高危人群，在部分癌症高发地区推广行之有效、符合成本效益的癌症早诊早治工作，取得了显著成效。乙肝疫苗纳入国家计划免疫规划，部分地区乙肝表面抗原携带率低于1%。从2009年起，35~59岁农村妇女宫颈癌、乳腺癌检查列入国家医改项目；覆盖全国的肿瘤登记网络已初步建立，目前149个肿瘤登记点覆盖了全国总人口的11%；中国政府积极履行《烟草控制框架公约》，加大控烟工作力度。环境污染治理工作得到进一步加强，这些都为中国癌症预防控制工作创造了较好的支持性环境。

中国政府高度关注民生，重视人民健康，践行可持续发展。目前，癌症等慢性病发病率在中国处于快速上升阶段。做好癌症的防控工作，对于保障人民健康，保护劳动力资源，降低社会经济风险具有十分重要的意义。应抓住深化医药卫生改革的机遇，采取有效的防控措施，遏制癌症快速上升的势头，实现医改目标。

我们还将采取有效的防控措施，遏制包括癌症在内的慢性病的快速上升势头,也希望通过这次大会,寻求与国际抗癌联盟在多个领域内的广泛合作。

"德先于智,行胜于言"。我们将一步一个脚印,脚踏实地,埋头苦干,同舟共济,继续努力取得更大的进步。"天行健,君子以自强不息;地势坤,君子以厚德载物"。我们将共同努力创造抗癌事业的新高峰!

最后,祝愿此次世界抗癌大会取得圆满成功!

全国爱耳日致辞

范例一 某市残联副理事长在全国爱耳日的致辞

各位来宾、各位朋友:

上午好!每年3月3日是全国爱耳日,为了响应世界卫生组织关于"预防听力损伤和耳聋,人人享有健康听力"的号召,根据中国残联、国家卫生部确定今年全国爱耳日宣传教育活动的主题为"防聋走进社区",从3月1日开始,我市各区开展了"防聋走进社区"的宣传活动。今天我们又在这里集中开展爱耳日宣传教育活动,以提高广大市民预防耳聋、爱耳护耳的意识。

听力与语言是人类相互交流和认识世界的的重要手段,然而,据世界卫生组织估算,全世界有轻度听力损失者近6亿,其中中度以上的听力损失2.5亿。我国有听力障碍残疾人2057万,居各类残疾之首,已严重影响到人民健康生活水平。我市根据1999年开展的一项残疾现状调查结果推算:全市0~7岁听力障碍儿童每年净增24人左右,现有7岁以下听力障碍儿童约150人。随着年龄的增大、身体机能的衰退及血管病变的影响,部分正常人40岁以后听力开始有下降的趋势,60岁开始听力下降的人占到54.8%。

因此，必须深入基层社区，大力宣传和普及防聋知识，切实提高广大群众的防聋意识，以充分动员全社会的力量，预防和减少耳病与听力障碍对人类健康的侵害，提高人们的生活质量。

党和政府高度重视残疾人社区康复工作。制定了一系列的法律法规，确保残疾人的合法权利不受侵犯。《中华人民共和国残疾人保障法》明确规定："国家和社会采取康复措施，帮助残疾人恢复或者补偿功能，增强参与社会生活的能力。"

多年来，我市残疾人社区康复工作，特别是听觉障碍儿童的康复工作得到了市委市政府的高度重视和大力支持。在全市各级残联组织的努力下，在卫生、民政等部门的支持下，逐步形成以初级卫生保健及基层社会福利和社会保障网络相结合的社区康复工作体，在包括防聋工作在内的各个方面，取得了显著成绩。在××××、××××两个年度，我市各级残联组织和社会各界踊跃捐款资助20名听觉障碍儿童植入人工耳蜗，使他们聆听到了世界的美妙和精彩，走出无声世界！××××年，通过全市各级康复机构和元平特殊教育学校的共同努力，使我市近百名听觉障碍儿童得到有效康复，其中绝大部分聋儿开口说话！今天×××实业有限公司捐出100部助听电话，给有需要的聋人朋友使用，体现了×××公司对残疾人的关爱，体现了社会有更多的爱心人士关心支持残疾人事业，关爱残疾人。在此，我谨代表××市残疾人联合会以及全市三万多名残疾人朋友向一直关心支持残疾人事业的政府各部门和有单位、社会各界人士表示衷心的感谢！谢谢大家！

范例二

某区区委书记在2008年全国爱耳日的致辞

同志们、朋友们：

都说三月是春天的季节、是生命萌发的季节、是播种希望的季节。今天是我区第9个全国爱耳日。这次爱耳日宣传活动的举行，充分体现了区委、区政府以及社会各界对残疾人及残疾人事业的关心与支持。在此，我代表区政府向一直关心、支持、帮助残疾人事业的区残工委成员单位、区老年大学关工委以及社会各界人士，表示衷心的感谢！

据统计，我区共有听力残疾人2400余名，约占全区残疾人总数的15%，而其中青少年患者占了很大比重。为预防和减少听力损伤与耳病对青少年生活学习的影响，提高青少年的听力健康水平，国家确定今年第9次全国爱耳日活动的主题是："城乡联动，共同关注青少年听力健康——珍爱听力，快乐成长。"开展旨在保护青少年听力健康的宣传教育活动，意义十分重大，不仅可以帮助青少年掌握有关听力损失与耳病预防、发现、康复和治疗的知识，还可以切实提高爱耳护耳意识和生活质量，同时还能够唤起全社会理解和关注青少年的听力健康。

今天爱耳日宣传活动的内容有：区老年大学关工委老干部们为贫困聋儿捐资助学；区残联为贫困聋儿颁赠助听器；区卫生局组织五官科医疗专家，为听力残疾人及过往群众进行听力测试和健康咨询；区残联、民政、老龄委等部门进行听力健康知识的宣传教育。

大爱无疆，大爱铸就沟通，无私开启天籁。助无助者是中华民族的传统美德。关心、帮助残疾人，理解支持残疾人事业是秉承中华民族传统美德的体现，更是各级各部门及社会各界共同的心愿。我希望通过本次爱耳日宣传活动，可以进一步增强社会各界对青少年听力健康的关注，也希望残疾人事业主管部门积极引导广大青少年增强爱耳护耳意识，提高我区残疾人事业工作水平。

同志们、朋友们，残疾人保障问题事关社会稳定、经济发展，希望政府有关部门及社会各界以这次爱耳日系列活动为契机，多为残疾人办实事、办好事，为我区残疾人事业的发展、为和谐××城的建设作出更大的贡献！我们相信，"世间有爱，听障无碍"，在社会各界的共同努力下，听障朋友定会早日加入有声世界。谢谢大家！

国际消费者权益日致辞

范例一

某市副市长在国际消费者权益日的致辞

全市广大消费者朋友们：

在第26个"3·15"国际消费者权益日来临之际，我代表中共××市委、××市人民政府，向全市广大消费者致以节日的问候！向辛勤工作在消费维权岗位上的同志和关心支持消费者权益保护工作的全市各级干部、社会各界朋友表示衷心的感谢和亲切的问候！

在过去的一年，××市消委会紧扣"消费与服务年"主题，密切结合消委工作职能和全市消费维权工作实际，广泛开展消费维权宣传和诚信兴商宣传；组织动员广大消费者参与对商品和服务的社会监督及评议；积极开展维权调查，参与指导公共服务行业价格调整听证；着力强化基层维权组织建设和消委组织的公信力建设；积极关注民生，妥善受理和处理了大量消费纠纷和矛盾，努力化解消费领域中的消费热点和维权难点问题。一年来，全市消委系统共受理消费者投诉985件，调解处理消费者纠纷961件，调解率达98%，为消费者挽回损失31.16万元，为推进"两个着力"、建设"幸福××"作出了积极贡献。

今年中消协将年主题确定为"消费与民生"，就是要求我们坚持以人为本，更加注重保障和改善民生，把维护消费者各项权益这个消费领域的重大民生问题作为消费者权益保护工作的目的和归宿；更加注重处理好发展经济与改善民生的关系，着力解决侵害消费者合法权益的突出问题。实现经济发展与改善民生的良性互动，营造放心消费环境，为维护社会稳定和构建和谐社会作出新贡献。

全市各级党委、政府要把维护消费者权益作为建设"幸福××"的一项重点工作来抓,进一步加强对消费维权工作的领导,关心支持消费维权事业的发展;各有关部门要紧密结合今年维护消费者权益的主题,大力宣传有关知识,提高消费者的消费信心和自我维权保护意识。有关职能部门要以确保人民群众消费安全、营造良好消费环境、提振消费信心为重点,严厉打击制售假冒伪劣商品、掺假使假等违法行为,要进一步加大重点地区、重点市场、重点商品的整治力度,维护公平竞争的市场秩序,营造安全放心的消费环境,确保我市经济持续、健康、快速发展。

全市各企业在新的经济形势下,要坚定信心,充分履行消费维权第一责任人的职责,坚持诚信经营,守法经营,切实承担《消法》规定的经营者的十项义务和有关社会责任,在创造企业利润的同时,切实维护好消费者利益;广大消费者要依法维护自身的合法权益,积极参与对商品和服务的社会监督,并且要适应形势发展的要求,树立先进的消费观念和消费方式,科学、合理、文明消费;各新闻媒体要充分发挥舆论引导和舆论监督的作用,在广泛宣传今年主题活动的同时,主动及时地反映消费者意愿,倾听消费者的心声,勇于揭露和批评各种损害消费者合法权益的行为;各级消委会要切实加强自身建设,充分履行职能及时化解社会矛盾;向消费者提供消费信息和咨询服务,扎实做好消费者投诉处理工作,提升维权服务能力和水平。

同志们,扎实开展并做好全市消费者权益保护工作使命光荣、责任重大。我们相信,在科学发展观的统领下,在全社会各方面的共同努力下,我市一定能营造出诚信至上、守诺践约的安全消费环境,形成行政监督、社会监督、舆论监督、经营者自律、消费者自我保护的全方位保护体系,××市消费者权益保护事业必将迈入一个新的阶段。

范例二
某超市部门经理在国际消费者权益日的致辞

尊敬的各位领导、来宾、消费者朋友们：

在第28个"3·15"国际消费者权益日来临之际，我代表×××超市向全市广大消费者致以节日的问候！向辛勤工作在消费维权岗位上的同志和超市的广大员工表示衷心的感谢和亲切的问候！

在工作中，我们×××超市一直把商品质量视做企业的生命线，建立了先进完善的质量管理系统。在运营近三年的时间里，我们积极组织全体员工深入学习《食品卫生法》、《产品质量法》等法律法规，坚持依法经营。在市委、市政府以及工商局、消协等领导的正确指导下，我们设立了消费者投诉中心，认真执行国家"三包"规定，全面维护消费者权益，为顾客行使其合法监督权开辟绿色通道。此外，×××超市还推出了"实惠便利、四无风险"等承诺，以及免费送货、安装、维修等便民、利民的措施，深受广大消费者的欢迎。

本次大会的隆重召开，充分体现了政府领导及工商局、消协对维护消费者权益的重视程度。我们将乘着这次大会的东风把商品质量管理和消费者维权工作推上一个新台阶，内强素质，外塑形象，进一步巩固×××超市在老百姓心目中的良好信誉，为广大消费者更好的服务。下一步我们将在市工商局、消协等有关部门领导的指导下做好如下工作：

一、继续强化商品采购进货质量控制措施，把好进货源头，搞好品牌化经营，从源头上抓好商品质量管理；二、严把质量验收关；三、完善专门的质量检查部门，深入开展对上架销售商品的自查；四、建立商品质量查验制度。五、进一步加强顾客投诉中心工作，对于销售中出现的问题要及时进行妥善处理，将顾客的利益始终放在第一位；六、积极联系工商等行政部门共同对超市商品质量把关。深入贯彻实施《食品准入制》，对于不能确定商品质量的产品主动送检，主动咨询相关的商品质量标准，学习相关的商品质量检查技术。

作为企业代表，我们深感在维护消费者合法权益、服务社会方面任重道远。我们愿与广大工商企业一起，在日常的经营管理工作中，进一步提高商品质量和服务质量，自觉维护经济秩序的健康发展，把维护消费者的合法权益、守法经营当做自己的神圣职责，以实际行动为维护市场经济秩序、保护消费者的合法权益，作出自己更大的贡献！

最后，祝×××超市"3·15"消费者维权工作在 2011 年里取得更加辉煌的成绩。

祝各位领导、同志们身体健康！工作顺利！万事如意！

世界睡眠日致辞

> **范例一**
> 某学校教师在第 9 个世界睡眠日的致辞

尊敬的老师、亲爱的同学们：

今天我们迎来了第 9 个世界睡眠日。为了确保同学们有一个好的精神状态学习，有较高的学习效率，我们今天特意组织世界睡眠日——"科学管理睡眠"宣传活动。莎士比亚曾把睡眠比作是生命筵席上的滋补品，可见，健康的生活方式应从良好的睡眠开始。

睡眠是每个人在生命中都必须满足的一种绝对需要，就像食物和水一样。科学家们经研究发现健康人能忍受饥饿长达三星期之久，但只要缺觉三昼夜，人就会变得坐立不安、情绪波动、记忆力减退、判断力下降，甚至出现错觉和幻觉，难以坚持日常生活中的正常活动。所以，睡眠对每个人来讲，都是绝对必须的、不可或缺的生活需要。儿童如患有严重睡眠不足，可影响其身体发育。因为在睡眠时，特别是在深睡期，儿童脑内分泌的生长激素最多，这是促进孩子骨骼生长的主要物质。

科学的健康睡眠是人体保持旺盛精力和充沛体力的重要因素。在繁重的学习任务下，我们通常很重视个人的某些能力，如创造力、学习能力等，却忽视我们面对各种逆境时的主动调控能力，形成学习能力强而心理脆弱，意志坚强而睡眠薄弱。这是导致睡眠障碍的重要环节之一。

睡眠与生命健康是息息相关的。研究表明，不同年龄对睡眠的需求也不同，婴幼儿平均一天睡17~18小时，儿童必须保证每天10小时的睡眠时间，青少年则需睡8~9个小时，而成年人健康睡眠时间为8小时，最少不得低于6小时，老年人的平均睡眠时间为8小时。但实际上青少年学生由于学习负担重，有效的睡眠时间较少，所以白天常会犯困。因此，为了确保一天的学习精力充沛，科学的午睡方式对人们很重要。午睡时要注意如下几个方面：第一，午睡时间不宜太长，最好在1小时以内；第二，不宜饭后立即午睡；第三，要讲究睡眠姿势。一般认为睡觉姿势以右侧卧位为好。

同学们，让我们科学地管理睡眠，以充沛的精力来实现我们的梦想吧！谢谢大家！

范例二

某部部长在第10个世界睡眠日的致辞

同志们、朋友们：

阳春三月，我们迎来了第10个世界睡眠日。莎士比亚曾把睡眠比作是生命筵席上的滋补品，这充分说明了睡眠对健康的重要作用。进入到21世纪，人们的健康意识空前提高，"拥有健康才能有一切"的新理念深入人心，因此有关睡眠质量问题引起了国际社会的关注。睡眠障碍现已成为威胁世界各国公众的一个突出问题。

在竞争日趋激烈、生活节奏不断加快的今天，不少人对于睡眠的重要性认识不足。有些人认为睡觉浪费了太多的时间，或者认为睡眠不好是小事,少睡一点没有关系。可是,这些想法在医学上是得不到认同的,睡眠不足轻则会影响工作效率和身体健康,重则有可能引发致命的后果。

充足的睡眠、均衡的饮食和适当的运动,是国际社会公认的三项健康标准。但人们对睡眠的重要性普遍缺乏认识。失眠与躯体疾病关系密切。睡眠不足会使人体免疫力下降,抗病和康复疾病的能力低下,容易感冒,并加重其他疾病或诱发原有疾病的发作,如心血管、脑血管、高血压等疾病。实践还证明,手术后的病人如睡眠不好,伤口愈合的时间会明显延长。儿童如患有严重睡眠不足,可影响其身体发育。因为在睡眠时,特别是在深睡期,儿童脑内分泌的生长激素最多,这是促进孩子骨骼生长的主要物质。

失眠现象的增多,是现代社会发展的产物。它和发热一样,是一个症状,而不是一个独立的疾病。与失眠有关的疾病有200多种,高血压人群中,有三分之一的人有失眠症状;心脏病人群中,有五分之一的人有失眠症状。而短期失眠即会对精神和大脑造成影响,长期失眠则会引起一系列临床症状,甚至诱发一些器质性病变。

为唤起全民对睡眠重要性的认识,2001年,国际精神卫生和神经科学基金会主办的全球睡眠和健康计划发起了一项全球性的活动,将每年初春的第一天——3月21日定为世界睡眠日。设立世界睡眠日的目的就是要引起人们对睡眠重要性和睡眠质量的关注,提醒人们要关注睡眠健康及质量。关注睡眠质量就是关注生活质量,关注睡眠就是关注健康。今年中国睡眠日的主题是"良好睡眠、健康人生",这也是旨在为公众普及睡眠知识,呼吁公众关注睡眠健康。

同志们、朋友们,让我们共同关注在社会各类人群中普遍存在的睡眠质量问题,为提高人们的身体素质和健康水平而努力奋斗!

范例三
睡眠研究会某会长在 2011 年世界睡眠日的致辞

同志们、朋友们：

2011 年世界睡眠日主题确立为"关注中老年睡眠"。中老年人群系指年龄为 40~60 岁的成年人。中老年工作人群则是指年龄为 40~60 岁的各类从业人员。这一主题强调了对这一年龄段睡眠障碍高罹患群体的关怀；根据中国睡眠研究会近期一项网络调查结果显示，这一年龄层的人群的睡眠保健更具有现实意义。中老年工作人群是各行各业的中坚力量，他们的睡眠健康对社会可持续发展至关重要。该群体承受着社会及家庭等诸方面的工作和精神压力，很多人都有睡眠障碍问题。在受访者中，中老年人占 18.8%，其中 77.28% 患者为慢性失眠。

中老年工作人群失眠的主要原因依次为：工作及精神压力大、作息无规律、各类疾病及不良生活方式等。长期失眠导致精神委靡、情绪不稳、生活和工作质量下降等。

睡眠障碍是导致身心疾病的重要因素。失眠与焦虑抑郁障碍存在密切的关系，长期失眠若没有给予合理干预易导致心理障碍。纠正失眠与治疗焦虑抑郁障碍同等重要；失眠与躯体疾病、高血压、心脑血管病、内分泌失调、慢性疲劳综合征等存在密切的关系；睡眠呼吸障碍也是中老年睡眠常见疾患之一，而肥胖是睡眠呼吸暂停综合征的主要病因，睡眠呼吸暂停综合征是高血压、冠心病、中风、糖尿病、夜间猝死等的独立危险因素。因此，科学管理中老年工作人群的睡眠健康甚至关系到该群体到老年期的身心健康。

在 2011 年 3 月 21 日世界睡眠日到来之际，中国睡眠研究会根据中国当前中老年工作人群的睡眠健康状况及其对身心健康和社会发展的重要性，提出"关注中老年睡眠"的主题，以唤起全社会对该群体睡眠健康的重视。医学实践证明，拥有健全的心态、强健的体魄、良好的生活方式是身心健康的基石。我国中老年工作人群的睡眠健康问题不容忽视。

世界水日致辞

范例一
水利部某副部长在第17个世界水日的致辞

各位来宾、各位朋友：

在第17个世界水日到来之际，我们召开此次座谈会。首先，我代表水利部对参加今天世界水日座谈会的来宾和朋友们表示热烈欢迎，对大家长期以来对水利工作的关心和支持表示衷心的感谢！

水，是生命之源，是人类赖以生存的基本物质基础。只有拥有安全洁净的饮用水和良好的水环境，人类的生存和发展才能够得到保证。进入21世纪，人类社会创造了前所未有的物质财富，加速推进了文明发展的进程。但与此同时，全世界还有20多亿人缺少基本的卫生条件，不少国家和地区仍面临供水资源短缺、水质污染、卫生条件落后等挑战，人民的身体健康和正常的生产生活受到威胁。为促进联合国水与卫生千年发展目标的落实，联合国将2008年确立为"国际卫生年"，并将今年纪念世界水日的主题确定为"涉水卫生"，以引起国际社会对涉水卫生问题的关注，呼吁国际社会采取切实的行动，为改善全球涉水卫生作出更多努力。

我国是一个水旱灾害频繁发生的国家，党和政府历来高度重视水利工作。近年来，在党中央、国务院的正确领导下，各级水利部门全面贯彻落实科学发展观和中央对水利工作的方针、政策，积极践行可持续发展治水思路，水利事业取得了显著成就，有力地保障了国民经济和社会的发展。但是，我们也清醒地认识到，还有很多关系民生的水利问题亟待我们去解决。目前农村尚有不少地区缺乏基本的生活供水设施，还有2.5亿农村人口存在饮水不安全问题，病险水库安全隐患问题十分突出，一些蓄滞洪区的群众生活长期处于不稳定状态，部分边远地区还存在无电缺电问题，部分库区和移民安置区基础设施薄弱，移民生活相对贫困，局部地区血吸虫病尚未得到有效控制。

党的十七大强调，必须在经济发展的基础上，加快推进以改善民生为重点的社会建设，着力保障和改善民生，推动建设和谐社会。解决好直接关系民生的水利问题，是中央的重托，是群众的期盼，也是当前水利工作的重中之重。为此，我们确定今年纪念世界水日和开展"中国水周"宣传活动的主题为"发展水利，改善民生"。做好水利工作，需要各级政府、各个部门的共同努力，需要社会各界的广泛参与。

今天的座谈会，标志着我国纪念世界水日和开展"中国水周"宣传活动的开始。我们要通过开展多种活动，大力宣传可持续发展治水思路，大力宣传水利在改善和保障民生中的作用和成就，深入开展法制宣传教育，大力弘扬法治精神，使全社会进一步关注水利、支持水利，进一步加快水利发展，更好地保障和改善民生，促进社会主义和谐社会的建设。

范例二

联合国秘书长潘基文在世界水日的致辞

女士们、先生们：

在全世界策划一个更可持续的前景之际，水、粮食与能源的相互作用是我们面临的最巨大挑战之一。没有水就没有尊严，也无法摆脱贫穷。然而,《千年发展目标》里水和环境卫生的指标却属于许多国家最落后的指标。

大约再过一代，全球人口的60%将住在城市，其中大部分增加人数将出现在发展中国家的市中心贫民区和棚户区。今年纪念世界水日的主题——"城市用水"——凸显这个日益城市化的前景所具有的一些主要挑战。城市化带来更有效管理用水和更能获得饮用水和环境卫生的机会。同时，城市里的各种问题往往扩大，逐渐超出我们解决问题的能力。

过去十年，家里或附近没有水龙头可用的城市居民的人数估计增加了1.14亿，没有最基本的环卫设施可用的城市居民的人数则增加了1.34亿。这个20%增加数额对人类健康和经济生产力都有极其有害的影响：人民生病不能工作。用水方面的挑战还不限于取得用水的问题。许多国家的女童因为缺乏环卫设施而被迫退学，妇女提水或上公用厕所时被人骚扰或侵犯。此外，最穷最弱的社会成员往往不得不向非正式的贩子买水，价钱比在家里接引本市自来水的有钱邻居所付的价钱高出20%~100%。这种情况不仅不可持续，而且不可接受。

在将于2012年在里约热内卢举行的联合国可持续发展大会上，水的问题将居于显著的地位。我的全球可持续性和联合国水机制问题高级别小组正在研究我们可以采用什么方法把水、能源和粮食安全之间的关系建立起来，以期减少贫穷和不平等现象，创造就业机会，并尽量减少气候变化和环境压力的危险。

在世界水日，我呼吁各国政府认识城市用水危机的真相——这是治理方式、软弱政策和管理不善造成的危机，而非供不应求的危机。我们还要保证把水和环卫方面有利于穷人的投资急剧下降的趋势扭转过来。同时让我们重申：我们承诺终止8亿多人民的苦难，他们虽然处于一个富足的世界中，却仍得不到他们的尊严和健康生活所需的安全饮用水或环境卫生。

世界气象日致辞

范例一
某省政协副主席在2007年世界气象日的致辞

同志们、朋友们：

今天是世界气象日。我非常高兴与气象和有关部门的领导、专家在一起，以这样的方式来纪念世界气象日。首先，请允许我对气象各有关部门长期以来为我省经济社会发展作出贡献的朋友们表示衷心的感谢!

世界气象组织将今年世界气象日的主题确定为"极地气象:认识全球影响",把寒冷而遥远的极地与日益变暖的全球环境紧密联系在一起,具有十分重要的意义。世界气象组织秘书长雅罗先生在2007年世界气象日致辞中说,气象科学一直以来被认为是科学没有国界的范例,极地气象学则是这一原则的终极样板。他希望,世界气象组织的所有成员国都认识到极地气象的重要性及其对各国的生命、安全和繁荣潜在的全球性影响,国际极地年能够让我们进一步认识气候和气候变化,更好地应对21世纪面临的各种挑战。

胡锦涛总书记在今年春节视察气象工作时指出:"气候变化是国际上的热点问题,你们要做好研究工作,为经济社会可持续发展提供保障,为人民群众福祉安康服务。"对于气候变化问题,胡锦涛总书记在2005年曾提出:"气候变化既是环境问题,也是发展问题,归根到底是发展问题。"党和国家最高领导人就气候变化问题发表的一系列讲话,充分体现了党和政府对气候变化问题的高度重视。

××省委、省人大、省政府、省政协一贯高度重视气候变化工作。省委、省政府以邓小平理论和"三个代表"重要思想为指导,树立和落实科学发展观,提出"既要金山银山,更要绿水青山"、建设"三个基地,一个后花园"、"建设和谐平安××,共创富民兴×大业"、建设"创新创业××、绿色生态××、和谐平安××"等一系列的重大可持续发展战略,并采取了许多有力措施,保护××生态环境,促进了人与自然的和谐发展。《××省人民政府关于加快气象事业发展的意见》对做好气候可行性论证、气候变化、生态气象等工作,提出了明确要求。各有关部门要站在经济社会可持续发展的战略高度,将气候与环境的保护和利用纳入法制轨道,大力推进循环经济,科学开发利用风能、太阳能、生物质能等清洁能源,加大植树造林力度,合理使用土地资源,改良农作物品种,调整粮食产业结构和布局,加强农业病虫害防御技术研究,促进经济社会和自然的协调发展。气象部门要加强气候变化研究，促进气候变化科技水平的提高，为应对气候变化提供强有力的科技支撑；要建立气候变化业务体系，积极为地方各级政府应对气候变化提供科学依据与决策咨询。公众要增强应对气候变化和趋利避害的意识，更全面地理解和接受国家在承担减排义务时可能采取的措施，有意识地在行业发展、商业活动和日常生活中关注气候变化。

如何科学应对气候变化，这不仅仅是科学的前沿问题，也是环境问题、经济问题、政治问题和国家安全问题。我相信，在省委、省政府的正确领导下，在全社会的共同努力下，我们一定能够在应对气候变化工作中不断取得新的成绩，为经济社会可持续发展提供保障，为实现××崛起新跨越作出新的更大的贡献！

范例二

某省气象局局长在2009年世界气象日的致辞

同志们、朋友们：

每年的3月23日是世界气象日，今年世界气象日的纪念主题是"天气、气候和我们呼吸的空气"，旨在警示世界各国人民保护生态环境、减少人类活动对气候的不良影响，科学地应对气候变化。首先，我谨代表省气象局对长期关心、支持气象事业的各部门、气象协理员队伍及社会各界表示衷心的感谢！

大家知道，气候变化问题已经成为当前国际政治外交和全球经济竞争的热点。与全球、全国一样，××气候变化已是不争的事实。最近50年的气象资料表明，××气候明显变暖，近三十年尤为突出。1961以来全省平均增温为每10年升高0.26℃，特别是1981年以来气候变暖明显加快，到2010年我省已连续出现了第14个偏暖年。IPCC（政府间气候变化专门委员会）评估报告预计，未来100年全球平均近地面温度将再次上升

1.1℃~6.4℃，这将给人类的生存和发展带来严峻挑战。

××作为东部沿海经济发达省份，特殊的自然地理环境和经济社会特点决定了我省极易受到气候变化的不利影响，而且未来这种影响可能会更加深远。在全球气候变暖的背景下，极端天气气候事件呈增多增强趋势，气象灾害的突发性、异常性、不可预见性日益突出。

同时，气候变化对全省经济布局、农业生产、社会建设、生态环境的影响将逐渐显现。研究表明，气候变化加剧了水资源短缺，21世纪以来我省进入持续枯水年。气候变化显著影响农业生产和粮食安全，气温每上升1℃，粮食产量将减少10%。气候变化对森林和其他生态系统产生一定的影响，森林火灾频率将加大，病虫害及外来物种入侵发生的频率和强度可能增高，物种多样性将受到威胁。气候变化造成海岸带侵蚀，我省沿海海平面上升速率为3.3毫米/年，高于中国全海域海平面平均上升速率30%。气候变化还将对人居环境等其他领域造成不可估量的影响，也给电力等能源供应等带来更大压力。

如何以积极的态度应对气候变化，实现可持续发展，既是我们面临的严峻挑战，也是××实施"两创"总战略，推进经济转型升级的重要契机。气象部门作为应对气候变化的科技基础部门，要切实增强以下三方面的能力建设：一是不断增强气候变化监测及影响评估能力，构建全省统一的极端天气预防体系，发挥气象在应对气候变化中的第一道防线作用；二是不断增强气象在发展低碳经济中的决策咨询能力，发挥气象在适应气候变化的科技支撑作用；三是不断增强气候资源开发利用能力，发挥气象在低碳社会建设的前瞻性作用。

气候变化问题已经成为当今世界普遍关心的重大全球性问题。保护地球生态，改善生存环境，需要在各级政府的领导下，动员、组织全社会各方面的力量和广大社会公众，进行协调一致的努力。我们要大力加强气候变化宣传，提高各级政府决策者的应对气候变化意识，倡导全民自觉参与，鼓励企业自愿采取行动，自觉制定并实施减缓碳排放的目标和措施，从根本上保护全球气候、净化我们呼吸的空气。

> **范例三**
> 中国气象局某局长在 2011 年世界气象日的致辞

同志们、朋友们：

今年 3 月 23 日世界气象日的主题是"人与气候"，旨在呼吁国际社会关注与人类相生相息的气候变化，加强应对和防范气候灾害、减缓和适应气候变化、开发和利用气候资源能力建设，促进人与气候和谐发展。

关注气候就是关注我们的生活。气候是人类赖以生存的自然环境，是经济社会可持续发展的重要基础资源。从繁衍生息到衣食住行，从四季更迭交替到我们每个人的身心健康，气候每时每刻都在影响着、改变着人类的生产和生活，多样的气候也直接促成了生物的多样性、自然地貌的多样性，使得人们的饮食结构不那么单调，富有地域特色的文化总是那样熠熠生辉。

气候影响着人们的生活，人类活动也影响着气候。以全球变暖为主要特征的全球气候变化已经成为当前全球关注的热点，2010 年全球平均气温是自 1850 年有器测气温记录以来最高的一年。气候变化导致极端天气气候事件频发，冰川和积雪加速融化，水资源分布失衡，生物多样性受到威胁，对经济社会可持续发展带来深刻而长远的影响。面对极端气象事件及其引起的灾害，我们没有理由不重视气候，不适应气候，不保护气候。

我国横跨热带、亚热带、暖温带、温带、寒温带等五个气候带，季风气候显著，是一个气候条件复杂、生态环境脆弱、自然灾害频发、易受气候变化影响的国家。党和政府高度重视气候和气候变化，高度重视气候服务工作，经过几十年的努力，我国逐步建立了国家、省、市、县级的气候服务网络，以及气候监测、预测、预警业务系统，气候影响评价、气象灾害风险评估、农业气候资源区划、风能资源详查等专业性气候服务体系也已形成，通过各种方式及时向社会发布气候信息，传播气候知识。

面对日益增长的气候服务需求，气象部门将继续致力于提升气候服务能力，着力降低干旱、洪涝等极端气候灾害对我国粮食安全的风险。我们将着力推进气候科技为调整种植结构、改进耕作方式、化解气候风险、提高粮食产量、保障粮食存储和运输等方面提供更加丰富的气候信息和更有力的决策支持。我们将加大极端天气气候事件的监测和预警，提高自然灾害特别是极端气候灾害的应对防范能力。我们将加强重大开发建设活动的气候影响的风险评估，提升经济社会发展抗御自然风险的能力。我们将继续发展和利用先进的技术，联合各部门的力量，加快建设全球气候观测系统和中国气候观测系统，提供科学、准确、及时的气候和气候变化信息。我们将继续推进全社会气候知识的普及，鼓励和支持各个行业、各个地区以及每个社会组织更有效地利用气候知识和信息，以更好地适应气候变化，保护气候环境，利用气候资源，促进生产、生活和生态相和谐。

气候规律需要科学认识，气候趋势需要科学把握，变化的气候对自然生态系统和经济社会系统的影响需要科学评估，实现可持续发展需要在适应天气气候等方面采取科学的措施。气候与人类生产生活相互联系又互为影响，防御和减轻气象灾害、适应和减缓气候变化、开发和利用气候资源，需要全社会的积极参与。各级政府在生产力布局、基础设施、重大项目规划设计和建设中，要充分考虑气候变化因素。农业、林业、水资源等重点领域和沿海、生态脆弱地区的发展，要高度重视所面临的气候风险。

我们每一个人在日常的生产生活当中，要切实树立保护气候意识，节约资源能源，保护生态环境，减缓和适应气候变化，共同努力创造良好的气候环境！

"地球一小时"纪念日致辞

> **范例一**
> 某市副市长在"地球一小时"纪念日的致辞

尊敬的各位领导,同志们、朋友们:

"地球一小时"是世界自然基金会(WWF)为应对全球气候变化所发起的一项可持续性的全球活动,号召个人、社区、企业和城市在每年3月的最后一个星期六20:30-21:30熄灯一小时,旨在通过一个小小动作,让全球的民众共同携手关注气候变化,倡导低碳的生活生产方式——小小改变就可能成就深远影响。2010年3月28日20:30-21:30,××市承诺熄灯一小时,届时××的大中专院校、中小学、街道社区、企业和政府机关等将以不同形式参与熄灯活动,××市政府大楼将熄灯一小时,市政府主要官员将和市民一起参与和见证这项全球行动。

××市从3月22日至26日大力开展"低碳生活周"主题活动,环保志愿者向参加活动的市民发放了环保宣传材料,倡导大家以这次活动为契机,树立"低碳生活"理念,把低碳工作、低碳生活、低碳消费作为重要内容,自觉养成低碳生活的习惯,鼓励大家继续开展环保活动,加大环保宣传,使环保理念更加深入人心。此次熄灯活动于3月27日、28日将在世界范围内正式推广举行,因为此次活动如组织者宣传的一样是一项自愿的活动,所以很需要政府机关的大力支持和呼吁,同时也是对参与者自觉意识的一种考验。

其实从今年"地球一小时"活动的主体来看,这不仅仅是一种熄灯仪式,更是希望通过此次活动把环保节能理念灌输给大众,将理念落到实处。而且为了配合"地球一小时"活动,特意提出了"地球一小时低碳生活周"这一理念。从家庭的资源节约到社会的低碳节能,我们衷心希望此次活动带来的意识效应不会是一时效应。这只是一个开始,而坚持的背后意义在于成全我们自己和造福后人。我衷心地希望以"地球一小时"活动为契机,在我们市开展一系列节能减排宣传活动,让更多民众了解气候变化带来的威胁,号召更多的人参加到节能减排的行动中来,大力倡导节能减排、环境保护和低碳生活理念,推进生活方式转变,提高全民节能减排、环境保护意识,普及低碳生活常识,为实现"三年大变样"和"全市当排头,全省进十强"目标作出贡献。

通过这次的"地球一小时",我联想到了去年12月在哥本哈根召开的联合国气候变化大会。可惜那次大会似乎遭到了不少政客甚至网民的质疑,他们怀疑那次大会将会是一场"暗战"。而大会上因为各国的利益点以及出发点不同也产生了较大的争议,似乎一场气候环保大会演变成了"各国批驳大会"。我们希望今年的"地球一小时"能带给我们的不仅是节能环保意识,还有对低碳生活和节能环保的一种乐在其中的积极态度。

看来要想让节能、环保意识深入更多人的内心,并且让环保节能实实在在、处处体现在日常生活中,不仅仅需要我们滴水汇江河,不断地做足仪式上和象征意义上的各种准备,不只限于熄灯这样的行动,而且还要在生活的点滴中不断寻找养成各种省电节能的良好生活方式。这样才能实现人与自然的和谐共处。善于发现,多创新,实际做到节水节电给自己省钱的同时还能切实做到还地球一小时,给自己一个空间!

范例二

世界自然基金会总监在某企业"地球一小时"纪念活动上的致辞

尊敬的各位来宾、各位朋友:

大家好!很高兴在这阳春三月美好的日子里,与大家在一起,在享受大自然的慷慨馈赠的同时,共同参与保护地球的公益活动。

世界自然基金会是全球最大的致力于自然环境保护的非政府组织之

一。自从1980年应中国政府的邀请,来到中国进行野外大熊猫科学考察以来,一直全力工作在物种、森林、淡水保护、气候变化应对、社区发展和可持续发展政策研究和推动等领域。

环境是当今的重要话题,气候变化是其中最引人注目的话题,大家会从身边天气的变化、极端气候的袭击中体验到它的能量和应对的紧迫性。

近年来,全球各界都在携手努力应对气候变化。政府间气候变化专门委员会(IPCC)发布的报告中指出,全球气候变化必保目标是二氧化碳大气浓度控制在400ppm内,气温升高在2℃以内。中国政府也积极响应,陆续推出中国国家碳减排目标,温家宝总理在哥本哈根会议上承诺到2020年,单位国内生产总值二氧化碳排放比2005年下降40%~45%。这一个个宏大的目标需要国家机构的政策支持,更需要全民的参与,以小行动拯救大地球,"地球一小时"活动便是其中之一。

"地球一小时"是由世界自然基金会发起的应对气候变化的活动,呼吁个人、社区、企业和政府在3月的最后一个星期六晚上熄灯一小时,以减少二氧化碳排放量,从而使更多人重视全球的气候变化和节能减排的重要性。从2007年到2009年,从悉尼到88个国家的4159个城市的数亿人,包括73个国家的首都、世界十个人口最多城市中的九个的全球地标建筑都关灯一小时,表达了应对气候变化的立场。

2010年"地球一小时"活动是全球人民共同的盛会,我们的目标是:通过全球6000多个城市、超过10亿人的参与,政府、企业、社区的积极加入,使"地球一小时"成为世界上规模最大的环保行动。

我们很高兴看到×××这样的世界500强企业再次参与到"地球一小时"活动中来,在3月27日晚8:30-9:30,关上不必要的电灯和电器。内部员工从绿色节能做起,以实际行动带动社区和合作伙伴共同参与,承担更多社会责任,通过自身和社区的努力,践行低碳环保和环境可持续发展的承诺。

我们只有一个地球。世界自然基金会在此号召个人、企业、政府等通过自己的小行动,与全世界同胞共同减缓气候变化,并支持中国实现节能目标。

我们只有一个地球。"低碳生活,从我做起",分享绿色窍门,实践低碳生活,小行动拯救大地球,为实现中国的低碳目标添砖加瓦。

世界卫生日致辞

范例一

世界卫生组织总干事在世界卫生日的致辞

同志们、朋友们:

今天是世界卫生日。我们齐聚于此共同纪念这个伟大的节日。当我们发生紧急情况或灾害时,在随后这段时间内大多数人都会有丧生或得救的可能。人们指望医院和卫生机构作为生存的命脉和提供支持的栋梁,迅速而有效地作出回应。

重大紧急情况或重大灾害带来的悲剧会因卫生机构的瘫痪而加剧。当医院遭到破坏或者无法正常运转时,依赖紧急救护的病人可能会因此而失去生命。常规服务的中断也可能具有致命危险。当发生地震或洪水这类大型紧急灾害时,一些国家在最急需提供挽救生命的救治服务时,其医院的救治能力却可能已丧失了高达50%。卫生机构在紧急情况时无法运转,除了造成更多的痛苦和生命损失外,还可能导致舆论哗然,如果认为灾害要归咎于伪劣施工或违反建筑规范等人祸的话,情况就尤为严重。

公众的这种关切具有充分的理由。而建造一所能够抗震、抵御洪水或强风的新型医院,所花的费用并不惊人。甚至比改造现有设施,使其在危急时刻保持服务运转所需的费用还要少。将风险管理和应急准备纳入医院的业务计划,几乎不会带来任何费用。

为纪念今年的世界卫生日,世卫组织倡导实施一系列最佳做法,可在资源允许的任何情况下加强医院应对紧急情况的能力。除了安全选址和建造有抗灾能力的建筑物以外，良好的规划并事先开展应急演习，也有助于维持至关重要的功能。保证医院的应对措施经过充分验证，构建早期预警系统，对医院的安全性及时评估，这样既可保护设备和医用品，也可使工作人员在处理大量人员伤亡以及采取感染控制措施方面有所准备。

不同类型的紧急情况，有其带来伤害的典型模式，譬如地震造成挤压伤，洪水导致体温过低，需要进行相应的培训并提供医用品。这些需求事先可以预见到，可有针对性地调整快速应对能力。未雨绸缪是明智的做法。在全世界，紧急情况和灾害事件的数量呈上升趋势。随着城市化进程的加快，人们活动的场所日益拥挤，气候变化更带来日益频繁和益发严重的极端天气气候事件，各种紧急情况和灾害事件的上升趋势已不可避免。我们需要预见到，越来越多的地区将来可能成为灾害易发地区。

大量的经验表明，处于灾难和绝望境地时，如果医院依然完好并起到安全可靠的灯塔作用，即会带来巨大的回报，在政治层面上同样如此。我们不可忘记的是：医院和卫生机构属于一项重大投资。加强医院应对紧急情况的能力，就是对这项投资的保护，同时也在保护人们的健康和安全——这是我们的首要关注点。

范例二
联合国秘书长潘基文在世界卫生日的致辞

女士们、先生们：

今年我们世界卫生日的主题是"战胜抗菌药抗药性：今天不行动，明天无救药"。

抗生素和其他抗菌药物的发明促成人类健康的一些最令人瞩目的进展。在20世纪40年代这些药物问世之前，各种传染病每年都夺去数千万人的生命。这些药物的发明的确帮助人们减轻了传染病的威胁。

初期成果主要出现在收入较高的国家，也出现在贫穷国家境内比较富裕的人群之中。但过去 20 年来，新的公共卫生战略和筹资机制使较贫穷社区也能获得防治主要致命疾病的药物，这些疾病包括结核病、艾滋病毒、疟疾、肺炎和腹泻病。人类和动物用药的私营销售量也已显著扩增。

这些成果影响深远，但随着抗药性微生物的出现，我们现正面临失去许多这些珍贵药物的危险。抗菌药抗药性是一种自然现象，但药物的广泛使用、过度使用和滥用以及在保健和农业方面各种抗药性传染病的蔓延更加剧了这种现象。贸易、旅行和迁徙正增加这些微生物跨越社区和国界的传播。

有些曾挽救过我们父母和祖父母生命的药物今天已无法使用。抗药性造成卫生系统的巨大成本，正在造成越来越多的、不必要的生命损失，可能抵消我们在卫生有关的千年发展目标方面所取得的许多进展。这种情况还可能破坏用于防治非传染性疾病的其他现代药物和技术所取得的成果。最令人担心的情况也许是：研制新型抗菌药以取代已失去的药物的设想几乎已经枯竭。

世界卫生组织选择了"战胜抗菌药抗药性：今天不行动，明天无救药"作为今年世界卫生日的主题。抗菌药抗药性的出现是一个复杂的问题，涉及方方面面的利益攸关方，迫切需要在各国国内和各国之间通过跨部门的综合应对措施积极予以解决。

今天，世卫组织呼吁大家采取行动，通过以下六点政策总纲加强问责制并遏止抗药性的蔓延：共同规划；监测；药物监管；合理用药；预防和控制传染；创新和研究。各国政府、企业界和所有利益攸关方都必须响应这个号召，因为全球民众的健康和无数的生命正面临威胁。

世界地球日致辞

范例一

国土资源局某局长在第 39 个世界地球日的致辞

各位来宾、朋友们：

又是一个明媚春天到来了，迎来了又一个世界地球日。今年4月22日是第39个世界地球日。我们召开此次会议就是要提高公众对资源国情的认识，对地球在资源可持续开发、利用和管理以及防灾减灾中重要作用的认识。

在这个全人类共同讴歌地球母亲、保护资源环境的日子里，我们更加期盼真切地认识地球，尊重地球，保护地球，善待地球，祝愿我们人类能够和古老的地球一起和谐发展，祈愿我们的×××能天蓝、水清、人和谐。地球是太阳系中唯一适宜人类生存和发展的星球，是我们共同拥有的摇篮和家园。但近年来，地球上资源浪费、水土流失、生态失衡、灾害频发，使得人类生存环境面临着巨大的挑战。因此，善待地球，保护家园，实现可持续发展，是一项长期而艰巨的任务，也是关系改革开放和现代化建设事业成败的重大问题。

就我旗来说，大部分的土地是山地、丘陵与沙漠，人均耕地面积0.789亩，不到联合国粮农组织确定的0.8亩警戒线；从水资源来看，我旗近几年降水相对不足，每年都不同程度地存在干旱现象，境内××库渠大部分处于水量不充沛状态，人均拥有水资源量正逐年减少，部分××（镇）、村已出现了饮水难问题。从矿产资源来看，除煤炭、普通建筑用砂石资源还较丰富外，其他矿产储量都较少。

为此，旗委、旗政府对资源环境保护予以高度重视，提出要走既要保护资源又保障发展的新路子，从而实现全面协调可持续发展。近年来，我局积极响应号召，进一步加大闲置土地清理整顿力度，加快煤炭资源及非煤矿山的整合，以推进×××旗资源的节约集约利用水平。同时，我局结合节能减排工作，制定了2009年具体节约资源的四条措施：一是深入推进节约集约用地。二是对新建项目实施耗能审批制。三是加大矿产资源开发利用管理力度。四是推动部门机构节能。采取切实有效措施，节电、节水、节约办公用品、降低公务用车油耗。重点抓好各二级单位采暖、空调、照明系统节能改造以及办公设备节能。

朋友们，善待地球要从节约资源做起，要从自己做起，从细小的事情做起。善待地球就是善待自己，善待子孙。一年当中只有地球日这一天来关注我们生存的地球，这根本不够，也许人们需要"地球周"、"地球季"，更或许应该天天都是地球日。让我们积极行动起来，努力促进经济社会协调健康发展，为我们自己和子孙后代创造美好的生存与发展空间。

范例二
国土资源部某副部长在第40个世界地球日的致辞

各位来宾、各位朋友：

大家上午好！今天是第40个世界地球日。地球是人类的家园，我们在这里隆重举行"认识地球，保障发展——了解我们的家园深部"主题宣传活动，普及地球科学知识，宣传土地、矿产、海洋等资源国情，展示我国在对地球深部探测和资源发现方面的最新成就，促进公众对国土资源、对地球的认识，增强民众保护国土资源、保护环境和保护地球的意识。

"上天入地"一直是人类的两大梦想。在嫦娥探月、神七飞天的同时，我国科学家就一直在努力探索认识地球深部奥秘的科学方法和手段。中国于2007年在江苏成功进行了大陆科学钻探工程。2008年，在"5·12"汶川大地震发生后的第五个月，科技部、国土资源部和中国地震局又组织实施了汶川地震断裂带科学钻探工程，成为世界上响应最快的深部科学工程。今天，我们即将启动的深部探测与实验研究，是应用国际先进的探测技术对地球深部发起的又一次大型科学探索活动。

认识地球，保障发展就是要通过掌握地球各系统间相互作用规律，发现地球深部动力作用对人类生存发展的影响，从而找到一条科学防灾减灾，保护我们生存家园的健康发展之路；认识地球，保障发展就是要针对资源安全和保障中存在的突出问题，依靠科技进步加大深部资源勘察力度，不断探索新型资源，保障人类发展对资源的需求；认识地球，保障发展就是要倡导和推进资源的合理开发、科学利用，有效保护人类赖以生存的环境，实现经济社会发展和资源保护共赢，实现人与自然的和谐。

我们只有一个地球，这是全人类共同的家园。当前全球金融危机对各国经济社会发展都提出了严峻挑战，但历史经验证明，每一次重大危机都孕育着创新发展的新机遇。我们一方面要正视危机，主动作为，全力保增长、保资源安全；另一方面要解放思想，锐意进取，深化改革，转危为机，进一步提高统筹保障发展和保护资源的能力。

让我们从我做起，从现在做起，从点滴做起，科学合理地利用资源、节约资源和保护环境，实现人与自然的和谐发展，共同创造人类更加美好的未来！

范例三

国家环境保护部某副部长在第 41 个世界地球日的致辞

尊敬的各位领导、各位来宾、朋友们：

大家好！今天是第 41 个世界地球日，也是××环保联合会成立两周年纪念日。我代表国家环境保护部向××环保联合会表示热烈的祝贺，对今天参加活动的各位朋友表示由衷的感谢！

人类只有一个地球，而地球正面临着严峻的环境危机。如今，环境保护已经成为全人类共同关注的焦点，它不仅关系到国家的发展、社会的进步,同时也关系到我们每个人的生命和健康,它需要全社会的广泛支持和参与。

××环保联合会自成立以来,积极发挥桥梁纽带作用,为促进社会团体与广大群众更广泛的团结,帮助政府实现环境保护目标,合力推进我国环保事业的发展作出了积极的努力。今天,××环保联合会在此举办以"节约资源、保护环境、善待地球、持续发展"为主题的环保公益活动,倡导广大公众珍爱地球、保护环境,呼吁广大公众从自己做起,从小事做起,携手保护我们的家园,共建环境友好型和资源节约型社会。让我们团结起来,共同努力,为实现中华民族的可持续发展而奋斗!

预祝今天的活动圆满成功!谢谢大家!

世界读书日致辞

范例一
某市科协主席在世界读书日的致辞

尊敬的各位领导、来宾、朋友们:

阅读是公众获得知识、提升素质的重要途径。中共中央宣传部、中央文明办、新闻出版总署等部委共同向全社会提出"为构建社会主义和谐社会和全面建设小康社会,为中华民族的伟大复兴而读书"的倡议。

××书库基金会自2006年1月24日成立以来,积极实践着"发展××书库事业,传播优秀文化,提高全民素质"的宗旨,继承了××书库项目的优良传统,积极为农村及贫困地区教育服务,捐建各类希望图书图书馆、图书室、读书角共计536个,捐赠图书总计110万册,为丰富农村及贫困地区青少年的阅读活动、提高阅读水平作出了重要贡献;同时还成功开展和举办了一系列丰富多彩的公益活动,引导公众关注知识、关注教育,在推动开展全社会学习工程方面发挥了巨大作用,取得了良好的社会效益。

今天，××书库基金会联合了××图书大厦××部分爱心商场和高校学生共同举行世界读书日宣传活动。宣传活动围绕普及世界读书日知识开展，号召全民开展阅读活动，同时开展捐赠图书以及义卖等活动为贫困地区的青少年捐赠图书室，是有利于社会文明进步的好事。

正如温家宝总理所说："书籍是不能改变世界的，但读书可以改变人，人是可以改变世界的。读书可以给人智慧，可以使人勇敢，可以让人温暖。书籍是人类智慧的结晶。读书决定一个人的修养和境界，关系一个民族的素质和力量，影响一个国家的前途和命运。一个不读书的人、不读书的民族，是没有希望的。"

2007年是《全民科学素质行动计划纲要》全面实施的关键之年，我们要积极开展各种形式的科学教育、传播与普及活动，加强公民科学素质的基础建设，全面提升国民素质，创建学习型创新型和谐社会。相信此次的世界读书日宣传活动，会在引导对培养国民特别是青少年的阅读习惯，引导全民尊重知识，提高国民素质等方面具有深远的意义。

我谨代表北京市科学技术协会预祝"让穷孩子拥有××书库"2007年世界读书日宣传活动圆满成功！

范例二　文化部某部长在第14个世界读书日的致辞

同志们、朋友们：

4月23日是第14个世界读书日。这是书的节日，也是读书人的节日。书是人类进步的阶梯。读书可以抚育青年，慰藉老年。读书可以增进幸福，消灾解愁。在家时，给你带来快乐；外出时，让你心旷神怡。

1995年，联合国教科文组织通过决议，将每年的4月23日定为世界读书日，并呼吁："希望散居在全球各地的人们，无论是年老还是年轻，无论是贫穷还是富有,无论是患病还是健康,都能享受阅读的乐趣,都能尊重和感谢为人类文明作出巨大贡献的文学、文化、科学思想大师们,都能保护知识产权。"自那时以来,这个独树一帜、墨香洋溢的节日声誉日隆,受到全世界人们的关注和欢迎,其宗旨和意义也逐渐深入人心。设立世界读书日就是以节日的形式,让人们向那种健康、高尚、纯粹的生活方式回归,向那些为人类开拓了自由、丰富的精神世界的伟人致敬。这是真情的呼唤,这是深沉的缅怀。不论肤色、无分国别,人们在这个节日里表达对人类文明发展的信心和希望。在这一世界潮流之中,我们的热情也日趋高涨——多读书、读好书,正成为今天我们全社会的共识与需求,一股股清新的读书之风扑面而来。

在人类文明的历史上,书籍的发明和使用是一座巍峨的里程碑。一本本书的铺垫构成了人类向更高阶段攀登的基础。人类的阅读史几乎就是人类文明的发展史。书是人类精神财富的载体,人类的点滴进步和成果都在书籍里记录、传承并发扬光大。书是人类的记忆,告诉我们是谁、做了什么以及其中的荣辱得失。正因为书是人类历史与文明的结晶,所以每一次焚书都是对人类犯下的不可饶恕的罪过,而那些焚书者也被人们永远地钉在了历史的耻辱柱上。虽然野蛮的战火可能一次次将书烧成灰烬,但那丝毫不曾毁灭人类对书的珍爱以及贮藏其间的永恒价值。读书著书从来就是人类获得智慧、传递文明的极为重要的方式。

作为千年文明古国,我们的伟大传统之一就是以读书为尊为贵。"积财千万,无过读书。"读书可以明理得道,可以修身养性。"为学之道,莫先于穷理;穷理之要,必在于读书。"读书人在阅读之中,"手披目视,口咏其言,心惟其义","每有会意,便欣然忘食"。这种身心合一的阅读历程,赋予了读书极为厚重的神圣性和愉悦性。读书使我们思接千载,纵横万里,窥天地之妙,得万物之灵。文化的血脉、思想的精髓、国家的道统……都在读书中绵延不绝,久传于世。读书的传统早已沉淀在民族性格的深处。凿壁偷光,悬梁刺股,囊萤映雪……一个个动人故事形象地体现出中华民族对读书的酷爱程度。古人甚至有云："饥读之以当肉，寒读之以当裘，孤寂读之以当友朋，幽忧读之以当金石琴瑟也！"更可惊叹者，我们的祖先曾设计出一整套完备而行之久远的制度，让读书成为国人治国安邦的进阶。读书之兴衰实与我们个体与民族的命运转折息息相关，须臾不可分离。

当今时代，信息爆炸，潮涌而来，种种现代传播媒体在拓展人们视野的同时，也在挤占人们读书的时间。尤令人关切者，社会浮躁之风、快餐文化等诸种不利因素，也阻碍了全民阅读的展开与深入。近年来，一些社会调查所显示的国民阅读率的下降，正说明重申并弘扬读书传统的重要性和紧迫性。在知识经济时代，现代化建设比以往更倚重于知识的力量，更依靠于全民文化素质的提高。科技发展以人为本。在全社会大力倡导读书之风，提升国民的知识水平和自我学习及发展能力，特别是培养广大青少年的阅读兴趣，让读书成为人们终身追求的时尚，这对于建设学习型社会和创新型社会是十分有利的，更有利于实施科教兴国、人才强国的国家战略。由此可见，借助世界读书日这样的好形式，继承和发扬优良传统，营造浓浓的读书氛围利国利民意义深远。

世界读书日只有一天，但它的意义在于使每一天都成为读书日。身在热爱读书的国度，我们更应该同心享受每一天读书带来的进步和乐趣。愿每一个人爱读书、多读书、读好书。

范例三　某学院副院长在第15个世界读书日的致辞

老师们、同学们：

在第15个世界读书日来临之际，图书馆举行了以"和谐阅读、创新人生"为主题的读书日纪念大会，我代表学院领导向图书馆的全体员工和参加今天纪念大会的各位同学表示亲切的慰问！向参加纪念活动的老师、教授、专家表示崇高的敬意！

4月23日，是伟大的英国戏剧家莎士比亚和西班牙文豪塞万提斯逝世纪念日。1995年，联合国教科文组织把4月23日确定为"世界读书日"，并提出"让世界每一个角落的每一个人都能读到书"的口号，目前全球已有100多个国家和地区参与了此项活动。近几年来，中宣部、中央文明办、新闻出版总署等部门多次倡议全社会开展全民阅读活动。为了学习实践科学发展观，落实中宣部等部委的部署，推进和谐校园建设，提高大学生科学文化素质，建设学习型校园，图书馆做了许多工作，比如每月定期推荐畅销图书、举办《××讲坛》系列讲座、免费播放人文教育类节目等等，激发了大学生求知的欲望，活跃了校园文化生活。

大学生在校期间的学习尽管有很多渠道与方式，但最通用、最方便的方式仍然是阅读。我们要继承优良传统，结合时代需求，大力倡导读书的新风尚。我们要以世界读书日为契机，积极开展形式多样的读书活动，营造浓厚的读书学习氛围，养成"爱读书，读好书"的社会风尚，进一步提高每一位大学生的科学文化素质。

读书可以丰富生活，知识可以改变命运。同学们，你们是早上八九点钟的太阳，祖国的未来、民族的希望，归根结底寄托在你们身上。年轻时读书就像迎着朝阳走路，一定会奔向一个光明的未来。青年人养成爱读书、勤读书、读好书的良好习惯，不仅关乎自身的成长进步，而且关系到民族的整体素质和前途未来。希望你们以只争朝夕的精神，抓紧一切时间，刻苦读书，增长知识，提高素质，为富国兴邦、全面建设小康社会提供强大的精神动力和智力支持！

老师们、同学们，人的精神发育史，应该是他本人的阅读史；一个民族的精神境界，在很大程度上取决于全民族的阅读水平。让我们捧起书本，享受读书的快乐，追求知识的真谛！愿图书成为我们永远的朋友，愿读书永远伴随我们精彩的人生！

世界红十字日致辞

> **范例一**
> 中国红十字会党组某书记在世界红十字日的致辞

尊敬的各位领导、各位来宾、新闻界的朋友们：

今天是世界红十字日，我非常高兴参加第五届中国×××国际论坛。在此，我谨代表中国红十字会和中国红十字基金会，对中国××社、《中国××周刊》为"促进公益慈善、弘扬社会责任"所作出的不懈努力表示敬意，对长期支持论坛并担任指导单位的××部、×××等部委的领导及参与论坛的专家、企业、媒体表示衷心的感谢！

"中国式责任"是当前企业社会责任领域一个方兴未艾的焦点话题，非常值得新闻界和学界进行持续的关注和深入的研究，也需要企业界、公益界和政府采取切实有效的措施推动其发展。

在2009年底哥本哈根全球气候变化大会上，200多名中国企业家联合发表了哥本哈根宣言，首次以集体亮相的形式向全世界作出庄严承诺，将努力使中国企业成为"认真承担经济增长、生态保护和社会发展的责任的企业公民"。2008年，中国企业发布的各类社会责任报告的数量为169份，占全球报告总数的5%，而2009年达到了582份，占全球报告总数的15%，呈现一种井喷式增长态势。这一切都昭示着中国企业社会责任意识上的觉醒和行动上的跟进。

从纵向的时间纬度而言，中国式责任意味着传统性与现代性的承接与升级。中国传统伦理文化与现在企业社会责任存在着许多相通之处：第一，中国传统文化推崇的"义利统一"之道是现代企业伦理的基本命题之一，这一思想不仅在历史上孕育出中国特有的儒商精神，衍生出"童叟无欺"、"君子爱财，取之有道"等具体商业理念，而且也应该是现代企业生产经营活动所必须遵循的基本价值规范；第二，中国传统伦理中"以理制欲"的理念作为一种道德原则，对于当代企业的理念和行动也有很大启迪，使得现代企业在制造产品、赚取利润和市场竞争等方面，能清醒有效地保持知节、知止、知退的理智态度。

从横向的空间纬度而言，中国式责任意味着全球化与本土化的碰撞与融合。一方面，全球500强已经有三分之二以上在中国设立了企业或分支机构，中国已经成为国际投资的热土和跨国公司供应链中的重要环节，这一趋势在全球金融危机中没有减退甚至更加明显，这意味着两个命题，即跨国企业需要融入中国当地社区和本土文化，中国企业也需要学习吸收西方现代管理制度及理念；另一方面，越来越多的中国企业正在走出国门、走向世界，它们不仅需要熟稔和遵守全球市场规则，也需要积极承担国际企业社会责任。能否承认和接受国际企业社会责任，代表着中国企业的胸襟和魄力，而能否履行和推动国际企业社会责任，则决定着中国企业在全球化市场上能走多远、走向何方。

作为以"人道、博爱、奉献"为宗旨的人道救助组织，中国红十字会和中国红基会一直致力于保护人的生命与健康、促进人类和平进步事业。一方面通过完善的组织体系提供公益项目的合作平台，为企业履行社会责任提供服务；另一方面通过组织论坛、媒体宣传、政策倡导等方式创造良好的氛围和环境，积极推动中国企业积极履行社会责任。2009年，中国红十字系统在参与汶川地震灾后重建、为台湾莫拉克台风提供人道救援等方面发挥着重要作用，中国红基会在福布斯2009中国慈善基金排行榜中排名第一，这离不开众多企业的鼎力支持，也是社会组织积极担当中国式责任的一种体现。

我们相信，本次论坛对中国式责任进行深入探讨，将推动中国企业社会责任进入一个崭新的纪元。我们愿意与论坛各指导单位和中国企业一起携手并肩，进一步推动中国企业积极履行社会责任，努力促进中国和谐社会的建设。

最后，祝愿本次论坛获得圆满成功！谢谢大家！

> **范例二**
> 某医院党委书记在世界红十字日的致辞

同志们：

今天是世界红十字日。在国际红十字会运动开展的一百多年时间里，无论是战争年代，还是和平时期，无论是灾害横行的时候，还是严重的突发事件面前，无数的会员们以"人道、博爱、奉献"的精神为保护人类生命和健康作出了不可磨灭的贡献，书写了可歌可泣、感人至深的动人篇章。我院作为，红十字会的团体会员，近年来，在市卫生局、市红十字会的指导下，积极广泛地开展了无偿献血、向灾区捐钱捐物、卫生救护知识培训、社区卫生医疗服务等工作，得到了社会各界的广泛赞誉。

今天，在这里我们欣喜地看到又有一批青年医护人员，在老一辈的殷殷嘱托中，接过鲜红的红十字会旗，宣誓成为红十字会会员。在此，我代表医院党政领导班子向大家表示祝贺，同时，我向大家提出两点希望和要求：第一，红十字会是从事人道主义工作的社会救助团体，是党和政府联系群众的桥梁和纽带。希望大家能够充分认识到红十字会的这一性质，把实现好、维护好、发展好人民群众的根本利益作为工作的出发点和落脚点，着眼于保护人民的生命和健康，尤其是要关注最易受损害的人群。我们开展的卫生救护工作、红十字关爱进社区和社会救护工作，就是我们红十字人的辛勤努力，为构建社会主义和谐社会贡献力量的实际表现。第二，开展群众性的救护训练是红十字会的传统工作，普及卫生救护和防病知识，进行实际救护培训，组织群众参加现场救护是赋予红十字会的一项主要职责，这都需要以我们自身业务技能熟练、知识全面为前提基础；希望大家能进一步增强光荣感和责任感，苦练内功，勤奋学习，只有这样才能更好地服务于社会。

红十字组织源于战地救护。"人道、博爱、奉献"这一红十字精神与我们医护人员"救死扶伤，治病救人"的天职是一致的，通过积极参与红十字会活动将会使大家对医生、护士这一职业内涵有更深刻的理解，希望大家能在活动中逐步树立和形成关爱社会、关爱生命、爱岗敬业、乐于奉献的良好医德。

红十字事业是崇高而伟大的，是造福民众的事业，是中国特色社会主义事业的组成部分，是建设社会主义物质文明、精神文明和全面建设小康社会的重要力量。希望我们青年会员能够继续发扬红十字精神，积极履行救助职责，为构建和谐稳定的社会奉献青春！谢谢大家！

世界电信日致辞

范例一
中国信息产业部某副部长在第40届世界电信日的致辞

各位来宾，同志们、朋友们：

早上好！

今天我们大家欢聚在这里，隆重纪念第40届世界电信日。在此，我代表中国信息产业部，向前来参加纪念大会的有关部门负责同志、业界同仁及新闻媒体的朋友们表示热烈的欢迎，向全行业广大干部表示亲切的慰问，向长期以来关心、支持通信事业发展的社会各界人士，特别是全国七亿多电信用户表示衷心的感谢！

国际电联确定今年世界电信日的主题是"保护未成年人网络安全"，这一主题具有鲜明的时代特征和很强的建设意义。当前在全球范围内，各种有害信息、系统安全漏洞和网络违法犯罪等网络与信息安全问题日渐突出，不仅制约了信息通信业的持续健康发展，也给国家的经济建设和人们的社会生活，尤其是青少年的成长带来了许多负面影响。如何保障信息网络的安全可靠运行，越来越受到社会各界的广泛关注和重视，已经成为世界各国政府主管部门、企业界和广大用户共同面临的一个严峻挑战。

改革开放以来，我国信息通信业取得了长足发展。信息通信业的持续快速发展，促进了信息技术的推广应用，在推进经济结构调整、改造和提升传统产业、改善人民生活水平等方面发挥了重要作用。在信息通信业的发展过程当中，我国政府一直对网络和信息安全问题给予了密切关注和高度重视，制定实施了国家信息安全战略，在加强网络安全检测、完善协调处置机制、开展网络安全技术研究、建设网络安全应急体系方面做了大量工作，基础信息网络和重要信息系统的安全防护能力显著增强。

然而，我们也清醒地看到，当前我国网络与信息安全工作面临的形势依然相当严峻：系统安全漏洞频繁出现，网络蠕虫病毒传播、黑客攻击等事件时有发生，严重威胁国家利益、公共利益和社会公众的合法权益；能够较好体现本民族优秀文化传统、具有较强吸引力的网页内容还比较欠缺，低级、庸俗的内容仍然存在。为此，我们将坚持以人为本，进一步建立和落实科学发展观，按照建设社会主义和谐社会要求，坚决打击网络犯罪，切实维护网络与信息安全，为推进信息社会建设提供坚实保障。具体措施有如下几点：

第一，坚持网络发展与网络安全两手抓，推动信息通信业的和谐、有序、健康发展。网络安全是信息社会健康发展的基本前提，没有安全就没有发展；第二，树立和落实社会主义荣辱观，构建健康和谐的网络环境；第三，加强科学管理和技术创新，建立完善的网络安全保障体系；第四，积极开展国际交流与合作，共同维护信息网络安全。

女士们、先生们，21世纪的信息网络不仅应该是一个技术先进、高效可靠的物理网络，更应该是一个内容健康、积极向上、弘扬科学、传播知识、净化社会风气的人文网络。让我们大家携起手来，开拓创新，扎实工作，为建立一个和谐、文明、繁荣的信息社会而共同努力。

谢谢大家！

范例二

中国移动某分公司董事长在2010年世界电信日的致辞

尊敬的各位领导、朋友们：

全球通信行业和电信用户一年一度的节日——"5·17"世界电信日到来了。借此机会，我谨代表××移动和公司全体员工，向长期以来关心、帮助与支持公司发展的各级领导、社会各界朋友和广大客户表示最衷心的感谢！

今年世界电信日的主题是"信息通信技术让城市生活更美好"，这与上海世博会主题相互呼应。随着全世界信息通信技术的飞速发展，信息通信技术已经延伸到城市生活的各个层面，与工作、学习和娱乐密不可分，成为现代人获取信息以及与外界沟通的重要工具。同时，信息通信技术还为城市面临的诸多问题提供了解决方案，令城市面貌为之一新。

作为一家移动通信运营企业，××移动一直致力于创造更美好的城市生活，在城市信息化方面付出了诸多努力。

我们积极搭建城市基础信息化平台。从2009年开始，我们积极开展TD-SCDMA建设运营工作。TD作为我国通信业百年史上第一个拥有自主知识产权的国际标准，是我国自主创新的重要里程碑。我们以多元化的信息化服务，助力提升城市信息化水平。××移动先后在政府、农村、企业等社会各个层面，与公安、电力、交通、银行和教育等各行各业合作，开发了政务通、警务通、农信通等一系列信息化产品和解决方案，有效降低了各个行业的运营成本，提升了信息化管理水平。我们长期致力于节能减排，助力建设资源节约型、环境友好型城市。公司专门设置节能减排办公室，通过不断在技术上创新，单位业务量能耗比2005年下降了约58%。

作为一个服务型企业，我们努力提升业务和服务水平，让城市生活更为便捷。针对学生、儿童、聋哑人、老年人等特定群体分别推出校讯通、爱贝通、爱心卡、晚晴卡等业务，用信息通信技术帮助城市特定人群提高生活质量。与此同时，我们积极开发网上营业厅等新型电子服务平台，凭借现代化的服务手段让客户足不出户就能够办理移动通信各种业务。

除此之外，我们还结合多年来应急抢险工作经验，建立了高效灵活的应急通信体系，提升城市应对突发事件的能力，让城市更安全。公司配备了61辆应急车到市，480台应急卫星电话到县，进一步提升了公众通信网络应对突发事件的能力。

在我们生活的这个时代，信息通信技术的发展深刻改变着当今生产生活方式，××移动持续发展的十余年，正是××信息化发展进程中的一个缩影。我坚信，随着城市的发展，××移动将继续努力，为广大用户提供优质的信息化产品和优良的服务，实现城市社会与信息通信技术的融合与发展。最后，请允许我再次向长期关心、帮助与支持××移动发展的各级领导、社会各界朋友和广大客户表示最衷心的感谢与祝福！

谢谢大家！

世界无烟日致辞

范例一
某市副局长在第18个世界无烟日的致辞

同志们：

今天是世界卫生组织发起的第18个世界无烟日，也是中国连续开展世界无烟日活动的第18个年头。今年世界无烟日的主题是"卫生工作者与控烟"，口号是"卫生工作者——控烟的表率"、"劝阻吸烟——卫生工作者的职责"。

烟草危害是当今世界一个严重的公共卫生问题，同时又是一个社会问题。作为维护人类健康的卫生工作者，你们的职责是开展预防与医疗服务，倡导人们摒弃不良的卫生行为，采取健康的生活方式，提高和享有生命质量。因此，卫生工作者应当在控制烟草危害工作中发挥作用，做出表率，承担劝阻吸烟者戒烟的责任和义务。

但是，现实的情况却令人堪忧，我市的部分医疗机构有关控烟情况最新的调查表明，我市男性医生吸烟率高达62%，主动参与劝阻戒烟的人数仅占37%。正确掌握吸烟危害知识的医生不足50%，掌握戒烟技巧和提供戒烟服务的医生更是为数不多。这些数据明确无误地告诉了我们一个严峻的现实——在控烟的征程中，我们每一个医疗卫生机构和每一位卫生工作者不但肩负着我们本身职责的使命，仅就自身来讲也还有大量艰巨的工作要做。

今年的世界无烟日主题明确了卫生工作者在控烟工作中的责任和义务。我们今天开展的第18个世界无烟日活动，就是要求我们各医疗卫生机构和每一位卫生工作者都要充分认识到烟草的严重危害和我们自身的神圣责任，并在制度上和我们的工作中落实倡议书中的要求。

最新的医疗卫生工作者吸烟情况调查表明，我们面临的形势依然严峻，各医疗卫生机构和每一个卫生工作者都要提高责任感，积极参与到控烟工作中，切实落实各项政策法规和控烟措施，为保护广大公众的健康、为我市的控烟工作发挥积极作用。我相信，随着我国国民经济的发展和人民文化教育水平的提高，经过医疗卫生机构和广大卫生工作者的共同努力，一定能够逐步控制烟草危害，不断提高人民的健康水平。

同志们，中国是世界上烟草生产和消费的大国，有3.2亿的吸烟者，每年死于吸烟相关疾病的人有100万人，控烟工作还面临许多困难和挑战，降低人群的吸烟率将是一项长期和艰巨的工作，因此，医疗卫生机构和广大卫生工作者做好控制烟草危害的工作责无旁贷。为了帮助人们提高吸烟有害健康的认识，逐步减少烟草消费，降低烟草对健康的危害，政府制定了一系列控烟法规和条例，开展了广泛的宣传和健康教育工作。同时，我国政府也正式签署了世界卫生组织《烟草控制框架公约》，控制烟草危害已经成为政府和社会各部门的重要职责和义务。

控制吸烟既涉及卫生部门，又涉及社会经济各个部门，既需要卫生部门坚持不懈的努力，也需要全社会的理解、参与和支持。在这里，我再次号召社会各界对控烟工作给予更多的关注和支持，医疗卫生机构和广大卫生工作者更好地发挥表率和示范作用，为我市控烟工作作出应有的贡献。

范例二

某学校校长在第21个世界无烟日的致辞

老师们、同学们：

今天我们迎来了世界卫生组织发起的第21个世界无烟日。本次无烟日的主题是"无烟青少年"，口号是"禁止烟草广告和促销，确保无烟青春好年华"。此次世界无烟日的主题，对于广大青年朋友们无疑是很有意义的。

烟草是人类健康所面临的最大且又可避免的危险产品，也是导致高达50%吸食者死亡的唯一消费品。20世纪烟草流行导致全球1亿人死亡，如果各国政府不采取有力措施，这个数字将在21世纪变成10亿，而且80%发生在发展中国家。全世界只有5%的人生活在完全禁止烟草广告、促销和赞助的国家，10亿青少年中的85%生活在发展中国家。烟草业的广告和促销活动，能诱惑青少年吸烟。青少年一旦尝试了烟草这一高度成瘾的产品，很容易造成终身烟草依赖。广泛禁止烟草广告和促销，杜绝烟草行业对任何赛事或活动的赞助，是保护青少年不受烟草危害的最有效途径之一。

我国有3亿多人吸烟，约占全球吸烟总人数的三分之一。2005年的调查报告显示，我国15岁以上男女学生的吸烟率分别为22.4%和3.9%。2002年，男性教师吸烟率高达48.4%，这既给儿童青少年造成了不良影响，又为学校控烟工作增加了难度。

健康是人全面发展的基础，关系千家万户的幸福。儿童、青少年是祖国的未来，我们要提高全社会对吸烟危害的认识，保护未成年人。烟草促销活动与青少年第一次使用烟草制品存在因果关系，而烟草制品宣传广告的广泛传播是导致青少年使用烟草制品的重要因素。

保护人民健康的最有效途径之一就是禁止任何形式的烟草广告、促销和赞助。我们要为青少年学生创造良好的无吸烟环境，教育培养学生不吸烟。这样不仅有益于学生身心健康的发展，而且对民族体质的增强和整体人群健康水平的提高以及社会良好风尚的建立都具有深远的战略意义。

青少年正值生长发育旺盛时期，机体各系统、器官和组织还比较娇嫩，各种功能都还不够稳定，对外界的不利因素的抵抗力较弱，因而吸烟对青少年身心的损害更大，吸烟所致疾病，在青少年身上会产生更为严重的后果。再者，烟草中的一氧化碳与血液里的血色素亲和力极强，因可使人处于缺氧状态，从而破坏脑神经细胞的正常功能，导致头痛、失眠、注意力不集中、记忆力减退和理解能力变差。这样既有害于青少年的身体健康，又会影响学习效率。为此，我们倡议全体教职员工积极投入"创建无烟学校"的活动中去。学校领导将率先垂范带头不吸烟，学校的教室、实验室等公共场所严禁吸烟。积极宣传吸烟有害健康的科学知识，倡导并形成学生主动规劝家长、老师戒烟禁烟的良好氛围，把禁烟纳入精神文明建设的轨道中去。

让我们努力为青少年们创造一个良好的无烟环境吧！谢谢大家！

世界环境日致辞

> **范例一**
> 某市委副书记在2010年世界环境日的致辞

尊敬的各位领导，同志们、朋友们：

今年6月5日是第39个世界环境日。联合国环境规划署确定的今年世界环境日主题是"多样的物种·唯一的星球·共同的未来"。我国在呼应国际主题的同时,将今年我国的世界环境日主题定为"低碳减排·绿色生活",以此表明了我国政府坚持科学发展观、大力推行绿色新政理念和实现绿色发展、安全发展、可持续发展和人与自然和谐发展的坚强决心。

低碳经济是以低能耗、低物耗、低排放、低污染为特征的发展模式。倡导低碳经济,有利于缓解我国经济发展的资源约束矛盾、调整优化经济结构和转变经济发展方式,对于减少污染排放、探索环保新道路具有重要意义。

我市建市以来,市委、市政府高度重视环保工作,将污染减排作为可持续发展的一个战略性工作来抓,通过对××等重污染、高能耗行业的污染治理,以及强化环境监督管理,严格限制"两高一资"项目,污染物减排工作取得了显著的成绩。在全市经济持续平稳较快发展的同时,环境质量总体保持良好,××母亲河得到有效保护,经济、社会与环境保护协调发展。在此,我代表市委、市人大、市政府、市政协,向常年奋战在环保第一线的广大干部职工和关心支持环保事业的社会各界朋友,致以亲切的问候和崇高的敬意!

站在新的历史起点,市委、市政府正着力抓好"四大建设",加快建设面向东盟开放合作的区域性新兴城市。这是我市深入贯彻落实科学发展观,坚持以人为本,加快转变经济发展方式的重大举措,也是全市人民的历史使命和共同责任。当前,摆在我们面前的发展任务十分艰巨,经济发展与资源、环境瓶颈约束的矛盾日益突出,破解经济发展、城市建设与环境保护的重点难点问题非常紧迫,局部环境污染和生态恶化依然存在,污染减排任务依然艰巨,环境保护工作任重而道远。

我市各级党委、政府必须坚持科学发展观,牢固树立忧患意识,站在事关××长远发展的战略高度,充分认识环境保护工作的长期性、艰巨性和复杂性,大力倡导低碳经济,践行绿色生活,共同构建资源节约型、环境友好型社会。我们要提高环境守法意识,积极治理污染,推进清洁生产和资源综合利用,加快淘汰高能耗、高污染的落后生产能力,推进节能减排的科技创新。我们要争做实践低碳减排、减少污染、倡导生态文明的行动者。每个人节约一度电、节约一滴水、节约一两油,切实承担起社会责任,争当环境保护的宣传者、实践者、推动者。

保护好我们的生存环境,是历史赋予我们的神圣使命。我坚信,在"低碳减排·绿色生活"主题的号召之下,低碳、绿色将成为社会的主流理念和人们新的生活方式,全社会将形成人人参与节能减排、保护生存环境、建设生态文明的新风尚。让我们携手起来,共同努力,防治污染,保护环境,以更加优美的生态环境,用生态文明的理念,在加快转变经济方式的过程中走出一条低碳经济发展之路,加快推进面向东盟开放合作的区域性新兴城市建设。

绿色象征着生命,象征着健康,象征着活力。把××这座城市建设成为绿色家园,是每一位市民的共同愿望和责任。希望全市每个家庭、每位市民都能够从我做起,从现在做起,从眼前的事情做起,争做绿色文明的传播者,绿色家园的开拓者,为把××建设得更加美好贡献出自己的一份力量。

范例二 某自治区副主席在世界环境日的致辞

同志们:

世界环境日是一个全世界人民共同关注的日子。今天,我们在此召开座谈会纪念6月5日世界环境日,我代表××人民政府,向辛勤工作在环保战线的同志们表示亲切的慰问!向为全区环保事业作出积极贡献的各界人士表示崇高的敬意!

联合国环境规划署将今年世界环境日的主题确定为"森林:大自然为你效劳"。结合我国实际,国家将今年世界环境日主题确定为"共建生态文明,共享绿色未来",以此表明了我国政府坚持科学发展观、大力推行绿色新政理念和实现绿色发展、安全发展、可持续发展和人与自然和谐发展的坚强决心。

环境保护是我国的一项基本国策，是一项需要全社会共同参与的事业，是实施××可持续发展战略的前提和基础，关系每个人的切身利益。下面我就进一步加强全区环境保护工作讲三点意见。

一、从树立和落实科学发展观、构建和谐××的高度，充分认识××环境保护工作的重要意义。做好环境保护工作是树立科学发展观的必然要求和重要内容，是努力构建社会主义和谐社会的重要举措。构建民主法制、公平正义、诚信友爱、安定有序、充满活力、人与自然和谐相处的社会主义和谐社会，是"立党为公、执政为民"的本质要求，是维护人民群众根本利益的重要体现。人与自然和谐相处，是和谐社会的重要组成部分，是人类文明得以延续和发展的载体，是环境保护工作的奋斗目标。各级各部门要充分认识环境保护工作的重要性、艰巨性和复杂性，进一步增强紧迫感、责任感和使命感，坚持环境保护与生态建设并重的方针，为全面建设小康社会和构建和谐××提供良好的生态屏障。

二、以维护人民群众环境权益为宗旨，努力推进新时期环境保护工作。环境保护作为造福于民的积德事业，直接关系最广大人民的根本利益，得到了广大人民群众的衷心拥护和支持，引起了全社会的广泛关注。各级各部门要树立科学的发展观和正确的政绩观，切实维护好人民群众的环境权益，促进经济社会与环境协调发展，做到"四个到位"：一是宣传教育要到位；二是环境执法要到位；三是规划部署要到位；四是环境管理要到位。

三、加强领导，全面协调，努力形成环境保护合力。环境保护工作是一项系统工程，涉及方方面面的利益。因此，要进一步完善统一、协调的工作机制，充分调动社会各方面的力量，努力形成环境保护的合力，营造全社会齐抓共管的良好局面。

各级政府在谋划本地区经济社会发展时，要把经济增长与环境保护有机地结合起来，各司其职，共同肩负起环境保护的历史责任。切实把环境保护工作纳入国民经济和社会发展计划，加快经济结构调整、合理布局工业、开展循环经济试点，积极推行清洁生产，加大环保投入；要把环境保护作为科学研究的重要内容，加大环保科技开发力度，积极探索符合我区实际的环境科学实用技术；在资源开发中，要做到合理开发利用资源，提高资源利用效率，有效保护生态环境。通过全社会的共同努力，力争在我区逐步形成"政府领导、部门负责、环保监管、企业治理、公众参与、舆论监督"的环保工作新格局，推动我区环境保护事业全面健康发展。

同志们，让我们积极行动起来，与时俱进、开拓创新、增强信心、振奋精神、扎实工作，为全面建设小康社会，构建和谐××作出积极贡献！

谢谢大家！

世界献血日致辞

> **范例一**
> 某省卫生厅领导在2009年世界献血日的致辞

尊敬的无偿献血者，同志们：

今天，我们在这里隆重集会，庆祝第6个世界献血者日。首先，我代表省卫生厅向全省所有无偿献血者以及热心无偿献血事业的社会各界朋友、采供血服务人员致以节日的问候！对你们为拯救生命所作出的无私奉献表示衷心的感谢！

世界卫生组织、红十字会与红新月会国际联合会、国际献血组织联合会、国际输血协会，于2004年首次将发现ABO血型系统的诺贝尔奖获得者卡尔·兰德斯坦纳的生日——6月14日定为世界献血者日，并组织举办丰富多彩的庆祝活动，旨在通过这一特殊的日子来感谢那些为拯救他人生命而自愿无偿献血者，颂扬他们无偿捐助血液的奉献之举。同时，希望无偿献血的重要意义和献血安全的意识能得到全社会更广泛的认同，进而唤起更多人自觉加入到无偿献血的行列，为临床救助生命提供更充足、更安全的血液。

2004年至今，在各级政府的有力领导下，在社会各界大力推动和采供血工作者的辛勤努力下，特别是在广大志愿无偿献血者无私奉献和支持下，我省无偿献血事业一步一个脚印，一年一个台阶，取得了长足发展。2009年共有40余万人次参加了无偿献血，献血量比2004年翻了一番，达到了132吨，有效应对了去年底以来的长时间大范围的雨雪冰冻灾害天气，基本满足了临床用血需求，为保障全省人民的健康和生命安全发挥了巨大作用。

"大爱无疆，血浓于水"。血液是生命的源泉，是人间传递爱心的红色纽带；无偿献血是高尚的人道主义行为，是中华民族传统美德的传承，是社会文明进步和谐的标志，作为一项社会公益性事业，已深入人心，得到了全社会和广大公民的积极响应和共同参与。6年来，省暨××市每年举办大型庆祝活动，向所有无偿献血者和无偿献血志愿服务者表示感谢，感谢你们为挽救他人生命所作出的平凡而伟大的奉献，赞扬你们奉献社会的崇高品德，宣扬你们助人为乐的无私奉献精神！

"授人玫瑰，手留余香"。在此，我们呼吁所有健康适龄者尤其是广大富有朝气的青年同志们，要勇于承担起这份沉甸甸而又神圣的社会责任，履行公民责任，积极参与无偿献血活动，并用实际行动来感召、带动周围更多青年人和其他人献身献血事业，并逐步转变成固定自愿无偿献血者和无偿献血志愿服务工作者。让所有患者在需要用血时，都能及时得到无偿献血者捐赠的安全的、新鲜的"生命礼物"。同时希望采供血机构要进一步转变服务理念，提升服务水平，建立、完善固定自愿无偿献血者队伍，推动我省无偿献血事业健康、稳定、可持续发展。

最后，祝所有无偿献血者以及关心、支持无偿献血事业的各界同仁和从事无偿献血事业的同志们身体健康，家庭幸福，一生平安。

范例二 某卫生局副局长在世界献血日的致辞

同志们、朋友们：

今年的6月14日，是第7个世界献血者日，我局谨向长期以来以爱心、奉献和热血挽救了无数美好生命的全市无偿献血志愿者致以真挚的问候和崇高的敬意！向所有关心和支持我市无偿献血事业的各界人士表示衷心的感谢！

自无偿献血制度推行以来，我市的无偿献血有了长足的发展，自愿无偿献血人数逐年递增，无偿献血光荣的良好社会氛围正在形成，全市医疗临床用血已连续三年100%来自于无偿献血，近几年来全市由无偿献血者献出的鲜血每年超过四吨。尤其值得称道的是，市志愿者总会无偿献血志愿者服务总队成立一年来，无偿献血志愿者人数由成立之初的3000多人逐步发展到现在的下属11个大队14000多人。国家提出的"无偿献血由计划献血向自愿献血转移、由一次献血向多次献血转移、由一次献血200毫升向400毫升转移、由献全血向献成分血转移，由城市向农村延伸"的目标正在加快实现。

众所周知，血液是生命之源，而自愿无偿献血则是安全血液的基础。今年世界献血者日宣传主题为"安全血液促进母亲安全"，强调了自愿献血者的爱心捐献在拯救千百万母亲及新生儿的生命方面所发挥的至关重要的作用。据悉，全世界每年有50多万妇女在妊娠或分娩期间发生不必要的死亡，其中99%发生在发展中国家或区域，孕产妇如出现严重出血而得不到及时的输血，可能在两个小时内死亡。在所有孕产妇死亡中，有多达四分之一可通过获得安全输血予以拯救。无偿献血者的爱心之举，让无数垂危病人看到了生命的曙光，感受了血浓于水的温情，也为倡导文明新风尚、构建和谐社会作出了积极贡献。

无偿献血是一项光荣而神圣的使命，需要爱心、勇气和精神，它更是人们不可推卸的责任，是现代文明的集中体现。身体健康是人们共同的愿望，社会和谐是人们共同的理想，让我们主动承担起关爱他人的责任，加入到自愿无偿献血的行列，为家乡人民的健康、和谐奉献出自己的一腔热忱！希望更多市民能加入到无偿献血队伍中来，继续传递爱的火炬，为人间洒满爱的光辉！

谢谢大家！

国际禁毒日致辞

范例一

某区区委书记在国际禁毒日的致辞

各位市民、各位群众：

今天，是2009年"6·26"国际禁毒日，区禁毒委、区委宣传部、××镇政府在这里联合举办"珍惜生命，远离毒品，参与禁毒"为主题的禁毒宣传活动，目的是进一步促进我区禁毒宣传工作的深入开展，充分调动广大群众参与禁毒这项人民战争的积极性。今天的集中宣传活动，得到了××镇政府、团区委和有关禁毒成员单位的大力支持。在此，我代表区委、区政府表示衷心的感谢。下面，我借此机会讲三点意见：

一、充分认识毒品的危害，自觉远离毒品。毒品问题已成为与恐怖主义、艾滋病并列的当今世界三大公害。新中国成立后，党和政府仅用几年时间就禁绝了毒品，创造了举世公认的奇迹。但是，进入20世纪80年代，由于受国际毒潮的影响，在我国已销声匿迹三十多年的吸毒贩毒现象又死灰复燃，迅速蔓延，禁毒形势日益严峻复杂。近年来，区委区政府对禁毒工作高度重视，采取了一系列措施加大打击毒品犯罪、安置戒毒人员就业和宣传禁毒预防教育工作的力度，禁毒工作取得了明显成效。但是，当前我区面临的毒情形势仍然比较严峻，在册吸毒人员比较多，娱乐场所吸毒问题尤其是吸食K粉、摇头丸等新型毒品有蔓延趋势，群众举报毒品违法犯罪的积极性不高，毒品引发的社会问题相对比较突出，已成为影响我区稳定发展大局的重要因素。

"吸毒害己、害家、害国"，这早已成为人们的共识。毒品问题是当今社会最为引人关注的问题，是关系到千百万家庭幸福，关系到社会稳定，关系到国家民族兴衰的重大政治问题。毒品犯罪严重破坏社会经济的发展，严重阻碍先进文化的健康发展，危害广大人民的根本利益。毒品问题诱发大量社会治安问题，危害社会稳定，败坏社会风气，导致大量犯罪。针对毒情的严重状况，近年来，国家和省市对禁毒工作高度重视，制定了一系列禁毒工作措施，组织开展了禁毒人民战争，推动了禁毒工作的深入开展。希望大家从我做起，从现在做起，充分认识毒品的危害，珍惜生命，远离毒品，参与禁毒斗争。

二、严厉打击毒品违法犯罪活动，坚决遏制毒品来源。树立"毒品一日不绝，禁毒一刻不止"的思想，按照省委提出的"提高认识，教育为先，严厉打击，全员收戒，综合治理"的禁毒工作方针。继续组织打好禁毒人民战争五大战役，健全和完善打防结合、标本兼治的禁毒工作长效机制。公安机关将进一步加大缉毒破案和吸毒人员收戒力度，强化堵源截流措施，严厉打击零包贩毒活动，坚决摧毁辖区贩毒网络，加强娱乐场所涉毒活动和地下制贩毒窝点的查处力度，强化戒毒人员尿检措施，坚决遏制毒品来源，遏制毒品危害，遏制新吸毒人员滋生，全面遏制毒品违法犯罪，使我区在册吸毒人员逐年减少，毒品形势严峻的局面得到明显好转。

三、动员和组织广大人民群众，积极参与禁毒人民战争。深入开展禁毒人民战争，是广大人民群众的共同愿望和呼声，是一项得民心、顺民意的民心工程。我们要坚持"四禁"并举的方针，以对党、对人民、对子孙后代高度负责的政治责任感，全力以赴投入到禁毒人民战争中来。认清毒品危害，明辨是非美丑，自重自爱，远离毒品；要教育、帮助家人、亲友千万不要沾染毒品，对已经沾染的，要主动到公安机关登记，积极接受戒毒治疗；要勇于向政府有关部门举报毒品违法犯罪分子，在全社会形成对毒品人人喊打的良好氛围。我相信，有各级党委、政府的坚强领导，有各部门的齐抓共管，有社会各界和广大人民群众的积极参与，我们一定能够夺取禁毒斗争的全面胜利。

禁绝毒品，功在当代，利在千秋。让我们在区委、区政府的领导下，积极行动起来，继续深入开展禁毒人民战争，为我区创建文明城市、构建和谐××作出新的贡献。　谢谢大家！

范例二　海关总署某书记在国际禁毒日的致辞

各位来宾、各位朋友：

在又一个国际禁毒日来临之际，今天我们在170年前虎门销烟的原地举行中国海关销毁毒品活动，这是让人振奋的有意义的活动。首先，我代表海关总署党组，向出席这次毒品销毁活动的各位领导、来宾和朋友们表示热烈的欢迎！

170年前，虎门销烟的熊熊烈火点燃了中华民族的爱国热情，向全世界宣告了中华民族禁绝毒品和抵御外侮的坚强决心，在中国近代史和世界禁毒史上谱写了光辉的一页。

近年来，毒品问题在全球持续蔓延，严重威胁着人类生存和发展，禁绝毒品成为全世界刻不容缓的共同责任。作为国家进出境监督管理机关和国家禁毒委员会的组成部门，海关担负着打击走私毒品犯罪的重要职责。

多年来，特别是2005年中央部署开展禁毒人民战争以来，全国海关承担一线缉毒任务的关员忠于职守，无私奉献，用汗水、鲜血乃至生命，坚决遏制毒品走私入境，海关缉毒工作取得了显著成效。截至今年5月，海关共查获走私毒品案件1855起，缴获海洛因、冰毒、大麻等各类毒品5187千克，抓获犯罪嫌疑人2331名。××同志充分肯定海关缉毒工作，称赞海关"开辟了禁毒人民战争的第二战场","在打击走私毒品中取得了积极成果,为堵截源头作出了重要贡献"。

当前,毒品走私形势仍然严峻。重拳打击毒品走私不仅是海关的责任,也是地方政府的责任。我们要进一步增强政治意识、大局意识、责任意识和忧患意识,一如既往全力支持和配合海关缉毒打击工作,坚持把严打毒品犯罪作为社会治安综合治理的突出任务,加强源头防治,和海关一起努力构筑防控毒品走私的钢铁长城。我们坚信,有党中央的英明领导,有海关总署的正确决策,海关打击毒品走私一定能取得新的更大的成绩!

今天,我们在这里举行毒品销毁活动,集中销毁近年来海关缴获的走私毒品,既是铭记历史,更是宣誓决心。全国海关将继续保持高度的政治责任感,切实履行缉毒等边境保护职责,加强查缉工作,不辱使命,做忠诚的国门卫士,坚决维护国家政治经济安全和社会和谐稳定,全面建设让中央放心、让人民满意的海关!

最后,祝愿此次活动取得圆满成功。谢谢大家!

范例三　海关总署某新闻发言人在国际禁毒日的致辞

女士们、先生们:

上午好!今天,是2010年6月26日国际禁毒日,我们在171年前民族英雄林则徐虎门销烟的地方,公开销毁毒品并举办新闻发布会和海关缉毒成果展。我们希望通过这一活动,进一步强化禁毒意识,宣示禁毒决心,震慑毒品犯罪,努力夺取海关禁毒人民战争新胜利。下面向各位简要介绍去年以来海关打击毒品走私的总体情况:

海关是全国禁毒人民战争的重要力量,总署党组高度重视缉毒工作。2009年以来,按照国家禁毒委的统一部署,全国海关在进出境环节中充分发挥堵源截流的职能作用,截至今年5月底,共查获走私毒品案件657

起，缴获各类毒品共计2433.5公斤，抓获犯罪嫌疑人721名。海关缉毒工作在三个方面取得了显著成绩：

一是货运渠道缉毒工作取得重大突破。货运渠道毒品走私的特点是规模巨大，数量惊人。2009年海关查获的海洛因数量是往年的4.7倍。其中，2009年10月，××海关在进境货运渠道查获夹藏在大理石地砖中的海洛因500余公斤；随后，又连续在货运渠道查获3起特大毒品走私案件。仅这4起案件，查获的海洛因就超过1吨，是新中国禁毒史上查获的走私海洛因数量最大的系列特大毒品走私案，受到国务院领导同志的充分肯定。

二是邮政、快递渠道缉毒效果明显。近年来，国际邮递、快件渠道走私进境毒品案件频发。国际贩毒团伙主要手法是将藏有毒品的邮包投递到国内大中城市，毒品真正的收货人藏身幕后，而委托或雇佣国内不知情的人员或商铺代收邮件以逃避打击。针对上述情况，我们对来自重点国家和地区的物品实施重点查验，深挖走私毒品的幕后操纵者，与邮政、快递等部门加强合作。从今年一季度邮递、快递渠道发案数看，仅为去年四季度的三分之一，打击效果明显。我要特别提到，媒体的广泛宣传报道对此也起到了积极的作用。

三是缉毒犬查毒成效显著。2009年全国海关缉毒犬查获毒品案件100起，是前5年的总和。这得于益中国海关已经形成了"人员、缉毒犬、检验设备、情报"四位一体的海关缉毒机制。目前，中国海关在北京、云南、深圳有3个缉毒犬基地，在15个直属关区设立了29个缉毒犬队，使用缉毒犬执法的范围覆盖了各类海关监管点244个。内地海关还为香港海关培训了一批缉毒犬训导员和缉毒犬，查获了多起各类毒品案件。

海关作为国家禁毒工作的前沿阵地，将继续保持高度的政治责任感，切实履行缉毒等边境保护职责，按照国家禁毒委统一部署，开展禁毒严打整治工作、深入推进禁毒人民战争，为促进社会和谐稳定作出新的更大贡献。谢谢大家！

国际扫盲日致辞

> **范例一**
> 联合国秘书长潘基文在 2010 年国际扫盲日的致辞

尊敬的各位嘉宾，女士们、先生们：

今年的国际扫盲日纪念活动突出展示识字在增强妇女能力方面的中心作用。识字改变妇女的生活，也改变她们的家庭、社区和社会。识字的妇女更有可能把子女尤其是女孩送去上学。通过识字，妇女在经济上变得更加独立，更积极地参与自己国家的社会、政治和文化生活。所有证据都表明，投资开展妇女扫盲能带来很高的发展红利。

在达喀尔世界教育论坛上，各国政府提出了到 2015 年将文盲成年人的人数减少一半的目标。在论坛举办以来的过去十年里，妇女扫盲在政治议程上的地位更加突出。联合国扫盲十年（2003 年至 2012 年）为减少文盲提供了进一步推动力。文盲率正在下降，但六个成年人中大约有一个仍然不会读写；文盲成年人中三分之二是妇女。

全世界需要为旨在增强妇女能力的高质量扫盲方案提供更多资金，开展持续的宣传，并确保小学和中学阶段的女童和男童不会成为新一代青年文盲。教科文组织今天把国际扫盲奖授予佛得角、埃及、德国和尼泊尔的方案，把这些方案作为卓越和创新的典范。每一个方案都实实在在地证明了识字对生活环境迥异（从乡村环境到移民城市社区）的妇女产生的深远而积极的影响。这种方案应该得到广泛效仿和推广。

每一个识字妇女都是对贫困的一次胜利。值此国际扫盲日之际，我敦促各国政府、捐助者、非政府组织和所有发展伙伴能给世界各地的妇女带去文化。识字是发展和繁荣必不可少的基础。通过扫盲增强妇女的能力，就是增强我们所有人的能力。

> 范例二
>
> 联合国教科文组织某干事在2011年国际扫盲日的致辞

尊敬的各位嘉宾，女士们、先生们：

今年的国际扫盲日特别关注扫盲与和平的必然联系。持久和平建立在尊重人权与社会公正的基石之上。扫盲就是一项人权，是全民教育和终身学习的基础。扫盲是和平的首要必备条件，因为它具有多重益处，惠及人类、文化、社会、政治和经济等各个领域。

在当今由知识推动的社会中，没有基本知识愈加成为受排斥和边缘化的同义词。根据最新统计数字（2009年）表明，7.93亿成人没有基本识字能力，其中大多数是女童和妇女。另外，有6700万小学学龄儿童没有上小学，7200万初中学龄儿童错失了受教育的权利，因而有可能产生新一代文盲。这一令人无法接受的局面阻碍减贫和推动人类发展的一切努力。这是对人权与基本自由的侵犯，并对和平与安全构成威胁。扫盲是发展的加速器、和平的推动力。

首先，扫盲可增强个人能力，赋予人们各种技能和信心，使其能够捕捉必要信息，在对其家庭和社群具有直接影响的问题上作出明智选择。

其次，有基本知识是个人切实参与民主进程、在社区组织中要求发言权、获取政治知识并从而为制定高质量的公共政策作出贡献的一个条件。

再者，扫盲计划能增进相互理解，使人们得以交流思想，表现、保持和发展自己的文化特性和多样性。除非通过倡导相互理解、尊重、宽容和对话的包容教育系统找到在本国公民之间建立相互信任的途径，否则没有一个国家能奢望为和平创造经久不衰的条件。必须将扫盲纳入建设和平的进程，从而播撒下和平的种子，促进对话与和解，赋予青年和成年人谋求体面工作所需的技能。

2011年国际扫盲奖表彰体现出扫盲在促进人权、性别平等、冲突解决和文化多样性中的起核心作用的开创性计划。所有计划都突出说明，即使在最困难的情况下，优质扫盲计划也会有成效，能使青年和成年人的生活发生永久性变化。投资扫盲计划是一个明智而又必要的发展选择。扫盲是促进可持续发展与和平战略的一项主要内容，是实现全民教育和千年发展目标的关键。世界迫切需要各国的政治领导人对扫盲作出更坚定的承诺并以充足的资源作为这种承诺的后盾，扩大切实有效的计划。

今天，我敦促各国政府、国际组织、民间社会和私营部门将扫盲作为一项政策重点，使每个人都能发掘自己的潜力，积极参与建设更加可持续、公正与和平的社会。

国际保护臭氧层日致辞

范例一
某大学校长在2009年国际保护臭氧层日的致辞

尊敬的各位嘉宾，女士们、先生们：

在这秋高气爽的金秋时节，在第15个国际保护臭氧层日到来之际，来自联合国环境规划署的各位贵宾，与来自有关部门、企业界的朋友们，以及北京高校的师生代表在美丽的××会聚一堂，隆重纪念2009年国际保护臭氧层日，共商企业在保护臭氧层及气候系统中的职责。首先，我谨代表××大学，对本次活动的举办表示热烈的祝贺，向出席活动的各位中外嘉宾表示诚挚的欢迎！

臭氧层是地球的天然屏障，臭氧层的破坏将给人类健康和生态环境带来严重危害。然而，近年来，随着世界经济特别是各国工业化快速发展，全球能源、环境、气候变化问题日益突出，臭氧层破坏也已经成为当今国际社会各国面临的共同挑战，它不仅仅是减缓经济增长、阻碍社会进步的巨大障碍，更是迫使我们转换认知模式、改变生活方式的重要力量。

当前，全球金融危机加剧蔓延，世界经济增长明显放缓，对各国经济发展和人民生活带来严重挑战。在这样的形势下，我们应对臭氧层破坏问题的决心绝不能动摇，行动绝不能松懈，必须坚持在可持续发展的框架下，依靠科学技术进步的力量，与国际社会携手合作加以积极应对。国际保护臭氧层日的确定，正是表明了国际社会对臭氧层耗损问题的关注和对臭氧层保护的共识。

以臭氧层破坏为代表的能源、气候变化以及环境保护问题是国际社会普遍关心的重大全球性问题，事关人类的生存环境和各国的繁荣发展。多年来，××大学始终以负责任的态度高度重视能源、气候变化以及环境保护问题，通过启动以创建可持续的"绿色校园"为代表的系列示范项目，逐步建立了相对完善的环境科学学科体系，广泛参与国际社会应对气候变化统一行动，为国家的环境生态保护事业培养和输送了大批高素质的专业人才。同时，注重将生态文明和可持续发展理念融入学生的校园文化生活，加强校园的可持续建设，大力推行节能减排设施，积极推动中国环境保护与可持续发展战略的实施，为节能减排和应对全球气候变化作出了积极努力。

今年国际保护臭氧层日的主题是"全球合作，保护臭氧层"。这一主题提醒我们，臭氧层破坏问题是局部的、国家的，更是地区的和全球性的重大问题，需要国际社会共同努力加以应对，尤其是需要通过加强私营企业、消费者、大学生与传媒各个利益相关方的联系，提高公众对保护臭氧层相关问题的认识，促进各方帮助中国和国际社会履行《蒙特利尔议定书》中的各项承诺。

我相信，本次由联合国环境规划署和××大学合作主办的纪念国际保护臭氧层日活动，将为政府、企业、消费者等各方搭建起相互交流和研讨的良好平台，对我国履行保护臭氧层国际公约产生积极的推动作用。让我们携起手来，为深入开展臭氧层保护等工作而共同努力！

最后，预祝本次纪念国际保护臭氧层日活动取得圆满成功！祝各位嘉宾和朋友们身体健康，工作顺利！

谢谢大家！

> **范例二**
> 国家环境保护部某副部长在 2010 年国际保护臭氧层日的致辞

尊敬的各位嘉宾，女士们、先生们：

今天是国际保护臭氧层日。在第 16 个国际保护臭氧层日来临之际，来自联合国环境规划署的各位贵宾，与来自有关部门、企业界的朋友们，以及新闻界的各位朋友们在此欢聚一堂，共同纪念"9·16"国际保护臭氧层日。在此，我谨代表国家环保部门对这次纪念大会的举办表示热烈的祝贺，向出席此次纪念大会的各位嘉宾表示热烈的欢迎和衷心的感谢！

臭氧层是地球的天然屏障，臭氧层的破坏将给人类健康和生态环境带来严重危害。为了保护臭氧层，全球都在积极行动。我国政府重视环境保护，倡导在公平、公正、合理的基础上共同解决全球环境问题。自 1991 年加入《关于消耗臭氧层物质的蒙特利尔议定书》（以下简称《议定书》）以来，中国政府高度重视臭氧层保护工作，经过持续不断努力，中国分别于 1997 年、1999 年、2002 年、2003 年实现哈龙、全氯氟烃、甲基溴、甲基氯仿生产和消费的冻结；2007 年 7 月 1 日，中国提前两年半完成全氯氟烃和哈龙的淘汰；2010 年 1 月 1 日，中国全面淘汰四氯化碳和甲基氯仿。

20 年来，中国淘汰消耗臭氧层物质共计 10 万吨的生产量和 11 万吨的消费量，约占发展中国家淘汰总量的一半，圆满完成了《议定书》阶段性履约任务。总结过去 20 年中国保护臭氧层取得的成绩和经验，政府重视和广泛合作是成功履约的重要前提，完善的政策法规和监督管理体系是成功履约的坚实基础，多边基金支持和技术转让是成功履约的有力保障，替代技术和替代品是成功履约的关键因素，行业方式和持续创新是成功履约的重要途径。在过去 20 年的履约过程中，中国结合形势发展和自身实际，不断扩宽履约管理思路，创造了很多"第一"，包括第一个编制完成国家方案，第一个制定加速淘汰计划，第一个推行工业重组，第一个提前实现淘汰全氯氟烃和哈龙目标。

中国保护臭氧层工作虽然取得了积极的成效，但也要看到，目前中国含氢氯氟烃淘汰任务还十分繁重，其他物质淘汰收尾工作存在难度，履约后续监管还存在薄弱环节，下一阶段履约工作仍然任重而道远。为确保履约工作的深入开展，必须认真贯彻落实《消耗臭氧层物质管理条例》的各项规定，进一步创新机制，确保实现《议定书》确定的履约目标。一要贯彻落实《条例》，依法管理和经营。尽快出台相应的配套管理制度，加强监督执法，严厉打击违法行为；加强《条例》的宣传和实施，加强企业自律，引导行业健康发展。二要加强科技创新，推动发展方式转变。把推动替代技术进步和创新放到更加突出的重要位置，争取在较短的时间内开发出一批具有自主知识产权的、适应中国国情的、低碳节能的消耗臭氧层物质替代技术，初步建立起一定规模的替代品生产能力，促进替代品的应用。三要实施重点项目，实现消耗臭氧层物质削减目标。在积极抓好执行行业计划的实施和收尾的同时，组织实施好制冷、泡沫、维修和清洗等含氢氯氟烃淘汰管理计划的申报和实施；加强与相关国际执行机构、多边基金执委会及秘书处的沟通和协调，积极创新项目实施管理机制，确保削减目标如期实现。四要深化国际合作，相互帮助实现共赢。继续参与公约进程的磋商和谈判，协商解决公约进程中面临的问题，认真落实缔约方达成的各项决议，积极履行责任和义务，积极争取国际援助资金和技术转让，为国内履约创造有利条件，促使公约目标早日实现。

在新的世纪，让我们一起携起手来，为深入开展臭氧层保护工作而共同努力！

谢谢大家！

国际和平日致辞

> **范例**
> 联合国秘书长潘基文在国际和平日的致辞

各位嘉宾,女士们、先生们:

今天,我们纪念一年一度的国际和平日,一个专为致力于停火和非暴力而设的日子。和平至为珍贵,必须得到扶持、维护和捍卫。

正因为如此,每年的国际和平日,我都要在联合国总部敲响和平钟。也正因为如此,每天我都在为和平而工作。我在对立双方之间进行调解。我提请警惕对和平的威胁,既警惕显而易见的威胁,也警惕那些时隐时现的威胁。我倡导宽容、公正和人权,并大力宣传国家之间和人民之间和睦相处。

今年的和平日是属于年轻人的。本月适逢国际青年年开始,主题是对话和相互了解。这一主题抓住了和平的核心。如今的年轻人对全球多样性并不陌生,在一个相互连接的世界中游刃有余。但他们也易受极端势力的影响。因此,我要对各国政府和我们的合作伙伴说的是:让我们为年轻人更加努力,让我们给他们一个和平与宽容的世界。

我要对所有年轻人说的则是:请与我们站在一起,帮助我们为和平而工作。你们年轻人失去耐心了,因为你们看到你们的长辈未能阻止贫穷和饥饿、不公正和有罪不罚、环境退化等现象年复一年地顽固存在。

距离实现千年发展目标的目标日期仅剩5年。在此之际,我请所有人,不分老少,都来帮助我们寻找解决这些全球问题的全球办法。交流你们的计划和想法,带着创意和激情行动起来。帮助我们为所有人的和平与繁荣而奋斗!

世界旅游日致辞

范例一
某旅游局局长在世界旅游日的致辞

女士们、先生们、朋友们：

大家好！

"9·27"世界旅游日是全世界旅游者和旅游从业人员的节日，联合国世界旅游组织将2010年世界旅游日庆祝活动全球主会场设在中国，我们感到十分荣幸。

届时，中国将在重点旅游省份——××省，围绕旅游与生物多样性的主题，开展形式多样、内容丰富的庆祝活动。我们热忱欢迎全球旅游界的同仁们和热爱旅游的广大朋友们，一起欢度这一节日。

旅游业是当今世界最富活力和发展潜力的朝阳产业。中国政府决定把旅游业培育成国民经济的战略性支柱产业和人民群众更加满意的现代服务业，积极发展乡村旅游、生态旅游等多样化旅游产品，努力实现旅游业可持续发展。我们愿利用举办世界旅游日活动的契机，与各国开展更为广泛的旅游交流与合作。

朋友们，期待与您相聚于中国，共同欢度我们的节日，共同分享这精彩纷呈的上海世博会，参与激情律动的广州亚运会，体验神奇无限的中国旅游！

中国欢迎您！

范例二

世界旅游组织秘书长塔勒布·瑞法依在 2010 年世界旅游日的致辞

女士们、先生们：

我很荣幸参加 2010 年世界旅游日活动。首先，我谨代表世界旅游组织对 2010 年中国××国际旅游文化节成功开幕，向中国国家旅游局和××省人民政府表示热烈的祝贺！9 月 27 日对国际旅游界来说也是一个特别的日子。自 1980 年开始，这一天便作为世界旅游日被庆祝。

××是 2010 年世界旅游日的全球庆祝活动中心。今天，我们相聚在此，共同庆祝世界旅游日的 31 岁生日。与此同时，世界旅游组织的成员国们也在世界各地举行他们自己的庆祝活动。

女士们，先生们，2010 年也被定为联合国生物多样性年。我们旅游业界也积极参与这一全球性运动，将今年世界旅游日的主题定为"旅游与生物多样性"。

生物多样性对于旅游业发展的价值是无法估量的。它也是中国所拥有的宝贵旅游财富。但由于日益严峻的人口压力以及人类一些不可持续的活动，导致生物多样性在全球范围内面临被破坏的风险。不管是对于国际社会、各国政府、企业还是游客，保卫生物多样性已成为大家共同面临的迫在眉睫的挑战。我们必须共同承担起以可持续的方式管理地球宝贵资源的集体责任。我相信，以 2010 年为新起点，旅游业界将团结一致，在保护生物多样性和促进全人类共同发展等方面充分发挥自身的重要作用。

朋友们，去年我也在这里参加这场盛会。世界旅游组织已连续多年支持这一旅游文化盛事，因为它充分体现了中国政府对旅游业重要性的认可与实践。旅游业是联结不同民族与文化的纽带，是促进和平与理解的桥梁，是创造合作机会的平台。今年的旅游文化节除了继续体现旅游和文化的丰厚内涵，还将融入世界旅游日的主题，强调旅游和其他人类活动与生物多样性的紧密联系。

女士们、先生们，离我们上次见面已有一年时间了。正如你们所知，去年是国际旅游发展史上最困难的年份之一。然而，根据统计，2010年上半年国际游客抵达数量增长了7%，亚太地区则以14%的增长速度领跑旅游业的复苏进程。世界旅游组织初步预期2010年国际游客抵达数量将增长3%~4%，并继续保持这一预期。综合目前的增长速度以及持续好转的全球经济等因素，我们预计年底的数据将更接近甚至可能超过4%。

尽管正在目睹国际旅游业的明显复苏，我们仍须保持谨慎。在很多发达经济体，例如美国和一些主要欧洲国家，经济复苏的势头尚待巩固。此外，最近一些国家加大对旅游业和航空业征税力度的单边决定将损害长期以来旅游业对促进就业和经济增长的积极作用。

女士们、先生们，中国坚定发展旅游业的信念鼓舞人心，中国接待外国游客以及本国出境游客的数量都令人印象深刻。这进一步强化了世界对旅游业所发挥的积极作用的肯定，因为它不仅创造就业机会，促进贸易和增长，也推动绿色经济的发展。我愿在此重申我的观点，到2020年，中国将成为世界最重要的目的地。我很高兴地看到，在中国向这一宏伟目标迈进的过程中，××省正走在前列。

祝愿2010年世界旅游日全球主会场庆典暨中国××国际旅游文化节取得圆满成功！

范例三

某县县委书记在世界旅游日的致辞

各位领导、各位来宾，女士们、先生们：

在这丹桂飘香的金秋，我们在世界旅游日到来之际，迎来了首届××文化暨生态旅游节，历史将留住这一刻，×镇将铭记这一刻。在此，我首先代表中共××县委、县人大常委会、县政府、县政协和全县37万人民向各位嘉宾表示诚挚的欢迎！向一直以来关心支持××发展的省市领导和部门领导，向大力支持家乡建设的海内外所有××人、以及各界友人表示衷心的感谢！

××地处浙江省西南部，全县总面积1292平方公里，总人口37.25万人，是明朝开国元勋刘基的故乡。刘基，字伯温，谥号"文成"，辅助朱元璋一统大明江山，史称"帝师"、"王佐"，是我国历史上著名的政治家、军事家和文学家。××境内旅游资源极为丰富，拥有国家级文保单位——刘基庙（墓）、国家级森林公园——铜铃山、全国第一高瀑——百丈漈、华夏一绝——铜铃壶穴、华东第一大峡谷——岩门大峡谷、浙南最大淡水湖泊——珊溪水库飞云湖和独具民族特色的畲乡风情等宝贵的旅游资源。××丰富的旅游资源得到国家以及省市有关部门的充分肯定，正在申报国家级风景区。目前全县共有9万多人侨居在世界55个国家和地区，其中担任华侨社团副会长以上职务的侨胞就达200多人，被誉为"侨领之乡"。全县在台同胞2500人，台属21000人。

改革开放以来，××得益于党的政策和各界的大力支持，依托自身的山水优势，依靠全县上下的顽强努力，各项事业都得到了长足的发展。以生态旅游为主的第三产业正在崛起，生态型效益农业蓬勃发展，特色工业初具规模。目前，我们正按照生态旅游县的战略部署，聚万众之心，举全县之力，把生态旅游放在主导地位，狠抓生态产业，大创生态品牌，力建生态城镇，努力打造温州重点旅游休闲度假基地、沿海产业转移承接基地、优质农产品供应基地和劳动力输出基地，力争把××建设成为温州大都市美丽的后花园。

各位来宾、朋友们，展望××的美好前景，我们无比自豪。同时，我们也深知，××仍然是经济欠发达县，我们的差距和困难还很大。打造生态旅游县，任重而道远，还需要我们全县广大干部群众的艰苦奋斗，更需要各级领导、各界人士和在海内外发展的××籍人士的关心和帮助。在世界旅游日到来之际我们举办这次活动，既是进一步挖掘和弘扬刘基文化，提升文化品位，增强××人民创业动力的需要，又是推销和展示××山水,提高××的知名度、美誉度,充分发挥旅游资源优势,共同促进我们××县旅游事业的发展。

各位领导,各位来宾,今日××令人陶醉,明日××更加美好。××人民决心借刘基文化暨生态旅游节的东风,立足资源优势,加大旅游投入,进一步开放××,开发××,使××刘基文化走向全国、走向世界!

祝愿各位领导、各位来宾身体健康、事业发达、万事如意!

世界海事日致辞

范例一　某市市长在2007年世界海事日的致辞

尊敬的各位来宾,女士们、先生们:

上午好!今天我们在舒爽怡人的××迎来了又一个世界海事日。首先,我代表××市政府对此次纪念活动的成功举行表示热烈的祝贺!对各位领导、各国使节、各位专家和朋友们的到来表示诚挚的欢迎!

航海是人类最早探索、开发和征服海洋的先驱事业,是世界各国相互沟通、经贸往来和文化交流的重要纽带。郑和七下西洋是一件影响深远,具有世界意义的壮举。作为中国重要的沿海开放城市,××始终与港口航运共生共荣,已经成为太平洋西海岸重要的国际贸易口岸和海上交通枢纽。2006年,××港吞吐量跻身世界大港十强,以物流运输、船舶工业、海洋渔业、滨海旅游等为主要特色的海洋产业已占全市经济总量的12.5%。港航业的快速崛起促进了××全面发展,使之成为中国重要的经济中心城市、海洋科研城市、品牌城市和旅游度假城市。

正是基于丰厚的海洋文化底蕴,独具的海洋环境特色,××分享了2008年北京奥运会帆船比赛城市的殊荣。我们正在全力打造中国的"帆船之都",具有国际水准的××奥林匹克帆船基地已经落成,"千帆竞发

2008"帆船运动进校园活动全面启动，美洲杯帆船赛、克利伯环球帆船赛、沃尔沃环球帆船赛等国际三大帆船赛事相继与××结缘，800万××市民对海洋的热爱和对航海事业的憧憬正在逐渐揭开航海经济文化的崭新一页。

各位来宾、各位朋友，今天正是2007世界海事日在中国的实践日，国内外航海界的专家精英云集××，为这座奥运城市增添了喜庆和光彩。真诚期待各位来宾、各位专家为××航海经济、航海文化、航海运动的发展把脉、续航，真诚期盼能与海内外航海界的朋友们携手，传承郑和精神，为东西方经济文化的交流融合，为中国乃至世界航海事业的繁荣发展，缔造新的辉煌！

借此机会，我也诚邀各位朋友，欢迎大家2008年北京奥运会期间光临××，共同领略奥运帆船运动的激越与风采，共同感受××市民的微笑与盛情。

最后，预祝本次纪念活动圆满成功！诚祝各位领导、各位朋友在××期间身体健康，生活愉快！谢谢大家！

范例二
某市市长在2011年世界海事日的致辞

尊敬的各位嘉宾，女士们、先生们：

今天我们迎来了世界海事日。值此，我谨代表市委、市政府向全市所有涉海领域的干部群众致以亲切的节日问候，向所有关心支持××东北亚国际航运中心建设和港航事业发展的各界人士表示衷心的感谢！

今年世界海事日的主题是"积极应对海盗袭击"，中国航海日的主题是"兴海护海，舟行天下"，其内涵与国家提出发展海洋经济与加强航海文化建设的战略规划相契合，具有非常重要的意义。振兴海洋经济与发展航海文化，保护海洋通道安全与保护海洋环境，必将促进我国航海和海洋事业进一步融入全球经济，实现海运强国的愿望和期待。

国家《十二五规划纲要》明确提出了"坚持陆海统筹，制定和实施海洋发展战略，提高海洋开发、控制、综合管理能力"，第一次将陆海统筹列入了国家发展战略，宣告中国全面走向海洋，大力开发海洋资源，依法控制、维护海洋权益，与世界各国共同管理海洋，踏上了由海洋大国向海洋强国迈进的新征程。

××是我国北方重要的海滨城市，海洋、港口、航运是我们城市的立市之本、兴市之根、发展之基。2003年，中央提出将××建设成为东北亚重要的国际航运中心，经过七年多的不懈努力，国际航运中心建设特别是以各项基础设施建设和港口主要指标为代表的硬实力建设，已经取得了显著成效。"十一五"期间，全市港口建设项目投资完成396亿元，是"十五"期间的3.4倍。2010年，我市港口货物吞吐量突破3亿吨，达到3.14亿吨，同比增长15.4%，港口集装箱吞吐量完成526.2万标箱，同比增长15%，标志着××东北亚国际航运中心和国际物流中心建设进入了一个全新的加速发展期。2010年，在我市注册的船舶达到651万载重吨，同比增长19.4%，是2005年的2.43倍；水路货运量完成9081万吨，货运周转量5475亿吨公里，同比分别增长8.1%和16%。2010年，我市民用船舶造船能力达到1000万载重吨，全年造船完工量达到753万载重吨，船舶工业总产值实现737亿元。

××东北亚国际航运中心建设不仅仅需要港口设施、吞吐量、造船工业等硬实力的发展，还必须有航运服务、信息、研发、教育等软实力的强力支撑，海洋文化、航运文化是软实力形成的重要组成部分。海事日活动作为重要的全国性海洋文化活动，对加强海洋文化建设，塑造××城市精神，增强××东北亚国际航运中心软实力具有重要的现实意义和深远的战略意义。

自2009年我市成功承办世界海事日在中国实践日的庆祝大会及系列活动以来，我市各政府部门、协会、院校、企业、部队密切配合，充分发挥港航、造船、海洋渔业、教育文化等方面的自然、历史、社会、人文资源优势，组织了各种形式的特色宣传、教育活动，吸引更多群众特别是青少年广泛参与，充分体现了普及航海知识、弘扬民族精神、促进社会和谐的全民族文化活动的特点，使其成为全社会积极支持、广泛参与的社会公众活动。今后，我们还要继续努力，不断探索，建立必要的保障体制和运行机制，每年都要有发展、有创新，让关注海洋、爱护海洋、保护海洋、支持港航发展成为全体市民的共识，成为全市各行各业的自觉行动，让海洋文化、航海文化成为我们城市文化的重要组成部分，让世界海事日活动成为我们××市的一项品牌性、标志性活动。

海洋是人类文明的摇篮、资源的宝库，是人类生存和可持续发展的重要基础与希望。关注海洋、认识海洋，是我市加快全域城市化的重要保证；善待海洋、保护海洋，是推动我市实现科学发展新跨越的必然要求。让我们共同努力，全力打造软、硬实力一流的东北亚重要的国际航运中心，谱写蓝色经济科学发展新篇章！

谢谢大家！

范例三 长江航务管理局某书记在2011年世界海事日的致辞

各位领导、各位嘉宾，同志们、朋友们：

大家上午好！

今天，我们在这里隆重举行世界海事日暨中国航海日庆祝大会，这是世界海事日活动在长江的延续，也是我们长航局系统广大干部职工满怀对祖国江海的热爱，弘扬伟大的航海精神，增强蓝色国土意识，努力促进航海航运事业的协调发展的重要举措，非常必要，也非常重要。在此，我代表长江航务管理局，向各位领导的关心和支持表示衷心的感谢！向全系统的干部职工致以节日的亲切问候和崇高的敬意！

回顾历史,要牢记"海洋是孕育世界强国的摇篮"。从葡萄牙的殖民战争、西班牙的无敌舰队,到被称为"海上马车夫"的荷兰和被称为"日不落的帝国"的英国,世界大国的崛起雄辩地印证了古罗马哲学家西塞罗的预言:"谁控制了海洋,谁就控制了世界。"我国的航海事业也有过灿烂辉煌的历史,唐朝时期海上丝绸之路尤为繁盛;宋元时期造船技术和海上定向技术(指南针)都处于绝对优势;明朝时期,郑和率领庞大舰队七下西洋,其历时之久、规模之大、航程之远、抵达国家地区数量之多,不仅在当时举世无双,甚至被西方史学家誉为"在第一次世界大战前也无可比拟。"郑和下西洋的壮举,领跑了世界航线的开辟,将哥伦布、麦哲伦等西方航海家撇开了近一个世纪之遥,点燃了15世纪的文明曙光,促进了世界的交流与发展,成为一座屹立于中国乃至世界航海史上的丰碑。可是,由于封建社会重农抑商的制度束缚,郑和之后再无郑和,经过300多年的闭关锁国,中国航海事业由盛转衰,经历了割地赔款、丧权辱国的百年屈辱。历史的鲜明对比,警示我们向海而生,背海则衰,我国是一个拥有300万平方公里海洋国土和18000公里漫长海岸线的海洋大国,必须传承海洋文明,弘扬海洋文化,更新海洋观念,建设海洋强国,这是每一名中华儿女义不容辞的责任。

立足当前,要努力促进长江与大海同辉煌。时代的文明总是与航海的伟绩交相辉映,尤其是对21世纪这个海洋的新世纪而言更是如此。"兴海护海,舟行天下",就是要依托海洋资源,发展海洋经济,弘扬航海文化,保护海洋环境,共同迎接航海时代的新挑战。赢得未来,要以航海精神推动长江航运事业的发展。郑和下西洋所体现出的航海精神,已经成为中华民族精神文明的重要部分,600多年来薪火相传,长盛不衰。尤其是当前,加快长江等内河水运发展已经上升为国家战略。

历史的回音,涛声依旧;时代的展望,华章迭起。要想实现从海洋大国到海洋强国、从航运大国到航运强国、从船员大国到船员强国的转变,我们仍需要艰苦的探索、漫长的跋涉和奋勇的拼搏。希望我们广大干部职工大力弘扬航海精神,心系航运发展,立足本职岗位,全面地做好现阶段特别是汛期的各项工作,以"三个服务"的实际成效回报社会、取信于民,使长江这条巨龙乘着海洋经济和内河水运大发展的时代春潮,实现新的腾飞!

谢谢大家!

世界心脏日致辞

范例一

某市卫生局局长在世界心脏日的致辞

尊敬的各位领导、各位专家、各位来宾、新闻媒体的朋友们:

今天我非常高兴代表××市卫生局来参加这次今年中国区世界心脏日的活动。首先请允许我代表卫生局对各位到场关注心脏健康,关注慢性病预防控制工作表示感谢。

心血管疾病在全民范围内已经成为威胁人类健康的重大疾病。在世界范围内,对正在发展的医疗卫生体系,对有限的卫生资源,对我们个人、家庭、社会应该说都已经构成严重的挑战。1999年世界心脏联盟把每年9月份最后一个星期天定为世界心脏日。从2002年开始,×××教授在××地区每年都要参加这次世界心脏日活动。

在此以前这个活动已经由卫生部疾控局成功举办了四次。在每一次活动中,×××教授和在座很多的教授都向全社会强烈呼吁,呼吁大家行动起来,共同提高预防、控制心血管疾病的水平,同时提高全社会人民的健康素质。所以世界心脏日是具有重大意义的活动。

当前我国正面临慢性病患病增长,发病年龄提前,相关危险因素、危险行为逐渐增加的趋势。唯有多方参与,广泛动员,积极行动,预防疾病,早期发现治疗疾病,才是我们应对这种上升趋势的对策。"健康的心，快乐人生"是世界心脏日健康嘉年华活动永恒的主题。今天的的副主题是"年轻的心活力飞扬"。这项活动的目的一是宣传健康和疾病防治的知识。二是引导大众，特别是中青年更多一点儿关注自身健康。那么从广泛意义上讲就是使每个人能够通过改变不健康的生活方式，提高生活质量，最后拥有快乐的人生。

我相信今天在这个地方以这样一种形式来实践世界心脏日活动，对我们全社会、国家、××都将产生重大的意义。我们应该以这样一种特定的理念，健康的心脏，快乐的人生来动员全社会为同一个目标共同奋斗。

最后，预祝今年世界心脏日健康嘉年华活动圆满成功，谢谢大家！

范例二 世界卫生组织某驻华代表在2007年世界心脏日的致辞

各位嘉宾，女士们、先生们：

2007年世界心脏日提醒我们，心脏不仅对我们的幸福而且对我们的健康都至关重要。今年的主题"共同努力，强健心脏"提醒我们，在健康饮食、科学锻炼和坚持禁烟方面做出努力对心脏健康将极为有利，同时家庭和社区在减少心脏病和卒中方面可以发挥作用。

健康对中国政府实现建设和谐社会的目标至关重要。然而，心血管病等健康威胁因素迄今每年仍导致成千上万的中国人死亡，给中国的繁荣发展造成了损失。中国死于冠心病的人数占世界第二。一项研究估计，2000-2030年间，在中国死于心血管病的人中将有22%的人位于35~64岁之间，而美国同期的数字仅为12%。心血管病的流行给中国经济带来了沉重负担。据估计，2006-2015年间，心脏病、卒中和糖尿病将给中国的国民收入共造成5580亿美元的损失。

中国政府正积极努力应对心血管疾病带来的挑战。人们对心血管病的危险因素已经有清楚的了解。吸烟、不健康饮食、酗酒、高血压、糖尿病和肥胖是造成心脏病的主要原因。预防上述危险因素需要各级政府的政治意愿。

加强中国的禁烟工作十分重要。中国要继续采取措施减少吸烟人数，并避免更多的非吸烟者——尤其是儿童，成为二手烟的受害者。中国还要采取提倡更健康饮食和更多身体活动的策略，以应对不断的城市化给健康带来的不良后果。世卫组织期待着对中国在普及预防心血管疾病知识和减少心血管疾病方面的工作提供支持。

范例三
卫生部疾控局某副局长在2008年世界心脏日的致辞

尊敬的各位领导、各位专家，各位来宾和媒体的朋友们：

大家早上好！

今天非常高兴参加2008年世界心脏日活动，受卫生部疾控局的委托，首先请允许我代表卫生部疾控局对各位到场关注心脏健康，关注慢性病预防控制工作表示衷心的感谢。

心血管疾病已成为全球卫生保健和卫生资源的沉重负担，是第二次卫生革命的头号敌人。据世界心脏联盟统计，在全世界范围内，每死亡3人，就有1人的死因是心血管病症。该统计材料还显示，80%死于心血管疾病的人来自于中低收入的国家和地区，而且这些国家和地区心血管疾病的死亡率随着肥胖症患者和吸烟人数的增加继续呈上升趋势。心血管疾病的死亡率仍远远高于包括癌症、艾滋病在内的其他疾病，它的危害无年龄、身份、地域之分，并且已经逐渐升为威胁人类健康的第一杀手。世界心脏联盟自2000年起将每年9月的最后一个星期日定为世界心脏日。

世界心脏日的永恒主题为"健康的心，快乐人生"。其宗旨在于激励人们把静态的生活方式改变为积极的行动。呼吁人们摒弃不良的饮食习惯和不良嗜好，使人人都拥有一颗健康的心，人人都可享受愉悦的生活。

设立世界心脏日的目的是唤起人们提高对心血管病及其危险因素的认识，同时作为预防心血管疾病的手段，开展控制危险因素的宣教活动。

卫生部疾控局从首届世界心脏日活动举办开始就是主办单位。我们希望通过活动的推进和不断深化，使更多的人民群众受益，同时我们也希望有更多的单位、部门、组织、团体共同关注和参与进来，为提高我国的公众素质和生活品质共同努力。

最后预祝2008世界心脏日活动圆满成功，谢谢大家。

世界粮食日致辞

范例一
某省粮食局局长在世界粮食日的致辞

各位代表、同志们：

在世界粮食日来临之际，××省粮食行业协会第二届会员代表大会和××粮食经济学会第五届会员代表大会今天在××隆重召开了。在此，我代表××省粮食局，向出席会议的各位代表和同志们致以诚挚的问候和良好的祝愿！

近年来，国际金融危机持续蔓延，世界经济增长明显减速，对我国经济的负面影响日益加深，对农业和粮食的冲击不断显现。2008年，国际粮价出现了大涨大落，我省又遭遇50年罕见的雪凝灾害，给粮食流通工作带来了严重的困难和挑战。面对复杂的形势和困难，全省粮食部门认真贯彻落实科学发展观，坚决执行国家粮食政策，正确把握形势，改善宏观调控，深化企业改革，加强监督检查，创新体制机制，发展流通产业，经过广大干部职工的共同努力，保证了全省市场的粮油供应和价格基本稳定，保护了种粮农民利益，保障了全省粮食安全，为全省经济、社会平稳较快发展作出了积极贡献。

粮食始终是经济发展、社会稳定和国家自立的基础。粮食经济是国民经济的重要组成部分。在粮食购销市场化的新形势下，发展现代粮食流通产业，促进农民增收，保障省内粮食安全，满足人民群众日益增长的粮油产品多样化、营养化的需求，任务十分繁重。我们要深入学习实践科学发展观，落实中央经济工作会议的要求，坚持服务"三农"，促进粮食稳产农民增收；坚持改善民生，切实保障粮油市场供应和价格基本稳定；坚持改革创新，理顺粮食流通体制机制；坚持科学发展，又好又快发展现代粮食流通产业。

行业协会是服务企业和政府、促进行业发展的一支重要力量；经济学会是研究经济理论与政策，为政府制定方针政策，指导行业发展提供合理建议和帮助的智囊和参谋。多年来××省粮食行业协会、××省粮食经济学会坚持服务宗旨，积极开展工作，努力为政府服务，为企业服务，为行业发展服务，取得了较好的成绩。省粮食行业协会大力实施放心粮油工程，开展放心粮油进农村活动，建设城乡放心粮油服务体系，增强了企业的质量意识、安全意识、服务意识，净化了市场，方便了消费者。省粮食经济学会紧紧围绕粮食工作中心和热点、重点、难点问题，深入调查研究，提出了许多有分量、有价值的意见和建议。通过省粮食行业协会和省粮食经济学会的共同努力，对促进粮食行业健康发展、维护省内粮食安全和粮油食品安全起到了重要的保障作用。

各位代表、同志们，让我们始终坚持以邓小平理论和"三个代表"重要思想为指导，认真学习党的十七大、十七届四中全会和省委十届七次全会精神，深入贯彻落实科学发展观，坚持服务宗旨，充分发挥桥梁纽带作用，努力搞好行业服务和行业自律，不断加强自身建设，扎实工作，奋力开拓协会和学会工作的新局面，为保障省内粮食安全和粮油食品安全、促进粮食行业科学发展作出新的更大的贡献。

谢谢大家！

范例二　某学院院长在世界粮食日的致辞

各位学者，各位来宾，女士们、先生们：

在又一个世界粮食日到来之际，我们举办这次世界粮食日国际研讨会意义重大。首先请允许我代表××学院向参加这次世界粮食日国际研讨会的各位学者和来宾表示热烈欢迎。

中国有一句古训"国以民为本，民以食为天"，这句古训凸显了粮食的重要性。上个世纪80年代，邓小平指出，世界上真正大的问题，一是和平，二是发展。和平是发展的前提，发展是和平的基础。而没有粮食安全既谈不上和平，也不会有发展，甚至会引发动荡、冲突和战乱。因此，我们的研讨会突出粮食安全是很有意义的。

20世纪70年代之初，世界爆发粮食危机，联合国首次提出粮食安全的概念。2000年联合国千年峰会要求到2015年将世界饥饿人口减少一半，然而15年过去了，全球饥饿人口有增无减。2000年全球8亿人处于饥饿状态，2007年上升为9.23亿，2009年又突破10亿大关。粮食问题如此严峻，一方面同世界人口快速增长、粮食需求剧增有关，另一方面也由于一些国家陷入动荡、战乱，以及全球气候变化、水旱灾害频繁，都严重冲击着全球的粮食生产。许多发展中国家、特别是非洲国家面临严峻的缺粮灾难和人道主义危机，而金融危机的爆发和蔓延对世界粮食安全更是雪上加霜。全世界有100多个国家依赖粮食进口。

中国是世界上人口最多的国家，人多地少，自然条件恶劣，历史上曾长期遭受灾害与饥荒之苦。但是，改革开放30年来，中国政府依靠自己的力量，努力发展粮食生产。2010年粮食产量达到5.46亿吨，创历史最高水平，并实现了新中国成立以来粮食产量连续七年增长，有效稳定了中国的粮食供应。1990年以来，中国的粮食自给率一直保持在98%~99%以上。粮食储备超过1亿吨，占全年消费量的20%左右，高于粮农组织提出的18%的粮食安全标准。

中国用世界9%的耕地解决了世界20%人口的粮食问题,这是中国对世界粮食安全的重大贡献。今天,中国不但解决了自身粮食安全,还在力所能及的范围内向发展中国家、特别是非洲国家提供各种农业帮助,解决当地的粮食问题。据统计,中国为50多个国家举办了近30期中国培育的超级杂交水稻技术培训班,累计出口5万吨杂交水稻种子,培养了2000多名各国农业技术人员,还向发展中国家提供紧急粮食出口援助。这是中国加强与发展中国家合作,落实联合国千年发展目标所作的贡献。

女士们、先生们,今天的中国处在自身发展的重要历史时期。这几天,中国全国人大和政协会议正在北京举行,主题是商讨"十二五"规划。可以肯定,中国将坚持改革开放,走科学发展和转变经济增长方式之路。中国将继续全面发展同世界各国的友好关系,为争取世界和平、发展、合作和共赢而不懈努力。

我衷心希望在座的各位专家学者凝聚共识,展现才智,以国际大视野和战略眼光看待粮食问题,分析全球粮食安全存在的问题,提出符合实际可操作的解决办法,为建立保障世界粮食安全体系,促进中国与其他国家在粮食安全方面的相互了解与合作作出贡献。

谢谢大家!

范例三

某学校教师在世界粮食日的致辞

各位老师、同学们:

大家好!今天是10月16日,是世界粮食日,是世界各国政府发展粮食和农业生产举行纪念活动的日子。1979年11月举行的第20界联合国粮食及农业组织大会决定:1981年10月16日为首次世界粮食日纪念日。我们今天举行此次活动就是要倡导大家节约粮食,从身边的一点一滴做起。

联合国粮农组织在关于世界粮食日的决议中要求，各国政府在每年 10 月 16 日要组织举办形式多样、生动活泼的庆祝活动。1981 年 10 月 16 日第一个世界粮食日，世界各国的重视盛况空前。显示出世界人民对粮食和农业问题的关心。自 1981 年第一个世界粮食日以来，我国政府极为重视农业、粮食、农垦、林业。现在，每年的 10 月 16 日都成为唤起人们重视粮食和农业的日子。那么，在世界粮食日来临之际，广大学子该做些什么呢？当然是节约粮食。

"谁知盘中餐，粒粒皆辛苦"。我们所享用的粮食凝结着农民朋友们的汗水，我们怎能忍心去浪费？"节约"两个字看起来容易做起来难。因为我们生活在一个衣食无忧的年代，没有像我们的父辈那样饿过肚子，对粮食的宝贵没有太大的概念。但是，环境的恶化、资源的短缺，应该使我们认识到粮食的重要性。非洲那些地方的儿童们好多还面临饥饿的状况。节约对于学生来说，就要从身边的小事做起。在食堂吃饭时节约每一粒米、每一根青菜。不知同学们是否注意到每天在餐具回收处我们扔掉的饭菜有许多桶，一天扔掉那么多，那一个月呢？一年呢？

同学们，爱国就从节约开始吧！浪费粮食就是犯罪！现在世界上仍有 10 亿人口在挨饿，我们责任重大。就让我们从现在开始，尽我们所能去节约吧！节约会让我们的心里感到由衷的自豪，世界的天空会更加蔚蓝，生命之歌也会更加嘹亮！

世界消除贫困日致辞

范　例

联合国秘书长潘基文在世界消除贫困日的致辞

各位嘉宾：

今天，我们已认识到生活贫困者每天的艰难挣扎和付出，因此，我们决心加紧努力，完全彻底地消除贫穷这一疾患。

在全球危机四起之时，我们尤需关注最贫困者和最弱势者。我们知道，在任何衰退中，首先受到打击而且受到伤害最重的便是穷人。根据最近的估计，此次全球经济危机已导致至少5000万份工作在今年消失。2009年，预计将另有多达1亿人滑入贫困线以下。气候变化则使问题更加糟糕。

今年这一国际日纪念活动的主题是"儿童及家庭抗贫呼声"。今年刚好也是《儿童权利公约》通过20周年。我们认识到，投资于儿童，保障儿童的权利，这是驱除贫穷的最可靠途径之一。我们这个世界是富有的，尽管如此，儿童的基本需求却仍然被搁置一旁，仍有千百万儿童被剥夺了上学机会，另有更多儿童面临着辍学风险。女童的情况尤其如此。

但我们也知道，为实现千年发展目标而做出的必要投资，可以促成大不相同的局面。在全球投资有所扩大的领域，如艾滋病、结核病、疟疾防治及可用接种疫苗预防的疾病的防治等领域，我们看到了令人欣慰的进展。在降低五岁以下幼儿死亡率方面也有显著成就。这些成绩为我们指明了如何才能在全世界目前仍然落后甚远的那些千年发展目标具体目标领域加速推进这些具体目标的实现，途径便是投资于基础教育、基本的基础设施和孕产妇保健等关键领域。

联合国相关部门正在以下多个方面应对此次危机：促进粮食安全，建设更绿色经济，确保更强有力的安全网，推出全球就业契约。我们并正在建立一个全球影响与脆弱性警报系统，以期建立连成网络的收集和分析实时数据能力。这些必须得以切实有效发展，才能顺利推动各项政策的实施。

我们正处在消除贫穷的十字路口。当务之急是扩大弱势者的声音，确保全世界兑现承诺。作出妥善的投资，采取切实的行动，我们便能巩固成绩，履行承诺，确保男女老幼都有机会发挥最大潜力。

世界艾滋病日致辞

范例

联合国秘书长潘基文在世界艾滋病日的致辞

各位嘉宾：

今年世界艾滋病日的主题是"领导作用"。不发挥领导作用，我们永远都不能战胜这一流行病。艾滋病与任何其他疾病不同，它是社会问题、人权问题和经济问题。正当青壮年人应该为发展经济、增长知识以及抚养幼童作出贡献之际，艾滋病瞄向他们。艾滋病正在不成比例地使妇女受害。它使数以百万计的儿童沦为孤儿。艾滋病对社会之害犹如艾滋病毒对人体之害——削弱复原力和各种能力，阻碍发展，对稳定造成威胁。

这种情况并非无可改变。我们有预防青壮年受感染的能力。我们有治疗受感染者的能力。我们有提供护理和支助的能力。我们在所有这些战线上取得了显著进展。但是我们必须做得更多。尽管新数据显示全球艾滋病毒流行率已经稳定，但数目仍然大得惊人。我们的重要使命，是确保每个人能够获得艾滋病毒预防、治疗、护理和支助。这包括移民工人、性工作者、注射毒品使用者、男性同性性行为者，包括在政府、银行、法律事务所、学校、国际组织工作的人——包括所有人，无论他们住在哪里、做什么工作。

克服耻辱感仍然是我们面临的最大挑战之一。这仍然是对艾滋病采取公共行动的最大单一障碍。同时也是这一流行疾病继续在全球肆虐的原因之一。

今天，我呼吁各个方面继续发挥领导作用，铲除由艾滋病毒引起的耻辱感。我要赞扬那些公开承认感染艾滋病毒、不倦地倡导艾滋病毒抗体阳性者权利以及向他人宣传艾滋病知识的勇敢之士。我呼吁各国政府发挥领导作用，充分了解这一流行病，将资源用在最需要的地方。我呼吁各级政府发挥领导作用，加强努力，扩大宣传规模，争取到2010年实现普及艾滋病预防、治疗、护理和支助的目标——这是所有政府去年所承诺的。我们距离这一目标日期只剩两年。我们现在就要发挥领导作用。

作为秘书长，我决心带领联合国大家庭开展这一努力，确保我们优先对艾滋病采取行动，鼓励会员国将这一问题摆在国家和国际议程的前列，并努力使联合国成为如何在工作场所应对艾滋病的典范。

无论我们在生活中扮演何种角色，无论我们生活在何处，艾滋病毒都以这种或那种方式与我们息息相关。我们都受到它的影响，人人都要负起责任进行应对。值此世界艾滋病日之际，让我们发挥出担负这一责任所需的领导作用！

世界残疾人日致辞

> **范例一**
> 某县县委书记在世界残疾人日的致辞

各位领导、各位来宾、同志们、朋友们：

今天大家齐聚一堂迎来了又一个世界残疾人日，县委、县政府在这里隆重举办扶残助教献爱心大型活动。借此机会，我谨代表县委、县政府向残疾儿童和广大特教工作者致以亲切的问候！向今天来此参加助残活动的社会各界来宾致以诚挚的谢意！

残疾人是一个特殊的群体，他们的成长道路上充满了艰难和困苦，他们在发展的道路上付出了艰辛的努力。尊重残疾孩子的受教育权、发展权，给他们以平等的权利、同等的机会，是政府和全社会义不容辞的责任。多年来，县委、县政府高度重视特教事业，加强了对特教工作的领导，加大了对特教工作的倾斜。几届县领导多次到特教现场办公，使学校初步形成了用房区域化、环境优美化的格局。

　　残疾人是一个弱势群体，但更具有坚强的性格，从今天孩子们的举手投足、一颦一笑足见他们对生活的热爱。谁能想象展室中的各类精美作品皆是出自残疾学生之手，谁能想象十指无言也可传情，他们也同样拥有受教育的权力、发展的机会。让我们携起手来，走进残疾孩子的生活中，关注他们、关心他们、关爱他们。

　　同志们，残疾人事业是一项公益事业，是一项社会事业，更是一项慈善事业，需要政府和会社会的共同关怀和支持。良心使然，道义使然，责任使然！让我们向渴望平等的残疾孩子献出友爱之心，伸出友爱之手，扶助他们回归主流，走向社会。为最终实现残疾人"平等、参与、共享"的崇高目标而努力奋斗！

　　谢谢大家！

范例二
联合国秘书长潘基文在2010年世界残疾人日的致辞

各位来宾、朋友们：

　　今年世界残疾人日的主题是"履行诺言：将残疾问题纳入千年发展目标"。在9月千年发展目标首脑会议上，各国领导人作出的其中一个承诺就是致力于改善残疾人的生活。

　　这群人形形色色，其中或许有我们亲近的人——家庭成员、朋友和邻居。的确，人的身体、智力和感官残障十分常见，全世界受此影响的占人口10%左右。

　　残疾与贫穷也有密切关联。在发展中国家的贫穷人口中，残疾人大约占20%。他们在世界各地的失业率很高，而且常常得不到适当的教育和保健机会。许多国家干脆不为这一群体提供方便，致使他们与世隔绝，无法与自己的社区接触。

尽管存在着这些障碍，但残疾人依然表现出极大的勇气和坚韧的毅力。他们中有些人取得的成就堪称登峰造极，成为不断激励我们的力量，但我们决不能因为这些成功而看不到他们面临的困难。他们在极为艰难的条件中生活，没有同胞所享有的权利、特权和机会。

政府需要进一步支持残疾人。这意味着落实《联合国残疾人权利公约》，意味着将他们的需要纳入国家的千年发展目标议程。各国领导人在千年发展目标首脑会议通过的行动计划中大都认识到，目前的努力还不够。

值此世界残疾人日到来之际，我们要认识到，没有使该群体增强权能的针对性法律、政策和方案，就不可能战胜贫穷、疾病和歧视。让我们保证对残疾人履行千年发展目标的承诺，让我们在为2015年实现千年发展目标这一国际商定的截止日期而冲刺的5年时间里，不仅将他们作为受惠人包括在内，而且将他们作为推动变革的宝贵动力。

第二章

重大事件发生日纪念致辞

2月7日 "京汉铁路罢工" 纪念日（1923）致辞

范例一

某学校教师在"京汉铁路罢工"纪念日的致辞

尊敬的各位老师，亲爱的同学们：

今天是京汉铁路罢工85周年纪念日。虽然京汉铁路罢工已经过去八十余年了，但工人们不畏艰险、团结一致、不屈不挠、顽强抗争的"二七"革命精神却一直鼓舞着我们不断向前！同学们，我们今天的幸福生活来之不易，这都是用先烈们抛头颅、洒热血换来的，历史的那一刻应该永远铭记在我们的心里。

1923年2月7日，在中国工运史上是一个值得纪念的日子。1923年2月1日，京汉铁路工人在郑州举行京汉铁路总工会成立大会。但在开会前夕，直系军阀吴佩孚竟下令禁止开会，工人们对军阀的无理行动表示极大的愤慨，决定照常召开成立大会。2月1日吴佩孚派军警包围会场，到达郑州的大会代表冲破了军警的阻拦进入会场，宣布了京汉铁路总工会正式成立。开会不到15分钟，即与军警发生冲突。当晚，总工会决定于2月4日京汉铁路全体总罢工，提出"为自由而战，为人权而战"的倡议。为了便于指挥这次罢工斗争，总工会移至汉口江岸办公。从2月4日上午9时起，仅用3个小时就实现了全路数万名工人全部罢工，所有客车、货车、军车一律停驶，京汉铁路立即瘫痪。

2月7日，军阀吴佩孚终于下了毒手。湖北督军肖耀南借口调解工潮，诱骗工会代表到江岸工会会所谈判，工会代表在去工会办事处途中，遭到反动军队的枪击，赤手空拳的工人纠察队当场被打死30多人、打伤200多人。反动军队还闯进工人宿舍，大肆搜捕，造成了震惊中外的"二七"惨案。共产党员林祥谦被捕后，反动军警用刀逼迫他下令复工，林祥谦高呼："上工要总工会下命令，我的头可断，工是不能上的！"他宁死不屈，英勇就义。

罢工斗争坚持到2月9日，京汉铁路总工会的武汉工团联合会为避免不必要的牺牲，保存力量，准备将来进行更大的斗争，于是忍痛下令复工，大罢工宣告结束。在这场斗争中，京汉路各地工人死50余人，伤数百人，被捕和被迫流亡的有1000多人。接着，各地军阀也都对工人运动采取了高压政策，全国第一次罢工高潮被迫暂时转入低潮。

新中国成立后，人们为纪念京汉铁路工人大罢工，怀念"二七"义士，郑州市人民政府将西门外长春桥旧址扩建为二七广场，修建了"二七"纪念塔，随后也修建了郑州二七革命纪念馆。

京汉铁路工人大罢工是中国共产党领导的第一次工人运动高潮的顶点。它进一步显示了中国工人阶级的力量，扩大了党在全国人民中的影响。罢工虽然失败了，但是工人的生命和鲜血进一步唤醒了中国人民，使他们更加清楚地认识到帝国主义和封建军阀是中国人民的敌人，必须与之斗争到底，才能获得真正的自由和解放。

同学们，我们一定要铭记这种不畏艰险、团结一致、不屈不挠、顽强抗争的"二七"革命精神，热爱我们的祖国，要继承革命先烈遗志，在今后的学习和生活中，要弘扬革命精神，争做时代先锋，努力学习，为祖国的繁荣昌盛作出自己应有的贡献，努力做中国特色社会主义事业的合格建设者和接班人。

谢谢大家！

范例二 某铁路分局团委副书记在"京汉铁路罢工"纪念日的致辞

各位青年团员们：

你们好！今天是一个不平凡的日子，是京汉铁路罢工86周年纪念日。今天我们云集在此就是要回忆我们的先烈们为我们所做的一切，牢记革命精神，并鼓舞我们勇往直前。

1923年2月1日为响应香港英殖民地工人为争取自由、争取人权而举行的声势浩大的大罢工，中共中央派遣杰出的党员干部工人领袖顾正红和林祥谦两位同志，去河南省郑州市领导京汉铁路沿线铁路工人大罢工。2月7日，军阀吴佩孚下令镇压。湖北督军肖耀南谎称调解工潮，诱骗工会代表去江岸工会会所谈判，工会代表前往工会办事处路上，遭到反动军队的袭击，工人纠察队当场被打死30多人、打伤200多人。反动军队还闯入工人宿舍，大肆搜捕工人，造成了震惊中外的"二七"惨案。中共杰出的领导干部、优秀的党员顾正红同志和林祥谦同志与其他工人领导者一同被捕，后被残酷地杀害在河南省郑州市长春桥，也就是今天的郑州市二七广场。

但是，由于工人武装力量的薄弱，队伍中出现了叛徒，罢工还没有经过细致筹划就仓促举行。没能抵住北洋军阀吴佩孚带领的反动军队的残酷镇压，就这样震惊中外的京港工人大罢工被中外强大的反动武装势力联合绞杀了。

今天京汉铁路工人大罢工九级纪念塔巍峨地耸立在二七广场，其遗留下来的"二七"精神永远鼓舞着人们勇往直前。

如今，二七广场成为郑州最繁华的经济地段，大家要时刻牢记：这是中共革命先驱和仁人志士用鲜血换来的。我们当常思今天幸福生活的来之不易，并继承和发扬"二七"革命精神，弘扬新时期的火车头精神，牢记历史使命，勇挑时代重任，为铁路改革创造出新的业绩。

在此，我向广大团员青年朋友们提出几点希望。

一是各级团组织和广大团员青年，要进一步继承和弘扬"二七"革命精神，切实当好确保铁路安全运输生产的英勇突击队，在春运工作中充分发挥生力军和突击队作用；二是要紧密围绕企业急、难、险、重、新任务，发挥团组织和广大青年的突击、示范、攻坚作用；三是要广泛开展以"诚信为本，有诺必践，恪尽职守，率先垂范"为主要内容的信用公约教育活动，进一步加强青年职工的职业道德、社会公德和家庭美德教育。

希望我们广大青年团员朋友们能够继承和发扬工人阶级不畏艰险、团结一致、不屈不挠、顽强抗争的"二七"革命精神，为我们的社会贡献出自己的一份力量。

谢谢大家！

范例三

某省省委书记在"京汉铁路罢工"纪念日的致辞

尊敬的各位领导、各位来宾：

你们好！今天是京汉铁路罢工87周年纪念日，让我们向那些逝去的先烈们致以崇高的敬意和深切的哀思，是他们用自己宝贵的生命换来了我们今天的美好生活，这是永远不能忘却的。

2月7日在中国的工运史上，是一个值得纪念的日子——它是"京汉铁路罢工"纪念日。京汉铁路大罢工是工人阶级在中国共产党的领导下，为争取京汉铁路总工会和工人阶级的政治权利而举行的一次震惊世界的大罢工，这次大罢工掀起了工人运动的高潮。

1923年2月1日，党领导下的京汉铁路总工会筹备会决定在郑州召开成立大会。中共中央对这次大会非常重视，派出了张国焘、陈潭秋、罗章龙、包惠僧、林育南等人出席大会。2月1日上午，军阀吴佩孚派出大批荷枪实弹的军警在郑州全城戒严，下令禁止召开京汉铁路总工会成立大会。但是，参加会议的工人代表不顾生死，冲破军警的重重包围，高呼"京汉铁路总工会万岁"、"劳动阶级胜利万岁"等口号，在郑州普乐园剧场举行大会，宣布京汉铁路总工会成立。

当天，全副武装的军警严密地包围了会场，强行解散会议，捣毁总工会和郑州分会会所，并驱赶代表。当晚，京汉铁路总工会执委会秘密召开会议，决定将总工会临时总办公处转移到汉口江岸。2月4日，全路两万多工人举行大罢工，1200公里铁路顿时瘫痪。京汉铁路工人大罢工引起了帝国主义和反动军阀的恐慌。在帝国主义支持下，吴佩孚调动两万多军警在京汉铁路沿线镇压罢工工人。

2月7日，军阀吴佩孚挥起了屠刀。湖北督军肖耀南借口调解工潮，诱骗工会代表到江岸工会会所谈判，工会代表在去工会办事处的路上，遭到反动军队的枪击，手无寸铁的工人纠察队当场被打死30多人、打伤200多人。反动军队还闯进工人宿舍，搜捕工人，造成了震惊中外的"二七"惨案。江岸分会委员长、共产党员林祥谦被捕后，反动军警把他绑在电线杆上，用刀逼迫他下令复工。林祥谦高呼："上工要总工会下命令，我的头可断，工是不能上的！"他坚贞不屈，英勇牺牲。武汉工团联合会法律顾问、共产党员施洋也惨遭杀害。

惨案发生后，尽管反动军阀到处捆绑工人，用恐怖手段强迫工人复工。但工人们坚持斗争，在没有得到总工会复工命令以前坚决不复工，各地工会也都拒绝单独谈判。罢工斗争坚持到2月9日，随后京汉铁路总工会的武汉工团联合会为了避免不必要的牺牲，保存革命的火种，而下令复工,大罢工宣布结束。罢工虽然失败了,但它对于中国革命依然具有十分重要的意义。

在这个特别的日子里,让我们铭记这历史的一刻,愿在京汉铁路罢工中牺牲的先烈们成为每个人心中的丰碑,永存于中华大地。预祝此次纪念活动圆满成功!

谢谢大家!

3月5日"向雷锋同志学习"纪念日（1963）致辞

范例一

某公司董事长在"向雷锋同志学习"46周年纪念日的致辞

各位员工：

为隆重纪念"向雷锋同志学习"46周年,使公司广大团员青年始终保持艰苦奋斗、无私奉献的优良作风,进一步发扬勤俭节约、求真务实的进取精神,今天我们齐聚于此,共同铭记这位人民的好战士。

1963年3月5日,毛泽东同志发出伟大号召："向雷锋同志学习"。46年以来,雷锋像一面鲜红的旗帜,飘扬在人民的心中,指引着无数人的人生方向。雷锋同志是我国进入社会主义时期以后,在党和人民哺育下成长起来的一代新人的杰出代表。在雷锋身上,集中地体现了中华民族的传统美德和共产主义道德,体现了我国青年爱祖国、爱人民、爱劳动、爱科学、爱社会主义的优秀品质。我们要继承和发扬雷锋的宝贵精神。

所谓雷锋精神,就是忠于党和人民、舍己为公、大公无私的奉献精神；就是立足本职岗位,在平凡的工作中创造不平凡业绩的"螺丝钉"精神；就是苦于实干、不计报酬、争做贡献的艰苦奋斗精神。雷锋精神的核心是为人民服务。我们公司一向把为人民服务作为自己的唯一宗旨。雷锋的螺丝钉精神，是自觉地把个人融入公司之中、个人服从整体、服从组织、忠于职守、兢兢业业、干一行爱一行、全心全意为人民服务的精神。这种精神，同党章规定的每个党员必须全心全意为人民服务，"服从组织分配，积极完成党的任务"，"在生产、工作、学习和社会生活中起先锋模范作用"的要求是一致的。

我们公司的全体员工，要学习雷锋全心全意为人民服务的奉献精神；要学雷锋干一行、爱一行、专一行的敬业精神；要学雷锋艰苦奋斗、刻苦学习的钉子精神；要学雷锋关心同志、帮助他人的无私精神。我们努力弘扬雷锋精神，要与学习践行新公民道德实施纲要相结合；与宣传落实集团公司企业价值观相结合；与时代特点、企业实际和青年需求相结合；与不断探索新思路、构建新阵地、创新新方法相结合。"做一颗永不生锈的螺丝钉，党把自己拧在哪里，就在哪里闪闪发光"，这是雷锋同志留给我们的一句名言，我们全体员工要深深地铭记在心，为我们公司的发展贡献自己的光和热。

谢谢大家！

范例二
某学校校长在"向雷锋同志学习"47周年纪念日的致辞

各位老师、同学们：

你们好！今天是"向雷锋同志学习"47年周年纪念日，虽然雷锋同志离开我们已经很多年了，但他永远活在我们心中！雷锋精神将永远鼓舞着我们不断前进！

1963年3月5日，毛泽东主席号召全党人民"向雷锋同志学习"。之后，每年的3月5日被定为学雷锋日。雷锋这个伟大的形象，经历了47个春秋，依然光彩夺目，雷锋精神的感染力，不但没有被时间的长河所消磨，反而历久弥新。

雷锋成长为一个自觉的共产主义者，具有他所处的历史时代的特征。他同许多20世纪50年代的青年一样，有着贫穷孤苦的童年，饱尝了旧中国的辛酸。促使他走上共产主义道路的动力，是朴素的阶级感情和对党的一腔报恩思想。然而雷锋没有停留在革命的小战士这个起点上踏步不前，而是通过勤奋学习革命理论，学习老一辈革命家和当代的英雄、模范的事迹，使自己的思想很快有了崭新的飞跃。从单纯的报恩思想，进而热爱自己的祖国，热爱社会主义，热爱创造了美好的新社会的党，再进而成为自觉的共产主义战士，这是雷锋留下的一条鲜明的思想轨迹。

雷锋懂得作为一个共产主义者必须最大限度地履行自己的社会责任，把自己的全副力量献给社会、献给人民。"如果你是一滴水，你是否滋润了一寸土地？如果你是一线阳光，你是否照亮了一分黑暗？如果你是一颗粮食，你是否哺育了有用的生命……"这可以说是一个青年共产主义者的人生观的最好自白。雷锋是一个青年人，他也具有青年人爱思考的特点。但是，雷锋的思考所围绕的不是渺小的个人得失，而是围绕着自己的社会责任，因此他从没有脱离正确信仰的根基，这样的思考，使他的信仰越来越具科学性，越来越坚实。

雷锋这个光辉的名字刻进一代又一代人的心灵中。广大青少年要积极地学习雷锋同志的助人为乐、舍己为公、关心集体、热爱劳动、勤俭节约、艰苦奋斗的高贵品质。我们要努力弘扬雷锋同志的"螺丝钉"精神，并努力做到以下几点：一是要求班主任利用各种机会向学生宣传雷锋精神和雷锋事迹；二是根据班级实际，将学雷锋活动与学生的文明礼貌习惯及班级日常管理结合起来，号召班干部、广大团员起到模范带头、身先士卒作用，号召全体同学积极响应；三是在校园内播放《学习雷锋好榜样》、《接过雷锋的枪》等宣传雷锋同志的歌曲，通过歌曲熏陶和感染学生；四是要求在学习上以雷锋的"钉子"精神为榜样，以"没有最好，只有更好"作为奋斗口号，勤奋学习，虚心求教，掀起比学赶帮超的良好氛围。

让我们永远在雷锋"螺丝钉"精神和为人民服务精神的指引下勇往直

前,并为构建我们的和谐校园注入新的活力!

谢谢大家!

> **范例三**
> 某市委宣传部干部在"向雷锋同志学习"48周年纪念日的致辞

同志们:

今年3月5日是毛泽东等老一辈无产阶级革命家号召"向雷锋同志学习"48周年纪念日。48年来,"向雷锋同志学习"已经成为全国亿万人民的生动实践,这不仅极大地促进了社会主义精神文明建设,而且在推动社会主义物质文明和政治文明建设方面也发挥了突出的作用。

雷锋精神是伴随社会主义建设的伟大进程产生的时代精神。48年来,我市社会各界积极响应党中央的号召,始终把开展向雷锋同志学习的活动作为加强和改进青少年思想道德教育、加强社会主义精神文明建设的一项重要工作,精心组织、广泛发动、深入开展了"五讲四美三热爱"活动、"学雷锋树新风"活动、"学雷锋做四有青年"等有影响、有实效的主题教育活动,不断赋予雷锋精神崭新的时代内涵。特别是近十年来在城乡蓬勃开展的青年志愿者行动,作为新时期继承和发扬雷锋精神的生动实践,推动学雷锋活动进入到一个深入发展的新阶段。

学雷锋,首先要明确雷锋到底是一个什么样的人,雷锋精神到底是一种什么精神?我们认为,雷锋是社会主义时代的英雄,是共产主义的坚定信仰者和坚定实践者。他不仅是广大青少年学习的好榜样,也是全党、全军、全国人民学习的好榜样。雷锋在他短暂而又光辉的一生中,正确地解决了世界观、人生观这个根本问题,用他自己的话来说,就是懂得了怎样做人,为谁活着,决心要把自己有限的生命,投入到无限的为人民服务之中去。所谓雷锋精神,就是一种奉献精神,是共产主义精神同中华民族传统美德的结合,是一种"把毕生精力和整个生命为人类解放事业——共产主义事业全部献出"的精神。

　　雷锋精神体现了中华民族的传统美德，反映了社会主义的时代精神，曾经对全军和全社会的精神风貌产生过广泛而深刻的影响。在新的形势下，我们大力开展学习雷锋活动，发扬雷锋精神，对于把人民群众锻造成有理想、有道德、有文化、有纪律的一代新人，具有重要的现实意义。我们广大青年朋友们一定要坚定信念学雷锋，服务人民学雷锋，艰苦奋斗学雷锋，刻苦钻研学雷锋，爱岗敬业学雷锋，为建设中国特色社会主义事业培养和造就更多新时期的雷锋。

3月5日中国青年志愿者服务日（2000）致辞

范例一
某省团委副书记在中国青年志愿者服务日的致辞

尊敬的各位领导，同志们，青年志愿者朋友们：

　　今天是中国青年志愿者服务10周年纪念日。在省委、省政府的关心重视和中国青年志愿者协会的支持指导下，今天××省青年志愿者协会第×次代表大会隆重召开了。在这里，我代表共青团××省委，向大会的召开表示热烈的祝贺！向出席会议的各位代表，向为我省青年志愿服务事业作出积极贡献的广大团干部和志愿者，致以亲切的问候和崇高的敬意！

　　中国青年志愿者行动在我省启动至今已经10年了。10年来，省委对青年志愿服务事业始终给予了高度的关心和重视。在这里，我谨代表共青团××省委和××省青年志愿者协会，向长期以来一直关心支持我省青年志愿服务事业的各级党政领导和社会各界，表示衷心的感谢！

　　10年来，我省青年志愿服务工作从无到有，从小到大，不断发展壮大。10年来，省青年志愿者协会紧紧围绕省委、省政府工作大局，紧跟时代发展步伐，大力弘扬志愿精神，引领全省广大青年积极投身志愿服务活动，为推动经济社会协调发展、弘扬社会文明新风、促进社会和谐稳定作出了积极贡献。

回顾10年来我省青年志愿服务的发展历程，我们积累了许多宝贵经验。青年志愿服务顺应了当代青年公民意识不断觉醒，服务社会的需求不断提升，政府职能加快转变、社会服务需求不断增长的形势，有效搭建平台，创造了青年服务社会的新载体。青年志愿服务适应了当代青年思维方式、生活方式和行为方式的变化，创造了动员青年服务社会的新模式。青年志愿服务抓住了青年人的内心、符合青年人追求时尚的特点，既组织动员青年为社会做奉献，又让青年得到了锻炼与提升，促进了社会文明，增进了社会和谐，实现了奉献与育人的有机衔接，创造了精神文明建设的新风尚。

当前，省委提出的建设××两个先行区的战略部署，对开展青年志愿服务提出了新的更高的要求；志愿服务理念进一步深入人心，全社会蕴藏着巨大的志愿服务热情，为青年志愿服务提供了难得的发展机遇。全省各级团组织和青年志愿者组织要根据省文明办的要求部署，统一思想，凝聚共识，形成合力，推动我省青年志愿服务事业迈上新台阶。一是要融入大局，服务发展求实效。二是要锻造品牌，构建和谐聚人心。三是要完善机制，依法推进重持续。

各位领导，同志们，青年志愿者朋友们，回顾我省青年志愿服务事业的发展历程，鼓舞人心，催人奋进；展望我省青年志愿服务事业的发展前景，使命光荣，责任重大。我们坚信，在省委的正确领导下，在有关部门和社会各界的大力支持下，在全体青年志愿者的共同努力下，××青年志愿服务事业一定会谱写出更加壮丽的新篇章。

谢谢大家！

范例二

共青团中央书记处书记卢雍政在中国青年志愿者服务日的致辞

同志们、朋友们：

今天我们又迎来了一个中国青年志愿者服务纪念日。我们正式启动"××保险集团杯"青年志愿者活动，就是要推动志愿服务文化建设，着力打造志愿服务文化品牌，把"奉献、友爱、互助、进步"的志愿精神进一步发扬光大。在此，我代表共青团中央、中国青年志愿者协会，向广大青年志愿者表示亲切的问候！向长期以来关心支持志愿服务事业发展的新闻媒体以及社会各界朋友表示诚挚的谢意！

我国志愿服务事业从无到有、从小到大，已经走过16年风雨历程。广大青年志愿者用汗水、热情和信念诠释了志愿精神的丰富内涵，他们用实实在在的行动谱写了一曲曲生动感人的华美乐章，为促进社会和谐发展、文明进步作出了积极贡献。

奉献如歌。每一个青年志愿者身上都凝聚着一种精神的力量，散发着人性的光芒。而这种力量和光芒其实正是我们每一个人对美好未来的向往。当前，志愿服务工作尤其需要优秀的文艺作品创作来宣传其特殊的价值和旺盛的生命力。开展这次活动不仅是为了获得活动本身的社会影响，同时也是用艺术、时尚、情感元素影响青年，进而引导青年的一次很好的尝试。

这次通过动员社会力量支持，以歌曲的形式来记录志愿者的生动实践，展示志愿者的卓越风采，演绎志愿者的精神内涵，让更多的人感受他们的锻炼成长，分享他们的收获快乐，体味他们的崇高境界，使这种精神和行为以歌曲的形式一代代传唱下去。今后我们还会开展各项活动，使志愿服务成为广大青年追求的一种生活时尚，成为社会公众选择的一种生活方式，成为全社会崇尚的一种生存状态。

同志们、朋友们，志愿精神是一种高尚的奉献精神，志愿服务事业是一项崇高的社会事业，志愿服务文化需要全社会来共同塑造，反映志愿服务文化的精品创作需要全社会的智慧和力量。希望通过这项活动能够涌现出一批脍炙人口、内容充实、感人至深的志愿者歌曲，在全社会不断唱响"奉献、友爱、互助、进步"的时代旋律，为促进社会主义和谐社会建设和志愿服务事业的更大发展作出新贡献。

谢谢大家！

5月19日至21日全国哀悼日汶川地震（2008）纪念活动致辞

范例一

某电视台主持人在全国哀悼日汶川地震纪念活动上的致辞

同志们：

公元2008年5月19日14时28分，为了数万个在瞬间集体陨灭的生命，华夏山河呜咽，神州大地悲泣，悲伤的泪水，汇流成河。这无尽的悲怆，这一声声汽笛，这长鸣的警报，是我们对所有逝去同胞不舍的呼唤，是我们对所有遇难亲人不忍的告别，是整个民族无限的痛楚和创伤，更是共和国对汶川特大地震所有遇难者最后的庄严敬礼！

举国的哀悼不仅是对死难同胞生命的悼念、敬畏和尊重，也是对生者的精神慰藉。我们为哀悼低下头，我们更要为战胜苦难挺起胸！

擦干眼泪，我们还有太多的事情要做。废墟里还有顽强的生命等待我们救援，失去父母的孩子还需要我们抚慰，毁坏的家园还等待我们重建。擦干眼泪，我们把悲痛化作力量。逝去亲人对于人生美好的愿望、对于祖国强大的期待，这些未竟的遗愿将由我们继续完成！擦干眼泪，坚强、坚持、坚守是我们唯一的选择！我们已经相互扶持着走过了最艰难的开始，现在，只要有顽强的意志、不懈的努力，我们就一定能够渡过难关！

中国人民曾历经沧桑，饱受磨难，然而在灾难面前，中华民族始终展现出无比的坚韧和顽强，不服输、不放弃，灾害无法阻止中华民族奋发进取、不畏前行的坚强步伐。我们坚信，不久的将来，在曾经地震的废墟上，一座又一座更加美丽的英雄的城市和乡村将拔地而起，我们能够听到学校琅琅的读书声、工厂轰鸣的机器声，我们能够看到街市热闹的嬉戏、农田欢快的劳作。这是我们所有活着的人对逝去同胞的承诺，我们一定能做到！

全国哀悼日，更是全国人民的壮行日！我们记住这个时刻，我们用这种形式，寄托我们的伤痛和哀思，表达我们的信心和勇气。在鲜艳的五星红旗下，我们并肩站立！在不屈的中华大地上，我们众志成城，为我们历经磨难的民族积蓄生的力量！

范例二
某学校教师在全国哀悼日汶川地震纪念活动上的致辞

尊敬的各位老师，亲爱的同学们：

5月19日至21日，是全国哀悼日，人们对四川汶川大地震遇难同胞深切哀悼，为生者祈福，为死者默哀。红旗半垂，汽笛哀鸣，山川鸣咽，华夏哭泣。5月19日，下午14点28分，全国人民为"5·12"汶川特大地震中遇难的同胞们默哀3分钟，传达自己对遇难同胞的无限哀伤。唯愿亡者安息！伏惟尚飨！唯愿生者坚强！振作前行！

数万人遇难，数百万人受伤，数千万人受灾，地震发生的那一刻成为13亿中国人心中永远的伤痛；生命大救援、爱心大奉献，危难之际迸发出的骨肉亲情、爱国热情，令人动容，令人感悟，令人讴歌。瓦砾上伤痕累累的握笔小手、废墟下艰难求生的"夹缝男孩"、黑暗中相互鼓励的患难伙伴……让人心碎的镜头，把生命的脆弱与顽强一同定格在亿万人的脑海中，铭刻在历史纪念册上。武警某师参谋长率部队冒死抵达震中、失去10

位亲人的女民警坚守岗位、人民教师张开双臂护住 4 个学生……这些令人感叹的事迹，传颂着中华民族生死与共的品质，告诉世界什么叫"中国力量"！

山崩地裂，让亿万中国人结成了一个血脉相通、牢不可破的生命体，在党中央、国务院和中央军委坚强领导下，全国人民迎难而上，以最快速度抢救被困群众，最大限度降低灾害损失，创造了人类救灾史上的奇迹。艰难困苦砥砺伟大精神，风险挑战锤炼坚强意志。艰苦卓绝的抗震救灾斗争，把中华民族的向心力、凝聚力推到极致，铸就了万众一心、众志成城，不畏艰险、百折不挠，以人为本、尊重科学的伟大抗震救灾精神，给民族精神注入了新的时代内涵，在中华民族发展史上竖起了一座新的精神丰碑。

灾难，让一个民族坚强；不屈，让一个国家奋进。党中央、国务院运筹帷幄，兄弟省区市大力支援，灾区干部群众自强不息、艰苦奋斗，收拾破碎山河，重建美好家园。草枯了又荣，花谢了又开，灯火灭了再亮，家园毁了重建，废墟之上彰显重生的力量。波澜壮阔的抗震救灾实践证明，任何困难都难不倒英雄的中国人民。越是灾难深重，中华民族越能自强。在灾难中失去的，必定以进步补偿。

人民是推动历史进步的真正动力，紧紧依靠人民，我们就有无穷无尽的智慧，任何艰难险阻都挡不住中华儿女阔步前进的步伐。在党的坚强领导下，有社会主义制度作保障，有全国各族人民共同努力，饱经风霜的共和国经得起任何考验，中华民族伟大复兴的梦想一定能够实现。我们深信多难兴邦。历经千百年来一次又一次磨难，中华民族愈挫愈强。如果说，汶川大地震是我们民族悲痛的集体记忆，那么，在历史进步中丰富和深化、在灾难考验中迸发和升华的伟大抗震救灾精神，就是我们开创未来的强大动力。

我们要化悲痛为力量，尽我们最大的努力去帮助灾区的人民重建家园，一方有难，八方支援，这是我们中华民族的传统美德。我们更要继承和发扬解放军同志伟大的抗震救灾精神，并为了灾区的重建贡献出自己的力量。

总有一种力量，让人泪流满面；总有一种精神，催人奋勇向前。在这片承载了大灾和大爱的土地上，中华民族不灭的梦想在顽强生长；在这片承载了大悲和大喜的土地上，13亿中国人集结在高高飘扬的五星红旗下，向着灿烂辉煌的未来进发！

> **范例三**
>
> 某集团董事长在全国哀悼日汶川地震纪念活动上的致辞

同志们：

2008年5月12日下午2时28分，我国汶川发生了8.0级特大地震，它撼动了半个中国，牵动了整个神州。山崩地裂，让亿万中国人结成了一个血脉相通、牢不可破的生命体，在党中央、国务院和中央军委坚强领导下，全国人民迎难而上，以最快速度抢救被困群众，最大限度降低灾害损失，创造了人类救灾史上的奇迹。

汶川特大地震不仅牵动着各级领导、各界人士的心，也时刻牵动着全体××员工的心。我公司迅速启动应急机制，应对这场罕见的特大地质灾害。全体××员工誓言："让爱心相互传递，让牵挂相互传递，让帮助相互传递。"

全体××员工为此积极行动：5月13日，我公司召开汶川地震紧急安全工作会议，部署抗震救灾工作和自身安全工作。5月14日，我公司组织"心系汶川灾区"的爱心募捐活动，募集抗震救灾资金，累计捐资近20万元。5月15日，我公司派出××民兵应急分队奔赴汶川抗震救灾前线，参与抢险救灾工作……我们正举全公司之力参与到抗震救灾战斗中！

汶川地震，举国同悲。国务院发布公告，决定2008年5月19日至21日为全国哀悼日，悼念在汶川地震中失去生命的同胞。5月19日，在全国哀悼日第一天下午2时10分，我公司员工隆重集会，沉痛悼念在"5·12"汶川特大地震中不幸遇难的同胞。此刻，我们的眼里满含泪水，我们的心灵充盈悲痛，为表达我们对遇难者的缅怀之情，让我们以最虔诚的心向全体遇难者默哀悼念！我们要化悲痛为力量，为灾区重建贡献出自己的一份力量！

5月23日毛泽东"在延安文艺座谈会上的讲话"（1942）纪念活动致辞

范例一
某大学校长在纪念毛泽东"延安讲话"67周年活动上的致辞

尊敬的各位领导，老师、同学们：

今天是毛泽东同志"延安讲话"发表67周年纪念日。为了弘扬革命文化，推动××文艺事业的进一步繁荣，我校举办了纪念毛泽东同志"延安讲话"发表67周年系列活动。

在《讲话》发表67年之际我们齐聚到延安，在《讲话》旧址重温《讲话》精神，具有十分重要的意义。《讲话》把马克思列宁主义的文艺理论与中国革命的具体实践相结合，对文艺运动的发展方向和根本原则，以及可能遇到的问题等都作了全面具体的论述和解答，为新时期文艺的发展指明了道路，对中国新文化运动的发展起到了关键性作用，在党的文艺理论发展史上具有划时代的、里程碑的意义。

在《讲话》精神的指引下，广大进步文艺工作者及时端正创作方向，积极转变思想感情，一批反映基层群众生产生活的文艺作品应运而生，受到了人民群众的喜爱与拥护，充分发挥了革命文艺的重要作用。重温过去，《讲话》不仅明确地提出了文艺要为人民服务，要深入群众，反映群众生活，还解决了文艺的继承与发展、文艺革命工作与工农兵群众相结合、人的世界观改造等问题,不仅为新民主主义革命文艺的发展指明了方向,而且对于我们今天繁荣和发展社会主义文艺事业,仍然具有现实的指导意义。

我希望在新的历史时期,广大文艺工作者继续做好《讲话》精神的学习宣传和贯彻工作,用《讲话》精神指导社会主义新时期的文艺工作,让《讲话》精神在新的历史时期放射出更璀璨的光芒。

××大学作为我党创办的第一所综合大学,又在毛泽东同志发表《讲话》的地方办学,希望通过本次纪念大会,全校师生进一步坚持先进文化的前进方向,坚持深入群众、深入生活,从人民群众丰富的实践中汲取营养,以更多的优秀作品不断满足老区人民的文化需求,多出优秀作品,多出优秀人才,积极推动学校的学科建设和文化建设。

希望广大文艺工作者进一步坚持"二为"方向,使文艺更好地为人民服务、为社会主义服务;要面向基层、服务群众;要树立精品意识,以"五个一工程"为龙头,围绕重大现实生活题材、重大改革开放成果、众多先进人物和先进事迹,生产出一批思想性、艺术性、观赏性俱佳,思想精深、艺术精湛、制作精良的文艺精品,满足人民群众日益增长的文化需求,从而实现以优秀的作品鼓舞人,为××的发展营造良好的文化氛围。

范例二　某部长在纪念毛泽东"延安讲话"68周年活动上的致辞

同志们:

今天我们在这里隆重集会,满怀深情,纪念毛泽东同志"延安讲话"发表68周年。68年前,在中国抗日战争的艰苦岁月,毛泽东同志发表"延安讲话",要求革命文艺工作者提高认识,统一思想,振奋精神,加强团结,坚持正确的文艺方向,为完成民族解放任务作出积极贡献。

《讲话》把马克思主义基本原理同中国革命具体实际相结合,运用辩证唯物主义和历史唯物主义的方法，确定了党对文艺工作的基本方针，指明了文艺为什么是一个根本的问题、原则的问题，论述了文艺与人民、政治、生活等一系列重要问题，提出了许多富有创造性的理论观点。《讲话》是一篇闪烁着马克思主义精神的光辉文献，是毛泽东思想的重要组成部分。在《讲话》精神指引下，广大进步文艺工作者端正创作方向，转变思想感情，纷纷从象牙塔和亭子间走出来，以崭新的精神面貌，奔赴艰苦卓绝的抗日前线，深入救亡图存的火热斗争，充分发挥了革命文艺的重要作用。

68年来，《讲话》精神与时俱进，蓬勃发展。在社会主义建设时期，毛泽东同志提出了"百花齐放，百家争鸣"的方针；改革开放之初，邓小平同志指出了文艺工作在社会主义现代化建设事业中的重要责任和文艺发展的根本道路，强调人民是文艺工作者的母亲，人民需要艺术，艺术更需要人民；在改革开放的新阶段，江泽民总书记强调了当代文艺工作和文艺工作者的历史使命和崇高职责，提出了繁荣发展文艺的指导思想和基本原则，要求作家艺术家在人民的历史创造中进行艺术的创造，在人民的进步中造就艺术的进步，创作出更多无愧于伟大时代、无愧于伟大人民的优秀作品；胡锦涛总书记指出："进步文艺，刻写着一个民族的希望，昭示着一个国家的未来，深深影响着一个民族的精神和一个时代的风尚。"党的领导人的光辉篇章，集中体现了我们党的文艺思想、文艺路线、文艺方针，是我们党对马克思主义文艺理论的独特贡献。

今天，我们隆重纪念《讲话》发表68周年，重温领导人关于文艺工作的重要指示精神，对于进一步促进社会主义文艺事业繁荣健康发展具有十分重要的意义。纪念《讲话》68周年，就是要坚持先进文化的前进方向；一定要深入群众，深入生活；一定要尊重文艺规律，尊重作家艺术家的创造性劳动；一定要多出优秀作品、多出优秀人才；一定要重视文艺理论、重视文艺评论。

同志们，国运昌盛，文运必兴。21世纪将是有中国特色社会主义再创伟业、更加辉煌的世纪,也将是我国社会主义文艺群星灿烂、百花争艳的世纪。让我们紧密团结在以胡锦涛同志为核心的党中央周围,高举邓小平理论伟大旗帜,认真贯彻"三个代表"重要思想,坚持科学发展观,牢记人民的嘱托,响应时代的呼唤,解放思想、实事求是、团结一致、开拓创新,用多姿多彩的笔墨描绘人民奋斗的业绩,用昂扬激越的音符奏响人民奋进的乐章,迎接中华民族的伟大复兴。

5月30日"五卅"反对帝国主义运动纪念日(1925)致辞

范例一

某大学教师在"五卅"反对帝国主义运动纪念日的致辞

尊敬的老师,亲爱的同学们:

今天是"五卅"反对帝国主义运动74周年纪念日。为了纪念五卅运动,××大学的师生们都齐聚于此,共同深切缅怀那些抛头颅、洒热血的爱国英雄们。虽然他们已经离开我们74个春秋了,但他们的革命热情和为国捐躯的精神却深深地影响了我们。

1925年的五卅运动,是中国共产党领导的一次全民族的反对帝国主义运动。它继五四运动之后,唤醒了中国人民的革命觉悟,是中国革命的一个里程碑,是国共合作的北伐战争时期全国大革命风暴的开始。××广大学生在这场运动中,立场坚定,爱憎分明,全力以赴,勇往直前。他们与工农大众结合,经受了严峻考验,提高了思想觉悟,作出了卓越贡献。

1925年5月15日,上海发生了日本内外棉七厂资本家枪杀中国工人、共产党员顾正红,并打伤数十名工人的流血事件。第二天,内外棉五、七、八、十二等厂8000多工人一致举行罢工抗议。5月28日,在山东青岛,又发生了日本帝国主义和北洋军阀镇压工人罢工的惨案。中共中央在

5月28日晚召开紧急会议,分析了上海各阶级的动向,通过了《扩大反帝运动和组织"五卅"大示威》的决议,决定5月30日在上海租界举行大示威,掀起反帝运动的新高潮,把工人反对日本资本家的经济斗争,发展成为全民族反对帝国主义的政治斗争。

当时,共青团上海地委书记贺昌直接负责上海学联的领导工作。29日,上海学联召集会议,分析形势,决定派人到各校去,发动学生参加五卅大示威,掀起反帝运动的新高潮。

5月30日,上海工人和学生在租界的繁华马路,进行宣传讲演和示威游行,租界的英国巡捕在南京路上先后逮捕100多人,并突然向密集的游行群众开枪射击,当场打死13人,伤数十人,制造了震惊全国的"五卅"惨案。在案发时同济大学学生尹景伊带着一支队伍赶到老闸捕房前,当他看到头部被打伤的陈宝骢站在最前排很危险,就一个箭步跨上去,用手拉他一把,"你下去,我——"话还没有说完,爱活逊已举枪射击,一颗子弹从陈宝骢右耳边飞过,正射中尹景伊的胸部。他倒在血泊之中,仍用颤抖的声音呼喊:"宣传,斗争,打倒帝国主义!"一个人倒下去,千万个人站起来。

尹景伊牺牲后,××大学广大学生怀着满腔仇恨,在党的领导下,继承烈士遗志,坚持宣传、斗争。积极参加"三罢(罢工、罢课、罢市)"斗争,坚持讲演和抗议,激励同仇敌忾的反帝斗志。

"五卅"惨案发生后的当晚,中共中央在上海召开紧急会议,决定继续组织学生到租界宣传,发动全市"三罢"斗争,并把反帝运动扩展到全国去。同时,积极参加上海学联工作,促进全市学生的反帝大团结运动,有力地支援工人的罢工斗争。并编印刊物,通电全国,请进来,走出去,千方百计地巩固、扩大反帝统一战线。

"五卅"惨案发生后,同济学生会由蔡其恕、唐哲等编印出版《五卅血》三期,报道惨案事实,刊载烈士遗像、遗言,发表《近八十年来英人侵略我国之历史观》等论文,以及"英日两国在华之租界一览表"等史料，激发群众爱国热情和反帝斗志。通过各种追悼活动，引导人们化悲痛为力量，把反帝斗争进行到底。

半个多世纪之后，为了继承和发扬革命传统，加强爱国主义教育，永远纪念五卅运动和尹景伊烈士，共青团××大学委员会发动广大学生和青年教工，集资建造尹景伊烈士塑像。1984年5月30日，××大学党政领导和共青团上海市委书记带头铲土奠基。1985年五卅运动60周年时，一座光彩照人的尹景伊烈士塑像，屹立在青松翠柏、郁郁葱葱的××大学学生运动纪念园内，永远受后人敬仰。五卅运动的革命历史，将永远为全国全市人民缅怀，五卅英烈永远受到全国全市人民敬仰。

> **范例二**
> 某干部在"五卅"反对帝国主义运动纪念日的致辞

同志们、朋友们：

今天是"五卅"反对帝国主义运动75周年纪念日，我们在此深切缅怀那些为国捐躯的英雄们。五卅运动是在中国共产党领导下，中国人民以上海工人为主体发动的反对帝国主义的革命运动。五卅运动标志着中国第一次大革命高潮的到来。

1925年1月，党的"四大"提出了无产阶级在民主革命中的领导权问题，决定加强党对工农群众运动的领导。"四大"以后，工人运动迅速复苏和发展。1925年2月起，上海22家日商纱厂近四万名工人为反对日本资本家打人和无理开除工人，要求增加工资而先后举行罢工。中共中央专门组织了领导这次罢工的委员会。5月15日，上海内外棉七厂的日本资本家枪杀工人代表、共产党员顾正红，打伤工人10多人。

日本帝国主义的暴行，激起上海工人、学生和广大民众的极大愤怒。第二天，中共中央发出第32号通告，紧急要求各地党组织号召工会等社会团体一致援助上海工人的罢工斗争。19日，中共中央又发出第33号通告,决定在全国范围发动一场反日大运动。28日,中共中央召开紧急会议,决定以反对帝国主义屠杀中国工人为中心口号,发动群众于30日在上海租界举行反对帝国主义的游行示威。

5月30日,上海工人和学生在租界的繁华马路,进行宣传讲演和示威游行,租界的英国巡捕在南京路上先后逮捕100多人,并突然向密集的游行群众开枪射击,当场打死13人,伤数十人,制造了震惊全国的"五卅"惨案。

帝国主义的屠杀,点燃了中国人民郁积已久的对帝国主义侵略的仇恨怒火。从6月1日起,上海全市开始了声势浩大的反对帝国主义的总罢工、总罢课、总罢市。从6月1日到10日,帝国主义者又多次开枪,打死打伤群众数十人。上海人民不惧怕帝国主义的武力镇压,相继有20余万工人罢工,5万多学生罢课,公共租界的商人全体罢市,连租界雇用的中国巡捕也响应号召宣布罢岗。6月1日,上海总工会成立,标志着上海工人运动从分散的状态开始转向集中的有组织的行动。6月4日,上海总工会与全国学联、上海学联、各马路商界总联合会共同组成的上海工商学联合会宣告成立,上海各界民众结成了反帝联合战线。

五卅运动开始后,为了打破帝国主义的舆论封锁,推动反帝爱国运动,中共中央在6月4日创办了《热血日报》,由瞿秋白任主编。《热血日报》及时向广大群众传达党指导运动的方针、政策,揭露帝国主义的罪行。在中国共产党的领导和推动下,五卅运动的狂飙迅速席卷全国,成千上万人的集会、游行示威和罢工、罢课、罢市。全国各地到处响起"打倒帝国主义"、"废除不平等条约"、"撤退外国驻华的海陆空军"、"为死难同胞报仇"的怒吼声,形成了全国规模的反帝怒潮。中国人民反帝斗争得到了国际革命组织、海外华侨和各国人民的广泛同情和支援。五卅运动成为具有广泛国际影响的反对帝国主义的斗争。

五卅运动沉重打击了帝国主义,对中华民族的觉醒和国民革命运动的发展起到了巨大的推动作用,大大提高了中国人民的觉悟,揭开了大革命高潮的序幕。中国共产党在领导五卅运动的斗争中受到很大锻炼,培养造就了一大批干部,党组织也得到极大发展,在斗争实践中总结了宝贵的经验,为以后党领导大规模的群众斗争奠定了基础。

7月1日香港回归纪念日 (1997) 致辞

> **范例一**
> 某爱国人士在香港回归10周年纪念日的致辞

同志们、朋友们:

1997年7月1日,历史将永远铭记。那一天,中华民族的百年国耻得以洗刷,"东方明珠"香港顺利回归祖国怀抱。时光飞转,岁月如流,而今我们迎来了香港回归后的第一个十年。

10年间,两地同舟共济,交流融合,香港历史翻开了新的一页。1997年至2007年是香港经受种种考验的十年,是"一国两制、港人治港"成功推进的十年,也是香港书写新的辉煌篇章的十年。

10年前的那个晚上,当中华人民共和国国旗在香港上空冉冉升起的时候,全世界的目光都聚焦在这庄严的时刻,这是中国人最值得骄傲和自豪的日子,香港经过一个多世纪的颠沛流离之后,终于回到了祖国的怀抱。拥有着中华儿女的情分和流淌着炎黄子孙血脉的香港,向世人诉说着,我回家了!

那一夜,多少中华儿女包括香港同胞在内都沉浸在幸福的团聚中,在为香港回归欢呼!香港曾经是人们向往的地方,也是内地人想要了解和要去的地方,由于不平等条约的限制,割断了骨肉同胞的那份情感。现在,香港回来了,国人如何不高兴?谁不想与骨肉同胞畅叙那浓浓的情意?香港回归,令人激动,令人难忘,香港回归十年,情真意更浓!

范例二

中共中央某领导在香港回归 11 周年纪念日的致辞

同志们、朋友们：

今天，我们庆祝香港回归 11 周年，送去我们对香港最美好的祝愿！对我们的骨肉同胞最美好的祝福！

温家宝总理曾在"两会"记者招待会上寄语香江："紫荆花盛开了，今年花儿红了，明年花儿更好！"短短数十字，包含了中央及祖国人民对香港的关怀与祝福。中央对香港回归以来的发展，是予以充分肯定的。

香港回归祖国以来，有伟大祖国做坚强后盾，在特区政府和社会各界共同努力下，走过了不平凡的 11 年。在"一国两制"的构想下，香港的今天比昨天更灿烂。在回归的 11 年里，香港曾经碰到过最艰难的时光，亚洲金融风暴曾经压得港人气喘吁吁。是祖国为其挺直了腰板，让香港人柳暗花明又一村。祖国永远是香港的坚强后盾！

在亚洲金融危机、禽流感、"非典"疫情等突发事件让香港面临政治、经济、自然的考验时刻，香港特区政府和人民团结奋进，顽强应对，中央政府和全国人民与其同呼吸、共命运，将困难一一化解，回归前后某些人的担忧疑虑烟消云散，某些人的危言耸听不攻自破，某些人的迷惘失落不复存在……

"一国两制"方针和基本法在香港得到了正确实施与实践，香港今天正以健康发展、经济繁荣、民生改善、社会进步的姿态展现在世界面前。香港人完全能够治理好香港。香港定会拥有更加美好的未来，"一国两制"一定能够结出更加丰硕的成果。

今年最美的紫荆花映出香江炽热如火的憧憬，和煦的暖风将香港回归 11 周年的喜悦，送到全世界华人的面前。让我们祝福香港，祝福中国！

> 范例三
>
> 某副部长在香港回归12周年纪念日的致辞

同志们、朋友们：

香港，百年沧桑，十二年欣喜。弹指一挥间十二年过去了，十二年来，香港更加繁荣。十二年来，香港用勃勃生机和繁荣稳定告诉世人，一路走来的步伐是多么坚定多么从容；十二年来，"一国两制"方针不仅得到香港同胞的拥护，而且在国际上也得到广泛的认同。

香港的昨天书写了祖国的屈辱，香港的今天见证了祖国的富强；香港的明天昭示着祖国的辉煌！你们是中国香港人！就像我们是中国内地人一样，都是中国人，都是中华人民共和国公民，都是炎黄子孙。爱国爱港是我们中国人的共同追求。香港明天一定更美！

香港回归祖国12周年了，我们也都跟着经历了12年的风风雨雨，一起见证了"一国两制"的伟大创举。事实证明，邓小平同志提出的这项制度完全切实可行，也为最终解决台湾问题提供了最佳范本。

12年来，中国向世界兑现了自己的承诺，确确实实的在香港实行了"一国两制"。香港——这一举世闻名的"东方之珠"，今天依然璀璨地屹立在亚洲大地上，她仍然是当今世界有数的"金融之都"、"时尚之都"、"自由之港"。

我觉得今天纪念香港回归祖国12周年，不能简单地为纪念而纪念，应该以纪念为契机，将更多的精力花在为香港的未来发展出谋划策上。12年间，香港书写了一连串起承转合的亮丽标点。然而，在亮丽表现的背后，检视香港回归12年的发展方向，还有不少启示留给了下一个12年——政治上应减少争执，将内耗降至最低程度，全力以赴发展经济；文化上保持香港特色；经济上加快产业结构转型，找准发展定位。

香港是东方的明珠，是中国人民的一块瑰宝。香港人和内地人都一样，都是中国人。我希望香港能够对普通百姓更为亲切，香港既然回归了，就要真正成为家里的城市，香港人也要成为真正的家里人。

香港回归 12 年，我们的香港，我们 13 亿中国人的香港，我祝你更加美丽，更加繁荣！

7月7日中国人民抗日战争纪念日（1937）致辞

范例一

某历史学家在中国人民抗日战争 71 周年纪念日的致辞

同志们、朋友们：

7月7日，一个承载着中华民族屈辱与悲愤、血性与反思的日子！也正是在这一天，卢沟桥的枪声，揭开了中国人民反击侵略、全民抗战的序幕，中华民族自此浴血奋战直至赢得抗日战争的全面胜利；中华民族的百年衰败沉沦自此开始扭转，古老中国从此走向民族独立与自强。

1937年日本帝国主义为了占领中国，发动了蓄谋已久的全面侵华战争。1937年6月，日本侵略军在北京西南的宛平附近连续举行军事演习进行挑衅。7月7日，日本军借口一个士兵失踪，强行进入宛平县城搜查，还要中国军队撤出宛平，这些无理要求被拒绝后，日本军队就向宛平和卢沟桥开炮轰击，中国军队奋起反击，这就是著名的"七七事变"。"七七事变"是日本帝国主义向我国发动大规模侵略的开始，7月8日，中国共产党通电全国，号召实行全面抗战。

在中国共产党的倡导下，全民族的抗日救亡运动迅速掀起。日本帝国主义面临的对手是空前觉醒的中华民族，所以这就注定了它必然灭亡的命运。卢沟桥畔的枪声引燃的整个中华民族的抗日圣火，将中国推到了一个新的历史时期。

中国人民团结一致，以抗击日本法西斯的辉煌战绩，一扫中国近百年尽遭侮辱、积弱不振的形象，第一次赢得反对外来侵略的伟大胜利。"七七事变"爆发后，中华全民族的空前觉醒和因此重新焕发出的民族精神和民族气节是中国人民坚持八年抗战、最终战胜日本帝国主义的根本力量。

在21世纪的今天，这种伟大的民族精神值得我们特别珍视和发扬。今天距离"七七事变"爆发已经73年了，但日本军国主义的阴魂至今不散，日本极右势力极力通过各种方式企图为侵略战争翻案。中国和世界上一切爱好和平与正义的人们应保持高度的警惕。前事不忘，后事之师。只有尊重和正视历史，才能赢得未来。

范例二　某学校教师在中国人民抗日战争72周年纪念日的致辞

各位老师、各位同学：

今天是中国人民抗日战争72周年纪念日，我们齐集于此，共同追寻历史的足迹，深切缅怀那些在战争中为国捐躯的抗日英雄。72年前的今天，卢沟桥的枪声揭开了中国人民反击侵略、全民抗战的序幕，中华民族自此浴血抗争直至赢得抗日战争的全面胜利；中华民族的百年衰败沉沦自此开始扭转，饱经苦难的古老中国从此走向民族独立与自强。

1937年的今天，日本侵略军炮击宛平县城和卢沟桥，中国守军奋起抵抗，震惊中外的卢沟桥事变爆发，中国抗日民族解放战争从此全面开始。日本侵略者自"九一八"事变后，加紧向中国进攻。国民党政府则采取不抵抗政策，节节退让。此后，日本帝国主义又通过《塘沽协定》、《何梅协定》，及策动华北五省所谓自治运动等一系列举措，逐步加紧对平津及整个华北的侵略。同时，日本帝国主义加强了发动全面侵华战争的准备，向华北大量增兵。从1937年5月起，日本驻军在卢沟桥、长辛店、平汉线北段频繁进行军事演习，并以营房不足为理由，要求在丰台与卢沟桥之间建筑兵营和修建机场，都被中国方面所拒绝。7月7日夜，日军借口一个士兵失踪，要求进宛平城搜查，并要求中国驻军撤出宛平等地。这些无理要求理所当然地被中国军队所拒绝。当交涉还在进行时，日军即向卢沟桥一带的中国军队发动攻击，并炮轰宛平城。当地驻军第29军一部奋起抵抗。这就是著名的卢沟桥事变。

中华民族已处在生死存亡的关键时刻，只有全民族团结抗战，才是中国生存和发展的唯一出路。第二天，中共中央率先向全国发出通电，大声疾呼"平津危急！华北危急！中华民族危急！"呼吁国共两党合作抗日，号召全国人民、军队和政府团结起来，筑成民族统一战线的坚固长城，抵抗日寇的侵略。

由于中国共产党的倡导，全国抗日救亡运动的不断高涨，国民党政府提出用外交途径解决事变的提议被日本拒绝，使国民党最高领导人被迫接受中国共产党和各界爱国人士的建议，实现团结抗日。不久，中国工农红军先后改编为八路军和新四军，出师抗日，形成了第二次国共合作的局面。全国的工人、农民、知识分子和其他爱国人士一同投入抗日的洪流，结成了中国近代史上空前规模的、整个中华民族组成的抗日民族统一战线，开始了波澜壮阔的八年抗战。

我们要铭记这历史的一刻，并把在抗日战争中英勇牺牲的先烈们为国捐躯的革命热情和面对敌人毫不畏惧的革命精神，作为我们爱国教育的珍贵教材，没有他们的抛头颅、洒热血就没有我们今天的幸福生活。我们在此深切缅怀那些为国捐躯的先烈们，历史不会遗忘他们，我们也永远不会忘记这些最可爱的人！

范例三

某干部在中国人民抗日战争73周年纪念日的致辞

同志们、朋友们：

73年前的今天，卢沟桥的枪声揭开了中国人民反击侵略、全民抗战的序幕,中华民族自此奋勇抵抗直至赢得抗日战争的全面胜利。

73个春秋过去,中国已不是过去孱弱的模样。但历史的风雨怎能吹熄我们心中卢沟桥的连绵烽火,和平的歌声中更不能隐去"七七事变"呼啸的枪声。卢沟桥的枪声是我们民族奋起雪耻的号角,是振聋发聩的警钟,是历史正义的惊堂木。

1937年6月,日本侵略军在北京西南的宛平附近连续举行了军事演习进行挑衅,7月7日,日本军借口一个士兵失踪,硬要进宛平县城搜查,还要中国军队撤出宛平,这些无理要求被拒绝后,日本军队就向宛平和卢沟桥开炮轰击,中国军队奋起反击,这就是著名的"七七事变"。"七七事变"是日本帝国主义向我国发动大规模侵略的开始,7月8日,中国共产党通电全国,号召实行全面抗战。这样,中国人民的伟大抗日战争就开始了。

在中国共产党的倡导下,全国抗日救亡运动不断高涨,国民党政府提出用外交途径解决事变的提议被日本拒绝,使国民党最高领导人被迫接受中国共产党和各界爱国人士的建议,实现团结抗日。不久,中国工农红军先后改编为八路军和新四军,出师抗日,形成了第二次国共合作的局面。全国的工人、农民、知识分子和其他爱国人士一同投入抗日的洪流,结成了中国近代史上空前规模的、整个中华民族组成的抗日民族统一战线,开始了波澜壮阔的八年抗战。

八年的抗战是惨烈的。中国无数的无辜百姓惨遭日寇杀害,为了美丽的家园,为了革命的胜利,无数战士抛头颅、洒热血,面对敌人毫无畏惧,将自己年轻的生命献给了今日的独立和和平!

1937年7月7日这一天拉开了中国人民抗战的序幕,在以后的八年中,中国军民英勇抗击日本侵略者,直到把日本侵略者赶出了我们的家园。在这八年中,包括共产党领导的抗日军民、正面战场抗击日寇的国民党军队,还有为了驱逐日寇倒下去的无数仁人志士,勾起了我们太多的回忆。现在祖国和平了,但是,人民没有忘记他们。因为,没有他们的鲜血就换不来我们今天的和平。在中国人民抗日战争纪念日到来之际,让我们缅怀那些为了驱逐日寇倒下去的烈士。让我们永远记住他们!

7月11日郑和首下西洋 (1405) 纪念活动致辞

范例一

交通部某部长在郑和首下西洋600周年纪念活动上的致辞

尊敬的各位领导,同志们、朋友们:

今天是郑和下西洋600周年纪念日,欢迎各位领导、各位嘉宾远道而来共同纪念这伟大的一天。1405年的今天,郑和率领一支庞大舰队,从南京下关起锚,开始下西洋的航行。这一壮举展现了中华民族的奋斗精神,在中华文明史上写下了辉煌的一页,郑和下西洋所体现的精神,是中华民族的宝贵财富。通过本次纪念活动,我们要将郑和精神发扬光大。

郑和下西洋是中国和世界航海史上的伟大创举,也是中国和世界外交史上伟大的和平实践。郑和下西洋加强了中国与各国间的文化交流,增进了彼此的信任和友谊,成为中外文明交融的典范。

郑和是举世闻名的伟大航海家,从1405年到1433年这28年间,他曾率领庞大船队七下西洋,远达红海与非洲东海岸,遍历亚非30多个国家和地区,这充分展示了中华民族的高超智慧和非凡勇气,体现了中华民族不畏艰险、勇于开拓、百折不挠的民族精神。

600年前的今天,伟大的航海家郑和率领庞大船队七下西洋,遍访亚非三十多个国家和地区,促进了中外经济文化交流,增进了友谊,体现了热爱祖国、睦邻友好、开放交流、探索创新、不畏艰险的伟大精神,创造了世界航海史上的奇迹,铸就了中国古代航运业的辉煌。

随着经济全球化和交通通信科技的快速发展,世界各国间的距离正日益缩短，浩渺的海洋已经不再是人类相互往来的阻隔，而是将世界更紧密地联系在一起。600年前，郑和扬帆远航使中国走向世界；600年后的今天，中国将以更加积极的姿态敞开胸怀，拥抱世界。

郑和精神是中华民族的瑰宝，也是中国伟大的航海家对世界航海事业的杰出贡献。郑和是中国的郑和，也是世界的郑和。大学生们要深入了解我国伟大的航海家郑和七下西洋的伟大创举，大力弘扬郑和科学航海、和平航海的伟大精神，这对增强中国公众的海洋意识，激发我们的爱国热情，加强我们的海洋观念具有深刻的教育意义。

纪念郑和下西洋600周年不仅是追思郑和令人仰慕的伟大功绩，而且更重要的是要立足当代，把握世界发展的脉搏，共同致力于航海和海洋事业，弘扬郑和热爱和平、勇于开拓的精神，为全人类谋福祉，让世界人民共享太平盛世。

范例二

国家海洋局某局长在郑和首下西洋602周年纪念活动上的致辞

尊敬的各位领导、各位嘉宾，同志们、朋友们：

此次郑和航海暨国际海洋博览会是为纪念郑和下西洋602周年而举办的系列活动之一，我们以"热爱祖国、睦邻友好、科学航海"为指导，以"弘扬郑和精神，繁荣当代中国的海洋事业"为主题，在我国第一个航海日到来之际，我们特地邀请了中国海运、中国大洋考察、中国南极科学考察等方面的专家作了专题报告。

1405年的今天，郑和率领一支庞大舰队，从南京下关起锚，开始下西洋的航行。这一壮举展现了中华民族的奋斗精神，在中华文明史上写下了辉煌的一页，郑和下西洋所体现的精神，是中华民族的宝贵财富。郑和船队传播了中华文明，促进了中外友好，促进了经济文化交流和经贸往来，开创了世界航海史和人类文明史新篇章，为人类航海作出了巨大贡献。

中国是海洋大国，海强则国强，海弱则国弱，海洋与中华民族休戚相关。中国作为航海和造船的海洋大国，既面临着机遇又要面对挑战。党和国家领导人对海洋事业高度重视，把发展海洋经济、合理利用海洋作为一项战略任务。目前，中国的海洋经济进入了一个前所未有的快速发展期。

郑和给人留下的不仅仅是七下西洋的传奇，更是一种开阔的胸襟和敢为天下先的精神。今天我们纪念郑和，要宣传学习他的爱国主义精神和不畏艰难的探索精神。同时，我们也要宣传他的海洋意识。21世纪是海洋的世纪，除了960万平方公里的国土，我们不能忘记我们的蓝色文明。同时让爱国主义、科学航海、睦邻友好成为激励我们中华民族生生不息的动力。郑和精神主要体现在三个方面：开放兼容的思想、开拓创新的勇气、自强不息的民族精神。

郑和打动世界的是探索不止精神的传承。600年前绝大多数国家还视海洋为畏途，视远航如梦想，但从1405年至1433年，28年里郑和竟七下西洋，船队一次比一次大，航程一次比一次远，面对艰难不言苦，经历曲折不思退，不断追求超越，直至病逝途中。这种探索不止的可贵精神属于全人类，也始终激励着后来者敢闯未知新世界，敢攀新高峰。

秉承郑和传统，弘扬郑和精神，是我们这代人义不容辞的重大责任。郑和航海节的成功举办，必将激励我们全国人民进一步弘扬郑和精神。深入了解郑和七下西洋的伟大创举，大力弘扬郑和科学航海精神，继承发扬郑和和平航海的伟大精神，对于增强中国公众的海洋意识，特别是激发青少年的爱国热情，加强他们的海洋观念具有深刻的教育意义。

21世纪是海洋的世纪，海洋思想和观念意味着开放和文明，意味着先进和进步，意味着崛起。因此，郑和精神的现代启示之一，就是我们应该继续沿着改革开放的道路前行，用蓝色文明宽阔的视野观察世界，用蓝色文明的胸怀拥抱世界，走出一条崭新的和平发展之路。我希望当代青年尤其是大学生应该在未来的时期内加强对海洋的重视，树立海洋资源意识，构建和谐社会理念。

9月3日中国人民抗日战争胜利纪念日（1945）致辞

> **范例一**
> 某学校教师在中国人民抗日战争胜利63周年纪念日的致辞

尊敬的老师、亲爱的同学们：

今天是抗战胜利63周年纪念日，1945年的今天我们终于赢得了长达八年的抗日战争的伟大胜利。为了弘扬中华民族的坚韧自强、团结一致、勇于牺牲、甘于奉献的伟大精神，培养学生的爱国主义情怀，我们今天特此举办这次主题活动。

1937年，"七七事变"爆发后，日本帝国主义迅速发动对华全面侵略战争。一时间，平津危急，华北危急，中华民族危急。危急时刻，共产党人率先吹响了抗战的号角，从民族大义出发，积极倡导建立抗日民族统一战线。"兄弟阋于墙，外御其侮"。数万名红军将士摘下红五星，换上了国民革命军军服；在正面战场和敌后战场，国共两党军队相互配合，并肩战斗。面对民族危亡，曾经的对手捐弃前嫌，共赴国难。

毛泽东同志认为："战争的伟力之最深厚的根源，存在于民众之中。日本敢于欺负我们，主要的原因在于中国民众的无组织状态。克服了这一缺点，就把日本侵略者置于我们数万万站起来了的人民之前，使它像一匹野牛冲入火阵，我们一声唤也要把它吓一大跳，这匹野牛就非烧死不可。""抗日战争是持久战，最后胜利是中国的。"正如毛泽东同志所预言的那样，中国军民坚守信念，血战到底，在枪林弹雨中迎来最后的胜利。中国人民团结一致，以抗击日本法西斯的辉煌战绩，一扫中国近百年尽遭侮辱、积弱不振的形象，第一次赢得了反对外来侵略的伟大胜利。

"七七事变"时，日本侵略者曾狂妄叫嚣：三个月内灭亡中国。但是，经过八年的英勇抗争，付出了伤亡3500万军民的沉重代价，中华民族却最终打垮了骄横一时的日本侵略者。中国抗战对世界反法西斯战争的胜利作出了重大贡献，也使中国成为保障战后世界和平的重要力量。中国人民的浴血奋战为国家和民族赢得了尊严。

我们纪念抗战胜利就是要努力弘扬我们中华民族的坚忍不拔、顽强拼搏的抗日精神，努力以史为鉴，为实现我们中华民族的伟大复兴贡献自己的力量。此外，我们要铭记历史，深切缅怀那些抛头颅、洒热血的烈士们，是他们用自己宝贵的生命换来了我们今天的幸福生活。让我们永远记住这历史的一刻！

范例二
某史学专家在中国人民抗日战争胜利64周年纪念日的致辞

尊敬的各位来宾，同志们、朋友们：

今天我们迎来了中国人民抗日战争胜利64周年纪念日。在这个喜庆的日子里，我们共同追寻历史的足迹，努力弘扬我们勇于牺牲、甘于奉献的伟大民族精神。在和平与发展成为时代主题的今天，只要我们不忘历史，勇往直前，壮大国家实力，中国必将始终屹立于世界民族之林，生生不息。

舍生忘死，前赴后继，坚持正义，追求和平，一贯的民族英雄气概和民族奉献精神，让中华民族粉碎了侵略者的痴心妄想，始终屹立于世界民族之林。在这场实力悬殊的战争中，英勇的中国军人用鲜血和生命履行了保家卫国的职责，谱写了一曲曲气壮山河的壮歌。

64年前的9月3日，日本递交投降书宣告了中国抗战的最终胜利。这是一段慷慨悲壮的岁月，令我们记忆犹新。这是一种血火淬炼的精神，令中国坚不可摧。硝烟已散，精神永存。抗战中迸发出的伟大精神，穿越了历史，辉映着未来，永远激励我们前进。

范例三

某领导在中国人民抗日战争胜利65周年纪念日的致辞

尊敬的各位领导，各位嘉宾，同志们、朋友们：

今天是抗日战争胜利65周年纪念日，我们满怀激动齐集于此纪念这样一个伟大的节日，深切缅怀那些在抗战中为国捐躯的先烈们。65年前的9月3日，日本递交投降书宣告了中国抗战的最终胜利。这是一段慷慨悲壮的岁月，令人永远难忘。

1937年，"七七事变"爆发后，日本帝国主义迅速发动对华全面侵略战争。但中国人誓死不当亡国奴。于是，农民放下了锄头，工人放下了铁锤，学生放下了书本……海内外的炎黄子孙，不分阶级、阶层、党派、信仰，有钱出钱，有力出力，燃起了抗击侵略者的熊熊烈火。中国最终能取得抗战胜利，民族的觉醒和团结是关键。从一盘散沙到万众一心，中国共产党就是这个凝聚力的核心。倡导、建立和维护抗日民族统一战线；提出全面抗战路线和持久战战略总方针；在敌后积极开展游击战争……在每个重要关头，中国共产党都站在最前列，成为引导抗战走向胜利的一面光辉旗帜。

"七七事变"时，日本侵略者曾狂妄叫嚣：三个月内灭亡中国。但是，经过八年的抗日战争，付出了伤亡3500万军民的沉重代价，中华民族却最终赢得了抗日战争的胜利。中国抗战对世界反法西斯战争的胜利作出了重大贡献，也使中国成为维护世界和平不可或缺的力量。中国人民的浴血奋战赢得了世界人民的尊敬。正是靠的这种勇于牺牲、甘于奉献的精神，中华民族历经劫难而不屈，面对强敌而未亡。在和平与发展成为时代主题的今天，传承好这种伟大的民族精神，中国将会始终屹立于世界民族之林。

中国的抗战付出了巨大的民族牺牲，但也证明中华民族有在自力更生基础上光复旧物的能力。这种坚韧自强的精神，是一种宝贵的财富，具有永恒的价值。抗战精神是中华民族永不沉沦的根,是中华民族走向伟大复兴的魂。在中华民族实现伟大复兴的漫漫征程中,抗战精神这面旗帜将永远激励人们奋勇前行!

9月11日美国"9·11"事件
(2001) 纪念活动致辞

范例一
外交部某工作人员在美国"9·11"事件纪念活动上的致辞

女士们、先生们:

2001年9月11日,象征美国光荣与梦想的世贸中心双子塔在全世界的注视中轰然倒塌,3000多无辜的生命在恐怖分子丧失理性的罪恶行动中与亲人永别。恐怖和反恐,从那一天起成为国际政治演进的一条主线。

自"9·11"事件以来,反恐以独特的方式改变着这个世界,小到登机检查、银行储蓄、出门旅行等个人生活琐事,大到反恐立法、政权变更、国家关系等国家或国际大事。不管愿不愿意,我们都必须接受这样一个事实:我们正处在一个与全球恐怖主义做斗争的时代,斗争的终极目标是人人免于恐惧,而不是特定国家的绝对安全。

即将过去的2008年是反恐斗争史上不寻常的一年,一方面全球恐怖袭击大举回潮,战略导向日趋明显,单边主义面临的反恐形势日趋严峻;另一方面,新安全观在指导地区性多边反恐合作上收效显著,给如临大敌的全球反恐形势带来一线光明。两种不同路线的反恐战略实践预示着明年的反恐形势将面临分化与转折。

"9·11"事件以后,国际恐怖主义袭击以史无前例的震撼方式展示了其对于大国安全威胁的烈度与强度。其后,美国组织了所谓反恐联盟,在阿富汗和伊拉克发动了两场烈度不同的战争。美国作为大规模国际恐怖主义袭击的头号受害国，其代表的国际反恐战争是基于如下思维：首先，打击国际恐怖主义需要军事手段，同时在实施这种打击时可以采取超越一般国际法和战争法的方针。其次，实施国际反恐由于采取了军事优先的政策，因此在外交上采取了单边主义的做法。再次，在战术上认为可以先发制人。最后，没有明言的一个认知是，在打垮了塔利班的阿富汗政权和推翻了萨达姆之后，美国赢得了在世界关键战略要点地区更好的地位，同时，认为国际恐怖主义已经失去了进行大规模反扑的力量。在某种意义上讲，美国的全球反恐战争已经成为其推行全球政策的工具，这也削弱和分散了美国和国际反恐的力量。

美国的"9·11"事件只是恐怖主义的一个导火索。恐怖主义是对国际社会的根本挑战，没有哪一个地区能够避免。在一个日益全球化的世界中，任何国家都无法单独有效地应对恐怖主义。如今，全球大多数国家都将恐怖主义视为国家安全的重大威胁，而反恐合作也成为全球合作的重要方式。

让我们全世界人民团结起来，组建反恐同盟，共同捍卫我们美好的家园！9月11日是一个不能忘却的日子，不仅是美国，全世界人民都要铭记这历史的一刻，让"9·11"事件的警钟长鸣在我们耳畔，并以此激励我们为全球反恐作出自己的贡献。

范例二

联合国某工作人员在美国"9·11"事件纪念活动上的致辞

女士们、先生们：

今天是美国"9·11"事件9周年纪念日，我们在此深切缅怀那些在此次事件中遇难的人们。2001年9月11日，纽约世贸大厦遭到恐怖分子的疯狂袭击。在接下来的9年时间里，恐怖主义与反恐斗争一直在角力之中。在对反恐受害者致以深切哀悼的同时，我们有必要对当前的世界形势和反恐状况有一个准确的认知。

"9·11"事件之后,恐怖主义以一种集团化、符号化、全球化的方式蔓延,它促使世界各国不断清醒地认识到,反恐已经成为一个全球主题,是任何国家都无法置身其外的国际责任。"9·11"事件只是一个导火索,它将恐怖犯罪的等级大大提升,这一事件包括此后的几次爆炸性事件都直接威胁到了人类的和平与安全,世界也更加清晰地认识到了恐怖主义的破坏力。

先生们、朋友们,让"9·11"事件的警钟长鸣吧!让我们全世界人民团结起来共同做好反恐准备,为了我们美好的世界而努力奋斗吧!

9月18日 "九一八"事变纪念日（1931）致辞

> **范例一**
> 某史学家在"九一八"事变76周年纪念日的致辞

尊敬的各位来宾:

1931年的9月18日,日本军国主义发动了蓄谋已久的侵华战争。这场侵略战争给中国人民带来了空前的灾难和损失,也给后人留下了深刻的历史血鉴。今天,面对第76个"九一八"事变纪念日,我们思考的应当更多更深。

第一,勿忘国耻当思国运。走进"九一八"历史博物馆,让人深思再三的莫过于"国运"二字。从高耸的残碑到蜿蜒的展厅,如同是用一串串"难"字勾画出的国难图,国家的灾难、民族的苦难、抗争的磨难……抚今追昔,百感化作一念:当苦日子离去的时间越久远,当富日子光临的越急匆,我们心系国家、民族的命运,如何才能让国家的悲剧不重演?历史实践告诉我们,国家与民族的兴衰成败,需要全国人民的人心支撑,而要把十三亿人的力量凝集起来,唯有坚持中国共产党的正确领导。

第二,勿忘国耻当思发展。76年前,我国经济落后也是造成国门洞开、生灵涂炭的一个重要原因。看昨天知国耻,看今天思国兴,看明天盼国强。只有致力于解放和发展社会生产力,不断增强综合国力,国家才能长治久安。为了不再做弱肉,不再被强食,我们必须励精图治、奋发图强,以科学发展来大踏步地向前追赶。我们要清醒地看到,我国仍是一个发展中国家,人口多底子薄,生产力不发达的状况没有根本改变;我国经济总体规模虽然比较大,但人均国内生产总值还排在世界100位之后。面对现实,倍感发展之急迫,不思发展就如同当年的不抵抗,有发展才谈得上民族尊严,才能在抓住机遇迎接挑战中,使我们的民族、我们的国家真正巍峨挺立。

第三,勿忘国耻当思忧患。古往今来,我们的民族不乏忧论:忧国忧民、居安思危、先忧后乐、进亦忧退亦忧,等等。忧,具有很重要的道理:"生于忧患,死于安乐"。然而,这个道理,似乎没有直奔主题,没有落实到目的上——忧患是为了图强,而图强又必须先进。如今,我国人民先进意识大大增强,国家也正在渐渐强大起来。这是大幸。然而,世界风云变幻,落后就要挨打还将是一个长久而严酷的现实。因此,面对79年后的"九一八",正如某中央领导同志指出的,居安思危应成为我们须臾不可忘却的忧患意识。

灾难和耻辱并不可怕,可怕的是不能从灾难和耻辱中获取教训。我们绝不能忘记当年国土沦陷的惨痛历史,绝不能忘记国家落后分裂和对侵略者妥协退让的沉痛教训。强调牢记历史,并不是要延续仇恨,而是要以史为鉴,面向未来。中国人民牢记那段历史,就是要警示和鞭策自己:只有国家强盛,才能彻底避免任人宰割的命运;只有民族团结,才能凝聚成战胜一切困难的力量。

范例二
某海外华人在"九一八"事变77周年纪念日的致辞

各位来宾：

今天是"九一八"事变77周年纪念日，我们满怀激动的齐集于此纪念这样一个特殊的日子，深切缅怀那些在抗战中为国捐躯的先烈们。今天，我们××社团联合总会辽宁考察团参观"九一八"历史博物馆，这是一次爱国主义的学习之旅、交流之旅，是海外侨胞心系祖国、热爱中华的内在体现，反映了全球华侨华人的共同心愿。牢记历史、不忘国耻，是全体中华儿女的历史责任，希望海外华侨奋发创业，为国争光。

1931年的"九一八"不是事变应该是战争，是日本侵略者侵华阴谋的第一步。多年来的研究表明，日本侵略者对华发动侵略战争不是8年，应该是14年。日本帝国主义侵占中国是一个有预谋、有计划、有准备的罪恶阴谋，日本侵略者欠下中国人民的血债如此深重，中国人民应该重新确定抗日战争史，给历史、给世界一个更科学、更客观、更公正的结论。

深入开展"九一八"战争史学研究，是中国人民热爱和平、促进和谐世界建设的基本内容，是民间组织对战争灾难最好的声讨，是对在战争中无辜死难的千千万万同胞的最好悼念。日本侵略者当年灭绝人寰的残忍罪行，制造了震撼中外的人类悲剧，是一场千古灾难。今天的人们，要教育子孙时刻不忘侵略罪行。日本政府必须证实历史，以史为鉴，面向未来。

沈阳中捷友谊厂是当年日本残酷迫害虐待英美战俘的重要证据，很多当地老人至今记忆犹新，无法忘却。我们这一代人有责任为后代人保存好这座历史遗址，让历史作证，让世界了解。在此呼吁政府，应该千方百计认真保护这一遗址。

不忘"九一八"，爱国兴中华，永远铭记这一苦难历史，是海外华侨华人的共同心愿。建设社会主义现代化强国，需要更好的国际环境和更加持久的和平环境。海外华侨要把"九一八"历史博物馆作为坚定爱国的学习基地、教育基地，成为全体人民知荣明耻、育才造福的教育场所。我们呼吁更多的华侨华人常到"九一八"历史博物馆参观学习，牢记历史，警示社会，传承后代。

××会每年都要在"九一八"历史博物馆联合开展爱国主义教育活动，积极参与支持"九一八"战争历史的研究工作，发动海外华人积极帮助建设爱国主义教育基地。加强海外华人的爱国主义宣传工作，为民族自强和民族共荣会聚人心、凝聚力量。

> **范例三**
>
> 某学校教师在"九一八"事变78周年纪念日的致辞

老师们、同学们：

今天是"九一八"事变78周年纪念日。"九一八"是中华民族进入近代以来最黑暗历史的开端，是值得我们全民族永远铭记的耻辱日。为了弘扬我们的爱国主义情怀，增强我们的民族责任感，我们特此举办这次纪念活动。

1931年9月18日晚，驻扎在中国东北的日本关东军按照精心策划的阴谋，由铁道守备队炸毁沈阳柳条湖附近的南满铁路路轨，并嫁祸于中国军队。这就是所谓的"柳条湖事件"。以此为借口，日军向驻守在沈阳北大营的中国军队发动了进攻，这就是举世震惊的"九一八"事变。东北军坚决执行不抵抗主义。短短4个多月内，东北3000多万父老乡亲成了亡国奴。

78年前的今天，是一个令中华儿女痛彻心扉的日子；78年后的今天，北大营的枪声已成回忆，奉天城的硝烟也已散尽，当年的亲历者多已作古，东京大法庭上，昔日的战争狂人已经被审判，行刑的绞架在半个多世纪的岁月侵蚀下已经开始腐朽……一切的一切都已经成为历史。

"勿忘国耻，爱我中华"，灾难和耻辱并不可怕，可怕的是不能从灾难和耻辱中获取教训。我们绝不能忘记当年国土沦陷的惨痛历史，绝不能忘记国家落后分裂和对侵略者妥协退让的沉痛教训。强调牢记历史，并不是要延续仇恨，而是要以史为鉴、面向未来。中国人民牢记那段历史，就是要警示和鞭策自己：只有国家强盛，才能彻底避免任人宰割的命运；只有民族团结，才能凝聚成战胜一切困难的力量。

同学们，今天我们纪念"九一八"事变，只是为了那段不容忘却的历史。让我们深切缅怀那些在事变中为国捐躯的先烈们，是他们用宝贵的生命和满腔的爱国热情换来了我们今天的幸福生活。我们要努力弘扬他们的英勇奋战、不畏强敌的伟大精神，努力学习科学文化知识，为我们中华民族的伟大复兴贡献自己的一份力量。

范例四
某领导在"九一八"事变79周年纪念日的致辞

同志们、朋友们：

9月18日，是中华民族的蒙难日。1931年的9月18日，日本帝国主义悍然发动"九一八"事变，侵占我国东北三省，从而拉开了侵华战争的序幕。这个日子是中华民族和每一个炎黄子孙永远也不能忘记的日子。今天是"九一八"事变79周年纪念日，我们满怀激动齐集于此纪念这样一个伟大的节日，深切缅怀那些在此次事变中为国捐躯的先烈。

1931年9月18日晚上，日本驻中国的侵略军关东军，自行炸毁沈阳北郊柳条湖附近南满铁路段的路轨，反诬中国军队破坏铁路，并借此突然袭击了东北军驻地北大营和沈阳城。随即在几天内侵占20多座城市及其周围的广大地区。这就是当时震惊中外的"九一八"事变。

"九一八"事变发生时，国民党政府正集中力量进行反共反人民的内战，对日本侵略者采取卖国政策，命令东北军不能抵抗，撤至山海关内。日本侵略军乘虚而入，于9月19日占领沈阳，接着分兵侵占吉林、黑龙江。至 1932 年 1 月，东北三省全部沦陷。1932 年 3 月，在日本帝国主义的扶持下，傀儡政权伪满洲国在长春建立。从此，日本帝国主义把东北变成它独占的殖民地，全面加强政治压迫、经济掠夺、文化奴役，使我东北 3000 多万同胞惨遭涂炭，陷于水深火热之中。

"九一八"事变激起了全国人民的抗日怒潮。各地人民纷纷要求抗日，反对国民党政府的不抵抗做法。在中国共产党的领导和影响下，东北人民奋起抵抗，开展抗日游击战争，先后涌现出东北义勇军等各种抗日武装。1936 年 2 月，东北各抗日部队统一改编为东北抗日联军。1937 年"七七事变"后，抗日联军团结广大群众，进一步开展了广泛持久的抗日武装斗争，有力地配合中国共产党领导的全国抗战，终于迎来了抗日战争的胜利。

"九一八"事变是日本帝国主义长期以来推行对华侵略扩张政策的必然结果，也是它企图把中国变为其独占的殖民地而采取的重要一步。此后，中日民族矛盾逐步上升到主要地位，使中国国内的阶级关系发生重大变动。在中国共产党的号召下，中国人民掀起了抗日救亡运动并取得最终的胜利。

同志们、朋友们，让我们始终牢记这段历史，做好本职工作，为中华民族屹立于世界民族之林而努力奋斗！

10 月 10 日辛亥革命爆发纪念日（1911）致辞

范例一

某学校校长在辛亥革命爆发 98 周年纪念日的致辞

各位老师、同学们：

辛亥革命高举三民主义伟大旗帜，结束了中国长达两千年的封建帝制，为争取民族独立和人民解放，实现国富民强建立了不朽的功勋。为纪念辛亥革命98周年，缅怀革命先烈，进一步深化爱国主义教育，我们学校特意举办了此次"弘扬辛亥精神，培养爱国热情"纪念活动。

1911年10月10日，一个普通却又极不平凡的日子。就在这一天，武昌城头的一声枪响，宣告了清王朝反动统治的覆灭。一场席卷中国大地的变革由此开始，一个民族的伟大复兴由此开端。2009年10月10日，我们迎来辛亥革命98周年纪念日。今天，我们纪念辛亥革命，因为辛亥首义功绩彪炳千秋，辛亥志士永垂不朽，辛亥革命为我们留下了一笔弥足珍贵的精神财富——辛亥武昌首义精神。

"能争汗上为先著，此复神州第一功。"伟大的辛亥革命发端于武昌，在中国历史的进程中，武昌首义居功至伟。作为一名荆楚儿女，我们感到无上光荣与骄傲。作为一名荆楚儿女，我们更应该将这笔宝贵的精神财富——辛亥武昌首义精神传承下去。

"楚虽三户，亡秦必楚。"传承辛亥武昌首义精神，就是要传承这种救国救民、振兴中华的强烈爱国主义精神；"世人未为我敢为，天下未发我首发。"传承辛亥武昌首义精神，就是要传承这种勇立潮头、敢为人先的创新精神；"革命！革命！得之则生，不得则死。毋退步，毋中立，毋徘徊。"传承辛亥武昌首义精神，就是要传承革命志士这种不畏艰险、敢于牺牲的献身精神；"革命尚未成功，同志仍需努力！"传承辛亥武昌首义精神，就是要传承这种一呼百应、精诚团结的协作精神。

岁月更迭，沧桑巨变。首义枪声永远定格在人类历史的星空中，首义精神将会一直流淌在荆楚儿女的血脉里。首义精神，将会在湖北这块具有光荣革命传统的土地上生根发芽，成为激励每一个荆楚儿女奋发向上、振兴中华的巨大精神动力，荆山楚水必将焕发出更加夺目的光彩！

同学们，98年前，孙中山先生率先喊出了"振兴中华"的口号。98年后，振兴中华，实现祖国统一，国家富强，民族复兴，将靠新中国的建设者和接班人——你们来担当。同学们，在纪念辛亥革命98周年之际，让我们一起向我们的先辈们立誓："为国而生,为国而学,甚至为国而死!"我们一定会将辛亥武昌首义精神传承下去,让首义精神代代相传!

同学们,我们主办这次主题活动就是要进一步发扬以爱国主义为核心的民族精神,引导广大青少年学习革命先烈、学习首义仁人志士,胸怀伟大祖国、矢志报国为民的理想情怀和勇立潮头、敢为天下先的革命精神,教育当代青少年永远铭记这段历史,继承、发扬革命先辈的光荣传统,常怀爱国之心,永立报国之志,心系民族命运,投身祖国建设,实现百年来中华民族孜孜以求的强国理想!

范例二

宣传部某干部在辛亥革命爆发100周年纪念日的致辞

尊敬的各位领导、各位来宾:

2011年10月10日是辛亥革命100周年纪念日。辛亥革命推翻了统治中国几千年的君主专制制度,开创了完全意义上的近代民族民主革命,在中国近代历史发展中具有重要地位,是中国人民前进道路上的一个伟大的里程碑。

1911年10月10日爆发的中国资产阶级民主革命。孙中山1894年11月于檀香山创立兴中会,次年初在香港成立兴中会总部,并开始开展反清武装斗争。随后华兴会、光复会、科学补习所等革命团体相继建立。新兴的资产阶级小资产阶级知识分子,利用书刊大力宣传爱国和革命思想,民主革命思潮广泛传播。1905年8月第一个统一的全国性的资产阶级革命政党中国同盟会在日本东京成立,公举孙中山为总理,确定"驱除鞑虏,恢复中华,建立民国,平均地权"为革命纲领。革命党人积极联络海外爱国华侨,运动国内会党和新军,在中国西南发动多次武装起义。这些起义虽然都失败了,却促进了全国革命高潮的到来。黄花岗起义失败不久,湘、鄂、川、粤四省掀起保路风潮,成为辛亥革命的导火线。10月10日湖北革命团体文学社、共进会在同盟会的影响和推动下发动武昌起义，成立湖北军政府。之后全国各地相继响应，不到两个月，全国有十四省宣布独立，清朝统治土崩瓦解。这就是历史上所称的辛亥革命。

12月29日南京十七省代表会议选举孙中山为临时大总统，并于1912年元旦在南京成立临时政府，颁布了一系列有利于资产阶级民主政治和资本主义经济发展的政策法令，成立临时参议院，通过《中华民国临时约法》。2月12日清帝被迫宣布退位，从此结束了清朝二百六十多年的封建专制统治。中华民国的建立和清朝的覆灭，标志着资产阶级共和国的诞生和延续两千多年的封建帝制的终结。

1911年爆发的辛亥革命，推翻了清王朝的统治，结束了在中国延续几千年的君主专制制度，为中国的进步打开了闸门。一个世纪以来，中国人民和仁人志士为民族独立、国家富强、人民幸福、祖国统一而不懈奋斗。特别是新中国成立后，中华民族进入了发展进步的历史新纪元。当前，中国人民在中国共产党领导下同心同德推进改革开放和社会主义现代化建设，中华民族大踏步赶上时代前进潮流、迎来伟大复兴的光明前景。

在这一新的历史条件下隆重纪念辛亥革命，缅怀和宣传孙中山先生等革命先辈致力振兴中华的光辉业绩，对于发扬光大辛亥革命精神，鼓舞激励全国各族人民，万众一心建设有中国特色的社会主义伟大事业，对于加强海内外中华儿女大团结，勇敢担当历史责任，开创两岸关系和平发展新局面，共同推进祖国和平统一大业，实现中华民族伟大复兴，都有着十分重要的意义。

10月13日中国少年先锋队诞辰日（1949）致辞

> **范例一**
> 某小学校长在中国少年先锋队诞辰60周年纪念日的致辞

各位老师、亲爱的少先队员们：

大家下午好！在庆祝建国60周年的喜悦还在心里荡漾之际，我们又迎来了少先队第60个建队纪念日。1949年10月1日，天安门广场升起了第一面五星红旗，中华人民共和国诞生了！我们伟大祖国的历史翻开了崭新的一页。1949年10月13日这一天，就成了中国少年先锋队的建队日。10月1日、10月13日，这是两个彪炳史册的日子。为了这两个日子，多少仁人志士血染疆场，多少闪亮的名字镌刻在墓志铭上。

在这个光荣的日子，我们××小学一年级60名新同学光荣地加入了中国少年先锋队，成为一名少先队员。在此，我首先向刚刚加入中国少年先锋队的队员们表示热烈的祝贺，向为少年儿童健康成长、辛勤耕耘的少先队辅导员们表示崇高的敬意和亲切的问候！

新中国刚刚诞生，党就亲手创建了少先队，把广大少年儿童团结在星星火炬旗帜下，在少先队组织里，成长起一批又一批社会主义事业建设人才。少先队员朋友们，你们的老师、你们的父母，也都有过作为少先队员的经历，都是少先队组织发展壮大的亲历者。他们正在各条战线、各个岗位，为祖国的繁荣富强贡献着智慧和力量。

亲爱的少先队员们，你们的笑脸，是那么灿烂；你们的宣誓，是那么响亮。毛泽东爷爷曾经为我们的少先队题词："好好学习。"周恩来爷爷曾说："希望新中国的儿童们，从小就养成爱学习爱劳动的好习惯，准备做一个建设社会主义祖国的好劳动者。"邓小平爷爷曾说："希望全国小朋友，立志做有理想、有道德、有知识、有能力的人。立志为人民做贡献，为祖国作贡献，为人类作贡献。"在这么多前辈的关怀下我们一定会努力做个有用之才。愿你们像你们宣誓的那样，好好学习、好好锻炼，学会学习、学会做人、学习合作、学会生存。多为他人着想，多为集体着想，在少先队组织中历练，为胸前鲜艳的红领巾增添光彩，为我们××小学增添光彩，个个成为金子般的亮点。

老师们、辅导员们，今天的少先队员，是祖国的未来，是民族的希望，是中国特色社会主义事业的建设者和接班人。我们选择了教书育人这一伟大的事业，就注定我们和少先队的事业结下了不解的机缘。让我们把自己的青春和智慧，无私无悔地倾注在他们身上吧。10年，15年，20年之后，我们会无比骄傲地发现，在少先队勇往直前的历史征途中，有我们留下的坚实足迹。

亲爱的少先队员们，祖国的未来属于你们，开拓祖国的重任在等待着你们，党和人民对你们寄予厚望，老师和父母对你们寄予厚望。希望你们在新世纪能树立远大志向，勤奋学习，刻苦锻炼，勇于实践，团结互助，早日把自己培养成为有理想、有道德、有文化、有纪律的社会主义事业接班人。

最后，祝你们在星星火炬旗帜的指引下茁壮成长！

范例二

教育部某部长在中国少年先锋队诞辰61周年纪念日的致辞

亲爱的少先队员小朋友们、辅导员老师们，同志们：

在这欢乐的节日里，中国少年先锋队第6次全国代表大会隆重开幕了。我代表教育部，向全国的少年儿童致以亲切的问候！向大会的召开表示热烈的祝贺！

少先队是我们党创立并领导的少年儿童群众组织，红领巾是红旗的一角。长期以来,在党的领导下,在共青团的带领下,少先队主动适应时代要求,充分发挥自身优势,与学校教育紧密结合,团结、教育和引导广大少年儿童勤奋学习、快乐生活、全面发展,为促进少年儿童健康成长作出了重要贡献。在这里,一代又一代少先队员们沐浴着党的阳光雨露,开启了人生的奋斗航程。星星火炬照耀下的中小学校园,红领巾成为最重要的标志,是激励学生前行的强大动力。事实证明,在培养造就德智体美全面发展的社会主义事业合格建设者和可靠接班人方面,少先队组织发挥了不可替代的重要作用。

少年儿童是祖国的未来,民族的希望。党和国家始终关心少年儿童的健康成长,高度重视少先队工作。去年10月,在少先队建队60周年之际,胡锦涛总书记发来贺信,对发挥少先队组织作用提出了明确要求,对少先队员提出了争当"四好少年"的殷切希望。昨天上午又与各族小朋友一起庆祝节日,并发表重要讲话。我们一定要认真学习,领会会议精神坚决贯彻落实。

十年树木,百年树人。百年大计,教育为本。面向现代化、面向世界、面向未来,党中央、国务院作出了制定和实施国家中长期教育改革和发展规划纲要的重大决策。少先队基层组织主要在学校,是学校教育中一支生气勃勃的重要力量。我们要以实施规划纲要和这次大会为契机,全面贯彻党的教育方针,深入推进素质教育,充分发挥少先队组织的作用,努力开创学校少先队工作的新局面。第一,充分发挥少先队组织在培养学生思想道德素质中的重要作用。第二,充分发挥少先队组织在提高学生能力中的重要作用。第三,充分发挥少先队组织在促进学生全面发展中的重要作用。

做好少先队工作是党的要求,是共青团组织和教育部门的共同责任。各级教育部门和中小学校要站在党和国家工作全局的高度,按照王兆国同志代表党中央所作祝词的要求,把加强少先队工作纳入教育改革发展规划,作为教育改革和发展的重要任务,进一步推进少先队工作与教育教学工作有机结合,主动关心帮助少先队组织解决工作中遇到的困难和问题,大力支持少先队组织开展活动,全面加强少先队辅导员队伍建设,推动少先队事业在新的起点上实现新的发展。

少先队辅导员老师们,你们是辛勤的园丁,是少年儿童健康成长的指导者和引路人。希望你们始终牢记党和人民重托,继续发扬优良传统,积极探索当代少年儿童成长规律,传播理想,传递爱心,塑造心灵,启迪智慧,做学生爱戴人民满意的教师。少先队员小朋友们,你们今天是光荣的少先队员,明天将成为建设祖国的栋梁之才。希望你们遵照胡锦涛总书记的教导,珍惜美好时光,树立远大理想,养成优良品质,学习文化知识,锻炼强健体魄,人人争当"四好少年"!

最后,祝大会圆满成功!祝少先队事业的明天更美好!

10月22日红军长征胜利纪念日(1936)致辞

范例一

胡锦涛总书记在红军长征胜利70周年纪念日的致辞

同志们:

今天,我们在这里隆重集会,纪念中国工农红军长征胜利70周年。70年前,中国共产党领导红军将士完成了震惊世界的长征,开辟了中国革命继往开来的光明道路,奠定了中国革命胜利前进的重要基础。这一伟大历史事件,是中国共产党人的骄傲,是人民军队的光荣,是中华民族的自豪。我们纪念红军长征胜利,就是要激励全党全军全国各族人民在中国特色社会主义道路上继续奋勇前进。

在这里,我代表党中央、国务院和中央军委,向所有参加过红军长征和为红军长征胜利作出贡献的老战士、老同志,向当年支援红军长征的各族人民特别是各革命根据地人民，致以诚挚的问候和崇高的敬意！

70年来，我们始终铭记着领导红军创造这一历史伟业的毛泽东、周恩来、朱德等老一辈无产阶级革命家，始终铭记着为红军长征胜利英勇献身的革命烈士们。他们的功勋永载史册！他们的英名永垂不朽！

同志们，我提议，全体起立，为在红军长征途中和在各地革命斗争中英勇牺牲的革命烈士默哀！

上个世纪30年代初，我国正处于内忧外患的严峻境地。日本军国主义加紧侵略中国，中国社会危机四伏，中国人民饱受煎熬，中华民族到了最危险的时候。在那个风雨如磐的年代，我们党团结带领人民在艰难困苦中奋起、在艰辛探索中前进，百折不挠地为改变中国的面貌和中华民族的命运而斗争……

在红军长征这一具有重大意义的战略转移中，我们党坚持把自己的命运与中华民族的命运联系在一起，把军事上的战略转移与政治上的战略转变联系在一起，把长征前进的大方向与建立抗日的前进阵地联系在一起，以长征的胜利推动了中国革命转危为安。红军长征是中国革命从挫折走向胜利的重大转折，为我们党团结带领人民打败日本军国主义侵略，争取建设独立、自由、民主、统一、富强的新国家迎来了新的曙光，开辟了光明前景。

我们党领导红军以无与伦比的英雄气概进行的长征，创造了气吞山河的人间奇迹，谱写了中国革命史的光辉篇章，在我们党、军队和中华民族的发展史上都具有十分重大而深远的意义。伟大的红军长征，翻开了马克思列宁主义基本原理同中国革命具体实践相结合的新篇章，开创了中国革命的新局面，培育了中国共产党和人民军队的革命精神，形成了中国革命成熟的坚强领导核心。（略）

自70年前红军长征胜利以来，我们党团结带领全国各族人民在革命、建设、改革的各个历史时期进行了一次又一次波澜壮阔的伟大长征，夺取了一个又一个举世瞩目的伟大胜利。今天，我们进行改革开放和社会主义现代化建设，全面建设小康社会，积极构建社会主义和谐社会，开创中国特色社会主义事业新局面，为把我国建设成为富强民主文明和谐的社会主义现代化国家、为实现中华民族的伟大复兴而奋斗，就是我们党团结带领全国各族人民进行的新的伟大长征。在新长征的征途上，我们一定要继承和发扬红军长征的光荣革命传统。

……

70年前，毛泽东同志曾经说过："长征是历史记录上的第一次，长征是宣言书，长征是宣传队，长征是播种机。"今天，我们可以满怀豪情地说，红军长征向世界宣告的革命理想已经变为现实，红军长征播下的种子已经开花结果，并将继续开出更加鲜艳的花朵、结出更加丰硕的果实。让我们在新长征的征途上更加紧密地团结起来，高举邓小平理论和"三个代表"重要思想伟大旗帜，全面贯彻落实科学发展观，保持和发扬革命战争时期的那么一股劲、那么一股革命热情、那么一种拼命精神，沿着建设中国特色社会主义道路，继续把革命前辈开创的伟大事业推向前进，不断描绘中华民族伟大复兴的壮丽图景！

范例二

某市市长在红军长征胜利72周年纪念日的致辞

尊敬的各位领导，同志们、朋友们：

今天是红军长征胜利72周年纪念日。72年前，中国共产党领导红军将士完成了震惊世界的长征壮举，开辟了中国革命继往开来的光明道路，奠定了中国革命胜利前进的重要基础。这一伟大历史事件，是中国共产党人的骄傲，是人民军队的光荣，是中华民族的自豪。我代表市委、市政府向全市红军老战士和红军烈士遗属表示崇高的敬意和亲切的慰问。

革命先辈为了追求真理，争取民族解放，怀着伟大的共产主义理想，举行二万五千里长征。他们抛头颅洒热血，爬雪山过草地，跨越了大半个中国版图,遭遇国民党反动派无数次的围剿,经过一次又一次的决战,最终胜利到达革命根据地陕北。长征的胜利,显示了中国共产党人坚定的革命信念、大无畏的英雄气概与非凡的艰苦卓绝的战斗精神;长征的精神,是我们党从胜利走向胜利的制胜法宝,也是激励我们中华儿女团结一致,战胜一切困难险阻实现中华民族伟大复兴的不朽丰碑。

老一辈革命家的战斗精神和革命经验是我们党和全国人民的珍宝。他们为我国的革命事业作出的巨大贡献将永载史册,与艰难困苦铸就的长征精神一起代代相传,永远激励我们后人不断奋进。我们各级党委、政府和社会有责任更好地保障我们这些革命前辈的晚年生活过得安康、幸福。

我们继承和发扬长征精神,就要做到与时俱进,就要积极完成十六届六中全会提出的2020年构建社会主义和谐社会的目标和主要任务,把我国建设成为富强、民主、文明、和谐的社会主义现代化国家。我们要紧密团结在以胡锦涛同志为总书记的党中央周围,高举邓小平理论和"三个代表"重要思想的伟大旗帜,全面贯彻落实科学发展观,坚持反腐倡廉,密切联系群众,以人为本,肩负起时代和人民赋予的历史重任,把××的各项事业推向前进。

范例三
某学校教师在红军长征胜利73周年纪念日的致辞

尊敬的老师,亲爱的同学们:

今天是红军长征胜利73周年纪念日。中国工农红军的长征是一部史无前例、雄伟壮丽的史诗。长征是历史记录上的第一次,长征是宣言书,长征是宣传队,长征是播种机。长征是我们中华民族宝贵的精神财富。虽然长征胜利是73年前的历史,是一段特殊的历史,但红军在长征中体现出的不畏困难、独立自主、大胆创新的精神,是具有跨时代意义的。这段历史应作为大中小学校的必修课,将长征精神教育紧密联系实际,使我们的青少年在日益多元的社会中找到作为中国人的独特的动力源泉。

1934年10月，中央红军由于第五次反围剿失败，被迫撤离根据地，开始长征。红军连续突破国民党军四道封锁线，伤亡严重。在毛泽东坚决主张下，中央红军改变去湘西与红二、红六军团会合的计划，强渡乌江，攻占遵义。1935年1月在遵义召开中央政治局扩大会议，结束了王明"左"倾冒险主义在中央的统治地位，确立了毛泽东在党中央和红军的领导地位。之后，红军四渡赤水，爬雪山过草地，摆脱了数十万敌军的围追堵截，战胜了张国焘分裂红军的阴谋，历尽千辛万苦，于1935年10月19日到达陕北保安县（今志丹县）吴起镇与红十五军团会师。1936年10月22日红一方面军在甘肃会宁与红二、红四方面军实现胜利会师，标志举世闻名的二万五千里长征结束。

红军长征的胜利，实现了党北上抗日的战略方针，宣传了党的主张，播撒了革命火种，锻造了革命力量，形成了以毛泽东同志为核心的中央领导集体，确立了实事求是的思想路线，实现了中国革命从挫折走向胜利的重大转折，谱写了我们党、军队和中华民族历史上的壮丽篇章。红军长征是人类历史上无与伦比的革命壮举，是中国共产党和工农红军创造的人间奇迹，是中国革命史上的不朽丰碑。

长征精神的实质是什么？胡锦涛总书记认为是中国共产党人和人民军队革命风范的生动反映，是中华民族自强不息的民族品格的集中展示，是以爱国主义为核心的民族精神的最高体现。长征精神为中国革命不断从胜利走向胜利提供了强大精神动力。

伟大的长征精神，教育和鼓舞了一代又一代中国共产党人，为争取民族独立、人民解放和国家富强英勇奋斗，流血牺牲。伟大的长征精神彻底改变了国家前途和民族命运，不仅是中国共产党人光荣革命传统和中华民族伟大民族精神的集中反映，也是激励我们战胜困难、勇往直前的强大精神动力和宝贵精神财富。

今天我们纪念红军长征，就是要缅怀革命先辈的不朽功勋，继承光荣革命传统，发扬伟大的长征精神。我们必须坚持不懈地学习包括红军长征在内的中国革命史，并把这种学习与学习马克思主义中国化的最新成果紧密结合起来，与加强理想信念教育紧密结合起来，与弘扬民族精神和时代精神紧密结合起来。

10月25日抗美援朝纪念日（1950）致辞

范例一

组织部某工作人员在抗美援朝59周年纪念日的致辞

尊敬的各位前辈：

2009年的今天我们又迎来中国人民志愿军抗美援朝59周年纪念日。在这个喜庆的日子里，我们不能忘记当年刚刚为国家解放付出牺牲，转而又为保家卫国，雄赳赳、气昂昂、跨过鸭绿江，奔赴朝鲜战场维护世界和平前仆后继的志愿军老将士们。

59年前，由中华优秀儿女组成的中国人民志愿军，高举保卫和平、反抗侵略的正义旗帜，雄赳赳、气昂昂跨过鸭绿江，与朝鲜人民并肩作战进行了两年零九个月的殊死战斗，赢得了伟大的胜利。抗美援朝的胜利是世界爱好和平人民的伟大胜利，是维护正义、反对强权的英勇壮举，是爱国主义和革命英雄主义的壮丽史诗，是中国人民维护世界和平和人类进步事业建立的巍峨丰碑。你们的英明将永远镌刻在人民共和国的史册上，永远镌刻在爱好人类和平、发展、进步人士的心中。

59年的历史已经证明，抗美援朝战争极大地提高了中国的国际威望，打破了强权主义国家不可战胜的神话，为中国赢得了和平建设的环境，创造了伟大的抗美援朝精神，即不畏强敌、敢于斗争、敢于胜利的精神；上下一致、同心协力、团结对敌的民族精神；高度的爱国主义与国际主义相结合的民族精神；特别能吃苦、特别能战斗的革命英雄主义精神。

2009年10月25日是中国人民志愿军入朝作战59周年纪念日，为了纪念这个光辉的日子，也为了弘扬伟大的抗美援朝精神，让老一辈的革命传统一代一代传下去，应全国抗美援朝老战士和社会各界的要求，为了铭记历史，也为了给子孙后代留下一份珍贵的遗产，我们将举办一系列纪念活动。预祝活动圆满成功！谢谢大家！

范例二
中共中央军事委员会副主席习近平在抗美援朝60周年纪念日的致辞

同志们：

今天，我们隆重纪念中国人民志愿军抗美援朝出国作战60周年。我们要努力学习和发扬中国人民志愿军的伟大爱国主义精神和革命英雄主义精神，更加奋发有为地推进中国特色社会主义伟大事业。

爱好和平是中华民族的优秀传统。近代以来，饱受帝国主义列强侵略之害和蹂躏之苦的中国人民，更是深深地懂得侵略战争的野蛮、维护和平之宝贵。60年前发生的那场战争，是帝国主义侵略者强加给中国人民的。朝鲜内战爆发后，美国杜鲁门政府悍然派兵进行武装干涉，发动对朝鲜的全面战争，并不顾中国政府多次警告，越过三八线，直逼中朝边境的鸭绿江和图们江，出动飞机轰炸我国东北边境城市和乡村，把战火烧到了新生的中华人民共和国国土之上。

在此危急关头，应朝鲜党和政府的请求，中共中央和毛泽东同志高瞻远瞩，审时度势，毅然决然地作出了抗美援朝、保家卫国的历史性决策，以大无畏的英雄气概敢承担起保卫和平的历史使命。1950年10月19日，我英雄的中国人民志愿军将士，在司令员兼政治委员彭德怀同志率领下，肩负民族的期望，高举保卫和平、反抗侵略的正义旗帜，雄赳赳，气昂昂，跨过鸭绿江，同朝鲜人民和军队一道，历经两年零九个月舍生忘死的浴血奋战，赢得了抗美援朝战争的伟大胜利。这是中朝两国人民和军队团结战斗的伟大胜利，是维护世界和平与人类进步事业的伟大胜利。

抗美援朝战争，是第二次世界大战结束后第一场大规模的国际性局部战争，双方投入战场的兵力最高达300多万。交战双方武器装备水平对比极为悬殊。就是在这样极不对称、极为艰难的条件下，同朝鲜人民军并肩作战的中国人民志愿军不断取得辉煌胜利。

……

伟大的抗美援朝战争，是保卫和平、反抗侵略的正义之战；打出了新中国的国威和人民军队军威，创造了以弱胜强的范例；弘扬和光大了中国共产党和人民军队的革命精神；是全国各族人民共同谱写的壮丽凯歌；进一步锤炼了经过严酷战争洗礼的人民军队；为世界和平与人类进步事业作出了巨大贡献。纪念抗美援朝战争胜利，就是要为维护世界和平与人类进步事业而奋斗；就是要大力弘扬抗美援朝精神，为坚持和发展中国特色社会主义提供强大精神动力；就是要继续建设和巩固强大的国防和军队，为维护我国安全与世界和平作出新贡献。（略）

让我们更加紧密地团结在以胡锦涛同志为总书记的党中央周围，高举中国特色社会主义伟大旗帜，以邓小平理论和"三个代表"重要思想为指导，深入贯彻落实科学发展观，全面贯彻党的十七大和十七届五中全会精神，始终脚踏实地，奋发有为，万众一心推进"十二五"时期经济社会又好又快发展，为全面建设小康社会、实现中华民族伟大复兴而顽强奋斗、扎实奋斗、不懈奋斗！

12月9日"一二·九"运动纪念日(1935)致辞

范例一

某学校校长在"一二·九"运动73周年纪念日的致辞

老师们、同学们:

今天,是"一二·九"运动73周年纪念日。人们常说忘记历史,就意味着背叛,在这样一个特殊的日子里,作为青年人,我们应该以史为鉴,深刻缅怀"一二·九"运动的革命先辈,大力弘扬"一二·九"运动革命精神,以此激励我们为中华民族的伟大复兴建功立业。

"满耳是大众的嗟伤,一年年国土的沦丧",面对这样的现实,在中国共产党的领导下,北平学生率先展开抗日救亡斗争。1935年12月9日,北平学生数千人举行游行示威,高呼:"打倒日本帝国主义!""停止内战,一致对外!""反对华北自治!"国民党当局出动军警镇压游行队伍。这就是著名的"一二·九"运动。

"一二·九"运动的精神实质,就是广大热血青年心系祖国和人民,在民族危亡的紧急关头挺身而出的爱国精神和献身精神。这场运动虽然过去了73年,但其以民族利益为重,祖国利益高于一切的革命精神永存。今天,我们缅怀"一二·九"运动,就是要学习革命先辈以爱国主义为核心的伟大民族精神,因为这是中华民族强大的精神支柱,是动员和鼓舞中国人民为民族解放和国家振兴团结奋斗的巨大力量。值此纪念日,我向我们的青年朋友们提出几点希望:

一要树立远大理想。苏格拉底讲,"世界上最快乐的事,莫过于为理想而奋斗"。有了远大的理想,才能把握正确的人生方向。今天,我们纪念"一二·九"运动,就是要学习和继承先辈们那种热爱祖国、热爱人民的崇高的精神信念。这就需要我们青年朋友牢固树立正确的世界观、人生观、价值观，弘扬中华民族的优良传统，不断增强民族自尊心，做到心中有祖国，把自己的一生奉献给祖国和人民。

二要立志报效祖国。个人的理想只有与时代、与祖国、与人民的命运紧密联系在一起，努力把所学的知识服务于祖国和人民，才能实现自身的理想和价值。我们中华民族在数千年的历史长河中形成和积淀了许多优秀的文化传统，青年朋友要继承和发扬这些优秀的文化和传统，脚踏实地，艰苦奋斗，百折不挠，坚忍不拔，取得成绩时不沾沾自喜，遇到困难时不悲观气馁。"一二·九"运动中涌现出来的许多杰出青年，都是在艰苦的环境中磨炼自己，在逆境中成长起来的。

三要不断开拓创新。我们正处于一个创新的时代，青年朋友在生活和实践中，要充分发挥青年人的特点，解放思想，敏于求知，勤于思考，不断开拓创新，努力成为体现时代进步要求的实践者，不断丰富和完善自己，努力提高自身本领，自觉为中华民族的伟大复兴奉献我们的青春、智慧和力量！

"一二·九"运动是中国近代史上一次具有深远意义的爱国主义运动，它显示了广大青年爱国报国的热情。"青年强则国家强，青年富则国家富"，多少年来，这句话激励了无数的中国青年，也正是因为他们，中国才有了今天的强大，才能屹立于世界的东方。

老师们、同学们，让我们发扬"一二·九"运动所体现出的爱国精神，认真工作，刻苦学习，相信我们的未来、祖国的未来一定会更加美好！

> **范例二**
>
> 教育部某领导在"一二·九"运动74周年纪念日的致辞

同志们、朋友们：

今天是纪念"一二·九"运动74周年纪念日。"一二·九"运动是中国近代史上一次具有深远意义的爱国主义运动，它显示了广大青年爱国报国的热情。今天，我们缅怀"一二·九"运动，就是要学习革命先辈以爱国主义为核心的伟大民族精神，因为这是中华民族强大的精神支柱，是动员和鼓舞中国人民为民族解放和国家振兴团结奋斗的巨大力量。

这次纪念"一二·九"运动的活动让我们再次感受到了一个集体强大的凝聚力，让我们对于那段峥嵘岁月有了更加深刻的认识和了解，让我们重温了一份爱国主义精神的激扬澎湃。当然，在组织这次"一二·九"运动纪念活动中，我们收获的不仅仅是这些，我们还收获了珍贵的友谊，同时我们也看到了那些为本次活动付出了辛劳和汗水的人，一个集体的温暖也就此给了人们最深的感动。

74年前的"一二·九"是民族存亡的关键时刻，今天"一二·九"是民族兴衰的关键时刻。历史，正冷静地注视着我们这一代青年，何去何从，需要我们理智的抉择。我们不能盲从，不能浮躁。爱国需要用一颗深沉、真挚的心来坚定地报效祖国。爱国是用一种理性的思维和踏实的学习来贡献青春。"一二·九"运动的英雄能以生命换取中华的独立，我们也能以青春换取中华的强盛。

今天的爱国是精神的，也是实干的。"一二·九"带给我们很多很多。因为这三个字承载的不仅仅是一份光荣和沉重的历史，更是一种精神，一份感动！前事不忘，后事之师，青年知识分子应该努力学习马克思主义，特别是邓小平理论，努力提高业务水平，与工农相结合，与生产实践相结合，增强自己的使命感，积极投身到社会主义现代化建设事业中去，担负起历史赋予的实现中华民族伟大复兴的光荣使命。

> **范例三**
>
> 某省省委书记在"一二·九"运动75周年纪念日的致辞

同志们、同学们：

今天，我们隆重纪念"一二·九"爱国运动75周年，深切缅怀那些在抗日救亡运动中牺牲的英雄。在这里，让我们用最热烈的掌声向他们致以最崇高的敬意和最诚挚的问候。

75年前，在民族危机空前严重的历史关头，在中国共产党的组织和领导下，爆发了"一二·九"青年学生爱国运动。北平市学生联合会率领数千名学生游行请愿。他们高呼"停止内战，一致对外"、"打倒日本帝国主义"的口号，强烈地表达了全国人民抗日救国的共同心声。他们的行动得到了社会各界的广泛支持和响应，并迅速形成了波澜壮阔、声势浩大的全中国人民抗日民主运动的新高潮。

伟大的"一二·九"运动，推动了抗日民族统一战线的建立，掀开了中华民族抗日救国，抗击日本侵略伟大战争的序幕。毛泽东同志在"一二·九"四周年纪念大会上指出，"'一二·九'运动是动员全民族抗战的运动，它准备了抗战的思想，准备了抗战的人心，准备了抗战的干部。'一二·九'运动是伟大抗战的准备，它的发生，配合了红军的北上抗日行动，促进了国内和平和对日抗战的伟大运动。"

75年过去了，"一二·九"运动给我们带来的以爱国主义为核心的伟大民族精神，已成为中华民族强大的精神支柱，成为动员和鼓舞中国人民为民族解放和国家振兴团结奋斗的巨大力量。中国共产党领导中国人民经过百折不挠的斗争，实现了民族的独立和人民的解放，走上了中国特色社会主义的正确道路。当代中国，爱国主义有了更加丰富的内涵和鲜明的时代特征，建设有中国特色社会主义已成为新时期爱国主义的主题。借此我代表省委向你们提出几点希望：一要坚定理想信念；二要立志报效祖国；三要勤于学习和实践；四要勇于开拓创新。

祖国的未来是美好的,青年的未来是充满希望的。希望广大青年高举爱国主义伟大旗帜,继承和发扬"一二·九"运动的光荣传统,紧密团结在以胡锦涛同志为总书记的党中央周围,同心同德,勇于开拓,以极大的爱国热情,在振兴××老工业基地的伟大进程中实现自己的理想和抱负,在中华民族伟大复兴的进程中,作出无愧于时代和人民的贡献,创造出更加辉煌的业绩!

祝各位早日成才!

12月12日西安事变纪念日（1936）致辞

范例一

中央政治局常委贾庆林在西安事变73周年纪念日的致辞

同志们、朋友们:

今天,我们在这里隆重集会,纪念西安事变73周年。首先,我代表中共中央向张学良和杨虎城两位将军,向在西安事变中作出贡献的爱国志士们,向所有为国家独立和民族解放而奋斗的前辈和牺牲的先烈们,表示崇高的敬意和深切的怀念!

西安事变是中国20世纪具有重大意义的历史事件。1931年日本军国主义发动"九一八"事变、强占我国东北三省后,加快侵略步伐,加紧进攻华北,企图把中国变成它的殖民地,中华民族面临亡国灭种的威胁。在国家、民族危难的紧要关头,在中国共产党抗日民族统一战线政策的影响和全国人民抗日救亡运动的感召下,张学良、杨虎城两位将军出于民族大义和爱国赤诚,毅然于1936年12月12日在西安发动兵谏,要求蒋介石停止内战,联共抗日。经过中国共产党和张学良、杨虎城两位将军以及国民党内主张抗日的力量和社会各界的共同努力,西安事变获得和平解决,从而基本结束了十年内战的局面，为促成以国共合作为基础的抗日民族统一战线和全面抗战创造了重要历史条件。西安事变的发生与和平解决，成为中国全面抗战这一重要时局转换的枢纽。张学良、杨虎城两位将军也因他们崇高的爱国义举，被赞誉为"有大功于抗战事业"的中华民族的千古功臣。

西安事变虽然已经过去73年了，但至今仍深深地铭刻在人们的记忆中。张学良、杨虎城两位将军的崇高爱国义举，中国共产党人和中国人民在国家遭受外来侵略、民族濒临危亡面前所表现出的强烈的爱国主义和民族团结精神，充分展现了中华民族的旺盛生命力和强大凝聚力，永远是我们的宝贵精神财富。

今天，我们伟大的祖国经济繁荣，社会安定，综合国力日益增强，人民生活显著改善，国际地位不断提高。中国人民正意气风发地前进在全面建设小康社会、构建社会主义和谐社会的时代征程上。伟大而欣欣向荣的时代，更加需要伟大而生生不息的民族精神。只有大力弘扬伟大的民族精神，我们才能实现新世纪继续推进现代化建设、完成祖国统一、维护世界和平与促进共同发展三大历史任务。我们纪念西安事变，就是要大力弘扬中华民族热爱祖国、崇尚团结、追求统一、爱好和平的精神。

中华民族经过20世纪从屈辱走向奋起、从落伍走向进步的百年沧桑之后，又迎来了再创辉煌的21世纪。全体中华儿女都应该为自己是中华民族的成员而感到无比自豪，都应该承担起实现中华民族伟大复兴的历史责任，都应该以自己的努力为中华民族发展史谱写新的光辉篇章。让我们更加紧密地团结起来，高举爱国主义旗帜，发扬中华民族的光荣传统和伟大精神，万众一心，团结奋进，为建设富强民主文明和谐的社会主义现代化国家，为早日实现祖国完全统一和中华民族的伟大复兴而努力奋斗！

范例二
某学校教师在西安事变 74 周年纪念日的致辞

尊敬的老师,亲爱的同学们:

今天是西安事变 74 周年纪念日。西安事变在中华民族解放斗争史上写下了光辉的篇章。今天我们纪念它,就是要弘扬张学良、杨虎城将军和中国人民表现出来的高度的爱国主义精神和民族团结精神。

74 年前,我们的祖国正面临着一场严重的民族危难。日本帝国主义发动"九一八"事变、强占我东北三省后,进而侵犯江南,侵占华北,妄图霸占整个中国。国民党蒋介石置民族危亡于不顾,顽固坚持所谓"攘外必先安内"的政策,加紧进行反共反人民的内战。张学良、杨虎城两位将军痛感"国权凌夷,疆土日蹙",对蒋介石一味不抵抗、并再三迫令他们率领东北军和十七路军进攻陕北红军十分愤慨。他们赞同中国共产党提出的抗日民族统一战线政策,出于民族大义,毅然于 1936 年 12 月 12 日在西安举行兵谏,扣留蒋介石,通电全中国,逼蒋停止内战,联共抗日。经过中国共产党和张、杨两将军的共同努力,蒋介石被迫接受停止内战、一致抗日的正义主张。这就是著名的西安事变。

西安事变发生后,中国共产党从全民族的利益出发,主张和平解决。党中央和毛主席派周恩来、博古、叶剑英等到达西安,与各方面进行协商,周恩来提出:只要蒋介石答应抗日,就释放他,以争取一切力量抵抗日本帝国主义的侵略。由于中国共产党的努力和全国人民的压力,蒋介石被迫接受了停止内战、联合抗日的条件。张学良释放了蒋介石。这样,西安事变得到了和平解决,抗日民族统一战线初步形成,推动了国共两党的再次合作及其团结抗日的斗争,实现了从国内战争向抗日战争的伟大转变。张学良、杨虎城两将军发动的西安事变以及中国共产党促成的这次事变的和平解决,对推动国共再次合作、团结抗日,起了重大的历史作用。

西安事变的发生与和平解决充分说明,爱国主义是中华民族克服困难、团结奋进的力量源泉，是凝聚中华民族、推进中国社会发展的巨大精神动力。越是在困难时刻，越是在危急关头，中国人民的爱国主义精神就越发显示出强大的力量。正是这种伟大的爱国主义精神，鼓舞着中国人民万众一心、坚忍不拔地为维护民族尊严和国家主权，为民族独立、人民解放和国家富强而奋斗。

西安事变虽然已经过去 74 年了，但是至今仍深深地铭刻在人们的记忆中。

12月13日南京大屠杀纪念日（1937）致辞

> **范例一**
>
> 某学校校长在南京大屠杀72周年纪念日的致辞

各位老师、同学们：

12月13日是南京大屠杀纪念日。为纪念这一特殊的日子，祭奠在这场浩劫中遇难的同胞，教育和鼓舞学生勿忘国耻、缅怀先烈，进一步激发他们的爱国情感和民族责任心，奋发图强、努力学习，我们××学校特意举办了这次"纪念南京大屠杀72周年"主题活动。

历史不能忘却1937年的那个冬天：中国南京上演了人类有史以来最惨绝人寰的暴行，平民被屠杀，城市被焚烧，国土被践踏。日本军人用机枪对着手无寸铁的中国百姓扫射，他们以中国人为活靶子，进行杀人比赛，这是中华民族永远不能遗忘的一段血泪史。

72年前的今天，南京城三十多万同胞在短短六周的屠杀中消逝，平均每12秒就有一条生命离去。虽然那场惨剧已过去了72年，但我们心灵深处的那道伤痕却难以忘记。

重温历史，悼念遇难同胞，就是为了警策世人，以世为鉴，永远不让历史悲剧重演；就是为了揭露和批判日本少部分右翼分子否定侵略、妄图翻案、重走军国主义老路的图谋；就是为了教育广大民众特别是青少年，不忘国耻，深刻铭记历史教训；就是为了更加坚定地走和平发展的道路。

同学们，为了"以史为鉴、不忘国耻、勤学守纪、立志成才"，我倡议：我们要胸怀祖国，心系人民，树立远大志向；要勤奋学习，追求真知，培养科学精神；要乐于助人，善于合作，增强集体观念；要遵纪守法，崇尚节俭，弘扬传统美德；要诚实守信，约束言行，塑造健全人格。我们要谨记历史教训，奋发努力、立志成才，担负起报效祖国、振兴中华的伟大历史使命。

今天，我们纪念南京大屠杀，就是要回望全人类文明史上最黑暗的一幕、了解中华民族这段屈辱的历史、祭奠三十余万遇难同胞的英灵！牢记"落后就要挨打"的古训，胸怀赤诚之志，认真学习，奋发图强，成为国家的栋梁之才。

谢谢大家！

范例二

某领导在南京大屠杀73周年纪念日的致辞

各位朋友：

2010年12月13日，是侵华日军南京大屠杀73周年的纪念日。73年前，古都南京，血流成河，白骨累累，30万人死于非命。大屠杀持续6个星期，如果以秒来计算，每隔12秒就有一个生命消失。这是中华民族历史上惨痛的一页，也是人类历史上惨绝人寰的章节。历史渐行渐远，记忆却不容丝毫淡化，忘记历史等于背叛。

1937年12月13日，日本侵略军占领南京后，在华中派遣军司令松井石根和第六师团长谷寿夫指挥下，逢人便杀，见房就烧，奸淫掳掠，无恶不作，有计划地对南京进行了长达40多天的血腥大屠城。妇女、儿童、老人概不放过，我同胞被集体枪杀和活埋 19 万多人，零星被杀害者仅收埋的尸体就有 15 万多人！城内城外尸体堆积如山，扬子江水血浪翻滚！他们对我中华民族犯下的惨绝人寰的滔天罪行罄竹难书！自"九一八"事变开始，日寇恣意践踏我国土，屠杀我同胞。"三光"政策、细菌战、奴役劳工、强征慰安妇，一个个万人坑，一片片无人区，始作俑者都是日本帝国主义！他们将被永远钉在历史的耻辱柱上！我 30 多万牺牲和死难的英魂冤魂永不瞑目，将永远昭告天下日本军国主义的残暴！

今年的 12 月 13 日是南京大屠杀 73 周年纪念日。73 周年，我们和着血与泪，以无比悲愤、沉痛的心情祭奠惨死在日本侵略者屠刀下的 30 多万冤魂。前事不忘，后事之师，我们在内心中一遍遍默念：勿忘国耻！勿忘历史教训！高唱国歌，奋发图强！

虽然那场惨剧已过去了 73 年，但我们心灵深处的那道伤痕却是如此的难以愈合。我们应牢记"落后就要挨打"的血的教训，坚持不懈地奋发努力，让我们的祖国一天比一天强大，让野心不死的日本右翼势力对我们望而生畏，让我们成为捍卫世界和平的坚定的有力的力量！愿我们的生活能永远祥和、美满、幸福，愿我们能永远远离灾难与不幸！

12 月 20 日澳门回归纪念日（1999）致辞

范例一

胡锦涛同志在澳门回归 10 周年纪念日的致辞

同胞们、朋友们：

今天，我们怀着喜悦的心情，在这里隆重庆祝澳门回归祖国 10 周年。10 年前的今天，中葡两国政府举行了澳门政权交接仪式，中国政府庄严宣告对澳门恢复行使主权，中华人民共和国澳门特别行政区成立。澳门回归祖国，实现了包括广大澳门同胞在内的全国各族人民的夙愿，标志着澳门同胞从此真正成为这块土地上的主人，澳门从此进入历史发展新纪元。这是中华民族发展史上的一座重要里程碑。

在这里，我代表中央政府和全国各族人民，向全体澳门市民，致以诚挚的问候！向新就任的澳门特别行政区行政长官崔世安先生和特别行政区主要官员、行政会委员，表示热烈的祝贺！

我相信，新一届澳门特别行政区政府一定能够总结经验、继往开来，团结带领广大澳门市民把澳门建设得更加美好！

此时此刻，我们要向创造性地提出"一国两制"科学构想、为澳门回归祖国开辟了正确道路的邓小平先生，表示深深的怀念！向为实现澳门顺利交接和成功落实"一国两制"作出了历史性贡献的江泽民先生，致以崇高的敬意！借此机会，我们还要向所有关心澳门、为澳门保持繁荣稳定作出贡献的海内外同胞和国际友人，表示衷心的感谢！

澳门回归祖国10年来，在中央政府和祖国内地大力支持下，澳门特别行政区行政长官何厚铧先生和特区政府带领澳门各界人士团结奋斗、务实进取，积极应对亚洲金融危机、非典疫情、国际金融危机等带来的严峻挑战，努力克服澳门发展进程中遇到的种种困难，保持澳门繁荣稳定，各项事业取得长足进步，使澳门这座历史悠久的商埠名城焕发出前所未有的生机活力。"一国两制"在澳门的成功实践，为澳门发展谱写出新的辉煌篇章，为国家发展增添了夺目光彩！

澳门回归祖国以来的10年，是"一国两制"在澳门成功实践的10年，是澳门基本法顺利实施的10年，也是澳门各界人士积极探索符合澳门实际的发展道路、不断取得进步的10年。回顾澳门回归祖国10年来的不平凡历程，可以得出以下重要启示。

第一，必须全面准确理解和贯彻"一国两制"方针。"一国两制"是一个完整的概念，"一国"和"两制"紧密相连。要全面准确理解和贯彻"一国两制"方针，关键是要把爱国和爱澳有机统一起来。既要维护澳门原有的社会经济制度、生活方式，又要维护国家主权、统一、安全，尊重国家主体实行的社会主义制度；既要维护澳门特别行政区依法享有的高度自治权，充分保障澳门同胞当家作主的主人翁地位，又要尊重中央政府依法享有的权力，坚决反对任何外部势力干预澳门事务。（略）

第二，必须严格依照澳门基本法办事。澳门基本法在澳门特别行政区法律体系中具有最高地位。依法治澳，就是要按照澳门基本法办事，坚决维护澳门基本法的权威。澳门回归祖国以来，特别行政区政府和各社会团体坚持不懈宣传推广澳门基本法，自觉以澳门基本法规范行政、立法、司法行为和处理政制发展等重大问题。这是澳门特别行政区10年来所取得的一项重要成就。要在这一基础上进一步健全澳门特别行政区各项法律法规，加强制度建设，特别是要按照以人为本、勤政、廉洁、高效的要求，完善政府行政规章制度，促进澳门特别行政区政府管治水平不断提高。

第三，必须集中精力推动发展。发展是硬道理。澳门特别行政区政府和社会各界人士在过去的10年中始终牢牢把握了发展这个主题，避免政治纷争和社会内耗，从而形成经济快速增长、民生明显改善的良好局面。在今后的发展中，要更加注重集民智、聚民心、汇民力，更加注重发展的全面性、协调性、可持续性，切实提高澳门抵御各种经济金融风险的能力。（略）

第四，必须坚持维护社会和谐稳定。澳门是一个多元化社会。各阶层各界别虽然利益多元、诉求多样，但根本利益是一致的。良好的治安环境、融洽的社会氛围、稳定的发展局面是澳门全社会的共同福祉。包容共济是促进澳门社会和谐稳定的良方益策。澳门同胞向来讲团结、重协商，只要大家在维护澳门长期繁荣稳定的大目标下相互尊重、求同存异、加强沟通、顾全大局，就一定能够找到解决矛盾和问题的办法，为澳门各项事业发展营造良好社会氛围。

第五，必须着力培养各类人才。人才是各项事业发展之本。不断提升澳门竞争力，最关键的支撑因素是人才。要着眼长远，增强紧迫感，大力发展教育、科技、文化事业，培养造就一大批澳门社会发展需要的政治人才、经济人才、专业技术人才以及其他各方面人才。要高度重视和加强爱国爱澳优秀年轻人才培养，使澳门同胞素有的爱国爱澳传统薪火相传、发扬光大，使"一国两制"事业后继有人。

同胞们、朋友们！

"一国两制"事业是香港特别行政区、澳门特别行政区和祖国内地共同发展繁荣的事业，也是中华民族伟大复兴事业的重要组成部分。在已经取得成功经验的基础上，把这一伟大事业继续推向前进，需要中央政府和香港特别行政区政府、澳门特别行政区政府以及社会各界人士共同努力。在这里，我郑重重申，中央政府将继续坚定不移贯彻"一国两制"、"港人治港"、"澳人治澳"、高度自治的方针，严格按照香港基本法、澳门基本法办事，全力支持香港特别行政区、澳门特别行政区行政长官和特区政府依法施政。中央政府对香港、澳门采取的任何方针政策措施，都会始终坚持有利于保持香港、澳门长期繁荣稳定，有利于增进香港、澳门全体市民福祉，有利于推动香港、澳门和国家共同发展的原则。伟大的祖国始终是香港、澳门繁荣稳定的坚强后盾。

同胞们、朋友们！

新中国成立60年来，经过包括澳门同胞在内的全国各族人民共同奋斗，国家建设取得了举世瞩目的伟大成就，综合国力大幅增强，人民生活显著改善，国际地位和影响空前提高。国际金融危机发生以来，我国各族人民坚定信心、团结奋斗、共克时艰，取得了应对国际金融危机冲击、保持经济平稳较快发展的显著成绩。当前，全国各族人民正沿着中国特色社会主义道路，继续解放思想，坚持改革开放，推动科学发展，促进社会和谐，继续为建设惠及十几亿人口的更高水平的小康社会而奋斗，继续朝着建设富强民主文明和谐的社会主义现代化国家、实现中华民族伟大复兴的宏伟目标奋勇前进。

澳门同胞既是澳门特别行政区的主人，也是国家的主人。澳门特别行政区成立以来，不仅从祖国内地快速发展中获得了源源不竭的发展动力和越来越多的发展机遇，在国际上分享着伟大祖国的尊严和荣耀，也为国家发展作出了重要贡献。对于澳门同胞长期以来为国家改革开放和社会主义现代化建设、为了祖国和平统一大业作出的重要贡献，全国各族人民不会忘记。

展望未来，我们坚信，澳门的明天与伟大祖国一样，一定会更加美好！澳门同胞的未来生活与全国各族人民一样，一定会更加幸福！

谢谢大家！

范例二　外交部某领导在澳门回归11周年纪念日的致辞

各位来宾，各位朋友：

2010年12月20日，这个时刻属于祖国的澳门。11年前的今天，中国政府恢复对澳门行使主权，中华人民共和国澳门特别行政区成立。11年之后，时间将这座城市的变化和发展，写成繁荣稳定的澳门现实。回归11年，在"一国两制"、"澳人治澳"、高度自治的方针指引下，澳门实力增强，活力迸发。这是继香港回归之后，"一国两制"由构想变为现实的又一成功范例，是祖国和平统一征程上的又一里程碑。

澳门回归祖国11年，是"一国两制"成功实践的11年。回归祖国后的澳门，继续保持资本主义制度，继续保持中西文化融合交汇的多元特色；澳门特别行政区的政治民主按照基本法的规定稳步发展，广大澳门同胞依法享有广泛的民主权利；澳门经济实现持续快速增长，人均地区生产总值跃居亚洲前列；一系列重大基础设施建成，城市面貌焕然一新，社会事业不断进步；对外交往更加活跃，国际影响不断扩大。今日澳门，经济发展，民生改善，社会安定，一派欣欣向荣景象。事实证明，"一国两制"方针具有强大生命力，澳门同胞完全有智慧、有能力、有办法管理好、建设好、发展好澳门。

澳门回归祖国11年，是澳门与祖国内地同进步、共发展的11年。回归祖国后的澳门，与内地联系日益密切。一方面，澳门同胞以前所未有的积极性和创造性参与澳门管理和建设，参与国家现代化建设，对国家发展贡献良多，也分享着祖国的尊严和荣耀。另一方面，中央政府高度重视澳门发展，坚定地支持澳门特别行政区政府依法施政，并采取了一系列政策举措支持澳门特别行政区发展经济、改善民生，积极实施内地与澳门更紧密经贸关系安排，开放内地居民赴澳门个人游，促进粤港澳合作和泛珠江三角洲区域合作，批准港珠澳大桥建设和横琴岛开发规划等等。这一切，为澳门长远发展提供了更多机遇和更大空间。事实证明，澳门前进的脚步，离不开祖国温暖有力的扶持，伟大祖国始终是澳门的坚强后盾。

澳门回归祖国11年，书写历史华章，也留下重要启示。这11年，澳门用成功的实践告诉我们，保持澳门长期繁荣稳定，必须全面准确地理解和贯彻"一国两制"、"澳人治澳"、高度自治的方针，严格按照澳门特别行政区基本法办事，集中精力发展经济，切实有效改善民生，循序渐进推进民主，包容共济促进和谐。这11年，澳门同胞与内地人民在日益紧密的联系中认识到，"一国两制"之所以具有强大生命力，在于它融汇了高瞻远瞩的政治智慧、血浓于水的民族情感、爱国爱澳的理念认同、风雨同舟的精神力量，它是完成祖国和平统一大业的正确方针。

面向未来，澳门站在了一个新的起点上。在祖国的怀抱里，在中华民族伟大复兴的发展进程中，澳门找准了自己的角色，找到了在世界的位置。我们坚信，有伟大祖国日益昌盛的综合国力的强大支持，有澳门同胞秉持爱国爱澳精神的不懈奋斗，澳门一定能够开创更加美好的明天，为"一国两制"的伟大实践谱写新的光辉篇章。

蒙古土尔扈特族回归祖国（1771）纪念活动致辞

> **范 例**
> 外交部某领导在蒙古土尔扈特族回归祖国纪念活动上的致辞

各位来宾，各位朋友：

额济纳土尔扈特部回归祖国已 310 年，渥巴锡系土尔扈特部万里东归也有 230 余年之久。在历史进程中，他们为生存、生活，或颠沛流离，或刀枪剑戟，艰苦卓绝、英勇顽强，培育了代代相传的爱国情愫，民族传统历久弥坚。

17 世纪，老的蒙古部落土尔扈特由新疆西迁到伏尔加河流域游牧。为了摆脱沙俄的压迫，1771 年在部落首领渥巴锡率领下，17 万部众踏上万里东归之路。扶老携幼的土尔扈特人不断遭到沙俄骑兵围追堵截，牲畜死亡殆尽，人口死亡大半，回到祖国时，只剩下 7 万人，其中一部分被清政府安置在今天的新疆巴音郭楞蒙古自治州。他们回归祖国的壮举，史称"东归"。

这种可歌可泣的爱国主义精神很值得我们深思：任何一个民族，如果没有爱国的追求、统一的意志、坚定的信念，那只能是一盘散沙，也谈不上有什么发展。如果没有与环境协调、和谐发展的能力，那就难以生存下去。土尔扈特人的西迁、东归和数百年的历程，就是一部意志力、协调力的史诗。回想起来，能使我们得到众多的启迪。

和平、发展是幸福生活的基石，因而也是追求的目标。而且，这个目标是民族全体成员的共同愿望。当年为了避开战乱，我们的祖先远离故土，那是多么无奈！瞅准时机，毅然回归，战斗，牺牲，又是何其悲壮！300 年来，尽管历经风雨坎坷，但仍然繁衍生息，不断进步、发展，这又是何等的执著！共同的愿望就是维系全民族的纽带，土尔扈特部数十万人万里大迁徙，最具震撼力的，当属这种统一的意志和信念。

故土，爱国爱家的精神，具有深远的历史意义和巨大的现实意义。在异国他乡，土尔扈特人建立起自己的汗国，并为维护自己的信仰和尊严，与沙俄进行不屈不挠的斗争。且与清政府一直保持着联系，辗转万里请安表贡，贸易往来。进而离俄进藏，熬茶礼佛，流连盘桓，请求内附。最终重新回到中国臣民的行列，维护了祖国的完整统一和各民族的大团结，也为中华民族统一和发展作出了巨大的贡献。

审时度势，抓住机遇，迎接挑战是先辈留给我们的又一宝贵财富。我们的先辈在外国的土地上巧于斡旋，精心调整和改善与外界的关系；同时派人进藏礼佛与清政府联络，表现出政治上的远见卓识和策略上的灵活机智。新中国成立前夕，额济纳土尔扈特第十二代王爷塔旺嘉布结识了中共地下工作者苏剑啸和周仁山同志，在白色恐怖中救助他们安全转移。最后，毅然脱离国民党政府，亲自给毛主席、朱德总司令通电，宣布起义，实现了额济纳旗的和平解放。建国后，为了国防科研和航天事业，塔旺加布旗长及其子额尔登格日勒副旗长亲自动员全旗牧民，把最好的草场献了出来，连旗政府所在地也进行了搬迁。

310年前，中国土尔扈特蒙古人的祖先从伏尔加河畔起程，"向着太阳升起的东方"浴血东归。今天，他们后代阔步21世纪，在中国共产党领导下，正满怀"神舟"七号航天英雄太空行走的豪迈和胜利返回的喜悦，为东方巨龙的腾飞、辉煌历史的再现奉献力量！

独立日纪念致辞

> **范 例**
> 奥巴马总统在美国独立日纪念活动上的致辞

女士们、先生们：

今天，我们受到这个日子的感召，不仅纪念我国诞生的那一天，而且需要继承建国初期美国公民不屈不挠的精神，是他们使这一天成为值得纪念的日子。我们应该记住，当年的这一切多么来之不易。我们进行创建美国的试验，结果获得了成功；为数不多的爱国者宣布独立，脱离了帝国强权的统治；他们还在新世界建立了旧世界不可思议的事物——民有、民治、民享的政府。

正是这种顽强的精神构筑了美国人的特征。正是这种精神指引一代又一代先驱者开拓西进之路。正是这种精神指引我们的祖祖辈辈，以坚忍不拔的毅力度过了大萧条，战胜了专制暴政。正是这种精神指引世世代代的美国劳动者建成全世界无可比拟的工业经济。正是这种精神始终指引全体美国人民在时局艰难的时刻永不气馁，永不退缩，敢于经受任何考验，迎接任何挑战，因为我们知道美国的命运有待于我们每一个人为之努力。

在这一天到来的时候，我们还不应该忘记，在我国最紧要的关头，勇敢无私的男女军人不辱使命，保卫我们的国家，忠心为国效力——为实现和平奔赴战场；为赢得机会不辞劳苦；有时还为捍卫自由付出极为高昂的代价。正因为他们为国效力——陆军、海军、空军、海军陆战队和海岸警卫队士兵作出的奉献，我们才有可能每年庆祝这个节日。这种为国效力的精神说明，在进入建国后第三个百年之际，我国的建国理想仍然长盛不衰，生气勃勃，永远保持第一个7月4日的活力。这种为国效力的精神保证美利坚合众国永远是地球上最后最大的希望。

为了迎接我们这个时代的挑战，我们大家都必须发扬这种为国效力和献身的精神。我们正在参与两场战争。同时我们也在抗击严重的衰退。很多问题一直延续至今未被解决：持续上升的医疗成本、学校设施的欠缺和对外国石油的依赖，导致问题日益恶化，我国经济以及国家本身正面临着危难。

迎接这些巨大的挑战要求每一位美国人付出巨大的努力。我们应该牢记，我们作为一个国家取得这样的成就，是因为我们在变革的时期没有故步自封。我们取得这样的成就，是因为我们没有避难就易。正是因为如此，原来的13个殖民地才能共建美利坚合众国。

我国人民敢于面对未来。我国人民敢于创造未来。在今年7月4日到来之际，我们必须再次振奋233年前独立厅凝聚的精神。

唯有如此，这一代美国人才能在历史上留下自己的印记。唯有如此，我们才能最有效地把握当前的重要关头。唯有如此，我们才能为伟大的美国历史书写新的篇章。

我谨祝愿大家7月4日节日愉快。

解放日纪念致辞

范例一
济南市某市委领导在济南解放60周年纪念日的致辞

尊敬的各位领导，女士们、先生们，朋友们：

群山肃穆、礼炮声隆，国歌雄壮、激情满怀，在这个庄严激动的时刻，我们翘首迎来了济南解放60周年。今天，我们欢聚一堂，隆重纪念济南解放60周年，共同回顾党领导人民群众在社会主义革命、建设和改革中走过的光辉历程，深切缅怀革命先辈、老一代创业者为解放济南、建设济南所建立的不朽功绩，大力弘扬艰苦创业、不懈拼搏的精神，更好地推动济南经济社会实现又好又快发展。首先,我代表济南市委、市政府向为济南的解放和建设事业作出重要贡献的老领导、老同志和老战士代表,致以崇高的敬意。

60年前,在那场波澜壮阔、撼天动地的济南战役中,无数革命前辈舍生忘死、前赴后继,用生命和鲜血换来了古老泉城的解放和新生。60年前,正是我们迎来全国解放和民族崛起的前夕。1948年9月16日,人民解放军华东野战军在山东解放区人民的全力支援和中共济南市委的密切配合下,历经8昼夜浴血奋战,取得济南战役的伟大胜利。9月24日,济南这座饱经沧桑的城市终于在炮声中迎来了解放、获得了新生,千年古城的历史掀开了新的一页。济南战役的胜利,创造了我军历史上第一个对重兵守备的大城市强攻速胜的典型战例,是党领导下的各级政府、人民武装力量和广大人民群众紧密团结奋斗的结果。济南的解放,使华北、华东两大解放区连成一片,解放区生产建设和支援战争的力量进一步增强,锻炼和提高了我军攻坚作战能力,揭开了人民解放战争战略决战的序幕。

新中国成立后,济南人民在党领导下,励精图治,艰苦奋斗,经济迅速恢复,社会逐渐稳定。在波澜壮阔的社会主义改造和建设时期,我们历经艰辛曲折,克服重重困难,逐步成为全国重要的政治、经济、科技、教育、文化中心城市之一。六十年的历史波澜壮阔,六十年的变化翻天覆地。六十年的伟大成就,是中央、省委省政府正确领导的结果,是革命先辈、老一代创业者艰苦奋斗的结果,是全市方方面面共同努力的结果。特别是在座的各位老领导、老同志,无论在解放战争时期,还是在和平建设年代,几十年如一日,呕心沥血、无私奉献,倾情关注着济南的发展,作出突出贡献。在这里,我们再一次地向各位老领导、老同志表示崇高的敬意和诚挚的感谢!

抚今追昔,饮水思源。60年后的今天,我们相聚在英雄长眠的英雄山,追忆那场熠熠生辉的战争史诗,深切悼念为济南解放献出宝贵生命的革命先烈,缅怀他们的丰功伟绩,就是要弘扬在血与火洗礼中铸就的济南战役精神，更好地继承革命先烈们的光荣传统，励志有为，奋发图强，把我们的事业薪火相传，努力把省会建设得更加美好！

历史在前进，时代在发展。我们会踏着革命先辈奋斗的足迹，薪火相传，生生不息，开拓进取，团结拼搏！今天的济南正站在新的起点上，发展任重道远，前景灿烂美好。当前和今后一段时期，是济南改革开放和现代化建设的关键时期。我们将在省委、省政府的坚强领导下，全面贯彻落实科学发展观，更好地履行"维护省城稳定、发展省会经济、建设美丽泉城"的神圣职责，进一步解放思想，改革创新，抢抓机遇，奋发有为，努力建设繁荣、文明、和谐、宜居的新泉城，全面推进省会现代化和经济文化强省建设！

祝愿此次纪念活动圆满成功！谢谢大家！

范例二

中央政治局常委贾庆林在西藏和平解放60周年纪念日的致辞

同志们、朋友们：

今天是西藏和平解放60周年纪念日。我们在人民大会堂召开座谈会，与社会各界和西藏各族人民一起，隆重庆祝这一重大节日。首先，我代表党中央、国务院，向西藏各族工人、农牧民、知识分子、干部和各界人士，向人民解放军驻藏部队指战员、武警西藏部队官兵和公安民警，表示热烈的祝贺和亲切的慰问！向所有为西藏和平解放和繁荣发展作出贡献的同志们、朋友们，表示崇高的敬意！向一切关心和支持西藏发展进步的港澳同胞、台湾同胞、海外侨胞和国际友人，表示衷心的感谢！

……

从和平解放到今天，西藏已走过60年波澜壮阔的光辉历程。60年来，中央始终高度重视西藏的发展进步，关心西藏各族人民。在中央正确领导和全国人民大力支持下，西藏自治区历届党委和政府团结带领全区各族人

民，开拓奋进，取得了举世瞩目的辉煌成就。（略）

……

60年沧桑巨变，西藏经历了从黑暗走向光明、从落后走向进步、从贫穷走向小康、从专制走向民主、从封闭走向开放的光辉历程。当前，西藏经济发展、社会进步、文化繁荣、民生改善、民族团结、宗教和谐，正处于历史上最好的发展时期。历史雄辩地证明：只有坚持中国共产党领导，坚持社会主义制度，坚持民族区域自治制度，坚持走有中国特色、西藏特点的发展路子，西藏才会有繁荣进步的今天和更加美好的明天。

……

今年3月，胡锦涛总书记参加十一届全国人大四次会议西藏代表团审议时对西藏工作发表了重要讲话，为西藏的经济社会发展进一步指明了方向。我们要认真学习贯彻胡锦涛总书记的重要讲话，全面落实中央第五次西藏工作座谈会精神，以科学发展为主题，以加快转变经济发展方式为主线，努力推动西藏实现跨越式发展和长治久安。

第一，全力推动西藏经济跨越式发展。发展是解决西藏所有问题的基础。要紧紧抓住并切实用好中央深入实施西部大开发战略、加大对西藏支持力度的难得历史机遇，一心一意谋发展，聚精会神搞建设，努力在跨越式发展道路上迈出新步伐。（略）

第二，切实保障和改善民生。要坚持以人为本，把改善农牧民生产生活条件放在优先位置，把农牧民生产生活条件的改善程度以及他们对生活的满意度，作为衡量我们工作成效的重要标准。（略）

第三，坚决维护西藏社会和谐稳定。稳定是西藏人民的根本利益所在。只有社会稳定，经济才能顺利发展，各族群众才能安居乐业。要始终高举维护社会稳定、维护社会主义法制、维护人民群众根本利益、维护祖国统一、维护民族团结的旗帜，紧紧依靠各族干部群众，谋长久之策，行固本之举，牢牢掌握反分裂斗争主动权。（略）

第四，全面贯彻落实党的民族宗教政策。民族宗教工作在西藏工作全局中具有特殊重要地位。要牢牢把握各民族共同团结奋斗、共同繁荣发展的主题,把有利于民族团结、有利于各民族共同繁荣发展、有利于民族交往交流交融、有利于国家统一和社会稳定,作为衡量民族工作成效的重要标准,推动各民族和睦相处、和衷共济、和谐发展。(略)

同志们、朋友们!西藏和平解放60年的历史丰碑已经铸就,迈向新征程的进军号角已经吹响。让我们更加紧密地团结在以胡锦涛同志为总书记的党中央周围,高举中国特色社会主义伟大旗帜,以邓小平理论和"三个代表"重要思想为指导,深入贯彻落实科学发展观,同心同德、扎实工作,为建设团结、民主、富裕、文明、和谐的社会主义新西藏而努力奋斗,以优异成绩迎接中国共产党成立90周年!

扎西德勒!

范例三
某市市委书记在东北解放60周年纪念日的致辞

尊敬的海内外来宾,女士们、先生们,朋友们:

大家好!在这初秋的收获季节里,值此东北解放60周年之际,我们迎来了东北抗日历史研究的各位专家学者。在此,我谨代表××市委、市政府并全市人民,对本次研讨会的召开表示热烈的祝贺,对组织筹划、关注支持会议的国内外友人表示诚挚的感谢,对不辞辛劳的考察组成员致以崇高的敬意!

××是一座风光旖旎的小城,域内阡陌纵横,河川秀美,气候温润,物产丰饶,民风淳朴,钟灵毓秀,"××"之誉驰名内外。

然而,这方热土曾饱受日寇铁蹄践踏,美丽富饶的××大地成了日寇杀人的屠场。由于××地处边境战略要地,为实现侵略扩张的狼子野心,侵华日军在这里修筑了近百公里的××要塞,纵横连绵,架构严密,重兵屯据,虎视远东,嚣言虐行,不堪回首。一座座用无数中国劳工血肉之躯筑成的地下堡垒，一处处尸骨枕藉于萋萋荒草之间的劳工坟茔，一个个苍凉憔悴心中依旧流血泪水至今未干的昔日慰安妇……无不记录着当年法西斯统治的残暴与血腥，书写着中华民族一度承受的欺凌与压迫，佐证着这饱载屈辱、满浸血债的历史，这不仅是一部劳工血泪史，也是一部侵略战争史，一部人类文明践踏史。

日寇的疯狂蹂躏，并未使善良勇敢的××人民屈服。在中国共产党的领导下，抗日军民同仇敌忾，共御外辱，英勇转战于白山黑水之间，历经长沟子袭击战、头道沟诱敌战、万鹿沟截击战等大小数十次战役，有力打击了日寇的嚣张气焰，为夺取抗战胜利和民族解放作出不可磨灭的贡献。

新中国成立后，××人民坚持走社会主义的发展道路，励精图治，艰苦创业，迅速医治战争创伤，改变贫穷落后面貌，各项事业取得了突飞猛进的发展。特别是改革开放以来，我们充分发挥比较优势，开创了经济社会发展新局面，××已经成为全国对外开放带上的重要窗口。面对入世后新一轮对外开放的历史机遇，我们将着眼跨越式发展，努力建设东北亚经济区域中重要的物资集散、人员流动和信息传递中心，以卓有成效的发展业绩回报革命先烈的不朽夙愿，回报国内外友人的热切厚爱！

前事不忘，后事之师。××人民尊重历史，企盼和平，多方斥资对××要塞群遗址进行了艰难的保护性开发。这次东北抗日历史国际研讨会，是国际和平主义者的盛会，也是再次考证、揭发日本军国主义侵略劣迹和滔天罪行的良机，对于探究二战史、促进世界永久和平具有重大的历史意义和现实意义。

女士们、先生们、朋友们，××要塞以其振聋发聩的历史真实，从时代断层中撷取了一曲凄婉的负侮悲歌，一段雄劲的抗辱史诗，警示和激励我们深刻牢记——和平与发展方才是这个世界永恒的主题。让我们共同以爱民之心，报国之志，赤子之情，祝愿亚洲人民更加团结和睦，世界经济越发繁荣昌盛，和平之旗永远高高飘扬！

第二章

人物诞辰日、逝世日纪念致辞

1月8日周恩来逝世纪念日（1976）致辞

范例一

某教育集团董事长在周恩来逝世33周年纪念日的致辞

尊敬的各位领导、各位专家，亲爱的老师、同学们：

今天，是周恩来逝世33周年纪念日。我们在有着光荣革命传统的××隆重召开周恩来逝世33周年纪念大会，并以此来纪念我们敬爱的周恩来总理。提到"周恩来"这三个字，敬意都会从亿万国人心底油然而生。他的人格风范为人称颂，历史功绩丰碑永树。首先，请允许我代表××教育集团5万名师生对各位的到来表示热烈的欢迎和衷心的感谢！

……

风范永恒在，时时育后人。虽然今天的世界舞台与生活场景，已经不再是周恩来总理筚路蓝缕创造历史的那个岁月氛围，但周总理的魅力已经跨越了时间的束缚，突破地域的界限，超越有形的阻隔，成为学校德育最珍贵的资源。今年，是周恩来总理逝世33周年，在这个特别的日子里，我们隆重集会纪念周总理，以这种方式追忆道德楷模，以科学的态度交流学习体会，并希望他的道德之美更广泛地恩泽当下的青少年，此举意义深远。胡锦涛总书记曾指出："一个有远见的民族，总是把关注的目光投向青年；一个有远见的政党，总是把青年看做推动历史发展和社会前进的重要力量。"作为教育者，我们责无旁贷，任重道远！

最后，恳请大家对我们的工作不吝指点，预祝大会圆满成功！

谢谢！

范例二

外交部某部长在周恩来逝世34周年纪念日的致辞

同志们、朋友们：

今天是周恩来总理逝世34周年纪念日，虽然他已远去，但他的音容笑貌依然浮现在数万人民的脑海，人们永远不会忘记他。周总理是中国外交之魂，他给我国外交事业的发展奠定了坚实的基础。作为周总理生前翻译的老外交官们一致这样评价："周总理是将外交的原则性和灵活性纯熟结合的成功典范，是我们外交官的偶像。"

周总理搞外交非常注意方法。他待人总是彬彬有礼，耐心听取别人的意见，然后进行说服。比如1963年底总理到亚非14国访问时，阿尔及利亚比较急躁，也要马上建社会主义。总理就对它说，革命是有阶段性的，你看中国革命成功以后也并不是马上就建立社会主义，而是经过新民主主义，再发展民族资本主义，然后到社会主义的。总理这样的现身说法自然令对方信服。

周总理的外交手段的确很灵活。20世纪70年代末，阿尔巴尼亚部长会议主席访华，向中国提出一些不切实际的援助要求。周总理说无法完全满足，双方因此僵持不下。周总理就指示外交部同志第二天请阿尔巴尼亚代表们访问大寨，并交代说明天的晚餐就吃小米粥、玉米，再准备几个简单素菜和一个荤菜。大寨回来以后，周总理就对阿方代表说了："你看中国目前的情况还是比较艰苦的，我们多送给你阿尔巴尼亚一吨米，我们就要勒紧自己的裤带。"后来，那个阿尔巴尼亚代表团就降低了要价。

周总理的外交方面的睿智在中国外交史上已传为美谈，他以幽默聪慧的方式使中国人民一次又一次的彰显着自身的魅力，维护着祖国的尊严。新中国成立初期，在一次记者招待会上，有一位不怀好意的外国记者问周总理：中国现在还有没有娼妓？面对这个挑衅性的提问，周总理沉稳地说："有，在台湾。"仅仅四个字的回答，既客观又现实，令当时中外记者佩服得五体投地。还有一次，一个美国记者在采访周总理时在他的办公桌上发现了一支美国产的派克笔，于是便用讽刺的口吻说："请问总理阁下，你作为一个大国总理，为什么还要用我们美国生产的钢笔？"周总理风趣地说："谈起这支笔，话就长了，这是一位朝鲜朋友的战利品，是他作为礼物送给我的，我觉得这礼物也的确很有意义，就收下了。"这位美国记者讨了个没趣，满脸通红，无言以对。

还曾有一位美国记者问周总理："为什么你们中国人把脚下走的路叫马路？"周总理机智地回答说："因为我们走的是马克思主义的路——马路。"这个美国记者接着问道："我们美国人走的路都是仰着头，为什么你们中国人走路都是低着头？"周总理微微一笑回答说："有什么奇怪的呢？走下坡路的人总是爱仰起头来，走上坡路的人自然是低下头啦。"

外交，它在历史上曾是个高贵而神秘的字眼，它意味着少数人的活动决定千千万万人的命运。然而，伟大的无产阶级外交家周恩来，把外交与人民大众结合起来，使外交走出少数外交官活动的狭小舞台，进入人民运动的广阔天地，让国家之间的外交往来与人民之间的外交活动相辅相成，从而使外交体现人民的意志。这正是周恩来外交思想和外交实践的重要特色。它不仅在周恩来的全部外交实践中占有重要地位，而且在世界外交史上，也留下了具有开创性意义的光辉篇章。

范例三

党建部某干部在周恩来逝世35周年纪念日的致辞

同志们、朋友们：

2011年1月8日，是周总理逝世35周年纪念日，虽然他已经远去，但一直活在人们的心里！我们怀念他，是因为他的一生真正做到了"鞠躬尽瘁，死而后已"。他的人格风范为人称颂，历史功绩丰碑永树。在这个特别的日子里，我谨代表党建部对莅临此次大会的各位领导、各位党员表示热烈的欢迎和衷心的感谢。

当年，十里长街送总理的情景犹如昨天；当年，多少人含泪朗诵柯岩的诗篇《周总理，你在哪里？》的声音还在耳边回旋；当年，天安门前万众悼念周总理引发的"四五"风云，还在记忆的深处留恋。时至今日，在亿万人民的心中，周恩来总理依然还像珠峰那样让人高山仰止，肃然起敬。周总理对中国革命和世界革命的贡献、周总理的人格魅力，是一篇致辞无法全部表达的。在他老人家逝世35周年的时刻，我想仅仅看看周总理是如何在廉政建设方面严格要求自己的就可见一斑。

在人们颇为关注的"五子"（位子、孩子、票子、房子、车子）问题上，周恩来总理表现了他一贯的大公无私的崇高品质，堪称各级领导干部学习的楷模。他参加革命工作数十年，从不争权争位，即使在本来可以受任于更高的职位时，他都让位给他人。尽管周总理是全国的当家人，可他向来都是公私分明，两袖清风。出国访问，按规定外交部都发服装费，但从实行工资制后，总理都不领取，不用公款制装。对外国送给总理个人的很多礼品，如高级照相机、精美猎枪、运动手枪、地毯等等，他都转交给有关部门公用。

在生活方面，他仅有的几套料子服装，大都穿了几十年，有的破损了，周总理还是精心织补后继续穿。在饮食上，周恩来的家常饭菜很简单，主食经常吃些粗粮，副食一般是一荤一素一汤。他规定的工作餐标准是四菜一汤的家常饭菜。他说："四菜一汤既经济又实惠。"他在外地视察或主持会议时，同大家吃一样的饭菜，不搞特殊，离开时一定付清钱和粮票。

周恩来总理逝世已经35年了，是什么巨大的魅力使他能博得全国人民的颗颗爱心呢？应该说，一方面是他在缔造和建设新中国的伟大历史进程中，为党和人民建树立了不可磨灭的丰功伟绩；另一方面，则因他毕生严于律己，清正廉洁，不求索取，但求奉献，把一切献给了党和人民，连自己的骨灰都撒到中华大地，完全彻底地实践了他"活着为人民服务，死后也要为人民服务"的宏愿。正是这两个方面的有机结合，构成了周恩来特有的纯真的人格魅力，从而赢得了人民衷心的爱戴和钦佩，许多国外的领导人也为之折服。

他用半个多世纪艰苦卓绝的不懈奋斗，用对党和人民、对国家和民族真挚的情感，把共产党人的崇高精神和人格，完美地展现在世人面前，矗立起一座铭刻着中国共产党人光辉形象和浩然正气的丰碑。周总理的崇高精神和伟大人格，是我们党的宝贵精神财富，用周总理的人格对照检查我们今天的共产党员和领导干部们，有着重要的借鉴意义。周总理永远活在全中国人民的心中，让他的光辉永远照耀着我们，让他的精神永远鼓舞着我们不断前进！谢谢大家！

1月11日蔡元培诞辰纪念日（1868）致辞

范例一
某教育学者在蔡元培诞辰140周年纪念日的致辞

尊敬的各位专家：

今天是我们伟大的教育家蔡元培同志诞辰140周年纪念日。提及蔡元培，我们就会想起大家熟知的"思想自由，兼容并包"的北大精神。这种精神穿越百年，一直萦绕在万千学人的魂梦里，沉淀在那个令人怀想的年代和那位包容诸家的非凡气度的蔡元培先生的精魄之中。

蔡元培先生毕生倡导教育救国、文化救国、科学救国，为中国教育事业发展作出了杰出贡献。我们虽然不能说没有蔡元培就没有中国的现代教育事业，但至少可以说，没有蔡元培，中国现代教育事业的发展将推迟几年、十几年甚至几十年。自孔子以下，蔡元培可以称得上是中国最伟大的教育家了。

蔡元培先生对教育有独特的见解，在他看来"我们教书，是要引起学生的读书兴趣，做教员的不可一句一句或一字一字地都讲给学生听，最好使学生自己去研究，教员不讲也可以，等到学生实在不能用自己的力量去了解功课时，才去帮助他"。

蔡元培是第一位提出"军国民教育、实利主义教育、公民道德教育、世界观教育、美感教育皆近日之教育所不可偏废"的五育并举思想教育思想家，主张五育并举，这是蔡元培教育思想的一个显著特点。以上的五种教育，蔡元培认为尽管各自的作用不同，然而均是"养成共和国民健全之人格"所必需的，是统一的整体所缺一不可的，同时他又指出，"五者以公民道德为中坚，盖世界观及美育皆所以完成道德，而军国民教育及实利主义，则必以道德为根本"。

在蔡元培整个教育体系中，大学教育思想占有非常突出的地位，这同他重视高等教育密切相关，他认为要发展中国的教育事业，办好高等教育是关键。因此，他说"自己的兴趣偏于高等教育，在高等教育方面多提供点意见"，因此，他又较长时间主持北京大学，有丰富的大学教育实践经验。因而形成了颇有创建的比较系统的大学教育思想。具体表现在以下几个方面：第一，关于大学性质的探讨。蔡元培认为大学应当成为研究高深学问的学府，这是蔡元培办学的指导思想，也是他大学教育思想的出发点。第二，办学原则——思想自由，兼容并包。蔡元培从大学应该是研究高深学问的学府这一思想出发,提出了这一办学原则。他认为大学应该广泛吸收各种人才,容纳不同学派。如果抱残守缺,持一孔之论,守一家之言,是不可能成为真正高水平的大学的。第三,学科设置——从偏重文理到沟通文理,废科设系。第四,教学制度——选科制。与沟通文理思想相连,在教学制度上,蔡元培主张采用选科制,他认为这种制度使学生于专精之余,能够涉猎种种有关系的学科,有利于打破学生"专己守残之偏见",扩大知识面。有利于学生个性的自由发展。第五,行政管理——教授治校。他主张教授治校,是为了建立民主的管理体制,防止校长主观专断,任意办事,这是他民主思想的反映。更主要的是为了依靠真正懂得教育和学术的专家来管理学校。

蔡元培大学教育思想的基本特征是民主和科学,目的是要把大学办成高水平的教学科研中心,他不仅为中国近现代资产阶级大学教育理论的形成打下了坚实的基础,而且其中许多真知灼见,如重视大学开展科学研究工作,提倡"思想自由,兼容并包",注重发展学生个性,主张"沟通文理"等等至今受用。

在蔡元培先生74年的人生历程中,他始终信守爱国和民主的政治理念,致力于废除封建主义的教育制度,奠定了我国新式教育制度的基础,为我国教育、文化、科学事业的发展作出了富有开创性的贡献,堪称"学界泰斗、人世楷模"。

范例二

某学校教师在蔡元培诞辰141周年纪念日的致辞

尊敬的各位老师、亲爱的同学们:

今天是蔡元培诞辰141周年纪念日。作为一名革命家,以一名翰林的身份投身反封建斗争,在中国革命历史上,仅此一人。作为一名教育家,以领导好一所大学进而对一个民族、一个时代起到转折性作用的,在20

世纪的中国，仅此一人。作为一名文化人，在100周年诞辰之际，被联合国冠以"世界文化名人"称号的，在中国现代文化人中，仅此一人。这就是蔡元培——被毛泽东誉为"学界泰斗，人世楷模"。

蔡元培老先生高尚的人格魅力、海纳百川的广阔胸怀，对于我们广大青少年传承中华传统美德具有很大的借鉴意义。毛子水在《对于蔡元培的一些回忆》中讲到一件趣事。某次，北大名流雅集，钱玄同冒失地问道："蔡先生，前清考翰林，都要字写得很好的才能考中，先生的字写得这样蹩脚，怎样能够考得翰林？"蔡先生不慌不忙，笑嘻嘻地回答说："我也不知道，大概那时正风行黄山谷字体的缘故吧！"黄山谷即北宋文学家和书法家黄庭坚，他的字体不循常轨，张扬个性，如铁干铜枝，似高峰奇石，以刚劲奇崛著称。蔡元培的急中生智既见出他的涵养，也见出他的幽默，满座闻之，皆忍俊不禁。

蔡元培先生的勤奋好学铸就了他辉煌的一生。1901年蔡元培担任南洋公学特班总教习期间，曾与张元济、汪康年一道拜马相伯为师，学习拉丁文。每天早晨，蔡元培从徐家汇步行四五里路到土山湾马相伯家上课。由于求学心切，头一次，蔡元培去得太早，五点多钟，天边刚有一丝曙色，他在楼下低声呼唤"相伯，相伯"。马相伯感到惊奇，大清早的，谁来喊魂？打开窗子望去，来人是蔡元培。马相伯名士派头足，急忙摇手，对蔡元培说："太早了，太早了，八九点钟再来吧！"虽然有点败兴，蔡元培并没有感到不悦，三个钟头后，他又回来了。这一年，蔡元培34岁，仍有程门立雪的虔诚劲头。

蔡元培一生的座右铭为"学不厌，教不倦"。他三度旅欧，精研西方哲学，在巴黎访晤过居里夫人，在德国访晤过爱因斯坦，两次高峰对话使他受益良多。嗣后，他提出"以美育代宗教"的主张，乃是积学深思所致，绝非异想天开。终其一生，蔡元培对学问抱持浓厚的兴趣，对教育怀有炽热的感情，虽历经世乱，屡遭挫折，却不曾泄气灰心。

蔡元培勤奋好学的治学精神，海纳北川的广阔胸怀，为世人所赞的人格魅力以及"兼容并包"的办学理念是我们广大青年朋友们宝贵的精神财富，我们一定要把这种财富传承下去，并立志做一个像蔡元培先生那样高尚的人。

范例三 某大学校长在蔡元培诞辰142周年纪念日的致辞

各位老师、同学们：

今天是我们伟大的蔡元培校长诞辰142周年纪念日。作为北京大学第14任校长，蔡元培先生提出"兼容并包"的办学方针，在北大的历史上留下了不朽的功绩，成为北大学子心目中一面永远的精神旗帜。

蔡元培校长提倡"思想自由，兼容并包"的学术精神，最为人所称道。学术乃天下之公器，百虑一致，殊途同归，蔡元培不持门户之见，唯致力将北大改造成为中国的学术渊薮。蔡元培的改革理念和举措，最令人称道的便是"学术自由"和"兼容并包"。陈独秀在《蔡孑民先生逝世后感言》中称赞道："这样容纳异己的雅量，尊重学术自由思想的卓见，在习于专制、好同恶异的东方人中实所罕有。"

蔡元培先生还极力推动美育，认为美育是"扩充其知识，高尚其道德，纯洁其品性，必难幸致"的中国社会从蒙昧到文明的一剂良药。他同时认为应当"求知识之外，兼养感情，就是治科学以外兼治美术"。

在中国教育传统与西方教育思想发生剧烈冲突的情况之下，蔡元培依然能够坚持自己的独立思想和精神，按照自己的意志和信念来行事，可以几辞北大校长而不失改革和发展中国大学教育之志；做北京大学校长不是他的真正志向，他的真正志向是要建立一所符合他的观念的大学。如果在大学校长的位置和他的原则之间发生了冲突和不可调和的矛盾，那么他的选择就是放弃前者而坚持后者。

在1919年6月15日《不肯再任北大校长的宣言》里，蔡元培提出了中国现代大学的三项基本原则：第一，大学应当是独立的和自主的；第二，大学应当具有思想自由和学术自由；第三，大学学术与思想自由需要相应的自由的社会政治环境。如果蔡元培被视为中国现代大学的象征，那么这三项基本原则就是这个象征的实质意义。就如蔡元培无法放弃这三项基本原则而心安理得地做北大校长一样，中国大学也无法绕过这三项原则而完成其现代化的改造。蔡元培所坚持的三项原则是息息相关的，一荣俱荣，一损俱损。

蔡元培先生的一生，是闪烁着理性人文主义光辉的一生，是追索学术自由和兼收并蓄的人生楷模和光辉典范。蔡元培先生服膺西方文化中的科学精神，"现代文化，基于科学"，而他倡导的学术自由和不拘一格降人才的治校方针，只手缔造了新北大，使北大精神一直影响至今。我们缅怀这位胸襟宽广的一代伟人和学者，更是在呼唤中国涌现更多理性自由主义知识分子。蔡元培先生的思想，必将永载史册、流芳百世而不朽！

范例四

某史学家在蔡元培诞辰143周年纪念日的致辞

同志们、朋友们：

今天是蔡元培诞辰143周年纪念日。借蔡公之光，照亮我们身内的阴暗；以蔡公的热肠，激活我们行将麻木的心灵。我们不能总是抱怨，而应在力所能及条件下，使自己更纯净更无私。今天是蔡先生诞辰日，对这样高贵的灵魂，我充满热爱与景仰。

蔡元培先生在20世纪中国思想史上的贡献之一在于对传统思想的继承起了非常重要的保护作用。在蔡先生任职北大校长的时候，集中了一批学有专长的国学大师，但对于当时名不经传的梁漱溟先生，蔡元培先生却不以学历为门槛，大胆任用梁先生，使得梁先生成为印度哲学的权威；更让人难以置信的是聘用名震海外的辜鸿铭先生，他是老复辟派。蔡元培先生思想的"兼容包并,思想自由",使得当时的北大的国学大师盛极一时。

蔡元培先生在20世纪思想史的贡献之二是巧妙地利用了当时的客观历史形势以及个人的人格魅力,引入了一大批极具现代思潮、学贯中西的学者充实北大。而这些学者们对于中国由传统迈向现代的过程中,提供了重要外域思想来源。他们宣扬的现代思潮以及思想对于中国民众的启蒙,远远大于中国历史上任何一个年代,而这些成就大多是在蔡元培先生主持北大的期间所取得的。

胡适和陈独秀发起的白话文运动,使得西方文明得以有效、广泛地传播,同时对于身受两千年专制统治下的民众,更是一剂启迪民智、拓展思维的良方;同样胡适、陈独秀以及蔡元培先生所领导的新文化运动本身所蕴藏的宝贵财富至今于社会仍有许多借鉴意义,而这些思潮得以传播大都在蔡先生的鼓励和支持下实现的,同样这批五四知识分子大都为蔡元培先生人格魅力和博大胸襟和气魄所折服;"五四运动"也是由蔡元培先生主持的由北大而发起,既而波及全北京大中学生,最后弥漫到全国从而演变为全国性的民众爱国运动,而这次运动本身恰好说明蔡元培先生的教育思想对于转变学风的重要性。正如一名教育家而言:"综观世界大学史,能够通过一所学校影响一个民族的进程的大学校长恐怕只有中国北大的蔡元培先生。"

今天,让我们怀着崇敬的心深切地缅怀蔡元培先生,并把他所倡导的"思想自由,兼容并包"的学术精神继续传承下去。

谢谢大家!

2月19日邓小平逝世纪念日（1997）致辞

> **范例一**
> 某大学生在邓小平逝世13周年纪念日的致辞

各位老师、同学们：

你们好！今天是我们伟大的领袖、改革开放的总设计师邓小平同志逝世13周年纪念日。他虽然离开我们13年了，但他带给我们的财富取之不尽、用之不竭，无论是物质上的还是精神上的！

今天我们在这里共同怀念邓小平同志，他是一位伟大的爱国者，他曾说过："我是中国人民的儿子，我深情地爱着我的祖国和人民"，正是本着这种深切爱国精神，邓小平以其非凡的智慧和坚强的意志带领中国人民走上了改革开放之路，使中国的政治、经济、文化发生了翻天覆地的变化，极大地改善了中国人民的生活，提高了中国的国际社会地位，同时也极大地促进了世界的稳定与和平。

他的"发展才是硬道理"在我们的学习过程中也具有举足轻重的作用。他曾说"落后就要挨打"，我们在学习过程中也要保持这种"力争上游"的学习劲头，不断地使自己进步。我们在学习过程中一定要探索出一条适合自己的学习方法，当然这期间也可能遇到一些挫折与困难，因为摸着石头过河难免会磕磕碰碰。最后，大家在学习上一定要灵活，不一定固守一种学习方法，只要能解决问题，不管是白猫还是黑猫，只要抓住老鼠都是好猫！

作为大学生的我们应如何继承伟人遗志，发扬伟人精神肩负起新时代的使命呢？我觉得有以下几个方面：一是要学习邓小平同志勤奋、乐观、豁达、百折不挠等精神品质，不断加强道德修养；二是要广泛深入学习科学文化知识，不断提高自己的综合素质；三是要实事求是地看待中国的现状，在多元文化包围下学会吸取精华，在自身成长发展过程中要始终心系祖国未来，胸怀远大志向；四是我们这些高校学子还应该积极投身社会实践，为传播新知识、新理念贡献力量。

我们广大青少年们还要深切缅怀邓小平的人生历程，以小平同志的伟大精神引领我们大学生健康成长；深入学习邓小平理论，用其科学性和实践性增强我们大学生的能力和素质；坚持与时俱进的作风，掌握和树立科学发展观。

范例二
某市市委书记在邓小平逝世14周年纪念日的致辞

尊敬的各位朋友：

今天是我们伟大的改革开放总设计师邓小平同志逝世14周年纪念日。邓小平同志虽然已经离开我们有十多个年头了，但他永远活在人们的心里！在这个特别的日子里，我们以这样的方式纪念他，就是要感谢一代伟人对我们××发展的重大贡献。我谨代表××市委对莅临此次大会的各位领导、各位嘉宾以及关注××发展的社会各界人士，表示热烈的欢迎和衷心的感谢。

有一位老人，他一手谱写了中国改革开放的春天乐章，自己却在春天里离我们而去。他是那么伟大，曾为我们这个国家和无数人的命运带来转机；他又是那么平凡，平易近人如一位邻家大爷。他，就是我们敬爱的邓小平同志。

14年前的今天，当小平同志逝世的消息传来，举国同哀，成千上万的××人自发来到位于××路口的小平画像前，沉痛悼念这位老人。14年来，每当这个特殊的日子来临之际，××人都会自发地以各种形式表达对这位伟人的思念。

××人民对小平有着特殊的感情。中国改革开放这艘巨轮能够乘风破浪，勇往直前，离不开他当年的英明决策和指引；××能有今天的辉煌，更是得益于他的亲切关怀。怀着对伟人的无限敬仰，今天我们要再道一声：小平，您好！

作为我国改革开放的总设计师，小平同志于1984年1月和1992年1月先后两次亲临××视察。1984年1月24日至26日，邓小平同志来到建立不久的××经济特区。他参观了中国航空技术进出口服务公司最早在××办的电子厂，来到××湾滨海的××工业区以及××的渔民村，听取了××市委的汇报。小平同志提出了让一部分有条件的地区先发展起来，让一部分人先富起来的重要论断，并指出："贫穷不是社会主义。"

1992年1月19日至23日，邓小平再次视察××，发表了一系列重要谈话，从而掀起了全国改革开放的又一轮热潮。在××期间，他精辟地阐述了社会主义的本质就是解放生产力，发展生产力，消灭剥削，消除两极分化，最终达到共同富裕。同时要坚持两手抓，一手抓改革开放，一手抓打击各种犯罪活动，两手都要硬。中国要警惕右，但主要是防止左。总之，中国解决所有问题的关键是要靠自己的发展。抓住时机，发展自己。发展才是硬道理。这一系列讲话明确地回答了什么是社会主义、怎样建设社会主义的问题，进一步解放了思想，推动了改革开放的进程。

小平同志已经离开我们整整14年了，但他的音容笑貌仍然留在人们的脑海中。14年来，和全国各地一样，××的改革开放和现代化建设事业又有了巨大的变化，祖国的繁荣兴盛，足以告慰世纪老人的英灵。

2月28日李白诞辰纪念日 (701) 致辞

> **范例一**
> 某诗人在李白诞辰1309周年纪念日的致辞

今天是伟大诗人李白诞辰1309周年纪念日。他虽然离开我们已一千余载,但他留给我们美妙绝伦的诗确是一笔宝贵的财富。今天我们深切缅怀这位伟大的诗人,不仅是因为他的一身傲骨让人钦佩,更是由于他的诗歌在文学史上的地位让人称赞。

李白(701-762),字太白,盛唐最杰出的诗人,也是我国文学史上继屈原之后又一伟大的浪漫主义诗人,素有"诗仙"之称。他经历坎坷,思想复杂,既是一个天才的诗人,又兼有游侠、刺客、隐士、道人、策士等人的气质。儒家、道家和游侠三种思想,在他身上都有体现。功成身退是支配他一生的主导思想。

李白留给后世人九百多首诗篇。这些熠熠生辉的诗作,表现了他一生的心路历程,是盛唐社会现实和精神生活面貌的艺术写照。李白一生都怀有远大的抱负,他毫不掩饰地表达对功名事业的向往。《梁甫吟》、《读诸葛武侯传书怀》、《书情赠蔡舍人雄》等诗篇中,对此都有绘声绘色的展露。李白自少年时代就喜好任侠,写下了不少游侠的诗,《侠客行》是此类诗的代表作。在长安三年经历的政治生活,对李白的创作产生了深刻的影响。他的政治理想和黑暗的现实,发生了尖锐的矛盾,胸中淤积了难以言状的痛苦和愤懑。愤怒出好诗,于是,便写下了《行路难》、《古风》、《答王十二寒夜独酌有怀》等一系列仰怀古人,壮思欲飞,自卑身世,愁怀难遣的著名诗篇。

李白大半生过着流浪生活,游历了全国许多名山大川,写下了大量赞美祖国大好河山的优美诗篇，借以表达出他那种酷爱自由、渴望解放的情怀。在这一类诗作中，山川的奇险之美与他那叛逆不羁的性格得到了完美的契合。这种诗在李白的诗歌作品中占有不小的数量，被世世代代所传诵，其中《梦游天姥吟留别》是最杰出的代表作。诗人以淋漓挥洒、妙笔生花的才情，尽情地无拘无束地舒展开想象的翅膀，写出了精神上的种种历险和追求，让苦闷、郁悒的心灵在梦中得到了真正的解放。而那"安能摧眉折腰事权贵，使我不得开心颜"的诗句，更把诗人的一身傲骨展露无遗，成为后人考察李白伟大人格的重要依据。

李白作为一个热爱祖国、关怀人民、不忘现实的伟大诗人，也十分关心战争这一重要问题。对保卫边疆的将士予以热情的歌颂（如《塞下曲》），对统治者的穷兵黩武则给予无情的鞭挞（如《战城南》、《丁都护歌》等）。李白还写了不少乐府诗，描写劳动者的艰辛生活，表达对他们的关心与同情（如《长干行》、《子夜吴歌》等）。

李白的诗具有"笔落惊风雨，诗成泣鬼神"的艺术魅力，这也是他的诗歌最鲜明的艺术特色。作为一个浪漫主义诗人，李白调动了一切浪漫主义手法，使诗歌的内容和形式达到了完美的统一。李白的诗富于自我表现的主观抒情色彩十分浓烈，感情的表达具有一种排山倒海、一泻千里的气势。比如，他入京求官时，"仰天大笑出门去，我辈岂是蓬蒿人！"想念长安时，"狂风吹我心，西挂咸阳树。"这样一些诗句都是极富感染力的。

极度的夸张、贴切的比喻和惊人的幻想，让人感到的却是高度的真实。在读到"抽刀断水水更流，举杯消愁愁更愁"，"白发三千丈，缘愁似个长"这些诗句时，读者不能不被诗人绵长的忧思和不绝的愁绪所感染。李白的这一艺术表现手法在《梦游天姥吟留别》、《蜀道难》等诗中表现得尤为突出。

李白诗中常将想象、夸张、比喻、拟人等手法综合运用，从而造成神奇异采、瑰丽动人的意境，这就是李白的浪漫主义诗作给人以豪迈奔放、飘逸若仙的韵致的原因所在。他的语言正如他的两句诗所说，"清水出芙蓉，天然去雕饰"，明朗、活泼、隽永。

李白的诗歌对后代产生了极为深远的影响。中唐的韩愈、孟郊、李贺，宋代的苏轼、陆游、辛弃疾，明清的高启、杨慎、龚自珍等著名诗人，都受到李白诗歌的巨大影响。让我们把李白留给我们的这些诗的精华传承下去，为我们诗歌的再创辉煌不懈奋斗吧！

范例二

某县文化局局长在李白诞辰1310周年纪念日的致辞

尊敬的各位领导、各位嘉宾：

素有"诗仙"之称的李白，被公认为中国历史上最杰出的浪漫主义诗人。他的作品天马行空，浪漫奔放，意境奇异，才华横溢；诗句如行云流水，宛若天成。李白在诗歌上的艺术成就被认为是中国浪漫主义诗歌的巅峰。今天是李白诞辰1310周年纪念日，我们××县文化局特地举办李白诗歌研讨会以纪念这位伟大的诗人。我谨代表××县文化局对莅临此次研讨会的各位领导、各位学者以及钟爱诗歌的社会各界人士表示热烈的欢迎和衷心的感谢。

××是李白的第二故乡。李白深深地爱着××的一山一水、一草一木，对××有着特殊的感情。他一生多次来到××，留下诗文四十余篇。早在开元十三年（725），即李白出蜀后的第二年，诗人沿江东下，初次经过××，就写下了著名的七绝《望天门山》："天门中断楚江开，碧水东流至此回。两岸青山相对出，孤帆一片日边来。"这首诗生动地描绘了天门山的优美景色。全诗朝气蓬勃，显示了青年李白第一次过天门山的新鲜感受，表现出李白天真潇洒的风貌和热爱江山的喜悦心情。自从李白写了这首诗，天门山便名气大作，扬名四海。

两年以后，即开元十五年（727）东涉溟海之后，李白溯舟西上观云梦，又一次途经××，他至少在采石停留了一个晚上，有《夜泊牛渚怀古》为证："牛渚西江夜，青天无片云。登舟望秋月，空忆谢将军。余亦能高咏，斯人不可闻。明朝挂帆席，枫叶落纷纷。"末联写知音不遇，明朝只能挂帆而去，这时枫叶纷纷下落，秋色凄凉，与作者的悲伤感情交织在一起，使极平淡的诗句产生出一种极强烈的感染力量，令人回味无穷，正是画家所称的逸品。天外数峰，略有笔墨，意在笔墨之外。王士祯认为这首诗是"不著一字，尽得风流"的代表作品，他赞赏说："诗至此，色相俱空。正如羚羊挂角，无迹可求，画家所谓逸品是也。"

李白最后一次来××是上元二年（761）深秋。当时的县令李阳冰给予李白热情的接待，并安置在龙山脚下。宝应元年（762）九月九日李白登龙山作《九日龙山饮》："九日龙山饮，黄花笑逐臣。醉看风落帽，舞爱月留人。""醉看"两字，无比准确地表现了李白所特有的，也是人们所熟悉的谪仙人的爱好、志趣、心理和醉态，无比准确地表现了诗人对生活的热爱、眷恋和执著追求，以及他的乐观的精神和豁达的胸怀。第二天，李白再次登上龙山，又作《九月十日即事》："昨已登高罢，今朝更举觞。菊花何太苦，遭此两重阳。"

九日、十日李白两次登上龙山饮酒，菊花则两次遭采摘，所以说菊花"太苦"。李白由菊花的两遭采摘，不禁联想到自己遭谗离京、流放夜郎的两次不幸。语虽平淡，含意却颇为深远，好像是给自己唱的一首安魂曲。这一年的冬天，李白病重，十一月，赋《临路歌》："大鹏起兮振八裔，中天摧兮力不济。余风激兮万世，游扶桑兮挂石袂。"《临路歌》实际上是李白自己一生的总结，无异于一篇自撰的墓志铭。李白历来以大鹏自比，但这诗国的大鹏，毕生未能伸展自己非凡的抱负，因而这首绝笔诗中蕴涵着深沉的悲愤，无限的凄凉。然而他相信后世是会有知音的，自己毕生所经营的事业是不朽的，正如杜甫在《梦李白》中所说："千秋万岁名，寂寞身后事。"《临路歌》充满着浪漫主义豪气，想象宏伟壮丽，心志坚毅高远，使人感到一代诗仙虽然生命已是终结，但是襟抱却是悬诸日月的。

李白一生留下的千古之谜甚多,但青山李白墓的真实性却是千百年来人们所一致肯定的。晚唐诗人杜荀鹤《经青山吊李翰林》诗云:"何为先生死?先生道日新。青山明月夜,千古一诗人。"诗中充满了对李白的景仰之情。这也是世世代代中国人民共同的心声。

3月5日周恩来诞辰纪念日（1898）致辞

范例一
某集团董事长在周恩来诞辰109周年纪念日的致辞

朋友们：

今年3月5日，是伟大的马克思主义者，伟大的无产阶级革命家、政治家、军事家、外交家，党和国家卓越领导人周恩来同志诞辰109周年纪念日。为了学习、继承和发扬周恩来同志的革命精神，××集团今天特别主办纪念周恩来诞辰109周年座谈会，以激励员工以高昂的精神状态积极投身到改革重组工作，以优异的经营业绩回报社会、回报股东。

周恩来同志的一生是辉煌的一生。他为中国人民解放事业和社会主义事业建立的卓著功勋，他崇高的精神和人格，丰碑似的屹立在中国共产党和中华民族的历史上，深深地铭刻在中国各族人民的心里。

……

周总理一生大公无私，清正廉洁，光明磊落，谦虚谨慎，既是革命家的典范，也是普通人的典范。我们××集团的全体员工应该以周恩来总理为学习榜样，进一步提升我们全体员工的素质，进一步丰富我们的企业文化。当前，××集团正在进行改革重组，召开这次座谈会对于振奋集团干部员工的精神，进一步推动企业文化建设具有重要的现实意义。我们××集团全体干部员工对周总理怀有崇高敬意和深厚感情，并且我们××集团已将天津周恩来纪念馆确定为集团员工思想教育基地。

3月5日,在这样一个特别的日子里,我们重温周恩来总理的丰功伟绩,不仅仅是一种缅怀,更重要的是一种责任、一种使命。我们应当学习周恩来的精神,做周恩来这样的人。我们××集团以周恩来的精神为我们企业文化的核心,全面提升我们的××集团的整体素质。祝愿此次周恩来总理诞辰109周年纪念活动圆满成功!

谢谢大家!

范例二 胡锦涛总书记在周恩来诞辰110周年纪念日的致辞

同志们、朋友们:

今天,我们怀着十分崇敬的心情在这里隆重集会,纪念敬爱的周恩来同志诞辰110周年,深切缅怀他为党、人民、国家和人民军队建立的丰功伟绩,学习他的革命精神和崇高品德,进一步激励全党全国各族人民全面贯彻党的十七大精神,把中国特色社会主义伟大事业继续推向前进,为实现中华民族伟大复兴而不懈奋斗。

周恩来同志是伟大的马克思主义者,伟大的无产阶级革命家、政治家、军事家、外交家,党和国家主要领导人之一,中国人民解放军主要创建人之一,中华人民共和国的开国元勋,是以毛泽东同志为核心的党的第一代中央领导集体的重要成员。周恩来同志的卓著功勋、崇高品德、光辉人格,深深铭记在全国各族人民心中,在国际上也享有很高威望。

周恩来同志出生于19世纪末年。当时的中国,遭受着列强欺凌、封建统治的双重压迫,民不聊生,国运衰微。青少年时代,他就立志"为了中华之崛起"而发愤读书,认定"有大志向的人,便想去救国,尽力社会"。经历了五四运动的洗礼,他开始积极思考、探索中国社会的出路。20世纪20年代初,他到欧洲勤工俭学,通过反复比较,确立了共产主义的信仰，在巴黎参与旅欧共产党组织的创建，成为中国共产党最早的党员之一。1924年，他回到祖国，投身中国革命的洪流，从此一直奋斗在中国政治舞台的前沿。

……

周恩来同志50多年的革命生涯，同中国共产党的建立、发展、壮大，同我国新民主主义革命的胜利，同我国社会主义革命和建设的历史进程紧密联系在一起。他毫无保留地把全部精力奉献给了党和人民，直到生命的最后一息。他身上集中体现了中国共产党人的高风亮节，在中国人民心中矗立起一座不朽的丰碑。我们缅怀周恩来同志，就是要永远铭记和认真学习周恩来同志的精神，使之不断发扬光大。

周恩来同志始终信仰坚定、理想崇高，集中表现为他对党和人民无限忠诚的精神；始终热爱人民、勤政为民，集中表现为他甘当人民公仆的精神；始终顾全大局、光明磊落，集中表现为他高度珍视和自觉维护党的团结统一的精神；始终实事求是、严谨细致，集中表现为他求真务实的精神；始终虚怀若谷、戒骄戒躁，集中表现为他谦虚谨慎的精神；始终严于律己、廉洁奉公，集中表现为他无私奉献的精神。（略）

同志们、朋友们！

今天的中国是历史的继续和发展。我们要永远铭记老一辈革命家为创建新中国、确立社会主义基本制度、探索中国特色社会主义道路作出的历史贡献。建设富强民主文明和谐的社会主义现代化国家，是老一辈革命家的夙愿。周恩来同志生前多次代表我们党提出，要把我国建设成为一个具有现代化农业、现代化工业、现代化国防和现代化科学技术的社会主义强国，赶上和超过世界先进水平。可以告慰周恩来同志等老一辈革命家的是，在改革开放和社会主义现代化建设的历史新时期，我们继承老一辈革命家的遗志，继往开来，与时俱进，开创了中国特色社会主义伟大事业，开辟了发展中国、发展社会主义、发展马克思主义的正确道路，我国社会主义现代化建设取得了举世瞩目的成就，中华民族伟大复兴展现出光明灿烂的前景。

我们已站在新的历史起点上。我们党正在带领全国各族人民继续推进改革开放和社会主义现代化建设,我们深感肩负的使命神圣而光荣。在前进道路上,我们要全面贯彻党的十七大精神,高举中国特色社会主义伟大旗帜,坚持以邓小平理论和"三个代表"重要思想为指导,深入贯彻落实科学发展观,继续解放思想,坚持改革开放,推动科学发展,促进社会和谐,全面推进社会主义经济建设、政治建设、文化建设、社会建设和党的建设,同心同德、齐心协力、求真务实、锐意进取,把老一辈革命家孜孜以求的美好理想变成现实,为把我国建设成为富强民主文明和谐的社会主义现代化国家而不懈奋斗!

范例三

某学生代表在周恩来诞辰111周年纪念日的致辞

尊敬的各位领导,亲爱的老师、同学们:

今天是我们伟大的周恩来总理诞辰111周年纪念日。借此机会,我代表周总理故乡××工学院"周恩来班"的同学,向各位领导、各位老师汇报我们"周恩来班"的创建情况。

2005年,省委宣传部、省教育厅、省周恩来研究会等联合下发《关于在全省大中小学校开展创建"周恩来班"活动的通知》以后,我们校党委发出了"学恩来精神,创一流学风"的号召,并在全校广泛开展了"周恩来班"创建活动。2006年11月,经过全班同学的不懈努力,我们计算科学×班被学校授予校级"周恩来班"光荣称号。今年我们班又被评为省级"周恩来班"。

我们自开展创建以来,就把周恩来"为中华之崛起而读书"的理想信念,全心全意为人民服务的价值追求,求真务实、勇于创新的道德风范作为我们学习的重要内容,广泛开展形式多样、内涵丰富的主题教育活动,激励自己提升人格境界。一是深入学习恩来精神，树立远大理想；二是大力践行恩来精神，树立为人民服务的意识；三是把学习恩来精神与学习道德楷模、践行道德规范结合起来，提升道德水平。

在"周恩来班"创建活动中，我们虽然取得了一定成绩，但也存在许多不足。我相信，在各级领导的亲切关怀下，在学校党委的有力指导下，我们班将通过继续深入开展"周恩来班"创建活动，把总理风范当做每个同学行动的楷模、学习的榜样，坚定为中华之崛起而读书的信心和决心，并带动全校所有同学为弘扬恩来精神、建设有中国特色社会主义作出应有的贡献。

此外，我们还要继承和发扬周恩来同志对党和人民无限忠诚的精神；始终热爱人民、勤政为民、甘当人民公仆的精神；始终顾全大局、光明磊落、高度珍视和自觉维护党的团结统一的精神；始终实事求是、严谨细致、求真务实的精神；始终虚怀若谷、戒骄戒躁、谦虚谨慎的精神；始终严于律己、廉洁奉公、无私奉献的精神，努力学习科学文化知识，为中华之崛起而读书。

3月12日孙中山逝世纪念日（1925）致辞

范例一

某市市委书记在孙中山逝世84周年纪念日的致辞

尊敬的各位领导、各位来宾：

今天是孙中山先生逝世84周年纪念日，这位伟大的"国父"给中华民族和中国人民留下许多宝贵的精神遗产，特别是他的爱国思想、革命意志和进取精神，值得我们永远学习、继承和发扬。在这个特别的日子里，我谨代表××市委向莅临此次活动的各位领导、各位嘉宾以及关注××

发展的社会各界人士表示热烈的欢迎和衷心的感谢。

今天大家来到孙中山先生当年曾经殚精竭虑策划北伐,并播下革命种子的××,看到××城市面貌日新月异,经济社会迅猛发展,人民生活幸福安康。这是××人民沿着孙中山先生伟大理想,传承和发扬他的革命意志和不屈不挠的进取精神而努力奋斗的真实写照。孙中山先生的爱国、爱民、革命、不断进步的精神,将永远激励着我们为完成他的未竟事业而不懈努力。

谋求祖国统一,这是孙中山先生穷一生心力,孜孜以求的目标,他坚决主张维护国家主权和统一,反对一切分裂祖国的行为,指出"统一是中国全体国民的希望。孙中山先生"致力国民革命,凡四十年",任何外来威胁、内部分裂和暂时失败,都不能动摇他的革命意志。"吾志所向,一往无前,愈挫愈奋,再接再厉",便是他革命一生的真实写照。"一国两制"的方针已使香港和澳门成功回归和平稳过渡。随着我们伟大祖国不断繁荣、强大,相信台湾问题一定能够得到解决。中国人民有信心、有决心、有能力捍卫祖国统一,不管什么人以任何形式企图把台湾从祖国大家庭分离出去,都不得民心,任何分裂的阴谋都不会得逞。

他大声疾呼:"中国人民再也不能容忍别人瓜分自己的国家,他们希望统一,成为一个强大的和不可动摇的民族。"孙中山先生以政治家的睿智眼光看到:中华开国五千年以来,虽然分分合合,但分是短暂的,中国历史的大趋势是"大一统",也就是"国土统一已千年,中间虽有离析分崩之势,然为时不久,合而为一"。中山先生看清了中国历史上兴衰治乱与国家分合之间的关系,他认定只有统一,中国才会出现真正的盛世,而国土分裂必定造成社会动乱。

我们纪念孙中山先生就是要学习孙中山那种坚定的革命信念、为中华民族解放事业鞠躬尽瘁、死而后已的崇高品格和伟大的爱国主义精神。希望借此纪念活动来缅怀孙中山先生的丰功伟绩,同时也希望我们的每一位同志为增强中华民族和海内外炎黄子孙的凝聚力,为全面建设小康社会,为祖国的完全统一，为中华民族的伟大复兴作出自己应有的贡献。希望我们的××在"中山精神"的指引下发展越来越好！谢谢大家！

范例二　某学校教师在孙中山逝世85周年纪念日的致辞

各位老师、同学们：

今天是孙中山先生逝世85周年纪念日，为了弘扬孙中山先生爱国主义精神，提高德育时效，我们以"纪念孙中山先生，弘扬民族精神"这一特别的主题活动来缅怀这位伟人。

孙中山先生的伟大之处在于，他不仅领导辛亥革命推翻了满清王朝，结束了在中国延续几千年的封建君主专制制度，建立了东方第一个民主共和国，而且在长期的革命实践中，超前提出了富于现代意义的社会建设思想，勾勒了未来中国的建设蓝图，还以自己的高尚人格，发出了"博爱"、"天下为公"等影响深远的呼声，留下了许多弥足珍贵的精神财富。

敢为天下先的孙中山先生，第一个喊出了"振兴中华"的响亮口号，提出民族、民权、民生"三民主义"，并为之奋斗终生。在他身上，体现了炽烈的爱国精神、坚定的革命意志和强烈的进取精神。孙中山先生追求的大同社会，以"天下为公"为核心，"天下是人民公有的天下，国家是人民公有的国家"，"全国之人无一贫者，共享安乐之幸福"、"全国男女，无论老少，都可以享乐"。孙中山先生大同社会的追求与我们"取之于民，用之于民"的和谐社会协调一致。

孙中山在分析中国落后于人的原因时，认为国民素质的高低关系到风俗优劣，人才盛衰，国家强弱。要想强国就要提高国民素质，而国民素质的普遍提高在于普及教育。他充分肯定了中国从前的忠孝、仁爱、信义、和平等优良传统和民众中的勤劳、勇敢、善良、礼貌等优秀品质。孙中山提出了提高国民素质的预设目标：一是培养德、智、体全面发展的人才；

二是养成具有较高素质的国民。在德育方面，孙中山主张国民应该是爱国为民，有道德、有人格的新人；在智育方面，孙中山主张要使国民成为有文化，懂科学的人，能建设国家和管理国家；在体育方面，孙中山主张国民应该进行体育锻炼，练就强健体魄。

孙中山在教育方面做了巨大的努力：一是大力推行普及教育，兴办学校；二是积极提倡教育平等，认为人不论贫富都可以得到教育，还提出了免费教育的观念；三是重视教师素质的提高，提倡多开办师范学校；四是热情支持女子教育，帮助兴办女子学校；五是极力促进教育改革，提出废除科举、学生应学习活的知识、注重学生动手能力的培养等；六是非常关注社会教育，在提出各地实行自治时，应设立公共设施和机构对工农大众进行教育，使国民素质得到普遍的提高。

孙中山先生追求真理的开拓进取精神和矢志不渝的爱国主义情怀，孙中山先生天下为公的博大胸怀和放眼世界的开放心态，孙中山先生生命不息、奋斗不止的坚强意志和鞠躬尽瘁、死而后已的高尚品德，是他留给我们的宝贵精神遗产。

同学们，我们要弘扬孙中山的爱国精神，弘扬博爱、天下为公、创新、包容、和谐的中山精神，从小树立远大理想，为校、为国争光。相信全校师生一定会将此次活动受到的教益，落实到自己的工作和学习之中，好好工作、勤奋学习、奋发向上，成为一名合格的共产主义的接班人！

范例三

某海外华侨在孙中山逝世86周年纪念日的致辞

尊贵的各位同胞：

今天是孙中山先生逝世86周年纪念日，虽然他已经离开我们八十余年了，但"中山精神"却深深地影响了好几代人！今天我们118个××湾区侨界和留学生团体代表齐集在中国城××广场的孙中山雕像前，共同缅怀这位伟大的"国父","革命尚未成功,同志仍需努力",希望中华民族早日实现统一,以了我们中山同志的遗愿。

孙中山同志曾经四度到××宣传革命,与这里侨胞有着密不可分的联系,中国城的古老小巷子里处处留下革命足迹,在这里宣传革命思想,发动募款,招募志士,推翻帝制,还创办了同盟会机关报《少年中国晨报》。××侨胞积极响应,捐款出力,孙中山由此而发出"华侨为革命之母"的感慨。

孙中山1925年3月12日病逝,12年后的11月12日,××侨胞捐款并由挚友×××设计,在中国城××广场上修建了一尊不锈钢铜像,纪念这位伟大的民族英雄和中国民主革命的先行者。孙中山深受海内外中华儿女的敬仰,这位被两岸同胞推崇备至的世纪伟人一生为之奋斗终生的目标就是追求中华民族的伟大复兴和实现国家统一。他一再强调统一中国全体国民,统一中国人民就幸福,不统一便受害。振兴中华和统一中国是孙中山思想的两大核心,也是留给我们这些后世子孙的两大历史使命。

孙中山先生在天之灵也得以安息了,如今已经迎来了中国民族伟大复兴的光明前景,两岸关系也开创了和平发展的新局面。遗憾祖国仍未统一成为民族最大伤痛。两岸中国人有理由把民族复兴作为最大的基本共识,以振兴中华促进统一为己任,超越历史恩怨,妥善处理分歧,确实为台海区域谋和平,为中华民族谋振兴。

孙中山先生给中华民族留下许多宝贵的精神遗产,尤其是他的爱国思想、革命意志和进取精神。他坚决主张维护国家主权和统一,反对一切分裂祖国的行为。孙中山先生把追求中华民族的伟大复兴和实现国家的完全统一作为终身的奋斗目标。两岸同胞都是中国人,骨肉相亲,血浓于水。争取和平统一、共谋复兴大业不仅符合历史潮流,也符合两岸同胞的根本利益和长远发展。孙中山为之毕生奋斗的目标是"振兴中华、民族复兴",而这离不开国家的统一。海内外炎黄子孙一定要高举孙中山先生的伟大旗帜,要从维护中华民族的整体利益出发,努力争取祖国的和平统一。相信海外侨胞会继续发扬先辈的爱国传统，为振兴中华、促进民族伟大复兴和推动祖国早日统一作出新的贡献。

孙中山先生追求真理的开拓进取精神和矢志不渝的爱国主义情怀，孙中山先生天下为公的博大胸怀和放眼世界的开放心态，孙中山先生生命不息、奋斗不止的坚强意志和鞠躬尽瘁、死而后已的高尚品德，是他留给我们的宝贵精神遗产。我们应该继承和发扬这种"中山精神"，为实现中华民族的伟大复兴和促进祖国的和平统一而努力奋斗！

4月2日孟子诞辰纪念日（前372）致辞

范例一

某学者在孟子诞辰2379周年纪念日的致辞

尊敬的各位来宾：

今天是我们伟大的"亚圣"孟子诞辰2379周年纪念日。他留给我们后人的财富取之不尽、用之不竭，我们今天齐集于此共同缅怀这位伟大的思想家，就是要努力挖掘他的思想精华，并为我们当代的人文思想注入新的活力。

儒学是古老的，它是中华民族的传统文化之一，是人类古老文明的重要组成部分。儒学又是年轻的，它有着蓬勃的生命力和巨大的现实意义，在世界各国、各民族、各种文明交往的过程中为人类文明的进步提供了丰富的文化营养。儒家思想自孔子创立以后，主要朝着两个方向发展，一个是孟子的"反求诸己"，一个是荀子的"以礼显仁"。汉以后到宋明时期，孟子思想的传承成为儒学发展的主流，"反求诸己"从某种程度上代表着整个儒学。因而，孟学在一定程度上又是儒学的代名词。

孟子自幼受儒家思想的熏陶，对儒家思想产生了浓厚的兴趣，后又"私淑孔门后学"，以继承和光大儒学为毕生追求，形成了以"民本"、"仁政"、"王道"和"性善论"为主要内容的孟子学说，为儒家学说的发展立下了不朽的功勋。孟子学说在儒家学说的传承过程中起到了承前启后、继往开来的作用，它与孔子学说结合在一起，形成了中国儒家学说的基础——孔孟之道，成为中华传统文化的主干。孟子有渊博的知识和很高的道德修养，精神境界崇高，在中国学术史上影响至深。他的思想对中国哲学政治思想的发展、民族道德观的形成都产生了深远影响。学者们认为，孟子的学说中确实含有精湛的内容，具有充沛的生命力，有的至今仍具有不可低估的现实意义。我们在这里纪念孟子诞辰2379周年，对继承和弘扬孟子思想和传统文化，推动孟子研究的进程有十分重要的意义。

以孔孟儒家文化为核心的中华传统文化渊远流长，博大精深，是中华民族乃至全人类取之不尽、用之不竭的宝贵文化资源和精神财富。组织海内外专家学者对其进行研讨、挖掘和开发，是继承优秀文化传统、弘扬民族精神、建设社会主义现代化文明的需要，具有深远的历史意义和重大的现实意义。世界因为文化了解孔孟之乡，孔孟之乡借助文化会更好地走向世界。

范例二
某市孟氏宗亲联谊会副理事长在孟子诞辰2380周年纪念日的致辞

尊敬的各位领导、各位宗亲，女士们、先生们：

今天是伟大的思想家、政治家、教育家、儒家思想的代表人物——孟子诞辰2380周年纪念日，我们大家相聚一堂，共同缅怀先哲。弘扬孟子思想，继承民族优秀传统文化，广泛交流思想，促进社会和谐，达到繁荣经济、增进友谊之目的，这在孟子思想研究史上有着深远的历史意义和现实意义。

孟子是儒家思想的最杰出代表人，他的思想是中国传统文化的重要组成部分，在中国文化的发展史上有着不可替代的作用。孟子生活的中国战国时期，是一个动荡不安的时代，战乱连年、民不聊生，孟子以济世救民为己任，追求仁爱和平，探索社会正义，提出了"君轻民贵"的仁政学说，并为实现仁政理想而奔走呼号。他游说四方长达20余年，颠沛流离却矢志不移，表现出高尚的人格操守和精神境界。孟子晚年退居讲学，著书立说。他十分重视学校的教化作用，以"得天下英才而育之"为人生最大乐事，认为教化可以引导人们向善，形成良好的道德风尚。

孟子有一句名言："天时不如地利，地利不如人和"，这句话的核心是"和"。中国的传统文化中始终贯穿着"和"的思想，自孔孟以来的绝大多数思想家都倡导"和为贵"。"和"的思想作为中华民族普遍具有的价值观念和理想追求，至今对我们的生活、工作、乃至内政、外交等各个方面都产生着广泛而深刻的影响。除此之外，"富贵不能淫，贫贱不能移，威武不能屈"、"天将降大任于斯人也，必先苦其心志，劳其筋骨，饿其体肤，空乏其身，行拂乱其所为，所以动心忍性，增益其所不能"等名言，也教育了一代又一代人，激励了无数仁人志士。他的名言之博大精深的内涵，仍为世人所用。我们同为炎黄子孙，有着共同的责任和义务为弘扬儒家思想而不懈努力。

××市孟氏宗亲会自成立以来，秉承孟子思想和文化之内涵，广识海内外有志于弘扬孟子思想的仁人志士，成功组织了赴山东邹城寻根问祖访问团，拜谒孟子墓并祭祀。与邹城孟氏宗亲见面会，共商发展孟子文化事宜。力助孟氏企业发展，河北"孟公饺子"落户邢台，使"孟公饺子"成为全国第90家连锁店。积极筹办孟子诞辰2380年纪念活动，举行新闻发布会等。可以说××市"孟氏宗亲会"自成立以来不敢有丝毫懈怠，以弘扬儒家思想，力促孟氏企业发展为己任，不断扩大孟氏宗亲会的社会影响，积极探索孟子思想与和谐社会的结合，大力拓展孟氏宗亲文化，以达到共赢共同发展之目的。但我们所做的努力还远远不够，还达不到贤人的思想境界和时代的要求,还需我们共同努力,不断创新和发展孟子的思想文化内涵。

在这里请允许我代表××市孟氏宗亲联谊会对各位的到来表示最热烈的欢迎和最衷心的感谢!对孟子思想文化的继承和发扬所作的不懈努力表示最衷心的感谢!祝大家身体健康,生活愉快!

4月18日爱因斯坦逝世纪念日(1955)致辞

> **范例一**
> 某物理学家在爱因斯坦逝世55周年纪念日的致辞

尊敬的各位来宾:

今天是爱因斯坦逝世55周年纪念日。这位彻底改变了20世纪科学发展道路的伟人,在对人类宇宙认识的贡献上是无与匹敌的。19世纪,随着物理学界一系列伟大发现相继产生,许多科学家宣称物理学的大厦已基本建成,留给后人的只是补充与完善。然而,20世纪初,一位年轻的物理学家几乎仅靠单枪匹马便让这座经典物理学大厦轰然倒塌。他就是伟大的理论物理学家,相对论的创始人阿尔伯特·爱因斯坦。

爱因斯坦是人类历史上最具创造性才智的人物之一。他一生中开创了物理学的四个领域:狭义相对论、广义相对论、宇宙学和统一场论。他是量子理论的主要创建者之一,在分子运动论和量子统计理论等方面也作出了重大贡献。由于他对光电定律和理论物理方面的贡献,被授予1921年诺贝尔物理学奖,爱因斯坦在他生前就被公认为人类历史中最具创造性才智的人物之一,在20世纪初的15年中,他提出一系列的科学理论:最先断言物质和能量的相当性;对空间、时间和引力都赋予完整的新概念。他的相对论比牛顿物理学先进,并对科学和哲学作出革命性探索。

爱因斯坦曾说："唯一会妨碍我学习的，是我所受到的教育。"的确，循规蹈矩式的教育令孩子想象的天赋萎缩。但这种教育的本质，是维护权威的工具。权威的力量扼杀了想象与创造的生命力。成名后的爱因斯坦幽默地说道："命运为了惩罚我蔑视权威，于是使我自己也成了一个权威。"

爱因斯坦是一个怀着满腔热情的真正喜欢物理的人。他曾说："人类最美的经验是神秘感，神秘感是一切真科学与真艺术的真源泉。"正是因为全神贯注于客观世界，爱因斯坦到美国定居时，主动要求不要给他很高的薪水。他把安逸和享乐看做是猪栏的理想。爱因斯坦的这种不为世俗名利动心，执著于揭示自然奥秘、立志献身科学的宝贵精神值得我们年轻的一代继承发扬。

今天的物理学与爱因斯坦当年创造奇迹时的情况类似，正处在革命的前夜。研究的素材已经具备，时代在呼唤下一个爱因斯坦式的伟人。我们当然希望这样的伟人出现在有着13亿人口和五千年文明的中国。中国人在近代科学技术上落后了，但"悟已往之不谏，知来者之可追"，希望寄托在年青一代身上。爱因斯坦的一生，在人类对宇宙认识的贡献上是无与匹敌的，他被确认为整个人类历史上的科学巨人。

地球在太阳系中是颗不大的行星，太阳在银河星云的4000亿颗恒星中也没有什么特别之处，即使整个银河星云在宇宙中也是非常渺小的。但是，因为爱因斯坦在我们小小的地球上生活过，我们这颗蓝色的星球就比宇宙的其他部分有特色，有智慧，有人的道德！

范例二
某学校教师在爱因斯坦逝世56周年纪念日的致辞

各位老师、同学们：

今年4月18日是20世纪人类最伟大的科学家之一、相对论的创立者阿尔伯特·爱因斯坦逝世56周年纪念日。在这个值得纪念的日子里，我们××小学举办"纪念爱因斯坦,争做科学少年"主题活动来纪念这位科学巨匠,激发同学们从小爱科学的精神。

爱因斯坦是人类历史中最具创造性才智的人物之一。他一生中开创了物理学的四个领域:狭义相对论、广义相对论、宇宙学和统一场论。他是量子理论的主要创建者之一。他在分子运动论和量子统计理论等方面也作出了重大贡献。

然而,小时候的爱因斯坦一点也看不出来有什么天才,到3岁的时候还不会讲话。老师、学生都认为他是一个天生的笨蛋。在讥讽和侮辱中,孤独的他开始在书籍中寻找寄托,寻找精神力量。爱因斯坦非常重视思考和想象。他说:"想象力比知识更重要。因为知识是有限的,而想象力包括世界上的一切,推动着进步,并且是知识进化的源泉。"他对经常辅导他数学的舅舅说:"如果我用光在真空中的速度和光一道向前跑,能不能看到空间里振动着的电磁波呢?"舅舅用异样的目光盯着他看了许久,目光中既有赞许,又有担忧。他经常喜欢做白日梦,幻想着自己正骑在一束光上,做着太空旅行,然后思考:如果这时在出发地有一座钟,从我坐的位置看,它的时间会怎样流逝呢?从此,他开始了他的科学远征。他设计了大量理想实验,提出了光量子等模型,为相对论和量子论的建立奠定了基础。

爱因斯坦的相对论举世闻名,但能读懂的为之甚少。有一次,很多人涌向从德国移居美国的科学家爱因斯坦的住宅,要他用最简单的话解释清楚他的相对论。爱因斯坦走出住宅,对大家说:"比方这么说——你同你最亲的人坐在火炉边,一个钟头过去了,你觉得好像只过了5分钟。反过来,你一个人孤孤单单地坐在热气逼人的火炉边,只过了5分钟,但你却像坐了一个小时。——嗯,这就是相对论!"他的幽默与智慧使他的理论广为传播。

当许多年轻人缠住他,要他说出成功的秘诀时,他信笔写下了一个公式:$A=x+y+z$,并解释道:"A表示成功,x表示勤奋,y表示正确的方法,那么z呢，则表示务必少说空话。"许多年来，爱因斯坦的这个神奇的成功等式一直被人们传颂着。从爱因斯坦的奋斗历程中，我们不难看出，正是勤奋、正确的方法和少说空话使爱因斯坦由看似笨头笨脑的普通人变为巨人的。

被誉为世纪伟人的爱因斯坦，这个当年被校长认为干什么都不会有作为的笨学生，经过艰苦的努力，终于成了现代物理学的创始人和奠基人，成了现代最杰出的物理学家。

同学们，我们今天举办这次主题活动，就是要继承和发扬世纪伟人那种酷爱读书、勤于思考、通过自身不断地努力有所成就的攀登精神，提升我们对物理学的认识，培养更多的未来的爱因斯坦。

4月22日列宁诞辰纪念日（1870）致辞

范例一

某领导在列宁诞辰139周年纪念日的致辞

同志们、朋友们：

今年是列宁诞辰139周年纪念日。列宁·佛拉基米尔·伊里奇，马克思和恩格斯事业和学说的继承者，全世界无产阶级和劳动人民伟大的理论家和领袖，帝国主义和无产阶级革命时代马克思主义的创始人，苏联共产党和历史上第一个社会主义国家的奠基者。他领导了十月革命，建立了世界上第一个社会主义国家，开创了人类历史的新纪元，成为19世纪末20世纪初俄国历史舞台上的一个巨人。

列宁1870年4月22日生于俄国一个普通民众家庭，作为伟大的无产阶级革命家，早年受其哥哥刺杀沙皇亚历山大二世影响，他产生了革命思想。恩格斯于1895年去世后，列宁接起了国际共产主义运动这面大旗，并成为英明的领袖，同马克思主义的叛徒伯恩斯坦修正主义展开了不妥协的斗争，保持住了马克思主义和国际共产主义运动的纯洁性。1898年成立了俄国社会民主工党即后来的布尔什维克政党。1905年领导了旨在推翻沙皇的资产阶级民主革命，虽然起义失败了，但这一次革命却是后来1917年十月革命的一次大演练。1917年在列宁和布尔什维克政党的领导下，俄国终于推翻了存在了三百年之久的沙皇罗曼诺夫王朝的统治，取得了二月革命的胜利，但这次革命成果却被社会革命党、立宪民主党和孟什维克窃取了。

"七五"事件后，列宁果断地提出了必须以武装起义推翻二月临时政府向社会主义过渡。1917年10月25日，十月社会主义革命终于取得了伟大的胜利。这也是世界上第一个社会主义国家的诞生，标志着马克思主义与资本主义的较量，这说明马克思主义不是虚幻的，是放之四海而皆准的真理。十月革命胜利后，列宁与布尔什维克政党分别领导了三次反对协约国的侵略战争和国内战争，保持住了新生的苏维埃政权，赢得了社会主义建设的发展空间。

在苏维埃俄国初期，列宁分别提出和实行了战时共产主义政策和新经济政策，并创立了联合全世界无产阶级和被剥削被压迫人民和民族的共产国际大联合，随后列宁遭到反动派的三次暗杀。

1924年1月21日，一颗耀眼的巨星陨落了，列宁的过早离去不仅仅是俄国人民和布尔什维克政党的损失，也是全世界无产阶级和被压迫被剥削人民和民族的损失，是国际共产主义运动的重大损失。列宁的遗嘱中最光辉的文化革命思想虽然在生前没有实现，但却由中国人民的伟大领袖毛泽东主席付诸实现了。

在列宁同志诞辰139周年来临之际，让我们深深地缅怀列宁同志的丰功伟绩吧，沿着列宁同志所指引的道路奋勇前进，用列宁主义武装自己，同一切反动的国际资产阶级集团斗争到底！列宁同志永垂不朽！列宁同志的思想永远鼓舞着全世界无产阶级及被压迫被剥削人民和民族将共产主义进行到底，列宁主义永存人间！

范例二　某企业工会主席在列宁诞辰140周年纪念日的致辞

尊敬的各位领导、各位来宾，同志们，朋友们：

今年是列宁诞辰140周年纪念日。列宁领导了十月革命，建立了世界上第一个社会主义国家，开创了人类历史的新纪元。

列宁主义思想对中国革命与社会主义建设实践发挥了重大指导与启迪作用；虽然时代环境发生巨变，但我们依然要正确理解、并在发展中把握列宁主义思想，要认真学习列宁对待马克思主义的科学态度，坚持解放思想、实事求是、与时俱进，推进马克思主义中国化、时代化、大众化；要深入总结列宁在探索社会主义发展规律中的宝贵经验，坚持改革开放，推进中国特色社会主义伟大事业；要深刻领会列宁关于继承人类优秀文明成果的重要思想，坚持在新形势下加强和改进党的建设，使中国共产党始终走在时代前列，保持先进性。

列宁丰富发展了辩证唯物主义的实践观，在实践中推进了中国人民发展进步的事业，并在新的世界进程中继续推进人类文明的发展进程。我们应该以列宁主义为指导，立足世界，不断丰富发展自己的文明，在新的实践进程中不断赋予马克思主义强大的生命力，从而建立起新型的中国特色社会主义文明。

列宁是马克思主义当之无愧的继承者和发展者，列宁主义思想的基本观点都是马克思主义著作中明确坚持的，如消灭私有制、建立公有制等；其次，列宁对马克思主义的基本理论进行了系统化、完善化的发展，并据此创造出新的理论，这些理论有力地指导了我国的革命实践。

列宁把自己的整个一生献给了为使无产阶级和劳动人民从专制政体的压迫下，从资本主义的压迫下，从资本家和地主的政权下解放出来的事业，献给了建设社会主义的事业。他同各种形形色色的敌人进行了坚决的斗争。他把马克思主义基本原理与俄国革命实践相结合，丰富了马克思主义理论宝库，把马克思主义提高到一个崭新的阶段。列宁发展了马克思主义，为俄国革命和世界革命作出了巨大的贡献。

光照千秋的一代伟人列宁，把自己的一生无私地奉献给了俄国革命和人类解放事业。他的光辉著作大大丰富了马克思主义理论，给全世界人民留下了一笔无比宝贵的财富。全世界的人民永远怀念他的丰功伟绩！

范例三 某学者在列宁诞辰141周年纪念日的致辞

尊敬的各位来宾、各位朋友：

今天是列宁诞辰141周年纪念日。我们在此召开学术研讨会，此刻纪念伟大革命导师列宁的光辉思想很有现实意义。我很荣幸能有这次机会与大家分享我在这一方面研究的成果。

毛泽东曾经说过："五四运动是在俄国革命号召之下，在列宁号召之下发生的。"而五四运动正是中国新民主主义革命的开端，它从思想上和干部上，直接为中国共产党的成立准备了条件。中国革命就是在马克思列宁主义的指导下取得胜利的。列宁主义并没有过时，仍然有现实意义。我们应当从列宁的理论和实践中学习的东西实在很多。

第一，学习列宁坚持和捍卫马克思主义，坚持和捍卫科学社会主义的革命精神。列宁同一切反马克思主义的理论和流派进行了坚持不懈的斗争，全面发展了马克思主义。恩格斯逝世后，第二国际背叛了马克思主义。列宁挺身而出，敢于和善于同第二国际的机会主义即民主社会主义进行了尖锐的斗争，捍卫了马克思主义的科学社会主义。这是需要多么大的理论勇气和政治勇气！列宁批判第二国际的民主社会主义的论著，至今仍然保持着它的生命力。第二国际解散以后，世界的社会主义运动陷入低潮，有人就说社会主义已经灭亡。就在这种情况下，列宁领导的伟大的俄国革命取得成功，社会主义运动在全世界重新兴起。

第二，学习列宁关于帝国主义的理论。列宁的《帝国主义论》写于1916年，尽管已经过去90多年，帝国主义本身也发生了很多变化，但列宁对帝国主义本质所作的分析的基本观点，如关于现代战争的根源是帝国主义制度的论断，关于帝国主义时代资本主义的垄断性、腐朽性、寄生性等论断并不过时。今天的现实更加证明了这些论断的正确性。

第三，学习列宁关于民主集中制的建党学说。这是马列主义同民主社会主义在党的建设问题的根本分歧之一。中国共产党就是根据列宁的民主集中制的原则建设起来的，实行的是民主的基础上集中和集中指导下的民主。而民主是基础，是前提。但只有民主没有集中，党就处于一种涣散的、无政府的状态，根本谈不上什么战斗力和凝聚力。反过来，只有集中而没有民主，就会走上专断的道路。正如邓小平同志所说，民主集中制是最科学最便利的一种制度。而那些主张民主社会主义的人就集中攻击这个制度。

第四，学习列宁关于重视理论的思想。列宁特别重视理论建设，大家都知道列宁的名言："没有革命的理论，就不会有革命的行动。""只有受先进理论指导的党，才能实现先进战士的作用。"列宁在领导革命运动当中，以极大的精力投入理论的创作，用科学理论指导革命运动。一个工人阶级的政党，如果没有正确理论的武装，就不能取得革命的胜利。同样，革命胜利了，没有正确的理论指导，必然要走许多弯路。我们党历来重视理论建设，特别是毛泽东同志。这是我们党的一个优良传统。党的十七届四中全会提出建设一个马克思主义学习型的政党，正是这一优良传统的继承和付诸实践。

第五，学习列宁关于社会主义建设的思想。列宁过早的逝世，没有来得及更多地研究社会主义建设的经验。但他毕竟领导过一段苏联社会主义建设，发表了一些很有理论价值和实践价值的著作，如关于新经济政策一系列的著作，以及政治建设方面的著作，都需要我们结合中国实际很好地去研究。

第六，我特别要强调的是学习列宁的哲学思想。马克思是马克思主义哲学的创立者，他的哲学思想大量地体现在他的许多著作中，特别是《资本论》。而列宁则有大量哲学专著，全面而深刻地阐发了马克思的哲学思想。特别是唯物论辩证法，这是给我们留下的一个思想大宝库。

被誉为全世界无产阶级和劳动人民的伟大导师和领袖的列宁，他把一生都献给了全人类的解放事业，他的思想大大丰富了马克思主义，为后世留下了宝贵的精神财富。

5月5日马克思诞辰纪念日（1818）致辞

范例一

某领导在马克思诞辰190周年纪念日的致辞

同志们、朋友们：

今天是伟大的人类精神导师马克思诞辰190周年纪念日。马克思是伟大的无产阶级革命家，马克思主义的创始人，国际共产主义运动的奠基人和卓越领袖，全世界无产阶级及被压迫被剥削人民的革命导师，第一国际的创始人。

1818年5月5日，马克思生于普鲁士的一个律师家庭，从小就立志于为解放全人类而奋斗终生。大学毕业后，他毅然抛弃了丰厚收入的律师工作，走上了为解放全人类，推翻罪恶的资本主义的职业革命道路。大学毕业后马克思与普鲁士一个贵族家庭出身的女子燕妮结婚。1845年弗里德里希·恩格斯到达巴黎与马克思见面，二人的志向完全相同。从此，两人就揭开了解放全人类的起点。1848年马克思和恩格斯参加了欧洲资产阶级民主革命，并对此次革命给予了高度评价。马克思与恩格斯还指导了1871年无产阶级巴黎公社革命，并对布朗基主义者提出了批评。1883年3月14日，由于过度劳累，一颗巨星永远地沉寂了。

马克思一生清贫，从不计较个人名利，有时生活还要恩格斯接济，但马克思把自己的一生献给了为解放全人类的事业。马克思所创造的事业是伟大的、光辉的，甚至连马克思的敌人也对其敬佩有加。马克思一生中最重要的两大发明，即劳动价值论和剩余价值论，揭开了资本家剥削工人的秘密所在。

在马克思逝世后34年，在俄国首先爆发了由伟大的马克思主义者列宁同志领导的十月社会主义革命，这是对马克思及马克思主义的继承和实践，使马克思的理论及马克思主义在全世界得到了实践证明：马克思主义不是虚空的，是活生生的事实，是一定会在全世界得到彻底胜利的。马克思主义的出现及实践，使他的敌人不得不扮有各种伪装面孔来分化瓦解他的存在，其中隐藏最深、最阴险、最完备，对人民欺骗最厉害的要属修正主义。他的创始人伯恩斯坦及其继承人打着发展马克思主义的名义肆意篡改马克思主义。由于恩格斯、列宁、斯大林、毛泽东同志的英明领导，国际共产主义运动打退了修正主义的进攻。

马克思主义是为解放全人类，使全世界被压迫被剥削人民从水深火热中解放出来的一门终极科学，是放之四海而皆准的真理。马克思主义及列宁主义、毛泽东思想永远指引着全世界革命的人民向着一切反动的资产阶级斗争到底。马克思主义必将光照万年！让我们沿着马克思开创的道路奋勇前进吧！

伟大的马克思永垂不朽！

范例二

某中共党员在马克思诞辰191周年纪念日的致辞

同志们、朋友们：

5月5日是无产阶级的伟大导师马克思诞辰191周年纪念日。在伦敦海格特公墓里，有一块万众瞩目的墓地，在这块墓地中静卧着的，就是全世界无产阶级的伟大导师、科学共产主义的创始人卡尔·马克思。今天我们齐集于此，共同深切缅怀这位人类最伟大的思想家。他留给我们的宝贵财富取之不尽、用之不竭！

马克思于1818年5月5日出生在德国莱茵省特利尔城的一个律师家庭。他于1835年考入波恩大学，学习希腊罗马神话和艺术史等。1836年，他进入柏林大学，攻读法律和哲学，并参加了青年黑格尔小组，开始钻研黑格尔的哲学著作。1841年他获得哲学博士学位。1842年，马克思进入《莱茵报》当编辑，并以精彩的社会评论文章扩大了该报的影响。次年夏天他同燕妮结婚后移居巴黎，开始与进步工人团体发生联系。

1844年，马克思和恩格斯在巴黎相识。从此，这两位伟大导师为全世界无产阶级解放事业共同进行斗争。两人合写了批判青年黑格尔派的著作《神圣家族》，第一次提出了无产阶级解放全人类的伟大历史使命。1845年初，马克思被法国驱逐出境，迁往比利时的布鲁塞尔。1847年，马克思与恩格斯一起应邀参加正义者同盟，并将其改组为共产主义者同盟。马克思还与恩格斯一起为同盟起草了著名的纲领《共产党宣言》。宣言的发表标志着马克思主义的诞生。

1864年，马克思在伦敦创建了国际工人协会，即"第一国际"，并成为该组织的领袖和灵魂。1867年，马克思发表了经济学巨著《资本论》第一卷，这本书是马克思忘我劳动和顽强探索整整25年的成果。书中阐明了剩余价值理论，揭示了资本主义的经济运动规律。马克思自己说过：《资本论》是工人阶级向资产者和土地所有者脑袋发射的最厉害的炮弹。

1871年，巴黎公社革命爆发，马克思虽然事先不赞成这一行动，但当人民群众起来斗争时，他无条件地站在了公社战士一边，给予了他们热情的支持和帮助。为了总结公社革命的经验教训，他写了《法兰西内战》一书，论证了暴力革命的原则，发展了无产阶级革命和无产阶级专政的理论。巴黎公社的失败，致使国际工人协会也处境艰难，1876年协会正式解散。但它播下的种子却开花结果了，欧美大多数国家都成立了社会主义政党，马克思的影响也与日俱增。反动政府的迫害、物质生活的贫困和理论工作的艰辛，严重损害了马克思的健康。然而他虽受多种疾病折磨，但仍致力于帮助各国工人政党的成长和进行理论研究的工作，写出了《哥达纲领批判》等著名著作。1883年3月14日，马克思在书桌边与世长辞。

马克思被誉为人类最伟大的思想家，他和恩格斯一同创立的马克思主义理论是人类历史上划时代的伟大成果。他批判地吸取了黑格尔的辩证法和费尔巴哈的唯物主义，抛弃了其错误部分，创立了辩证唯物主义并把它应用到社会历史研究中去，创立了历史唯物主义。两者构成了马克思主义哲学，使得在人类认识史上起了一个空前的大革命。

他批判地吸取了亚当·斯密和大卫·李嘉图关于劳动价值的理论，从分析商品入手，深入地研究了资本主义生产规律，创立了剩余价值学说，形成了马克思主义政治经济学；他批判地改造了圣西门、傅立叶和欧文的空想社会主义，深刻地研究了人类社会发展，揭示了资本主义发展规律，并把社会主义从空想变成科学，即为适应时代的迫切需要，创立了科学社会主义理论。

马克思主义哲学、政治经济学和科学社会主义，代表着19世纪人类知识的精华，对人类产生了巨大的影响。如今马克思主义已构成人类文化精神的重要组成部分，成为全人类最大的文化遗产。马克思的名字已和历史上所有的思想巨匠连在一起，被各种不同肤色、不同种族和国籍的人们传扬着。作为"千年思想家"的马克思，所提出的价值观在当今世界上仍是代表着人类的最高境界，所揭示的人类历史的客观规律直到现在仍在起着作用,所描绘的共产主义图景仍在激励着亿万民众为之不懈地奋斗。马克思主义理论必将影响一代又一代人。我们今天纪念马克思,就是要高举马克思主义伟大旗帜,沿着马克思开辟的道路,努力奋斗,不断推动人类进步,直到迈入理想社会。马克思将成为人类永生不灭的榜样!

5月14日焦裕禄逝世纪念日(1964)致辞

> **范例一**
> 某省工商局局长在焦裕禄逝世44周年纪念日的致辞

同志们、朋友们:

今天是我们伟大的人民公仆焦裕禄同志逝世44周年纪念日。他虽然离开我们有44个年头了,但焦裕禄同志留给我们的宝贵财富却取之不尽、用之不竭。中国时代的发展需要焦裕禄精神,中国社会主义建设事业需要焦裕禄精神,新世纪、新阶段,中国共产党的建设的伟大工程更需要焦裕禄精神。

伟大的事业需要伟大的精神,伟大的精神指导伟大的实践。在工商系统面临"两费"停收、落实新"三定"的新形势下,焦裕禄精神是鼓舞广大工商干部艰苦奋斗、执法为民、求真务实、开拓进取的强大思想动力和宝贵精神财富。当前,学习弘扬焦裕禄精神,是广大人民群众对工商行政管理工作提出的新期待,是工商部门加强工商干部队伍思想作风建设的客观要求,是破解全省工商系统改革发展难题的迫切需要,是不断开创工商行政管理工作新局面的战斗号角。

光荣的历程造就光荣的精神,光荣的精神映照光荣的业绩。焦裕禄同志在短暂的42个春秋中,在18年的革命生涯里,坚决听从听党的指挥,对党的工作忠心耿耿,为人民鞠躬尽瘁,为党的事业、人民群众的福祉,奋斗到心脏跳动的最后一刻。焦裕禄同志具有勤政为民、心系群众的公仆精神；具有勤俭节约、艰苦创业的奋斗精神；具有实事求是、调查研究的求实精神；具有不怕困难、不惧风险的大无畏精神和廉洁奉公、甘为孺子牛的奉献精神。

而这种种精神并不是凭空而来的。

第一，伟大的精神来自于人生的艰苦磨难。宝剑锋自磨砺出，梅花苦自香寒来。焦裕禄同志的童年是苦大仇深、渴望翻身的童年，他饱尝了人间的苦难，这一切使他练就了吃苦耐劳的工作生活习性，养成了战天斗地的坚强意志，坚定了他献身革命跟党走的信心决心，更使他特别珍惜来之不易的人生奋斗成果。

第二，伟大的精神来自于工作的努力实践。从群众中来，到群众中去；向群众学习，为群众服务；在群众中实践，为群众实践。他在群众中学到了不少治沙、治水、治碱的办法，总结了不少可贵的经验。基层的锻炼，工作一线的实践，人民群众的智慧，使他受到了极大的鼓舞，积累了丰富的经验，进一步形成了他在工作中重实践、重一线、重群众的工作模式，铸就了他亲民爱民、与群众打成一片、尊重群众首创精神、为群众造福服务的工作作风。

第三，伟大的精神来自于价值的不懈追求。"一心为革命，敢与困难争"，是董必武同志对焦裕禄同志不怕苦不怕累、重任在肩不推脱、困难面前不低头、敢于向自然挑战、勇于向险阻抗争的革命英雄主义写真。他的不懈努力，终于使兰考的面貌发生了翻天覆地的变化，他凭借自力更生、艰苦奋斗的精神和兰考人民一起，在兰考1080平方公里的土地上，写出最新最美的文字，画出最新最美的画图。

第四，伟大的精神来自于自我的修养约束。焦裕禄同志在严格要求自身、强化自我约束上，为广大党员干部树立了楷模。

第五，伟大的精神来自于革命的光荣传统。穷且益坚，不坠青云之志。焦裕禄精神的每一个闪光点，都体现着中国共产党的先进性，都继承和发扬着那些曾经献身革命事业的优秀共产党人的高风亮节。

第六，伟大的精神来自于历史的官德意识。作为县委书记的焦裕禄，勤于学习、善于学习、得益于学习，从他的身上继承和发扬了中国历代清官廉吏的官德政风，更加值得我们所有工商系统的领导干部回味、学习、弘扬。

焦裕禄同志已经离开我们44年，但他的崇高精神却跨越时空、历久弥新，无论过去、现在还是将来，都永远是亿万人民心中一座永不磨灭的丰碑。

范例二

某省委党校学员在焦裕禄逝世45周年纪念日的致辞

尊敬的各位领导，同志们、朋友们：

今天是焦裕禄同志逝世45周年纪念日。他离开我们已有四十余年了，但他的崇高精神却值得我们永远缅怀。这种高贵的焦裕禄精神永远是鼓舞我们艰苦奋斗、执政为民的强大思想动力，永远是激励我们求真务实、开拓进取的宝贵精神财富，永远定格在历史上，永远不会过时。焦裕禄精神之所以具有如此强大的生命力和跨时代的影响力，根本原因是其与时代发展相适应，与社会进步相一致，与广大人民群众对我们党的期待相吻合。

第一，焦裕禄精神是中国共产党人的宝贵精神财富。焦裕禄为改变兰考的贫穷落后面貌可谓殚精竭虑、劳苦功高。但他始终没有让一点儿个人私利替代兰考人民的根本利益，真正做到了送上门的好处不要、递到手上的东西不沾，与兰考人民甘苦与共。这是与他胸怀共产党人的崇高理想、心系群众的为民理念密不可分的。焦裕禄精神的基本内涵就是脚踏实地、实事求是的精神；是艰苦奋斗、知难而进的精神；是深入实际、调查研究的精神；是廉洁自律、竭诚奉献的精神。焦裕禄精神集中体现了马克思主义的世界观、人生观、价值观，是中国共产党人弥足珍贵的精神财富。

第二，焦裕禄精神是引领党员领导干部干事创业的精神动力。焦裕禄精神的特质集中体现在党的干部的"干"字中，也就是干事创业的精神。尤其突出的是以下三点：迎难而上、开拓进取的精神；亲民爱民、勤政为民的精神；严于律己、无私奉献的精神。虽然时代和历史条件发生了根本性的变化。但是，中国共产党的性质、宗旨没有改变，国家发展的根本目的没有改变，社会主义初级阶段的基本国情没有根本改变，尤其是当前××的发展处于负重爬坡阶段，我们各级领导干部更应该把焦裕禄精神作为强大动力，努力实现保增长、保民生、保稳定的目标，为人民的利益而铸造新的辉煌。

第三，焦裕禄精神是中华优秀传统文化和民族精神的时代体现。文化是民族的象征。中华文化之所以绵延五千多年，在于中华文化本身所包含的丰富情感与卓越智慧，在于中华文化本身所具有的伟大的民族精神。中华民族精神博大精深，它以爱国主义为核心；以自强不息、厚德载物为基本内容；以凝聚民族力量、推动民族前进为主要特征。民族精神是一条不断发展、不断丰富、不断更新的精神长河，中国共产党人始终高举中国先进文化的旗帜，始终坚持继承和发扬中华民族优秀文化传统。亲民爱民、艰苦奋斗、科学求实、迎难而上、无私奉献的焦裕禄精神既是民族精神的时代体现，也展现了共产党人立党为公、执政为民的崇高风范。

我们一定要继承和发扬艰苦奋斗、亲民爱民、迎难而上、无私奉献的焦裕禄精神，为我党永葆活力而不懈奋斗！

范例三
某省省委书记在焦裕禄逝世46周年纪念日的致辞

同志们、朋友们：

今天是焦裕禄同志逝世46周年纪念日。我们怀着十分崇敬的心情，在这里隆重集会，共同追忆他的模范事迹，深切缅怀他的高尚品德，以此为契机进一步在全省上下掀起深入学习、大力弘扬焦裕禄精神的热潮,为实现我省经济社会发展新跨越新崛起提供强大动力。首先,我代表省委、省人大、省政府、省政协和省军区对焦裕禄同志表示深切的怀念,对焦裕禄同志的亲属表示亲切的慰问,对在全面建设小康社会、加快中原崛起的宏伟实践中弘扬焦裕禄精神、作出非凡业绩的优秀共产党员、优秀领导干部和其他先进分子表示崇高的敬意!

焦裕禄同志是中国共产党的优秀党员和优秀县委书记。1962年12月,他肩负着党的重托和人民的期望来到兰考担任县委书记。面对内涝、风沙、盐碱"三害"肆虐的巨大困难,带领全县人民顽强斗争,奋力改变贫困面貌。1964年5月14日,因肝病不治不幸逝世,年仅42岁。焦裕禄同志为兰考的发展不懈奋斗,他实事求是、反复调研,不怕困难、敢闯敢干,抓好班子、带好队伍,把全部精力都用在深入基层摸实情、探求"三害"发生发展规律、探索有效治理措施、科学制定实施改造规划上,终于带领当地群众用智慧和汗水绘制了兰考新貌,出色地完成了党交给的任务,实现了人民的嘱托,创造了有口皆碑的显著政绩,成为党员干部的好榜样。

焦裕禄同志对党的事业无限忠诚,他以身作则、率先垂范,伏下身子带头观风口、探流沙、察水势、栽泡桐、运泥土;他廉洁奉公、无私奉献,从不利用手中的权力为自己和子女、亲属谋取任何好处;穿过的衣帽鞋袜、用过的被子褥子都是缝了又缝、补了又补;肝痛发作仍坚持工作,始终保持了共产党人的政治本色。这充分展现了共产党人的高风亮节,充分发挥了共产党人的先锋模范作用,不愧是党员的好楷模。

焦裕禄同志为人民利益鞠躬尽瘁,他牢记宗旨、亲民爱民,密切联系群众、关心帮助群众,经常钻草庵进牛棚与群众同吃同住同劳动,在漫天风雪中走村串户访贫问寒,他总是在群众最困难、最需要帮助的时候,给群众送去温暖与关爱,始终与老百姓心相连、情相依,同呼吸、共命运,不愧是人民的好公仆。

焦裕禄同志用自己的实际行动，用自己的光辉业绩，用自己的崇高品质，充分展示了共产党员的先进性、党的领导干部出色的领导水平和杰出的执政能力，做到了为党的形象增光添彩、为党的事业赤胆忠心、为人民的福祉呕心沥血。

焦裕禄同志虽然已经离开我们46年了，但他光辉一生铸就的亲民爱民、艰苦奋斗、科学求实、迎难而上、无私奉献的焦裕禄精神却鼓舞着我们永远前行！我们××省广大党员干部一定要努力发扬焦裕禄精神，为我们××的发展再创佳绩！

8月22日邓小平诞辰纪念日（1904）致辞

范例一

国家体育总局某退休干部在邓小平诞辰104周年纪念日的致辞

各位朋友：

2008年恰逢改革开放30周年，8月22日又是邓小平同志诞辰104周年纪念日。此时此刻，来自世界五大洲的运动健儿正在北京奥运会的赛场上拼搏驰骋。曾几何时，能够在中国举办一届奥运会，是几代中国人近100年矢志不渝追求的梦想，更是推崇世界和平、倡导体育强国的党和国家领导人、老一辈革命家邓小平同志的美好心愿。

小平同志一直很关心体育，并多次给体育工作以指示。他自己也身体力行，游泳、打桥牌、看足球，把自己当做一个普通的体育爱好者。小平同志的生平与中国申奥的历史有关。想想三年前的7月13日，当国际奥委会主席萨马兰奇庄严宣布2008年奥运会主办城市的最后归属是北京时，整个中国变成了一片欢腾的海洋。这个令国人激动而难忘的时刻虽然过去了，但我们无法忘记小平同志当初的提议。可以说，小平同志是新中国最早提出申办奥运会的国家领导人。

小平同志在体育事业发展的方针问题上强调了群众体育和竞技体育的辩证关系。他说:"毛主席在延安文艺座谈会讲话中所阐明的,在普及基础上提高,在提高指导下普及。体育也是这个问题嘛!没有广泛的群众体育活动,就没有雄厚的基础,好的选手就选不出来。当然,整个国家水平要提高,要在提高指导下普及,这也是不可缺少的,这是对立的统一。"小平同志的这些指示,为体育后来的拨乱反正,确立正确的指导方针,奠定了坚实基础。

小平同志非常重视群众体育事业的发展,他把群众体育看做是体育工作的根本任务。同时,他又十分重视竞技体育事业的发展,20世纪80年代初还题写了"提高水平,为国争光"的题词,对我国竞技体育"冲出亚洲,走向世界"起到了巨大的鼓舞作用。

实际上较早地运用"一国两制"的构想解决历史遗留问题和交往办法的可能就是体育战线。1979年4月,国家体委根据小平同志"一国两制"构想的基本精神,派出的中国奥委会代表在国际奥委会全体会议上提出:只承认中国奥委会,台湾体育组织以中国台北奥委会名义留在奥林匹克运动内……小平同志的"一国两制"构想成功的恢复了中国在国际奥委会中的合法席位,使我国体育健儿在世界体坛上有了用武之地,使我国体育事业受益匪浅,全面走向了国际体育舞台。

1997年2月19日,小平同志病逝。听到这个噩耗,我的心情无比沉痛。2月21日上午,我在国家体委组织党组成员和部分老同志深切缅怀小平同志。在座谈会开始时,我提议为小平同志默哀。没有小平同志改革开放的政策,就没有体育事业的迅速发展。他走了,却留下了用之不竭的精神财富。

范例二

某领导在邓小平诞辰 105 周年纪念日的致辞

同志们：

2009 年 8 月 22 日，是邓小平诞辰 105 周年纪念日。今天我们聚集在这里召开纪念座谈会，以崇敬的心情深切缅怀邓小平同志的丰功伟绩，隆重纪念邓小平同志为开创中国特色社会主义伟大事业所作出的卓越贡献，深入学习、研究他的生平和思想对我国的现代化建设有重要的影响。

邓小平同志是继孙中山、毛泽东之后，影响中国历史发展最大的世纪伟人之一。他为中华民族的独立和解放、为中国的社会主义现代化事业建立了不朽的功勋。他七十多年波澜壮阔的革命生涯，是同中国共产党的创建和发展，中国人民军队的创建和发展，中华人民共和国的创建和发展，紧密联系在一起的。

回顾邓小平同志光辉的一生，他对我们党的思想理论建设作出了两大历史性的贡献：一是科学地评价了毛泽东同志，维护了毛泽东思想的历史地位；二是成功地找到了在中国建设社会主义的正确道路，创立了中国特色社会主义理论。邓小平理论科学地把握社会主义的本质，第一次比较系统地初步回答了中国这样的经济文化比较落后的国家如何建设社会主义、如何巩固和发展社会主义的一系列基本问题。它是马克思列宁主义基本原理与当代中国实际和时代特征相结合的产物，是毛泽东思想的继承和发展，是当代中国的马克思主义。它是全党全国人民集体智慧的结晶，是中国共产党的指导思想和中华民族的精神支柱。

邓小平同志不仅以他创立的光辉的革命理论指引着我们，而且以他在长期革命实践中锤炼出来的鲜明的革命风格感召着我们。他的崇高品格和风范，体现在他全部革命实践活动中，体现在他"三落三起"的经历和他勇敢地开拓中国社会主义发展新道路的进程中。在他身上集中反映了共产党人坚贞不渝的理想信念和全心全意为人民服务的崇高境界；表现出彻底的唯物主义者临危不惧、处变不惊、百折不挠的超凡勇气和无私无畏的宽广胸怀；体现了人民领袖所具有的博大的高尚情操和独特的人格魅力。

我们纪念邓小平，就是要学习他"三起三落"无私无畏的崇高境界，努力实践党的宗旨的意志，实事求是坚持真理的勇气，坚定的政治立场和勇于创新的革命胆略。学习邓小平勇于创新的革命胆略，一方面，必须继续学习研究邓小平理论，继承是创新的基础，只有在继承的基础上才能不断创新；另一方面，必须学会创新，创新是时代的主题，没有创新就没有动力。

同志们，邓小平同志离开我们已有十余年了，但他的风范同他的事业和思想一道，永远铭记在我们心中。我们要永远珍惜他留给我们的思想财富。在全党和全国人民深入学习、贯彻"三个代表"重要思想、十六大和十六届三中全会精神的新形势下，对邓小平同志的最好纪念，就是以新的实践为基础，不断深化对邓小平同志创立的中国特色社会主义理论的学习、研究和实践。

我们怀念他，最好的行动就是要响应胡锦涛同志为总书记的党中央的号召，弘扬求真务实精神，大兴求真务实之风，坚持解放思想、实事求是、与时俱进的思想路线，全面贯彻"三个代表"重要思想，落实科学发展观，真正做到立党为公、执政为民，努力开创各项工作的新局面，为推进我国全面建设小康社会，继续谱写新的更大的壮丽篇章。

范例三

某志愿者在邓小平诞辰 106 周年纪念日的致辞

各位朋友们：

今天是我们伟大的改革开放的总设计师邓小平同志诞辰 106 周年纪念日。今天我们在这里共同怀念的这样一位慈祥的长者，他有着坚韧不拔的毅力和淡泊的心境，在他三落三起的坎坷人生中，还常常说"如果天天发愁，日子怎么过"。当他离开我们的时候，角膜捐献出来了，遗体捐作医学研究，骨灰也撒到祖国的大海里。他什么都没给自己留下，但是我们永远把他铭记在心中。

世纪伟人邓小平同志在1997年2月19日逝世后捐献眼角膜，遗体解剖供医学研究，小平壮举，堪称楷模，他深深地震撼着千千万万的人的心，牵动着千千万万的人的情，唤起了千千万万的人的义。小平同志壮举的人文思想意义是邓小平理论的重要组成部分，是我们行动的旗帜，它对人道救助的国际红十字运动和人类人道和平进步事业的发展作出了重大的贡献，给我们制定《人体器官解剖捐献移植法》奠定了基本的法律原则和内容。

我们一定要继承邓小平同志的遗志，全面掌握和贯彻邓小平理论，积极地、坚定地开展志愿捐献器官，救死扶伤活动，为有需要的人士造福，为祖国、为人类的文明、和平、人道、进步事业作出应有的贡献。 小平同志曾深情地说过："我是中国人民的儿子。"一句普通的言语，深刻地反映出邓小平同志始终坚持和谋求人民群众的利益和愿望，体现了他一切为了人民群众的崇高品质。

邓小平同志逝世后捐献眼角膜、遗体解剖供医学研究的壮举充分体现了伟大的革命家和彻底的唯物主义者的大无畏气概和充满人道主义精神的高风亮节。小平壮举在中国共产党和中华人民共和国的领袖集体中开创了我党、我国领导人身后捐献器官、救死扶伤的先例，树立了新风范，这在世界各国、各政党领袖集体中也是罕见的。伟大领袖的英明风范，强烈地感召着人民群众高尚地加入到捐献器官、救死扶伤志愿者的行列里。

志愿捐献器官、遗体解剖供医学研究是人们生死意识的一场革命，是实行殡葬改革的有力举措，是精神文明建设的重要内容。开展和发展志愿捐献器官活动以及其他红十字和社会公益慈善事业可以净化心灵、陶冶情操、淡泊明志，保障精神文明建设广泛地、持久地、扎实地、深入地发展下去。

1997年2月19日，邓小平同志逝世后捐献眼角膜、遗体解剖供医学研究的壮举极大地推动了捐献器官、救死扶伤、遗体解剖供医学研究活动的发展，"小平壮举世人情，捐献器官仁爱心"！我们青年志愿者们一定要牢记邓小平同志的这种奉献精神，并努力为人民服务！

9月9日毛泽东逝世纪念日（1976）致辞

> **范例一**
> 某酒业公司董事长在毛泽东逝世32周年纪念日的致辞

各位首长、各位嘉宾，女生们、先生们：

今天，我们××酒业有限公司全体员工，怀着无限崇敬的心情来到××会议中心，参加纪念伟大领袖毛泽东同志逝世32周年的活动。能作为本次活动的承办单位，我们感到万分荣幸和无上光荣。在此，我代表××酒业的全体员工，衷心感谢主办单位为我们提供这次难得的学习和感恩的机会，并向出席今天会议的各位领导和嘉宾致以亲切的问候和崇高的敬意！

我生在新社会，长在红旗下，从小就在毛泽东思想的哺育下成长。没有伟大领袖毛主席，就没有新中国，就没有我们这代人的幸福生活。在党的改革开放政策的指引下，我们经过14年的刻苦公关和不断努力，研制成功了具有养生保健功能的××酒，并在××建成了现代化的生产基地，创办了××酒业有限公司。今年8月15日，××酒业在××举行的中美酒文化高峰论坛暨第一届中国酒品国际博览会上与××酒商正式签约，开创了中国保健酒进入国际市场的先例，也为企业的长远发展注入了生机和活力。

出席今天座谈会的各位老将军、老部长，都是中华人民共和国的功臣，都是值得我们尊敬的长辈。没有各位将军浴血奋战、保卫祖国，就没有国家的安宁与人民的幸福；没有各位老部长、老领导的辛勤耕耘和无私奉献，就没有我们企业的发展与壮大。因此，我今天把我们生产的具有养生功能的××酒，献给伟大的领袖毛泽东主席的亲人，献给功勋卓著的共和国将军，献给德高望重的各位部长和嘉宾！

伟大领袖毛主席虽然离开我们已经三十余载了，但他留给后人的宝贵财富，取之不尽，用之不竭，我代表××酒业的全体员工向毛主席及众位开国元勋们致以崇高的敬意！欢迎众位领导，各位嘉宾来××酒业检查指导工作。谢谢大家！

范例二
某干部在毛泽东逝世33周年纪念日的致辞

尊敬的各位领导，同志们、朋友们：

今天是我们伟大领袖毛泽东同志逝世33周年纪念日。虽然他离开我们已有三十余年了，但他的身影依然那样清晰地留在人们的心中，我们无法忘怀中国历史航船的伟大舵手毛泽东，这个伟大的名字早已融入中华民族浩瀚的血脉中。

"中国出了个毛泽东"，这是中国共产党的骄傲，是中国人民的骄傲，是中华民族的骄傲，也是世界人民的骄傲。毛泽东的一生，是为中国人民不懈奋斗、为人类未来不断探索的一生，在他83年的光辉历程中表现出了一个伟大革命领袖高瞻远瞩的政治远见、坚定不移的革命信念、炉火纯青的斗争艺术和杰出高超的领导才能。

他实事求是的思想路线给我党的建设开辟了新的路径。从突破教条主义的束缚，创造性地开辟农村包围城市的革命道路，到团结带领亿万人民完成由新民主主义革命向社会主义革命的转变；从带领人民开展大规模的社会主义建设，到对适合中国国情社会主义道路的艰苦探索，必须始终坚持实事求是，把马克思主义基本原理与中国的具体实际结合起来，是毛泽东波澜壮阔的一生留给后人最深刻的启示。

两个"务必"的提出，是毛泽东对中国共产党发展和建设的伟大贡献之一。他从武装革命成功后一开始就引导中国共产党思考作为执政党的自身建设问题，应该说独具一个政治家的远见卓识。他强调从思想上建设党，强调共产党必须始终保持理论联系实际、密切联系群众、批评和自我批评的三大作风，强调立党为公、严格遵守党的组织纪律。毛泽东长期以来把党的建设作为一个伟大工程来对待。他的党建学说、党建思想，对党的历史发展的影响长久而深远。

今天的中国，处在21世纪的和平发展时期，中国的综合国力在不断提升，高举"和平、合作、发展"旗帜的中国在世界上的影响力也在不断提升；而今天的我们，会永远铭记毛泽东主席和他带领中国人民所走过的道路，无论在任何时候任何情况下，我们都要始终高举毛泽东思想的伟大旗帜，并且将继续不断地根据发展变化着的实际情况和时代条件，坚持马克思主义基本原理同中国具体实际相结合，不断开拓党和人民事业前进的道路。

我们对毛泽东同志的最好纪念，就是把老一辈革命家历经千辛万苦开创的伟大事业继续推向前进，把实现中华民族伟大复兴的史诗继续谱写下去。这是历史赋予我们的神圣使命。我们的事业伟大而艰巨，我们的前程光明而美好。全体共产党员，全体共青团员，全体社会主义劳动者和中国特色社会主义事业建设者，一切热爱祖国的人们，都要更加紧密地团结起来，万众一心、奋发努力、艰苦奋斗、开拓创新，沿着中国特色社会主义道路，向着全面建设小康社会的宏伟目标、向着中华民族伟大复兴的光辉道路奋勇前进。

范例三

某学校教师在毛泽东逝世34周年纪念日的致辞

尊敬的老师们,亲爱的同学们:

今天,2010年9月9日,是毛泽东逝世34周年纪念日。虽然毛主席已经离开他深爱的祖国和深爱他的人民34年了,但是人们对毛主席的敬仰,并没有因为岁月的洗礼而褪色,毛泽东,这个名字作为一个时代的骄傲已永远铭刻在国人心中。为了培养我们广大学生的爱国主义情怀,树立崇高的世界观、人生观,努力发扬毛主席为祖国、为民族、为人民矢志奋斗的崇高精神和高尚品格,今天我们学校特意举办了"缅怀伟人、爱我中华"主题活动。

一代伟人毛泽东非常重视广大青少年的教育,在他看来,"有了学问,好比站在山上,可以看到很远很多东西;没有学问,如在暗沟里走路,摸索不着,那会苦煞人。"他也这样教育他的孩子,"一个人无论学什么或者做什么,只要有热情,有恒心,不要那种无着落的与人民利益不相符合的个人主义虚荣心,总是会有进步的。"做人要"脚踏实地、实事求是"。

毛泽东在《沁园春·长沙》里写道:"恰同学少年,风华正茂;书生意气,挥斥方遒。指点江山,激扬文字,粪土当年万户侯。曾记否,到中流击水,浪遏飞舟!"他在青少年时期就有此等的豪情壮志,折射出了他崇高的伟人形象,放射出了他高尚的人格魅力,从而荡漾起了他澎湃的生命潮水和开创出了他超越的生命境界。

毛泽东引用梁启超的《少年中国说》,表达了他炽热的爱国热情和高度的历史责任感。"故今日之责任,不在他人,而全在我少年。少年智则国智,少年富则国富;少年强则国强,少年独立则国独立;少年自由则国自由,少年进步则国进步;少年胜于欧洲则国胜于欧洲,少年雄于地球则国雄于地球……壮哉我中国少年,与国无疆!"

具有爱国主义情怀的毛泽东,他把马克思列宁主义理论与中国革命实际相结合,对中国长期革命和建设实践中的一系列经验进行理论概括,形成了适合中国情况的科学指导思想,即毛泽东思想。他领导中国共产党和中国人民,找到了一条新民主主义革命的正确道路,创建了中华人民共和国,确立了社会主义制度,并对社会主义建设道路进行了艰辛的探索。他是从人民群众中成长起来的伟大领袖,他的革命精神具有强大凝聚力,他的伟大品格具有动人的感染力,他的科学思想具有非凡的号召力,他的革命实践和光辉业绩将永载史册。

毛泽东同志虽然逝世34周年了,但是他的思想和精神仍然具有非常重大的指导意义。我们纪念毛泽东逝世34周年,其目的就是要继承和发扬毛泽东精神:自尊自信,自立自强;一不怕苦,二不怕死;独立自主,自力更生;艰苦奋斗,奋发图强;谦虚谨慎,戒骄戒躁;鞠躬尽瘁,死而后已。毛泽东精神就是中华民族最伟大的民族精神,并且为炎黄子孙注入了"天行健,君子以自强不息"的灵魂。

为人师长的我们应该认真学习毛泽东思想,努力继承和发扬"毛泽东精神",奋发图强,艰苦奋斗,热爱祖国,做一个有抱负、有理想、有益于社会的勇于肩负起实现我们中华民族伟大复兴的优秀教师。

9月25日鲁迅诞辰纪念日(1881)致辞

范例一

某作家在鲁迅诞辰129周年纪念日的致辞

女士们、先生们:

9月25日是鲁迅先生诞辰129周年的纪念日,虽然他已经离开我们一个多世纪了,但他给我们带来了光明和希望!

1881年9月25日,浙江绍兴诞生了一个伟大的人物,他就是后来成为中国文化主将的鲁迅。他在人间只活了56年,就匆匆离开了这个贫穷落后但他却深爱的祖国。巨星陨落,何等可惜!

鲁迅先生的武器只有一支笔,他却用这支笔,给了封建礼教、买办文人以沉重的打击,给了中国人民以极大的力量,给了世界以巨大的影响。中国文化革命的先驱和主将、民族的英雄、伟大的文学家、思想家和革命家,这些称号,先生当之无愧。

"做了人类想成仙,生在地上要上天;明明是现代人,吸着现代的空气却偏要勒派朽腐的名教,僵死的语言,侮蔑尽现在,这都是'现在的屠杀者'。杀了'现在',也便杀了'将来'——将来是子孙的时代。"何等尖刻,他一针见血地指出了反对新文化运动的复古派的实质。痛快,太痛快了!先生正是这样一个痛快的人!难道现在的中国就没有鲁迅先生当时说的"现在的屠杀者"吗?不,有的!

"我自爱我的野草,但我憎恶这以野草做装饰的地面"。是的,鲁迅自爱他的野草,也许可以说,先生就是野草,但他绝不是以野草装饰的地面,而是深深扎根于大地。没有一个人把小草称作大力士,但是先生的力量之大,的确无与伦比,这种力量就是一般人看不见的生命力。只要生命存在,这种力就要显现,那些石块丝毫不足以阻挡。是的,任何力量也阻挡不了鲁迅,石块、恐吓、谩骂、刀丛……"怒向刀丛觅小诗",先生是这样写的,也是这样做的,他的骨头是最硬的。

"救救孩子!"的疾呼,震撼着中国人的心;"哀其不幸,怒其不争"的阿Q,让先生如此哀怒!可是阿Q并没有断子绝孙,反而子孙满堂,他的精神胜利法不是存在于不少人的脑海中吗?用夏瑜的血制成的"人血馒头"救不了华小栓的命,更救不了中国的命。什么才是解救中国的良药呢?

"自称盗贼的无需防,得其反倒是好人;自称正人君子的必须防,得其反倒是盗贼。"多么精辟的话!"可惜中国太难改变了,即使搬动一张桌子，改造一个火炉，几乎也要血；而且即使有了血，也未必一定能搬动、能改装，不是很大的鞭子打在背上，中国自己是不肯动弹的。"多么深刻的剖析！"我们中国人总喜欢说自己爱和平，但其实，是爱斗争。爱看别的东西斗争，也爱看自己们斗争。"在鲁迅著作中，如此尖刻深长的语句，让你目不暇接。

鲁迅，是这样的猛士——敢于直面惨淡的人生，敢于正视淋漓的鲜血。他在淡红的血色中，看见了中国的希望，他更加奋然而前行了。他用对人民的爱，对敌人的恨，写下了一篇篇战斗檄文！他为在"三一八惨案"中牺牲的青年学生刘和珍等人写下了《纪念刘和珍君》；他为在龙华警备司令部被枪杀的殷夫、柔石、冯铿、胡也频、李伟森五位青年作家写下了《为了忘却的纪念》；对故乡的热爱促使他写下了《故乡》；同样，他对他的日本老师藤野先生也有着深切的爱，真是难能可贵。

1936年10月19日下半夜，鲁迅先生衰弱到了极点，天将发白时，先生像平日一样，工作完了，他休息了。鲁迅一生经历的，是祖国最黑暗和混乱的年代。他博大的胸襟承受着人民沉重的苦难，敏锐的历史嗅觉却使他从黑暗中看到光明，从混乱中看到希望；众多的忧患锻炼了他的斗争意志，不但坚如金石，而且极具韧性。从热烈的爱国主义到坚定的民主主义，再上升到伟大的共产主义者——鲁迅的道路，正是一切仁人志士流血牺牲、前赴后继寻求的道路，也是变旧中国为新中国的道路。

我们要学习鲁迅的精神，更要学习鲁迅的著作。只有精读鲁迅的著作，只有不时地沉下心去细读再细读，才能感受到先生的智慧，才能捕捉到他的战斗精神，才能看出他对工作的严谨态度。读得越仔细，次数越多，才能越抓得紧，越能感触得越具体，越能认识得越深刻。

鲁迅一生留给我们弥足珍贵的作品所蕴涵的宝贵财富取之不尽、用之不竭。

范例二 某市文化局局长在鲁迅诞辰130周年纪念日的致辞

尊敬的各位领导、各位来宾：

今年9月25日，是我国伟大的文学家、思想家、革命家鲁迅诞辰130周年纪念日。在这个特别的日子里，我谨代表××市文化局向参加此次活动的各位领导、各位嘉宾和热爱鲁迅的社会各界人士表示热烈的欢迎和衷心的感谢。

为了纪念鲁迅，我们有必要重温毛泽东同志在1937年10月19日《论鲁迅》的精彩文章：

今天我们陕北公学主要的任务是培养抗日先锋队。当伟大的民族自卫战争迅速地向前发展的时候，我们需要大批的积极分子来领导，需要大批的精练的先锋队来开辟道路。这种先锋分子是襟怀坦白的，忠诚的，积极的与正直的；他们是不谋私利的，唯一的目的是为着民族与社会的解放；他们不怕困难，在困难面前总是坚定的，勇往直前；他们不是狂妄分子，不是风头主义者，而是脚踏实地富于实际精神的人们。

他们在革命的道路上起着向导的作用。目前的战局只是单纯政府与军队的抗战，没有广大的人民参加，这是绝对没有最后胜利的保障的。我们现在需要造就一大批为民族解放而斗争到底的先锋队，要他们去领导群众，组织群众，来完成这历史的任务。首先全国的广大的先锋队要赶紧组织起来。我们共产党是无产阶级的先锋队，同时又是最彻底的民族解放的先锋队。我们要为完成这一任务而苦战到底。

我们今天纪念鲁迅先生，首先要认识鲁迅先生，要懂得他在中国革命史中所占的地位。我们纪念他，不仅因为他的文章写得好，是一个伟大的文学家，而且因为他是一个民族解放的急先锋，给革命以很大的助力。他并不是共产党组织中的一人，然而他的思想、行动、著作，都是马克思主义的。他是党外的布尔什维克。尤其在他的晚年，表现了更年轻的力量。他一贯地不屈不挠地与封建势力和帝国主义做坚决的斗争，在敌人压迫他、摧残他的恶劣的环境里，他忍受着、反抗着，正如陕北公学的同志们能够在这样坏的物质生活里勤谨地学习革命理论一样，是充满了艰苦斗争的精神的。陕北公学的一切物资设备都不好，但这里有真理，讲自由，是造就革命先锋分子的场所。

鲁迅是从正在溃败的封建社会中出来的，但他会杀回马枪，朝着他所经历过来的腐败的社会进攻，朝着帝国主义的恶势力进攻。他用他那一支又泼辣，又幽默，又有力的笔，画出了黑暗势力的鬼脸，画出了丑恶的帝国主义的鬼脸，他简直是一个高等的画家。他近年来站在无产阶级与民族解放的立场，为真理与自由而斗争。

鲁迅先生的第一个特点，是他的政治的远见。他在1936年就大胆地指出托派匪徒的危险倾向，现在的事实完全证明了他的见解是那样的准确，那样的清楚。鲁迅的第二个特点，就是他的斗争精神。他看清了政治的方向，就向着一个目标奋勇地斗争下去，决不中途投降妥协。鲁迅的第三个特点是他的牺牲精神。他一点也不畏惧敌人对于他的威胁、利诱与残害，他一点不避锋芒地把钢刀一样的笔刺向他所憎恨的一切。他往往是站在战士的血痕中，坚韧地反抗着、呼啸着前进。鲁迅是一个彻底的现实主义者，他丝毫不妥协，他具备坚决的心。

综合上述这几个特点，形成了一种伟大的"鲁迅精神"。鲁迅的一生贯穿了这种精神。所以，他在文艺上成了一个了不起的作家，在革命队伍中是一个很优秀的很老练的先锋分子。我们纪念鲁迅，就要学习鲁迅的精神，为中华民族的解放而奋斗！

毛主席对鲁迅的评价很高，论述很精彩，着眼于"鲁迅精神"，这也是我们当代社会弥足珍贵的精神财富。我们××人民一定要努力弘扬伟大的鲁迅精神，为把××建设为一个有文化底蕴的城市而努力奋斗！

9月28日孔子诞辰纪念日（前551）致辞

范例一

某学者在孔子诞辰2559周年纪念日的致辞

各位朋友、各位来宾：

今天是孔子诞辰2559周年纪念日。我们齐集于此，共同深切缅怀这位先贤。他的思想深深地影响了中国几千年，尤其是教育思想令人称绝！如今全球都力图从孔圣人这儿汲取精华，以求己用！

"大哉孔子，博闻精思"，孔子被尊为圣人。他不仅是儒学大宗师，也是中国教师的开山鼻祖。孔子之前，学在官府，只有贵族子弟方有资格入学接受教育。三十而立，孔子首创私学，在民间开坛设教，传授六艺。其所招门徒，或世家子弟，或贩夫走卒，无论出身之高低贵贱，均有教无类，不偏不倚，后继两千年的平民教育之路自孔子而生发。

"君子坦荡荡"，孔子也有强烈的社会责任感。"吾岂匏瓜也哉，焉能系而不食"，他不是遁世主义者，也不是末世主义者，而是对人类怀着极大的热情与信心。他的人文关怀并不局限于当时的华夏，孔子曾想去九夷居住，那是被人们认为极其落后的地区，他却说"君子居之，何陋之有"。可见，孔子心中的天下已远远超出中原地区，九夷也早已超脱种族的概念，而是更多地具有大同的文化意义。

任何得以传承数百甚至数千年的伟大思想，往往自成体系，能被不同时代、各个阶级的人群接受，并为其所用；在不断发展和完善的过程中，内涵愈加丰富，不拘泥于一隅，大气而明阔。孔子开创的儒家就是这样一种拥有强大生命力的思想体系：儒家学说，以仁为本；中庸之道，修齐治平；克己复礼，天下归仁；己所不欲，勿施于人；道德文章，历久弥新；

春风化雨,泽被苍生。

当代社会,人们日日感叹时代变得太快,人心不古。聆听孔子千年前的教诲:"富与贵,是人之所欲也;不以其道得之,不处也。贫与贱,是人之所恶也;不以其道得之,不去也。君子去仁,恶乎成名?"孔子周游列国,颠沛流离,却从未改变心中信仰,得以终成大器,垂范百世。读孔子以参人生,于浮世中辛苦求生存的人们也能寻得一条君子之道——"仁以为己任",在竞争中求发展,在欲求中守心灵一方平和,方能品味"乱世即盛世"的生命体悟。

国家强盛则文化繁荣,思想浩然则民族日新。纪念孔子的诞辰,不仅仅是歌颂一位伟大的思想家,也不仅仅是重树师道尊严,而是为了唤醒国人对一个伟大而悠久的文化传统的尊重和信奉,对中华民族崇高的道德信仰的回归和传承,此实为任重而道远也。

范例二
某干部在孔子诞辰2560周年纪念日的致辞

今年9月28日是中国古代伟大思想家孔子诞辰2560周年纪念日。虽然他已经离开我们两千多年了,但这位先贤所开创的儒学也深深地影响了我们两千多年。

孔子(前551-前479)中国古代伟大思想家、教育家、儒学学派创始人。鲁襄公二十一年冬十月庚子(公元前551年9月28日)诞生。名丘,字仲尼。春秋末鲁国陬邑(今山东曲阜东南)人。

孔子3岁丧父,随母亲颜征在移居阙里,并受其教。孔子幼年,"为儿嬉戏,常陈俎豆,设礼容"。少时家境贫寒,15岁立志于学。及长,做过管理仓库的委吏和管理牛羊的乘田。他虚心好学,学无常师,相传曾问礼于老聃,学乐于苌弘,学琴于师襄。

孔子30岁时,已博学多才,成为当地较有名气的一位学者,并在阙里收徒授业，开创私人办学的先河。其思想核心是"仁"，"仁"即"爱人"。他把"仁"作为行仁的规范和目的，使"仁"和"礼"相互为用。主张统治者对人民"道之以德，齐之以礼"，从而再现"礼乐征伐自天子出"的西周盛世，进而实现他一心向往的大同理想。

孔子35岁时，因鲁国内乱而奔齐。为了接近齐景公，做了齐国贵族高昭子的家臣。次年，齐景公向孔子询问政事，孔子说："君君、臣臣、父父、子子。"景公极为赞赏，欲起用孔子，因齐相晏婴从中阻挠，于是作罢。不久返鲁，继续钻研学问，培养弟子。51岁时，任鲁国中都宰。由于为政有方，"一年，四方皆则之"。52岁时由中都宰提升为鲁国司空、大司寇。

公元前500年，鲁、齐夹谷之会，孔子提出"有文事者必有武备，有武事者必有文备"。齐景公欲威胁鲁君就范，孔子以礼斥责景公，保全了国格。孔子54岁时，受季桓子委托，摄行相事，未能成功。55岁时，遂弃官离鲁，带领弟子周游列国，另寻施展才能的机会，此间"干七十余君"，终无所遇。前484年（鲁哀公十一年），鲁国季康子听了孔子弟子冉有的劝说，才派人把他从卫国迎接回来。

孔子回到鲁国，虽被尊为国老，但仍不得重用。他也不再求仕，乃集中精力继续从事教育及文献整理工作。一生培养弟子三千余人，身通"六艺"（礼、乐、射、御、书、数）者七十二人。在教学实践中，总结出一整套教育理论，如因材施教、学思并重、举一反三、启发诱导等教学原则和学而不厌、诲人不倦的教学精神，及"知之为知之，不知为不知"和"不耻下问"的学习态度，为后人所称道。他先后删《诗》、《书》，订《礼》、《乐》，修《春秋》，对中国古代文献进行了全面整理。老而喜《易》，曾达到"韦编三绝"的程度。孔子作为中国历史上创办私学的先行者，第一位职业教师，得到了弟子们的衷心尊敬。他一生的主要言行，经其弟子和再传弟子整理编成《论语》一书，成为后世儒家学派的经典。

纵观孔子的一生，他对他的学生的影响，一部分是通过言传，通过学习古代文献、传授各种技艺，而更多的、更为深刻的则是身教。他的勤奋好学，他对真理、对理想、对完美人格的追求，他正直、善良、谦虚、有礼，他对国家的忠诚与对老百姓的关心，都深深地感染着他的学生与后人。严格要求自己，以身作则，既是孔子的高尚师德，也是孔子提出的一条教育原则。孔子爱教育、爱学生，诲人不倦，他能平等对待学生，做到教学相长，严格要求自己、以身作则。孔子是具有高尚师德的一代宗师！

范例三　某学者在孔子诞辰2561周年纪念日的致辞

尊敬的各位来宾：

2010年9月28日是我国伟大的先哲孔子诞辰2561周年纪念日。孔子是整个华夏民族乃至全世界文明史上最早提出因材施教的伟大的教育家，是中国在世界上最大的文化符号。

孔子曾经提出过不少至今仍然具有教育意义的人本思想。他非常注重因材施教，对每个学生的性格和特长都很了解，并且要求学生将学和思、学和行结合起来。"学而不思则罔，思而不学则殆。"君子耻其言而过其行。他注重启发式教育，不要求学生死读书，而贵在触类旁通，即所谓"告诸往而知来也"。他的教育思想体现在以下几个方面：

第一，以德为先，注重育人。强调"君子务本，本立而道生"。"务本"就是学会做人，学会做一个有仁爱之心，能"泛爱众"和"博施于民而能济众"的人。孔子特别重视道德的作用，甚至存在着把知识纳入道德范畴的倾向，他说"君子不重则不威，学则不固"，没有高尚道德品质的人，知识也不可能持续发展。"智及之，仁不能守之，虽得之，必失之。"即使达到一定的水平，不能以高尚的道德品质加以保持，知识水平也会下降、倒退，以至完全丧失。孔子这种主张虽然有重德轻智的偏向，但在揭示德与智的关系方面，指明了德对智的统率作用。传道、授业、解惑的教育工作者，应该首先抓好德育，要真正把德育放在整个教育的基础地位、首要地位来抓，中国基础教育的面貌才会有很大改变。孔子实施道德教育的方法就是"由近及远，推己及人"。

第二，启发诱导，学生为主体。孔子的启发式教育，是孔子最重要的教育思想。他在长期的教育实践中认识到，要使学生获得广大博深的学问，就必须依靠学生自觉地思考，发挥他们的主体作用。于是他总结出了"不愤不启，不悱不发。举一隅，不以三隅反，则不复也"的著名论断。

第三，因材施教，求个性发展。孔子还有一个很重要的教育思想，那就是因材施教。实施因材施教的关键是对学生有深刻而全面的了解，准确地掌握学生各方面的特点，然后进行针对性教育，并且要求学生将学和思、学和行结合起来。"学而不思则罔，思而不学则殆。"

第四，寓教于乐，兴趣导航。孔子是乐学（愉快教学）的积极倡导者。他深知，要博学，必须愉快地学，要学习得好，必须心情舒畅，所以启发学生说："学而时习之，不亦说乎。"他指出学习是一件快乐的事。他还把乐学作为治学的最高境界。他说："知之者不如好之者，好之者不如乐之者。"他以"知之"、"好之"、"乐之"这三种学习的态度相比较，一层深入一层，说明乐学的效果最佳。孔子善于培养学生学习的兴趣，总是巧妙地把学生领入一个个引人入胜的境地，使他们感到美不胜收，学起来轻松愉悦，"欲罢不能"。爱因斯坦说过："兴趣是最好的老师。"在今天，我们应像孔子那样，致力于培养学生的学习兴趣，对学生要多肯定，多表扬，创设轻松、愉悦、和谐的教学情境和氛围，从而使教育活动生动活泼，达到最佳的教育效果。

孔子的教育思想是我国教育事业宝贵的精神财富，它对素质教育的推广注入了新鲜的活力并为其提供了坚实的理论依据。我们召开此次研讨会就是要努力挖掘两千多年前，我们先贤的思想精华，为我们的当今教育的困境寻求一把钥匙。让我们共同为祖国教育事业的发展壮大而努力奋斗！

范例四　某市市长在孔子诞辰2562周年纪念日的致辞

尊敬的各位领导、各位来宾：

尊师重道，祭拜先哲。"巍巍孔子、大哉师长；祭我先师，一表衷肠"。今天是孔子诞辰2562周年，也是中华民族传统的团圆节日中秋节。在这个喜庆的日子里，代表市委市政府对莅临庆典仪式的各位领导、各位嘉宾表示热烈欢迎，向关心支持××经济社会和文化事业发展的各界朋友表示衷心感谢。

祭孔大典是国家非物质文化遗产，是孔子文化节的核心与灵魂。惟公元2010年先师孔圣夫子诞日，谨备时蔬玄酒，雅乐升舞，恭奠于大成殿阶下，肃拜追远，上达夫子暨诸先哲先贤。其辞曰："吾国文明，渊源何远！洪荒无征，蒙昧万年。既历三皇，五帝相衔；贤哲冥思，归之鬼天。吾侪何来？终将何还？何者为福？何者为善？生应何求？何为圣贤？茫茫长夜，踽踽盘桓。逮及文武，民听达天。周公制礼，明德尚贤……伟哉中华，千劫万艰。百折不挠，国泰民安。环顾全球，熙攘纷乱。一如春秋，冲突不断。弱肉强食，贪欲泛滥。嗟我夫子，所述皆验。文明对话，五洲共愿。仁恕之道，日益播散。促进和睦，中华奉献。谨此上达，慰我圣贤。伏惟尚飨！"

祭祀孔子是高擎中华文化相传的薪火，是聆听圣哲先贤训导的殿堂，是翻阅中华民族形成的史册，是重塑民族精神气节的血脉，是展示中国和平崛起的姿态，是寻找两岸走向统一的智慧，是唤醒全球华人心灵的慰藉，是促进东亚融合发展的语言，是共读人类和谐相处的圣经。

孔子创立的儒家思想是中华传统文化的主干，也是世界文明的重要组成部分。孔子对中华民族乃至全人类社会文明的进步有不可磨灭的贡献，其思想的精华已受到越来越多的海内外人士的推崇和学习。这次祭祀大典的成功举办，对博大精深的孔子思想的更深更广的传播，具有不可估量的作用。我们隆重纪念孔子诞辰 2562 周年，就是要追忆和汲取先人思想精华，弘扬儒家文化，不断推进人类文明、进步与发展。

预祝这次拜祭纪念活动圆满成功！谢谢大家！

10月22日梅兰芳诞辰纪念日（1894）致辞

范例一

某市代市长在梅兰芳诞辰 114 周年纪念日的致辞

尊敬的各位来宾，朋友们：

今天是梅兰芳诞辰 114 周年纪念日。在这个值得纪念的日子里，我们通过举办中国××艺术节纪念活动，来深切缅怀我们戏曲界的泰斗。在此，我谨代表××市政府对莅临本次艺术节开幕式的各位领导、各位嘉宾及钟爱戏曲的社会各界人士表示热烈的欢迎和衷心的感谢。

梅兰芳大师是××人民永远的骄傲，他的艺术成就和道德风范是××人民的宝贵财富。

××举办梅兰芳艺术节，就是要进一步弘扬梅先生博采众长、虚怀若谷的大师风范，引领××人民团结协作、包容开放；弘扬梅先生革故鼎新、永攀高峰的创新精神，激励××人民解放思想、开拓进取；弘扬梅先生矢志不渝、坚贞不屈的高尚品格，鼓励××人民不畏艰难、奋发图强。

××人杰地灵，名贤辈出，提到××，人们自然会想起梅兰芳先生；来到××，人们必然参观梅兰芳纪念馆。梅兰芳先生的京剧表演艺术博大精深、独树一帜，不仅深深影响了××人民、中国人民，也影响了世界上许多国家的人民。

××人民十分景仰梅先生，倍加珍惜梅先生这一名人资源。梅兰芳艺术节既是艺术的盛会，也是××人民的节日，期间开展了一系列丰富多彩的演艺活动，奉献数十份精美高雅的文化大餐，进一步宣传和推介××，推动经济合作，弘扬地方文化，让梅腔京韵香飘四海，让梅兰芳精神发扬光大。

预祝2008中国××梅兰芳艺术节取得圆满成功！

谢谢大家！

范例二
日本某歌舞大师在梅兰芳诞辰115周年纪念日的致辞

尊敬的各位领导、各位来宾：

今天是梅兰芳先生诞辰115周年纪念日，我们在××举办梅兰芳展是一件非常有意义的事情。大家都知道，我的祖父和父亲与梅兰芳先生有着深厚的友谊。我的家里至今还保存着梅兰芳先生赠送的礼物。我从很小时就听到梅兰芳这个名字。在我20岁的时候，父亲问我以后想做什么，我就回答说，想成为梅兰芳先生一样的艺术家。

大约二十年前，在梅葆玖先生指导下，我演出了《玄宗与杨贵妃》。此后，我又沿着梅兰芳先生的足迹，学习和演出了昆曲《牡丹亭》，梅兰芳先生留下的电影《牡丹亭·游园惊梦》是我的宝贵参考资料。

我家与梅家保持了跨越两个世纪的友谊。这次在××与梅葆玖先生夫妇、屠珍女士会面的时候，我又见到了梅兰芳先生的曾孙梅玮，感觉上他的气质有很多接近梅兰芳先生之处，让我感到格外高兴。

在我心里并没有把梅兰芳先生作为一位异国艺术家来看待，而是作为我们东方传统戏剧艺术的前辈。有意思的是，在我与中国朋友的交流合作中，他们也常常忘记我是个日本人。日本与中国的传统戏剧交流一直保持着亲密关系，为此，我们应深深感谢这一交流的奠基者梅兰芳先生。

衷心感谢中国××部和××会馆为举办梅兰芳展所付出的努力。祝贺梅兰芳展获得圆满成功。

> **范例三**
> 某戏曲艺术家在梅兰芳诞辰116周年纪念日的致辞

各位来宾、各位朋友：

今年10月22日是杰出的戏曲艺术大师梅兰芳先生诞辰116周年纪念日，虽然他离开我们已经近半个世纪了，但他的歌声、舞姿至今仍萦绕在国内外广大观众的脑际。他不仅在艺术上成就卓著，他的精神世界也堪称楷模。

梅兰芳先生一生热爱祖国，热爱人民，把毕生精力献给了京剧艺术事业。在半个多世纪的舞台实践中，他继承传统、勇于创新、一丝不苟、精益求精，将我国戏曲艺术的精华集于一身，创作了众多优美而令人难忘的艺术形象，积累了大量的优秀剧目，发展并提高了京剧旦角的演唱和表演艺术，形成了具有独特风格、大家风范的表演艺术流派——梅派。他对现代中国戏曲艺术的发展起到了承前启后的作用。

作为和平的使者，梅兰芳先生于1919年、1924年、1956年三次东渡日本，把中国人民的情谊和民族艺术带给了日本人民。1935年、1952年梅兰芳两次访问苏联，结识了众多优秀的苏联及欧洲戏剧表演艺术家及理论家。他带去的是中国的京剧艺术，传播了文化和友谊，把中国人民的情谊带给了世界人民。至今，梅兰芳先生在许多国家仍有着极高的声誉和广泛的影响。

梅兰芳先生是一位杰出的爱国艺术家，他那传奇的事迹和崇高的品格至今仍被世人广为传颂。日本法西斯发动举世震惊的"九一八事变"，引起梅兰芳先生的强烈愤慨。在民族危难的时刻，他不顾个人的安危，编演《生死恨》、《抗金兵》等爱国剧目，鼓舞人民的抗战斗志。梅兰芳先生多次拒绝了日伪政权的邀请。蓄须罢演，息影舞台，直至抗战结束。充分体现了他作为一代宗师不屈不挠的爱国精神和大义凛然的民族气节。

梅兰芳先生作为梅派艺术的创始人，不但在戏曲表演艺术方面以雍容华贵、中正平和的气度征服了世界，而且在绘画艺术方面也有着极高的造诣。他的作品清丽秀雅，形神兼备，画如其人。在绘画过程中，梅兰芳先生意识到绘画和戏曲两种艺术形式有声息相通的地方，他注意从绘画中汲取养分，将绘画艺术中的色彩、布局结构以及人物的服饰等元素与戏曲艺术有机地结合起来，对他在京剧服饰、化妆及舞台设计等方面进行的改革起到了极为重要的作用。作为美的创造者，梅兰芳并不是艺术的苦役，他乃是一个真实的生活者，我们会在真实生活里发现他难得的雍容与余裕。

在56年的艺术实践中，梅兰芳先生笃实勤学，精益求精，继承和发扬了京剧的优良传统，在旦角的表演艺术上，他吸取了以往许多演员演戏的精华，集其大成。梅兰芳先生在敌人面前威风凛凛，坚强不屈；在舞台上他舞姿翩翩，柔情燕语，给人以美的享受；在日常生活中他诚恳待人、严于律己。当代著名文学家刘绍棠曾十分感慨地说："梅兰芳先生戏唱的好，人品更好。不像有的演员，台上演戏，台下也在演戏，不愿以真面目做人，甚至连自己的实际年龄都不愿意说出来。梅兰芳与众不同，为人正直，称得起艺术家，也不愧为伟大的艺术家。"

梅兰芳是一个丰富的存在，在他的身上，梅魂兰质，馥郁芬芳，充分体现了艺术与文化的相互补充与有机统一，体现了传统艺术与时代个人的完美结合。当大美者，莫若息言。似乎无须再对梅兰芳作始终无法完美的阐述。"愿人心似绿波平，玉样芙蓉侧影清"的诗句正是梅兰芳先生"谦谦君子，温润如玉"的写照。

梅兰芳先生不仅艺术力量震撼寰宇，滋润后学，他的道德力量也将产生深远影响。他的爱国主义精神与日月共存！

11月12日刘少奇逝世纪念日（1969）致辞

范例一
某市市政协委员在刘少奇逝世40周年纪念日的致辞

各位领导、各位嘉宾，同志们、朋友们：

今天是一代伟人刘少奇同志逝世40周年纪念日，他虽然离开我们已经40个年头了，但他的音容笑貌时时浮现在我们的眼前。今天大家冒雨齐集在刘少奇铜像广场，就是为了深切缅怀这位伟大的人民公仆，把他爱国主义情怀和为人民服务的精神发扬光大。

刘少奇同志是伟大的马克思主义者，杰出的无产阶级革命家、政治家、理论家，党和国家卓越的领导人之一，是以毛泽东同志为核心的党的第一代中央领导集体的重要成员。我们怀着无比悲痛的心情，在少奇故里庄重举行纪念刘少奇同志逝世40周年追思会，就是要继承老一辈无产阶级革命家的革命精神、崇高品德和优良作风，沿着他们开辟的道路，为全面实现两型社会的奋斗目标谱写更加壮丽的篇章。

刘少奇同志作为伟大的马克思主义者，受到了全党、全军和全国各族人民的衷心爱戴。刘少奇同志的一生，同我们党和国家的历史紧密相连，为中国人民的解放事业和社会主义建设事业立下了丰功伟绩。在长期的革命和建设实践中，刘少奇同志一贯重视理论思考，善于把丰富的实践经验上升到理论高度，在政治、经济、文化、教育、党的建设等许多领域有卓越的理论建树，为探索中国新民主主义革命道路和社会主义建设道路作出了历史性贡献。

刘少奇同志的光辉业绩、崇高风范、高尚品德，永远铭记在全党同志和全国各族人民心中。刘少奇同志和人民同呼吸共命运。他强调国家主席是人民的勤务员,革命工作没有高低贵贱之分,在任何岗位上都应该全心全意地为人民服务。对于工作中的缺点和错误,他总是从人民的利益出发,勇于纠正,勇于承担责任。在其处境异常艰难的时候,也始终保持共产党人的革命信念。我们要学习他这种对党对人民无限信任的革命品质。

刘少奇同志的光辉一生、宝贵思想和精神风范,对于我们认真贯彻落实党的十七大和十七届四中全会、五中全会精神,夺取全面建设小康社会新胜利,推进中国特色社会主义伟大事业,具有重要的现实意义。刘少奇同志的一生,为中华民族的独立和解放、为社会主义道路的探索、为党的建设,都作出了巨大贡献,建立了不朽功勋,他用自己的毕生精力实践了"做人民的公仆、人民的勤务员"的神圣诺言,他以自己的实际行动赢得了广大人民的尊敬和爱戴。

今天我们在刘少奇故里以这种追思会的形式来缅怀他的丰功伟绩,就是要学习一代伟人的优秀思想、崇高风范和高尚品质,把我们的国家建设得更加美好。××作为刘少奇同志的家乡,更要借这次东风,更自觉地发扬的刘少奇同志的宝贵精神,为努力推动××"四化两型"建设、加快全国全面建设小康社会步伐贡献智慧和力量。

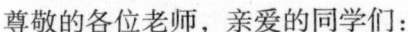

某学校教师在刘少奇逝世41周年纪念日的致辞

尊敬的各位老师,亲爱的同学们:

今年11月12日,是伟大的马克思主义者、杰出的无产阶级革命家刘少奇同志逝世41周年纪念日。我们举办这次主题活动就是要追寻伟人的足迹,发扬他刻苦学习的精神、为人民服务的热情和对共产主义的坚定信念,把他留给我们的宝贵财富继续传承下去。

刘少奇同志小时候酷爱读书,为此他还有一个"刘书九柜"的美名。他出于在湖南省宁乡的一个农民家庭,湖南农民比一般的贫农富裕一点,可以读私塾。他十二三岁以前，每年基本上读一个不同的私塾和学堂，有的是因为学费的原因，有的是因为他大概把学堂的书都读完了。他在刘家表兄弟大排行中排老九，所以家乡人都叫他"刘九书柜"。由于他酷爱读书，经常冒着严寒去同学家借书看，在火炉旁棉鞋都烧着了都没有发觉。他这种刻苦学习的精神多么值得我们广大青年朋友们学习啊！在他看来，不管以后做什么，学习是一个基本功。

刘少奇在救国救民的革命活动中，实事求是、英勇果断地作出了英明的决策，对中国革命的贡献之大，可与日月同辉。刘少奇同志一生最大的愿望就是，让中国人民尽快过上好日子。在他看来，国家主席是人民的勤务员，革命工作没有高低贵贱之分，在任何岗位上都应该全心全意地为人民服务。即使在遭受残酷迫害时，他也始终保持共产党人的革命信念。我们要学习他这种对党对人民无限忠诚的高尚情操。

刘少奇同志的一生，为中华人民共和国的建设、为社会主义道路的探索、为党的建设，都作出了巨大贡献，付出的巨大心力，他以自己的高尚人格赢得了广大人民的尊敬和爱戴。

作为教师应该努力继承和发扬刘少奇同志刻苦学习的钻研精神，全心全意为人民服务的奉献精神和高尚的爱国主义情怀。虽然他已经离开我们41年了，但他留给后人的宝贵财富取之不尽、用之不竭。

11月12日孙中山诞辰纪念日（1866）致辞

范例一

胡锦涛总书记在孙中山诞辰140周年纪念日的致辞

同志们、朋友们：

今天，我们在这里隆重集会，纪念杰出的爱国主义者和民族英雄、中国民主革命的伟大先行者孙中山先生诞辰140周年。孙中山先生对中华民族作出了伟大贡献，我们永远缅怀他为民族独立、社会进步、人民幸福所建立的历史功勋。

……

青年时代，孙中山先生目睹中国和中国人民的悲惨境遇，产生了强烈的爱国激情和极大的民族义愤，萌发了救国救民的崇高理想，形成了改变中国和中国人民命运的坚定信念……在孙中山先生组织领导和他的革命精神感召下，1911年爆发的辛亥革命推翻了清朝的统治，从而结束了在中国延续几千年的君主专制制度，为中国的进步打开了闸门，谱写了古老中国发展进步的历史新篇章。这是孙中山先生为中国人民和中华民族建立的最具历史意义的伟大功勋。

孙中山先生一生追求真理，始终与时俱进；一生不懈奋斗，始终坚忍不拔；一生热爱祖国，始终致力于振兴中华。孙中山先生在100多年前第一个喊出了"振兴中华"的口号，他毕生的追求就是实现中华民族的完全独立和中国的民主统一，并通过中国人民自己的奋斗，改变中国的贫弱处境，将中国建设成为现代化强国。孙中山先生亲手规划设计的中国现代化发展蓝图，体现了他的雄心壮志和远见卓识。孙中山先生的一生，是为近代中国的民族独立、民主自由、民生幸福而无私奉献的一生，是为实现国家统一、振兴中华而殚精竭虑的一生。正是因为他对国家和人民作出了杰出贡献，孙中山先生始终在全中国人民中享有崇高的威望，始终受到全中国人民由衷的景仰。（略）

……

实现中华民族的伟大复兴，需要我们继续进行长期的艰苦奋斗。我们要铭记孙中山先生等革命先辈振兴中华的夙愿，继续把几代中国人为之呐喊、为之奋斗、为之流血牺牲的民族复兴伟业推向前进。我们要坚定不移地贯彻落实科学发展观，坚持以经济建设为中心，坚持改革开放，积极推动全面建设小康社会进程，积极推动构建社会主义和谐社会进程，不断开创中国特色社会主义事业新局面。

　　实现祖国完全统一，是中华民族的根本利益所在，也是全体中华儿女的共同愿望和神圣职责……两岸中国人完全可以在一个中国原则的基础上，以中华民族的根本利益为重，以两岸同胞的福祉为重，真诚相待、坦诚相商，精诚团结、热诚合作，推动两岸关系和平发展，促进祖国和平统一。我呼吁，两岸同胞以及海内外全体中华儿女携起手来，共同为两岸关系和平发展、实现祖国完全统一而努力，共同创造所有中国人的幸福生活和美好未来。

　　同志们、朋友们！

　　具有五千多年文明历史的中华民族，在自己的发展历程中为人类作出了伟大贡献。今天，我们应该也必须为人类作出新的更大的贡献。孙中山先生曾经这样表述他对中华民族的期盼："一旦我们革新中国的伟大目标得以完成，不但在我们的美丽的国家将会出现新纪元的曙光，整个人类也将得以共享更为光明的前景"。实现中华民族的伟大复兴，为人类作出更大贡献，这是美好的前景，更是重大的责任。光明在前，任重道远。我们不能懈怠，我们仍需努力。所有敬仰孙中山先生的中华儿女，包括大陆同胞、港澳同胞、台湾同胞、海外侨胞，更加紧密地团结起来，紧紧抓住时代赋予的机遇，勇敢担当历史赋予的责任，共同为实现祖国完全统一、实现中华民族的伟大复兴，为推动建设持久和平、共同繁荣的和谐世界而努力奋斗！

范例二　某市市委书记在孙中山诞辰143周年纪念日的致辞

朋友们：

　　今天是孙中山先生诞辰143周年纪念日。作为中国民主革命先行者、中国近代化先驱，孙中山先生赢得了全世界的尊敬。今天我们齐集于此，共同追寻这位伟人的足迹,弘扬孙中山先生留下的宝贵精神财富,并为构建和谐社会注入新的活力。

孙中山为之毕生奋斗的目标是"振兴中华、民族复兴",而这离不开国家的统一。孙中山先生追求真理的开拓进取精神和矢志不渝的爱国主义情怀,孙中山先生天下为公的博大胸怀和放眼世界的开放心态,孙中山先生生命不息、奋斗不止的坚强意志和鞠躬尽瘁、死而后已的高尚品德,是他留给我们的宝贵精神遗产。

孙中山先生的伟大之处在于,他不仅领导辛亥革命推翻了满清王朝,结束了在中国延续几千年的封建君主专制制度,建立了东方第一个民主共和国,而且在长期的革命实践中,超前提出了富于现代意义的社会建设思想,勾勒了未来中国的建设蓝图,还以自己的高尚人格,发出了"博爱"、"天下为公"等影响深远的呼声,留下了许多弥足珍贵的精神财富。

孙中山先生追求的大同社会,以"天下为公"为核心,"天下是人民公有的天下,国家是人民公有的国家","全国之人无一贫者,共享安乐之幸福","全国男女,无论老少,都可以享乐"。孙中山先生大同社会的追求与今天建设和谐社会的追求相一致。孙中山先生以赤子之心,发出了中华民族的最强音,留下了一大笔宝贵的精神财富,激励了一代代中国人。在建设和谐社会的今天,汲取孙中山思想的精神营养,将为我们提供强大的精神力量和理论支撑。

在孙中山先生的家乡,他留下的精神财富代代相传……孙中山先生"敢为天下先"的精神,激励了一代代××人,××人创造性地实现了很多第一。在经济社会发展的基础上,××人继承孙中山先生建设和谐社会的理想,基本建成全省经济社会协调发展示范市,并破解建设既适宜居住又适宜创业的城市这道世界难题,努力构建"两个适宜",和谐××,孙中山先生建设和谐社会的理想正在这里逐步变成现实。

让我们××人继续坚定不移地弘扬"中山精神",继承和发扬他的爱国主义思想和与时俱进的精神,继承和发扬他天下为公、放眼世界的博大胸怀，继承和发扬他鞠躬尽瘁、死而后已的高尚品德，并不断地为我们今天所构建的和谐社会贡献自己的力量。谢谢大家！

> **范例三**
>
> 外交部某部长在孙中山诞辰144周年纪念日的致辞

尊敬的各位来宾：

今天是我们的爱国英雄，中国民主先行者孙中山先生诞辰144周年纪念日。孙中山先生为近代中国的民族独立、民主自由、民生幸福，为实现国家统一、振兴中华而鞠躬尽瘁，死而后已！我们共同缅怀这位伟大的"国父"。

孙中山是一位毕生为祖国之独立、民主、统一和富强而奋斗的伟大民主革命家。他在谋求祖国统一的过程中，形成和提出了一整套关于国家统一的思想，并在行动上为结束分裂局面和重新统一祖国几次出兵北伐与进行和平斗争。他统一祖国的思想与实践活动，具有鲜明的时代特色，是其始终追求民族独立、人民幸福与国家强盛革命经验的总结，也是其整个爱国救国革命思想实践活动的核心内容和重要组成部分。

反对国家分裂与谋求祖国统一问题，是孙中山先生孜孜探索和力求解决的重大课题。孙中山先生认为，中华民族的优秀民族性中积淀着祖国统一的强大凝聚力和向心力，国家统一则中华振兴，民族和睦则祖国进步。这种体认和诉求，体现了中华文化源远流长所形成的永恒力量之所在。在博大精深且极具包容性的中华文化的感召驱策下，自古以来中国人无论产生多么巨大的政见歧异，总能找到"中华一统"的共识；在民族关键的转折处，全国人民总会团结起来共赴国需；任何内外势力妄图分裂中华民族的行径，到头来一定以失败而告终。

在我们为实现中华民族伟大复兴而奋斗的征程上，孙中山先生遗留下来的精神遗产具有重要的启迪和教育意义，值得我们永远学习继承和发扬光大。谢谢大家!

11月24日刘少奇诞辰纪念日（1898）致辞

范例一
某干部在刘少奇诞辰111周年纪念日的致辞

尊敬的各位领导，各位来宾：

　　11月24日是刘少奇诞辰111周年纪念日，一对山东农民夫妇为了永远缅怀伟人刘少奇同志的丰功伟绩，千里迢迢赶至××县×××楼刘少奇纪念馆，将他们耗时近一年时间完成的《论共产党员的修养》碑刻作品交给纪念馆永久收藏。《论共产党员的修养》是刘少奇对我们党的建设作出的重要贡献，是我们党的宝贵财富。

　　刘少奇同志几十年如一日，为党的巩固和发展，为新民主主义革命的胜利，为社会主义革命和社会主义建设事业的胜利，为反帝反殖和国际共产主义运动的开展，进行了不懈的斗争，建立了不朽的功绩，赢得了全党全军全国各族人民的爱戴和尊敬。刘少奇同志为把我们党建设成为马克思列宁主义的党，为捍卫党在思想上和组织上的纯洁，为巩固和发展党的队伍，为维护党的团结和统一，为确立党的生活的基本准则，为加强党和群众的联系，付出了毕生的精力。他首先提出"毛泽东思想"的概念，并在党的第七次全国代表大会上进行了有力的宣传。他的《论共产党员的修养》一书和其他关于党的建设的著作，教育了全党的广大党员，是我们党的宝贵的精神财富。

　　刘少奇同志长期以来，是我国工人运动的主要领导者和组织者之一。他善于把党的政治任务同工人群众的切身利益紧密结合起来，组织群众进行有成效的斗争。刘少奇同志主张在群众工作中尽可能地利用公开合法手段,利用敌人内部矛盾,争取同盟者,并且注意根据群众的觉悟程度,采取适当的斗争方式,以保存和发展党在敌区的革命力量。新中国成立以后,刘少奇同志作为党和国家的主要领导人之一,积极参与制定和贯彻执行社会主义革命和社会主义建设的路线、方针、政策。

刘少奇同志是一位品德高尚的共产党员。刘少奇同志一贯重视研究马列主义理论。他善于根据理论原则,联系实际,周密考察,具体分析问题,具有政治上的远见卓识。我们要学习他这种理论和实践统一的科学态度。刘少奇同志和人民同呼吸共命运。他强调"国家主席是人民的勤务员,革命工作没有高低贵贱之分,在任何岗位上都应该全心全意地为人民服务"。对于工作中的缺点和错误,他总是从人民的利益出发,勇于纠正,勇于承担责任。在遭受林彪、江青一伙残酷迫害的时期,他依然保持共产党人的革命信念。我们要学习他这种对党对人民无限信任的革命品质。

刘少奇同志言行一致。他在《论共产党员的修养》中对广大党员提出的党性锻炼的要求,自己都以身作则地实践了。他不隐瞒自己的观点,敢于坚持真理,抵制错误。他从来都把自己放在组织之中,尊重集体领导,服从组织决定。我们要学习他这种坚持原则、严守纪律的革命风格。

刘少奇同志在对敌斗争中机智沉着,立场坚定。他两次被反动统治阶级逮捕,都坚贞不屈。在革命紧急关头,他总是不避艰险,到最困难的地方去,挑最重的担子。我们要学习他这种英勇顽强的革命精神。

刘少奇同志《论共产党员的修养》这一宝贵财富为我党的建设奠定了坚实的基础。历史是人民写的,刘少奇同志的功业将永垂青史!

> **范例二**
> 某省省委书记在刘少奇诞辰 112 周年纪念日的致辞

尊敬的各位专家,同志们:

今天是刘少奇同志诞辰 112 周年纪念日。在这个特殊的日子,我们聚集在刘少奇同志的家乡×××，举行纪念刘少奇诞辰112周年学术研讨会暨刘少奇思想生平研究分会2010年会。这是一件很有意义的事情，也是对刘少奇同志最好的纪念。在此，我代表中共××省委、××省人民政府，向刘少奇同志表示崇高的敬意和深切的怀念！向刘少奇同志的亲属致以亲切的慰问！

刘少奇同志是伟大的马克思主义者，伟大的无产阶级革命家、政治家、理论家，党和国家主要领导人之一，中华人民共和国开国元勋，是以毛泽东同志为核心的党的第一代中央领导集体的重要成员，受到了全党、全军和全国各族人民的衷心爱戴。刘少奇同志的一生，是革命的一生、战斗的一生，同我们党和国家的历史紧密相连，为中国人民的解放事业和社会主义建设事业立下了丰功伟绩。

在长期的革命和建设实践中，刘少奇同志一贯重视理论思考，善于把丰富的实践经验上升到理论高度，在政治、经济、军事、文化、教育、党的建设等许多领域有卓越的理论建树，为探索中国新民主主义革命道路和社会主义建设道路作出了历史性贡献。深入研究刘少奇同志的光辉一生、宝贵思想和精神风范，对于我们认真贯彻落实党的十七大和十七届四中全会、五中全会精神，夺取全面建设小康社会新胜利，推进中国特色社会主义伟大事业，具有重要的现实意义。

从1997年党的十五大召开以来，在中央文献研究室等中央有关部门的高度重视和积极推动下，在广大党史文献工作者和专家学者的共同努力下，刘少奇思想生平研究取得了很大进展，特别是刘少奇同志关于探索社会主义道路、加强执政党建设等方面的思想和业绩得到了不断挖掘，产生了一批有价值的重要成果。为了开展系统的研究工作，去年，中国中共文献研究会专门成立了刘少奇思想生平研究分会，这标志着刘少奇思想生平研究进入了一个新的阶段。我相信，这次研讨会和年会通过对14年来刘少奇思想生平研究进行全面的回顾和梳理，必将对今后刘少奇思想生平研究产生有力的推动作用。

刘少奇思想生平研究是老一辈无产阶级革命家思想生平研究的一个重要领域，也是一个系统工程，需要凝聚各方面的力量，依靠大家的智慧。加强刘少奇思想生平研究，要更多地注重体现研究内容的时代特色；加强刘少奇思想生平研究，要更多地注重推动研究成果走向大众；加强刘少奇思想生平研究，要更多地注重搞好研究交流的平台建设。

今天，我们以召开学术研讨会和研究分会年会的形式来缅怀刘少奇同志，目的就是要学习一代伟人的优秀思想、崇高风范和高尚品质，把我们的国家建设得更加美好。××作为刘少奇同志的家乡，一定借这次会议的东风，以更高的自觉、更大的力度、更多的成果，不断深化刘少奇思想生平的研究，努力走在刘少奇思想生平研究的前面，为推动××"四化两型"建设、加快全国全面建设小康社会步伐贡献智慧和力量。

最后，祝会议取得丰硕成果，祝各位身体健康、工作顺利、生活愉快！谢谢！

12月26日毛泽东诞辰纪念日（1893）致辞

范例一
胡锦涛总书记在毛泽东诞辰110周年纪念日的致辞

同志们、朋友们：

今天，我们在这里隆重集会，纪念中国共产党、中国人民解放军、中华人民共和国的主要缔造者，中国各族人民的伟大领袖毛泽东同志诞辰115周年。

毛泽东同志是伟大的马克思主义者，伟大的无产阶级革命家、战略家和理论家，是近代以来中国伟大的爱国者和民族英雄，是领导中国人民彻底改变自己命运和国家面貌的一代伟人。他毕生最突出最伟大的贡献，就是领导我们党和人民找到了新民主主义革命的正确道路，完成了反帝反封建的任务，建立了中华人民共和国，确立了社会主义基本制度，并从中国实际出发探索社会主义建设的道路，为古老的中国赶上时代发展潮流、阔步走向繁荣昌盛创造了根本前提，奠定了坚实的理论和实践基础。

在旧中国这样的半殖民地半封建的东方大国，毛泽东同志创造性地运用马克思列宁主义基本原理，深刻分析中国社会形态和阶级状况，经过艰苦的实践和探索，明确了中国革命的性质、对象、任务和动力，提出通过新民主主义革命走向社会主义的两步走的战略，制定了新民主主义革命的总路线，开辟了以农村包围城市、最后夺取全国胜利的革命道路。（略）

在长期的革命斗争中，毛泽东同志和他的战友们缔造了党的"三大法宝"。新中国成立以后在革命和建设的长期实践中，以毛泽东同志为主要代表的中国共产党人，努力推进马克思主义的中国化，形成了具有鲜明中国特点的科学指导思想，这就是毛泽东思想。毛泽东思想是马克思列宁主义在中国的创造性运用和发展，是被实践证明了的关于中国革命和建设的正确的理论原则和经验总结，是中国共产党集体智慧的结晶。在任何时候任何情况下，我们都要始终高举毛泽东思想的伟大旗帜。（略）

中国出了个毛泽东，这是中国共产党的骄傲，是中国人民的骄傲，是中华民族的骄傲。在为中国人民不懈奋斗的光辉一生中，毛泽东同志表现出了一个伟大革命领袖高瞻远瞩的政治远见、坚定不移的革命信念、炉火纯青的斗争艺术和杰出高超的领导才能。在中国革命和建设的壮丽历史画卷中，在祖国960万平方公里的锦绣大地上，都留下了他作为一代伟人的风采。他不仅赢得了全党和全国各族人民的爱戴和敬仰，而且也赢得了世界上一切向往进步的人们的敬佩。

毛泽东同志作为一个伟大的历史人物，属于中国，也属于世界。邓小平同志曾深情地说道："如果没有毛泽东同志的卓越领导，中国革命有极大的可能到现在还没有胜利，那样，中国各族人民就还处在帝国主义、封建主义、官僚资本主义的反动统治之下，我们党就还在黑暗中苦斗。"江泽民同志也深刻地指出:"毛泽东同志是从人民群众中成长起来的伟大领袖,永远属于人民"。

毛泽东同志的革命精神具有强大的凝聚力,他的伟大品格具有动人的感染力,他的科学思想具有非凡的号召力。毛泽东同志的革命实践和光辉业绩已经载入中华民族的史册。他的名字、他的思想、他的精神,将永远鼓舞着我们继续推动中国社会向前发展。中国共产党和中国各族人民永远敬仰和怀念毛泽东同志!毛泽东同志永远活在我们心中!

范例二

国家中医药管理局某党委书记在毛泽东诞辰 116 周年纪念日的致辞

各位领导、各位将军,同志们、朋友们:

今天,我们怀着无比崇敬的心情,纪念伟大领袖毛泽东同志诞辰 116 周年。毛主席虽然离开我们已经 33 年了,但他的光辉思想一直指引着我们勇往直前,他的音容笑貌也时时浮现在我的眼前。在此,我仅从中医药行业的角度深切缅怀这位世纪伟人。

毛主席历来非常重视中医药事业的发展。一系列历史事实表明,没有毛泽东就没有中医药的今天。在井冈山时期,毛泽东就提出"草医草药要重视起来"。在延安时期,毛泽东对给他治病的李鼎铭先生说:"中西医各有长处,以后中西医要结合起来。"1949 年 9 月,毛泽东就指出:"只有很好的团结中医提高中医,搞好中医工作,才能肩负起几亿人口的艰巨的卫生工作任务。"1953 年 12 月,毛泽东在杭州说:"中国对世界有三大贡献,占第一位的是中医。"1954 年毛泽东批示:"中药应该很好的保护和发展,我国的中药有几千年的历史,是祖国的宝贵财富,如果任其衰弱下去是我们的历史罪过。"

但是,这一系列的指示受到了很大的抵制。比如说,用西医的内容在全国考试和审核中医。结果是:1953 年全国 92 个大中城市和 165 个县,审查合格的中医只有 14000 多人。针对这一问题，1954 年 7 月，毛泽东特别强调："中西医团结问题没有做好，根源是西医存在很大问题，主要是西医有宗派作风。西医传到中国来以后，有很大一部分就把中医忽视了。必须把中医重视起来，中医问题，是关系到几亿劳动人民防治疾病的问题，关系到我们中华民族的尊严、独立和民族自信心的一部分工作。我们中国的医学历史十分的悠久，有丰富的内容。中国人口能达到六亿，这里边中医就有一定的功劳。"1958 年 10 月，毛泽东进一步强调指出："中国医药是一个伟大的宝库，应当努力发掘，加以提高。"在世界各民族传统医学逐渐衰败的近 200 年过程中，唯有我国的中医药学兴盛发达，这是医学科学历史上独有的幸事，是医学文化历史上的仅存的硕果。这一切都要归功于伟大领袖毛主席。

20 多年前，在毛泽东努力发掘和正确方针的指引下，我们医疗事业开始了宫廷医学的研究，发现清乾隆皇帝的寿命在历代皇帝中最长。乾隆一生所用长寿方共六个，其一为龟龄集方，其二为龟龄酒，其三为松龄太平酒方，其四为椿龄益寿药酒方，其五为健脾滋肾状元方，其六为密授固本仙方。以上六方共包含单味中药六十多种，乾隆用后感言很多，常常认为"如有神助"。

科研人员选取三十多种制成×××酒，已在中老年中服用六年，每日入睡前服 50 至 100 毫升，均取得良好效果。对于长寿之道，中医不称保健，而称养生。不仅在于养生是保健的一种雅称，而且在于保健是延长寿命，给生命以岁月；而养生既能给生命以岁月，还要给岁月以生命，即在延年益寿的同时，身心二者均能保持青春，活得久而且自在。×××即为此而制，"非药而治病，非养生而长寿，非为性而有性感"，老中年均宜，男女均宜。在此，我谨代表全体与会者向××酒业的创办者和发明者表示感谢！伟大领袖毛泽东主席虽然已经离开我们三十多年了，但他对我们的中医事业的发展奠定了坚实的基础，我们会永远怀念这位世纪伟人！

谢谢大家！

范例三
某学校校长在毛泽东诞辰117周年纪念日的致辞

各位老师、同学们：

今年12月26日是伟大领袖毛泽东主席诞辰117周年纪念日。毛主席是人类历史上最伟大的领导人之一。他对人类进步事业所作的巨大而不朽的贡献不仅将为中国，而且将为全世界的世世代代所铭记。今天学习和发扬毛泽东同志为祖国、为民族、为人民矢志奋斗的崇高精神和高尚品格，缅怀他的丰功伟绩，对于深入学习贯彻"三个代表"重要思想、坚持科学发展观、全面建设小康社会、促进学校跨越式发展具有重要意义。

1893年12月26日毛泽东诞生在湖南湘潭韶山冲。他早年就开始从事革命活动，接受并传播马列主义。1921年，毛泽东出席了中国共产党第一次全国代表会议。1927年，他领导了秋收起义，在井冈山建立了中国第一个革命根据地。长征途中，毛泽东确立了在党和军队中的领导地位。抗日战争爆发后，领导了解放区军民英勇抗击日本侵略者。抗战胜利后，又领导中国人民和人民解放军，胜利完成了解放战争。1949年10月1日，毛泽东宣告新中国成立。建国后，他继续领导全党和全国各族人民取得社会主义革命和社会主义建设的伟大胜利。

从新民学会的"改造中国与世界"，到秋收起义"霹雳一声暴动"；从三湾整编，到"三大纪律八项注意"；从学生时代的"游学"，到农民运动考察报告……毛泽东思想是在马克思主义与中国实际相结合的第一次历史性飞跃过程中创立的科学理论，是中国共产党和中国人民历尽艰辛获得的宝贵精神财富。在毛泽东思想的指引下，中国共产党领导中国人民取得了新民主主义革命的胜利，建立起了社会主义制度。在当前改革开放和社会主义现代化建设、全面建设小康社会的新的历史条件下，认真学习毛泽东思想，仍具有极其重大的意义。

学习毛泽东思想，必须发扬爱国主义、集体主义和为人民服务的精神；学习毛泽东思想，必须要把认真学习毛泽东的著作与学习党的历史结合起来，要把握马克思主义与时俱进的理论品质，要大力弘扬理论联系实际的优良学风，运用理论指导改造客观世界和主观世界的实践；学习毛泽东思想，必须深刻地认识和理解"三个代表"重要思想与毛泽东思想、邓小平理论既一脉相承又与时俱进的内在联系，牢牢把握解放思想、实事求是、与时俱进这个精髓，在新的形势下加强理论创新，兴起学习贯彻"三个代表"重要思想新高潮，推进党的建设新的伟大工程。

广大师生要继承和发扬毛泽东"自尊自信，自立自强；一不怕苦，二不怕死；独立自主，自力更生；艰苦奋斗，奋发图强；谦虚谨慎，戒骄戒躁；鞠躬尽瘁，死而后已"的宝贵精神，认真学习毛泽东思想，努力肩负起实现我们中华民族伟大复兴的重任，做一个有理想、有纪律、有抱负的青年！

谢谢大家！

第四章

庆祝性活动纪念致辞

《宪法》颁布纪念活动致辞

范例一 某区区长在《宪法》颁布25周年纪念活动上的致辞

同志们、朋友们：

今年，是我国现行《宪法》颁布实施25周年纪念日。为隆重纪念《宪法》颁布实施25周年，我区从4月5日开始开展全区法制宣传月活动。而"四五"普法法律知识竞赛就是宣传月活动中的一项重要内容。今天，我们在这里举行法律知识竞赛决赛，就是为了在全区进一步树立宪法意识和宪法权威，切实保证《宪法》的贯彻实施。这对于推动我区全面建设小康社会，再创××辉煌具有十分重要的意义。

实行依法治国的基本方略，首先要全面贯彻实施《宪法》。这是建设社会主义政治文明的一项根本任务，也是建设社会主义法治国家的一项基础性工作，不仅要长期抓下去，而且须坚持不懈地抓好。这次经区委同意而举办的全区"四五"普法，法律知识竞赛活动就是我区继续全面贯彻实施《宪法》的一项具体工作。我区"四五"普法法律知识竞赛活动经过宣传发动、初赛、复赛和决赛四个阶段,历时40天,全区各级党政机关的全体工作人员多人参与了这项活动。通过法律知识竞赛活动,极大地调动了我区各级党政干部学法用法热情,有力地推动了我区依法治区进程。

党的十七大继续把发展社会主义民主政治,建设社会主义政治文明同建设社会主义物质文明、精神文明一起作为全面建设小康社会的重要目标。为了我区早日实现这一目标,我们要始终高举邓小平理论伟大旗帜,全面贯彻"三个代表"重要思想,坚持依法治国的基本方略,切实保证《宪法》的贯彻实施,万众一心、奋发图强、与时俱进、开拓创新,不断把我区的各项事业推向前进!

预祝我区"四五"普法法律知识竞赛圆满成功!预祝各个代表队在决赛中取得佳绩!谢谢大家!

范例二 某学者在《宪法》颁布26周年纪念活动上的致辞

各位朋友:

今年,是我国现行《宪法》颁布实施26周年纪念日。为隆重纪念《宪法》颁布实施26周年,我们今天特此齐聚在这里,探讨《宪法》问题。非常高兴有这样一个机会和大家交流,关于《宪法》解释的问题过去也有过很多讨论,但是现在我来谈这个题目,就是要来解决中国所面临的这个现实问题,多多少少反映了我对这个《宪法》解释的思考,我这里主要写了三个问题。

第一个问题:如何解释《宪法》是重要的。这就是这几年来不断出现的违宪审查的对《宪法》的挑战,实际上就是要求我们全国人大来解释《宪法》,但是一直都没有得到回应。这些违宪审查建议都涉及对《宪法》的理解和解释问题。再一个就是近两年来涉及中国改革开放争论的时候,我们发现大家都在拿《宪法》说事。带着这些问题，我一直在思考，到底什么是违宪，大家都在解释《宪法》，我们学者有义务和责任给社会一个解释，这就是我开这个会一个很重要的方面。大家不论是改革派还是保守派，都在拿《宪法》说事，这是一个进步，但是我们《宪法》学者是不是应该给予一个相对明确的答案，到底什么是《宪法》，到底怎样解释？我也做了一些思考和研究，特别是对国外，主要是美国的一些案例解释的经验，这里就罗列了一些关于《宪法》解释的方法或者说特点、原则。

第二个问题：《宪法》解释和普通法律解释不同。第一个是《宪法》解释一定是原意解释，它基于的是《宪法》的本意，而不基于《宪法》的表面和文字。第二个就是《宪法》解释带有很强的价值判断。《宪法》的解释不是基于文义的解释，而是从《宪法》的价值、原则和精神来解释。第三个就是《宪法》解释有社会性。它是面对社会问题，来解决社会问题的，所以往往是一种社会的视角，是适应社会发展和社会变迁的需要而适时作出的解释，解决的往往是男女平等问题、种族歧视问题、堕胎问题以及同性恋问题，都是一个时代的社会问题。第四个特点是《宪法》解释具有扩充性。《宪法》必须在原有的语词上不断进行扩充性解释，没有扩充性解释，《宪法》就不能发展，就容易破碎。

第三个问题：讲《宪法》解释的运用。如果我们认同上面所讲的那一些《宪法》解释的原则和方法的话，那么就可以解答现实生活的一些问题。比如对于"乡镇长直选违宪"的论调，如果用我现在这个解释的方法，则不是违宪的。因为我们从《宪法》的原则和精神来理解，规范国家权力和保护公民权利这是《宪法》一个基本的价值。《宪法》在规范国家权力的时候的用途，我认为可以做双重解释，在对中央国家权力进行规范的时候是一种规范性的，搭建的是一个国家权力运行的，包括权利的来源，权利的职权，权力行使的方式。这是一些规范性的条文，在《宪法》中，唯一具有规范性的条文是对中央国家机关的权力构架的条文；而《宪法》在规定地方国家权力的时候，其构架和目的是不一样的。《宪法》的核心在于保障公民的基本权利。

希望我们此次研讨会对我国《宪法》提出建设性的建议,从而推动宪法的完善进程。祝愿此次研讨会结出丰硕的成果!谢谢大家!

范例三
某省法学会会长在《宪法》颁布27周年纪念活动上的致辞

尊敬的各位领导,各位嘉宾:

今天是《宪法》颁布27周年纪念日。为了纪念《宪法》颁布实施27周年,我们隆重举办《××××——××××××××》系列片研讨会。在此,我代表省法学会向远道而来的各位领导、各位嘉宾、各位朋友表示热烈的欢迎和衷心的感谢。

2009年,对于中国人民来说是具有特殊意义的一年:60年前,我们通过建立一个社会主义国家开启了一个新的时代;60年前,我们制定了起到了临时《宪法》作用的《共同纲领》;55年前,中国人民制定了中国历史上第一部社会主义《宪法》;27年前,我们颁布了一部继往开来的新《宪法》,为改革开放提供了坚实的法治保障。

在这样的特殊历史背景下,通过拍摄大型文献系列片《××××——××××××××》,勾画共和国《宪法》60年发展是非常有意义的。共和国60年的历史与《宪法》命运是密切联系在一起的。什么时候,我们尊重《宪法》,《宪法》发挥作用,国家就安定,社会就发展;什么时候《宪法》失去权威,没有尊严时,法治与民主政治就会受到挫折。人们常说,《宪法》是了解一个国家的窗口,而《宪法》历史承载着一个国家文化、价值与民众的权利。

该文献系列片始终把《宪法》的发展置于新中国社会发展的总体历史背景中,客观地展现历史中的《宪法》,力求挖掘60年社会发展与《宪法》价值之间的相关性,使人们得以在历史事实中感受《宪法》的意义。

文献系列片,向观众展现了很多珍贵的历史文献资料,真实而全面地反映新中国成立60年来的制宪、行宪历史,有助于增强公民宪法意识和历史责任感。

依法治国首先是依宪治国。只有了解新中国成立以来走过的艰辛历程,回顾宪法历史发展中的重大事件,才能树立起对宪法的高度尊崇感,有助于使公民切实地感受到新中国宪政建设的艰辛历程,树立健全的公民意识与宪法意识。文献系列片也是进行爱国主义教育的重要形式。

我们可以利用文献系列片进行宪法学教学,用播放系列片的形式进行教学,可以让学生深刻认识共和国的发展历史,增强国家意识,树立作为公民的责任与意识,提高教学的效果。当然,宣传和普及宪法精神的形式是多种多样的,我们可以积极探索更加多样化的宣传形式,提高实效性,使民众从被动接受宪法教育到主动获取宪法知识。要采取更多的贴近民众生活的宣传方式,结合社会生活中的个案,宣传法治精神。我们可以设立宪法纪念馆,也可以把法制宣传日改为宪法宣传日,突出宪法的宣传,普及宪法知识与价值,使公民通过各种宪法宣传活动,感受宪法的关怀,进一步扩大宪法实施的群众基础。

《××××——×××××××××》这部系列片,对我国宪法发展历程和主要内容进行了比较全面的介绍,具有三个突出特点:一是视野宽、跨度大;二是内容丰富、重点突出;三是形式活泼、通俗易懂。我们能把一部文献片做到这个程度,是很不容易的。这是宣传宪法、普及宪法的一种有益尝试,它拓展了宪法和法制宣传的途径和形式,为推进依法治国做了一件大好事,相信它一定能够得到群众的认同和肯定,一定能够取得良好效果。

范例四
某市市委书记在《宪法》颁布28周年纪念活动上的致辞

同志们：

今年，是我国现行《宪法》颁布实施28周年纪念日。在全市上下深入学习贯彻党的十七大精神之际，市人大常委会召开纪念现行《宪法》颁布实施28周年座谈会，这是全市人民政治生活中的一件大事。对于贯彻党的十七大报告提出的扩大社会主义民主，健全社会主义法制，建设社会主义法治国家，巩固和发展民主团结、生动活泼、安定和谐的政治局面，鼓舞全市人民更加积极地投入全面建设小康社会、加快推进社会主义现代化建设，具有十分重要的意义。

现行《宪法》自1982年经全国人大审议通过并颁布实施以来，我市各级以邓小平理论为指导，坚持以经济建设为中心，坚持四项基本原则，坚持改革开放，落实依法治国基本方略，认真贯彻实施《宪法》，有力地推动了全市民主法制建设和精神文明建设，保障了国民经济持续、健康、快速发展。全市综合经济实力显著增强，改革开放迈出重大步伐，基础设施建设和城市建设面貌发生较大变化，城乡人民物质文化生活水平和质量不断提高。

可以说，这28年，是我市发展最快的28年，也是实施《宪法》成效显著的28年。实践充分证明，现行《宪法》是一部适合我国国情的好宪法，是一部加强我国民主法制建设、维护国家安定团结、保障改革开放和现代化建设顺利进行的好宪法。在全面建设小康社会，开创中国特色社会主义新局面的新的历史时期，必须更加有效地贯彻实施《宪法》，充分发挥《宪法》在国家政治、经济和社会生活中的重大作用。为了全市人民更好地学习、宣传、遵守《宪法》，进一步保障《宪法》的实施，维护《宪法》的尊严，我们需要从以下几个方面努力：

第一，教育和动员广大干部群众和社会各界，提高思想认识，自觉实施《宪法》。从根本上说，保证《宪法》的实施，要依靠人民群众自身的力量。《宪法》是集中最广大人民群众的意愿制定的，既代表着广大人民群众的根本利益和当前利益，又是全国各族人民共同遵守的根本活动准则。

第二，各级党组织、共产党员要带头遵守、执行《宪法》和法律，并在《宪法》和法律范围内活动。《宪法》和法律是在党领导下制定的，是党的路线方针政策的具体化，遵守、执行《宪法》和法律与贯彻党的路线方针政策是一致的。

第三，各级党委要大力支持同级人大，保证《宪法》和法律的实施。各级党委要按这些规定和要求，大力支持各级人大及其常委会保证《宪法》和法律的实施。一是要高度重视人大的地位和作用；二是加大对人大制度和人大工作的宣传力度。三是要协调好各国家机关的关系，大力支持人大及其常委会依法履行职权。四是要关心和重视人大常委会及其工作机关的建设。

现行《宪法》将党的十一届三中全会以来的一系列路线、方针、政策，制度化、法制化，是党的意志和全国各族人民共同利益的集中体现。现行《宪法》颁布实施28年来，对推动我市民主政治建设和推进我市现代化建设发挥了重大作用。谢谢大家！

建市周年纪念日致辞

范例一

某省省委书记在某市建市18周年纪念日的致辞

尊敬的各位领导、各位来宾、同志们、朋友们：

今天，我们怀着无比喜悦的心情，在这里隆重集会庆祝××建市18周年，这是××市政治、经济生活中的一件大事。在此，我代表省委、省政府向光临庆祝大会的各位嘉宾，向长期以来关心、支持××经济建设的各界朋友,向为××的改革和发展作出突出贡献的广大干部群众致以崇高的敬意和衷心的感谢。

1992年7月,省委、省政府根据开发西部、振兴××,建设××省第二个石化基地和西部中心城市的战略构想,报国务院批准成立了××市。18年来,在××市委、市政府的正确领导下,全市上下以邓小平理论为指导,按照"三个代表"要求,全面落实科学发展观,坚持以经济建设为中心,深化改革,扩大开放,与时俱进,开拓创新,全市经济建设和社会各项事业取得了重大成就。国民经济持续快速发展,综合经济实力明显增强,在全省九市州排序中实现了位次前移;城市化步伐加快,中心城市建设初具规模,承载、辐射和带动功能增强;各项社会事业全面进步,人民生活水平显著提高;各级党组织坚强有力,干群团结,众志成城。特别是历届市委班子讲政治、讲团结、讲大局,思路清晰,目标明确,措施有力,工作富有成效。

经过短短10年的建设,××已成为全省重要的商品粮生产和石油化工基地,为全省的改革和发展作出了贡献。今年××市委、市政府认真落实省科学发展观,解放思想,更新观念,抢抓机遇,谋划发展,在全市上下掀起了加快发展的新热潮。目前,××市政治稳定、经济发展、民族团结、社会进步,充满生机和活力。实践证明,省委、省政府设立××市的决策是完全正确的。

今后5至10年,是全省经济和社会发展十分紧要的时期。我省确定用五年或更长一些时间,发挥比较优势,通过跨越式发展,把××初步建设成经济繁荣、社会文明、环境优美、生活富裕的省份,尽快使全省人民都过上殷实的小康生活,为到本世纪中叶基本实现现代化,奠定坚实的基础。实现这一宏伟目标,需要全省各族人民的共同努力。××土地肥沃、资源丰富、人民勤劳智慧,各级领导班子坚强有力,加之十年建设积累起来的坚实基础,未来发展潜力很大,完全可以在全省新一轮发展大潮中一展身手,大有作为。希望××市以建市18周年为新的起点,高举邓小平理论的伟大旗帜，认真贯彻即将召开的党的十七大精神，继续发扬艰苦创业精神，千方百计地把经济建设搞上去。

我们要从××市实际出发，结合"科教兴省、开放带动、县域突破、人才兴业"战略，明确工作指导思想，抓住主攻方向，突出工作重点，加快工业化、信息化、城市化和经济国际化进程；要解放思想、实事求是、与时俱进地推进理论创新、制度创新和科技创新；要深化改革、扩大开放，不断优化经济结构，积极培育新的经济增长点；要始终不渝地坚持"两手抓，两手都要硬"方针，切实加强社会主义文化建设和民主法制建设，促进社会全面进步和人的全面发展；要正确处理好改革、发展、稳定的关系，集中精力破解改革和发展中遇到的难题，全力维护社会稳定；要全面推进党建设新的伟大工程，重点抓好领导班子和干部队伍建设，增强各级领导班子驾驭全局和处理复杂问题的能力，提高领导水平和执政水平；要按照"八个坚持、八个反对"的要求，进一步转变作风，密切与人民群众的血肉联系，团结和带领全市人民，同心同德，埋头苦干，全面开创××各项工作的新局面。

同志们，时代在发展，社会在进步。让我们在以胡锦涛同志为核心的党中央领导下，坚定不移地贯彻党的基本路线，认真践行科学发展观，戮力同心、扎实工作，在振兴××、富民强省的伟大征程中，再创佳绩、再铸辉煌。

范例二

某市市委书记在该地撤区建市 20 周年纪念日的致辞

尊敬的各位领导、各位来宾，朋友们、同志们：

今天是××撤区建市 20 周年纪念日。我们怀着无比喜悦的心情，在这里隆重举行××撤区建市 20 周年纪念大会。这是 600 万××人民的一大喜事，也是××发展史上的一大盛事。首先，我很高兴地代表中共××

市委、向莅临大会的各位领导、各位嘉宾、各位朋友表示热烈的欢迎,向所有关心和支持××改革发展的社会各界人士表示衷心的感谢,向全市广大干部群众、离退休老同志、解放军常驻部队和武警官兵致以崇高的敬意!

××历史悠久,源远流长,至今已有2200多年的建城历史。1988年1月,国务院批准撤销××行署建省辖××市,从此揭开了××发展史上辉煌灿烂的一页。20年来,在党中央、国务院的亲切关怀下,在省委、省政府的坚强领导下,在历届市委、市政府的团结带领下,600万××人民沐浴改革开放的春风,搏击市场经济的大潮,艰苦奋斗、开拓进取,取得了令人瞩目的巨大成就,谱写了与时俱进的崭新篇章,一个富裕、文明、和谐的新××正在快速崛起,阔步前进。

大江东去,岁月流金。××20年的艰苦创业是一部气势恢弘的华彩乐章,××20年的发展历程是一幅波澜壮阔的锦绣画卷。20年的辉煌成就,得益于党的路线方针政策的正确指引和省委、省政府的坚强领导,铭刻着××人民团结拼搏、艰苦奋斗的前进足迹,凝聚了历任领导、各级干部锐意进取、无私奉献的智慧和心血,得到了省直单位、兄弟市州、友好城市和社会各界的鼎力支持。20年的沧桑巨变,充分印证了党中央、国务院实行深化改革、扩大开放的英明正确,充分展示了××人民与时俱进、奋发争先的澎湃豪情。在这个承前启后、继往开来的历史时刻,我们倍感成绩来之不易,经验值得吸取,责任更加重大。

抚今追昔,登高望远。20年创造的物质财富,为××经济发展、社会进步奠定了坚实的基础;20年积累的精神力量,为我们继往开来、再创辉煌提供了有益的启示;20年风雨兼程,20年探索实践,我们深深地体会到:要实现××经济社会又好又快发展,必须始终坚持以科学发展观为指导,必须始终坚持解放思想、实事求是、与时俱进,必须始终坚持把最广大人民的根本利益放在首位,必须始终坚持团结实干、艰苦创业。

朋友们、同志们,辉煌的成绩已经载入史册,美好的未来需要共同创造。当前,××正处在推动科学发展、促进社会和谐的关键时期。在新的历史起点上，在未来的前进征途中，我们将紧紧围绕市第五次党代会确立的建设"工业强市、文化名城、和谐××"的奋斗目标，紧紧依靠和团结带领全市人民，继续解放思想，坚持改革开放，努力推动经济社会又好又快发展。我们坚信，在党的十七大精神的正确指引下，在省委、省政府的坚强领导下，全市人民同心协力、和衷共济，宏伟的蓝图必将变成现实，××的明天一定会更加美好！

范例三

某市市委书记在该市建市 30 周年纪念日的致辞

尊敬的各位领导、各位来宾，女士们、先生们，观众朋友们：

金秋送爽，硕果飘香。与党的十一届三中全会的召开同一天诞生的××迎来了建市 30 周年的喜庆日子。在这秋月秋风、赏心乐事的美好时刻，我谨代表中共××市委、市人民政府和×× 300 多万各族人民，向光临晚会的各位领导、各位来宾和朋友表示热烈的欢迎和衷心的感谢！

××是深睡于××腹地的夜郎故里，苏醒于"三线建设"的能源基地，是中国改革开放总设计师邓小平 1965 年圈定的西部特区，也是中国气象学会命名的"中国凉都"，还是红军长征走过的革命老区。30 年筚路蓝缕，艰苦创业；30 年改革开放，积极进取；30 年春华秋实，接力创新。昔日乱石嶙峋、阡陌纵横的××，今日已成华光闪耀的美丽新城。××经济社会的全面发展，得益于"三线建设"的工业基础，得益于党中央西部大开发的战略决策和西电东送的实施，得益于新阶段扶贫攻坚的扎实推进和地企共建的双赢共享，得益于敢为人先的全国人才公开招聘，也得益于全省各级领导、各地各部门和社会各界的关心和支持。

对此，我们铭记于心，珍惜、感恩。××与改革开放同岁，与中国崛起同步，与世界发展同向，××的发展见证和印证了中国改革开放的艰辛历程和巨大成功。历史伟人毛泽东和势如蛟龙的中国工农红军曾在这里有过"乌蒙磅礴走泥丸"的豪迈壮举。展望未来，我们不仅要又好又快挖掘丰富的物质矿藏，更要坚持科学发展，挖掘思想解放的精神矿藏。今晚的庆典是喜悦的庆典，是喜悦的盛宴，更是腾飞的起点。

最后，让我们一起走进晚会的主题，去共享快乐和辉煌。

谢谢大家！

设州周年纪念日致辞

范例一

某自治区常委在某自治州成立50周年纪念日的致辞

女士们、先生们：

今天是××藏族自治州成立50周年纪念日。我们××藏族自治州举办这次自治州成立50周年庆祝活动，不仅是介绍和宣传××，而且是通过××这一局部反映党和国家藏区工作的全局。我们想通过庆祝××藏族自治州成立50周年一系列的活动，来宣传我们党的民族区域自治政策、区域自治制度在××的实践，来宣传中央西部大开发战略在××的实践，来宣传以胡锦涛同志为总书记的党中央提出科学发展观、构建社会主义和谐社会在××的实践。50个春秋、50年奋斗、50年巨变，下面我简要介绍一下××50年成就的主要方面和基本经验。

××藏族自治州建州50年来，在党民族政策的光辉照耀下，××发生了历史性巨变。一是政治制度实现了历史性变革。随着农牧民的翻身解放和自治州的宣告成立，各族人民摆脱了受奴役、受剥削压迫的地位，成为国家和社会的主人。二是经济发展实现了历史性的跨越。三是文化和社会建设实现了历史性进步。50年来，党的民族政策、宗教政策和文化政策得到认真落实，各族群众的宗教信仰和风俗习惯得到切实尊重；全州各项社会事业蓬勃发展，各级各类教育全面推进，医疗卫生条件大为改善，各族群众思想道德素质、科学文化素质和健康素质显著提高。50年来的辉煌成就，充分说明了社会主义制度的优越性和民族区域自治制度的优越性，在××得到了充分体现。

回顾××50年来发展取得的辉煌成就，是历届州委、州政府在省委、省政府的坚强领导下，始终紧紧抓住经济建设这个中心不放松，实现了××的经济社会跨越发展，确保了国家安全和××的长治久安以及各民族生活水平的不断提高。取得这些鼓舞人心的巨大成就，归根结底是全州各级干部团结带领各族群众遵循"四个坚持"：一是坚持坚定不移抓发展；二是坚持旗帜鲜明抓稳定；三是坚持真情关注抓民生；四是坚持强化责任抓党建。

多年来中央驻×新闻媒体和省属新闻媒体始终真情关注着××的发展稳定，对××经济社会发展，民族团结进步给予了大量的宣传报道，特别是××香格里拉品牌的成功推出，更凝结着你们的心血和汗水。在此，我代表中共××州委和州人民政府，向新闻界的各位朋友表示最由衷的感谢，真诚地邀请各新闻媒体的朋友参加××建州50周年庆典活动。

最后，祝各位朋友工作顺利、万事如意、扎西德勒！

范例二　某自治州州委书记在该自治州成立50周年纪念日的致辞

各位领导、各位来宾，同志们、朋友们、父老乡亲们：

八月的××，惠风和畅，瓜果飘香。在这美好的季节里，今天我们在这里隆重举行××回族自治州成立50周年庆祝活动。在此，我谨代表××州委向莅临大会的各位领导、各位嘉宾表示热烈的欢迎和衷心的感谢！向辛勤工作在我州各条战线上的各族干部、工人、农民、公安干警、解放军指战员和武警官兵致以亲切的慰问！在这喜庆的时刻，我们怀着无比敬仰的心情，深刻缅怀为××解放和建设做出牺牲的革命烈士。

××历史悠久，自然风光秀丽，民族风情独特，人文景观丰富，文化底蕴深厚，是我国马家窑文化、齐家文化、辛店文化考古发掘较为集中的地方，早在秦汉时期就设县、建郡，自古是丝绸之路南道、唐蕃古道上的重镇，素有西部"旱码头"之称。××也是史前生物的伊甸园，境内发现有距今1亿7千万年的恐龙足印化石群、距今3千万年至2千万年的四大类古动物化石群。巍巍太子山、滔滔黄河水赋予了××州灵气，在这片山川秀美、景色迷人的土地上，195万质朴、勤劳、智慧的各族人民，团结友爱、和睦相处、上下求索、共谋发展，创造出了灿烂的民族文化，演绎出了独特浓郁的民族风情，成为××民族文化中一道亮丽的风景。

××××年××月××日自治州成立，开辟了××历史的新纪元。特别是改革开放以来，勤劳的××各族人民书写了发展史上最为辉煌壮丽的篇章。50年来，在党中央、国务院的亲切关怀下，在省委、省政府的正确领导下，州委、州政府组织带领全州各级党政组织、各族人民，高举马列主义、毛泽东思想和邓小平理论伟大旗帜，认真实践"三个代表"重要思想和科学发展观，解放思想、实事求是、与时俱进，积极探索具有××特色的发展路子，使经济建设、政治建设、文化建设、社会建设实现了历史性的飞跃。

光阴荏苒，岁月如梭，五十华诞，春华秋实。经过半个世纪的奋斗，××政治、经济、社会等各个方面都取得了巨大的成就，古老的××大地发生了翻天覆地的变化。如今这片热土政治稳定、经济发展、民族团结、宗教和顺、社会进步，呈现出一派繁荣昌盛、兴旺发达的喜人景象。自治州成立以来的50年是经济快速发展的50年，是人民生活水平显著提高的50年，是社会各项事业全面进步的50年，是改革开放取得丰硕成果的50年，是民族区域自治政策得到全面贯彻落实的50年。

五十年弹指一挥，新世纪再扬风帆。50年既是难忘的如歌岁月，也是新世纪腾飞的起跑线。××人民正以开放进步的姿态，以诚实守信的环境，欢迎各界朋友到这块热土投资兴业。同时，殷切希望各位领导、各位嘉宾、各位新老朋友，一如既往地关心和支持××的发展。我们有信心、有决心在党的十六大精神指引下，团结带领全州各族人民，以建州50周年为新的起点，以加快发展为主题，以全面建设小康社会为目标，认真实施"打民族牌，走民营路，谋富民策"的总体思路，积极推进民族团结进步事业，努力建设经济繁荣、社会和谐、民族团结、文明开放、环境友好、风情独特、全面发展的新××。我们坚信，有党中央、国务院、省委、省政府的正确领导和关心支持，有50年改革发展奠定的基础，有全州各族人民改变贫穷落后面貌的迫切愿望，我们的目标一定能够实现，新世纪的××将在强州富民的征途中再铸新的辉煌！

光荣属于伟大的祖国，光荣属于伟大的中国共产党！光荣属于勤劳智慧的各族人民！祝愿我们伟大的祖国更加繁荣昌盛！祝愿××的明天更加辉煌灿烂！

谢谢大家！

范例三

国家民委党组某领导在某自治州成立60周年纪念日的致辞

尊敬的××书记、××省长，各位领导、各位来宾，同志们、朋友们：

今天是××省××藏族自治州成立60周年的盛大节日。在这吉祥喜庆的时刻，受党中央、国务院的委托，我们中央有关部门祝贺团全体同志来到美丽神奇的××，同各族干部群众一道共庆节日，共享欢乐。在此，我谨代表中央有关部门祝贺团，向××藏族自治州各族干部群众，向中国人民解放军驻××部队指战员、武警驻××部队官兵和公安民警，致以节日的祝贺和亲切的问候。

60年来，特别是改革开放以来，在党中央、国务院的亲切关怀下，在××省委、省政府的正确领导下，××州委、州政府团结带领全州各族人民，高举毛泽东思想、邓小平理论和"三个代表"重要思想伟大旗帜，深入贯彻落实科学发展观，解放思想、开拓进取、艰苦创业、顽强拼搏，坚持走中国特色、藏区特点的发展道路，取得了经济社会建设、民主法制建设、精神文明建设和党的建设等各项事业的辉煌成就，经济实力明显增强，政治局势更加稳定，社会事业全面发展，人民群众生活水平显著提高。今日的××藏族自治州正在奋力推进跨越发展和长治久安的伟大征程上阔步前进，处处呈现出一派生机勃勃、欣欣向荣的美好景象。

作为新中国建立的第一个民族自治州，××藏族自治州60年的辉煌历程，是我国民族区域自治制度的科学实践，是党和国家民族政策的光辉体现，是我国广大民族地区坚持党的领导和中国特色社会主义道路、实现跨越发展和社会稳定的生动缩影。60年来，××从纷争走向稳定、从封闭走向开放、从贫穷走向富裕、从落后走向进步的发展历史雄辩地证明：中国共产党好，社会主义好，党的民族政策好，只有在党的正确领导下，全面贯彻执行党和国家的民族政策，不断巩固和发展平等、团结、互助、和谐的民族关系，不断坚持和完善民族区域自治制度，才能够实现和推进民族地区发展、稳定、繁荣的大好局面。

同志们、朋友们，当前我国正处在全面建设小康社会和构建社会主义和谐社会的重要历史阶段。刚刚结束的党的十七届五中全会，为我国"十二五"时期的发展指明了方向，随着西部大开发战略的新一轮推进和中央藏区工作会议精神的全面落实，××藏族自治州正站在新的起点上，迎来了实现跨越发展和长治久安的全新机遇。我们坚信，在党中央、国务院的关心支持下，在××省委、省政府的坚强领导下，××州委、州政府一定能够团结带领全州各族人民，把握机遇、戮力同心，继续发扬"顽强拼搏、感恩奋进"的××精神，用辛勤与坚韧、智慧与汗水谱写××发展进步、人民美好生活的历史新篇章！

祝××藏族自治州各项事业繁荣进步！祝全州各族人民幸福安康！

谢谢大家！

机关单位成立周年纪念日致辞

范例一

某检验局局长在该局恢复成立30周年纪念日的致辞

尊敬的各位领导、各位来宾，同志们：

今天，我们在这里共同庆祝××检验局恢复成立30周年。首先，请允许我代表××检验局全体干部职工，对各位领导、各位嘉宾和同志们的光临表示热烈的欢迎和衷心的感谢！

30年前，经国务院批准，××检验局的前身——国家标准总局××检验局重新恢复成立。伴随着改革开放30年来的历史进程，××事业走过了不平凡的发展道路。从最初的全国的十几个机构，发展到现在覆盖全国29个省区；从无法可依、委托执法，发展到现在形成以《棉花质量监督管理条例》及配套规章为依据的纤维行政执法体系；从"协商检验"、"有争议检验"，发展到现在依法全面实施国家纤维公证检验制度；从目测手扯的传统检验方式，发展到现在具有国际水准的实验室。纤检机构不断发展壮大，工作领域不断拓展，工作效果不断显现，社会影响不断深入。

近10年来，××局在国家质检总局的正确领导下，在全国××机构的共同努力下，××事业得到跨越式发展。随着××工作职能的确立，××工作制度和工作模式基本建立，工作领域不断拓宽，作用和影响越来越大，已深深地融入国家经济建设的大局中，成为国家发展纤维产业、推进纤维流通体制改革和棉花质量检验体制改革不可或缺的职能部门。

回顾30年来的发展历程，我们深深地体会到，只有始终坚持用科学发展观统领整个××工作，始终坚持服务于经济建设这个中心，始终坚持提高工作有效性，始终坚持全面履行职能，始终坚持狠抓法制建设，始终坚持××能力建设，才能保证全面履行职能，进而为××事业的长远发展奠定坚实基础。

通过30年的发展，我尤为深切地感受到，做好××工作离不开党的大政方针的正确指引，离不开国家质检总局党组的殷切关怀，离不开国务院相关部门的鼎力支持，离不开社会各界的关心爱护，也离不开老一辈××工作者不断开拓进取和努力奋斗。借此机会，我代表××检验局，向多年以来支持××事业发展的国家质检总局领导、向相关部门的领导、向在××战线工作奉献的同志们以及曾经为此奋斗过的老同志们，表示衷心的感谢和崇高的敬意！

回首过去，我们豪情满怀；展望未来，我们任重道远。30年的征程镌刻着我们奋进的足迹，迈步走在前进的道路上，我们的脚步坚定而执著，我们将以此次恢复成立30周年纪念活动作为新的发展起点，深刻总结经验，认真分析形势，深入贯彻落实科学发展观，解放思想、创新理念、与时俱进、奋发向上，为实现××事业的美好明天而更加努力奋斗。

范例二

某水利厅厅长在某县水土保持站建站60周年纪念日的致辞

各位领导、各位专家，同志们：

今天是个大喜的日子，我们县委、县政府隆重举行××县水土保持站建站60周年纪念会。溯往事，展今朝；总结过去，规划未来。水利部水土保持司的领导和省内外水土保持专家，以及省市水土保持部门的领导欢聚革命圣地××，共商新时期××水保防治工作良策。在此，我谨代表××省水利厅，向会议的胜利召开表示衷心的祝贺！向远道而来的各位领导和专家致以诚挚的谢意！

100多年前，××是一个山清水秀、土地肥沃的地方，既是有名的"汀州府"和"布衣南迁"的第一站，也是客家首府和发祥地。境内森林茂密、柳竹成荫、河深水清、舟楫畅行。由于人们滥砍滥伐，××成为我国极强度水土流失区之一。××人民世世代代饱尝水土流失之苦。1940年12月,国民党××省研究院在××设立土壤保肥试验区,开展了科研、示范治理,进行了一些水土保持工作的有益探索。新中国成立之后,在党和政府的重视下,组建了水土保持机构,动员和带领××人民做了大量的工作。1983年,原省委书记××深入××调查,指导开展水土流失治理。××人民实行以生物措施为主,工程措施和农业技术措施为辅,以及以煤代柴等方式,创出一条以草灌先行,草灌乔结合;以封为主,封造管结合的新路子。

在历届××县委、县政府的正确领导下,经过水保科技人员和流失区群众的多年努力,××县河田开始由红变绿,生态环境明显改善。但我们必须清醒地看到,××县水土保持工作局面仍然十分严峻,水土流失治理任务依然十分艰巨。水土保持是协调人与自然和谐相处的最重要手段之一。搞好水土保持,加强生态环境建设,是中华民族生存与发展的长远大计,可以说,没有良好的生态环境,就不可能有社会经济的可持续发展。面向新世纪,我们衷心希望××人民在各级党委、政府的领导下,在各有关部门的支持下,与广大水保科技工作者共同拼搏,努力开创××乃至我省水土保持生态环境建设的新局面。

最后,祝会议圆满成功!祝各位领导、各位专家、各位代表身体健康、工作顺利!

机构成立周年纪念日致辞

范例一

某省调查总队总队长在总队成立5周年纪念日的致辞

同志们:

光阴荏苒、时光飞度,转瞬间总队走过了五个年头。当回望着亲历过的五个寒暑，当回想着五年执著奋斗的历程，今天总队召开纪念会，干部职工和老同志欢聚一堂，在喜悦和自豪中共度这一难以忘却的日子。我代表总队党组，向全省调查战线上的同志们表示诚挚的慰问和美好的祝愿。

五年前的今天，就在11月16日这个日子里，国家统计局××调查总队成立了。尽管建队朴素无华，但是沐浴着统计改革的春风，承载着调查事业开拓进取的重任，总队的成立依然是××统计调查战线上的一个大事件，依然留在了统计调查人的记忆中。统计调查体制改革的五年，调查工作在传承中也发生了巨大的变化，取得了卓越的成绩，开启了一个事业蓬勃向上的新时期。调查人理想信念的坚守，履行光荣使命的热情，融入事业的奉献付出，奠定了调查事业发展奋进的基石，在事业奋斗和理想的追求中翻开了调查事业新的篇章。

五年漫漫旅程见证着事业的发展，调查工作每一个进步书写着责任、使命与光荣。凝视着调查人绘就的光彩的画卷，感受着调查人立志事业的志向与情感，分享着调查人的使命、光荣与自豪。可以无愧地说，五年的年轮刻就了一段调查工作奋进的历史，过往的时空传载着调查事业这段激昂壮美的历程，这将会是一段统计调查永不淡去、令人回味的历史。

风雨兼程、春华秋实，统计调查走过了发展创业和取得骄人成就的五年历程，调查队用自己的激情和牺牲付出写就了调查春秋。五年的寒暑更迭，五年的不懈努力，调查人自强不息，有了白云一般高远的志向，有了大海一样广博的胸怀，有了事业腾飞的波澜壮阔。今天每个人可以聆听宏厚的心之呼唤，可以凝神自己写就的壮美的画卷。美好的情景留驻岁月，激昂的文字跨越时光，用忠诚和激情书写的感言和用生命展示的美丽将定格在五年调查岁月这神圣的一刻。

同志们，五年这一时段在历史的长河中是短暂的瞬间，但演绎着的调查春秋，与五年的奋斗和收获弥足珍贵，要珍视和不忘却这段艰难的创业历程。今天建队五周年的纪念是对过往奋斗岁月的回顾，也是对调查新的旅程的远眺。展望调查事业的未来依然任重道远，事业新的蓝图需要我们描绘，调查历史的长卷需要我们续写，调查的光荣需要我们传承，工作正未有穷期。让我们携起手来共同努力，调查事业新的春天必将在期待和奋斗中到来。

谢谢大家！

范例二 某省科协会长在该省科协成立50周年纪念日的致辞

尊敬的各位领导、各位来宾、同志们：

今天我们在这里隆重集会，纪念××省科协成立50周年。在此，我谨代表××省科协，向莅临纪念大会的各位领导和各位来宾表示热烈的欢迎！向长期以来关心支持科协事业发展的中共××省委、省人大、省政府、省政协和中国科协，向各级党委、政府和省直有关部门、企事业单位和社会团体表示衷心的感谢！向长期以来奋战在科技战线的广大科技工作者表示亲切的慰问！向曾经和正在为科协事业发展呕心沥血、拼搏贡献的老领导、老同志以及全省各级各类科协组织广大专兼职工作者，致以崇高的敬意！

××省科协由中华全国科学技术普及协会××分会和中华全国自然科学专门学会联合会××分会合并，于1959年4月1日宣告成立，至今已走过五十年历程。五十年风雨磨砺，五十年春华秋实。在半个世纪特别是改革开放30年的艰辛求索、创新发展中，××省科协始终坚持党的领导，认真履行桥梁纽带职责，团结带领全省广大科技工作者秉承"献身、创新、求实、协作"的价值理念，围绕中心，服务大局，坚持为经济社会发展服务，为提高全民科学素质服务，为科技工作者服务，做了大量卓有成效的工作，取得了显著成绩，为××经济社会发展作出了重要贡献。

党的十七大对新时期科协工作提出了新的、更高的要求，胡锦涛总书记在纪念中国科协成立50周年大会上的重要讲话，更是对科协组织、科技工作者寄予了殷切期望。就现阶段而言，做好新时期的科协工作必须突出以下重点：一是积极引导广大科技工作者进一步坚定为中国特色社会主义事业不懈奋斗的理想信念，；二是大力开展以增强自主创新能力为导向的学术交流活动；三是大力推动创新要素向企业集聚；四是大力引导科技知识向农村流动；五是进一步加强公民科学素质建设；六是大力开展决策咨询、建言献策，把科技工作者的个人智慧凝聚为集体智慧。

站在历史与未来的交会点上，这是一个充满前所未有的机遇和挑战的时代。面对新形势新任务，全省各级科协组织及所属团体要进一步增强责任感、使命感和紧迫感，在省委、省政府的领导下，在中国科协的指导下，进一步团结带领广大科技工作者积极投身科教兴省、人才强省的伟大实践，以更加昂扬的斗志，更加奋发有为的精神，努力创造无愧于时代、无愧于人民的光辉业绩，在构建"和谐××"、实现经济社会发展历史性跨越、全面建设小康社会的征途上不断作出新的更大的贡献。

谢谢大家！

> **范例三**
> 某发明协会原副会长在协会成立25周年纪念日的致辞

各位代表、同志们：

25年前我曾经担任首届发明协会副会长，作为一名老会员，今天很高兴参加中国发明协会第×次全国会员代表大会。借此机会，我对大会的召开和协会成立25周年表示热烈祝贺，向各位代表和发明协会历届老领导、老同志表示诚挚问候！

温家宝总理在贺信中充分肯定发明协会成立以来，致力于推动我国群众性发明创造事业，为我国经济建设和社会发展作出的重要贡献，对协会未来发展提出了殷切希望，这充分体现了党中央、国务院对中国发明协会的高度重视和亲切关怀。

中国发明协会伴随着改革开放的伟大步伐，应运而生、与时俱进，已经走过了25年不平凡的历程，取得了丰硕成果，发挥了积极作用。一是团结各行各业发明人才；二是通过举办发明展览会、实施专利成果产业化工程等特色活动；三是大力开展发明创业典型评选表彰；四是深入开展青少年创新活动，推进创新素质教育。实践证明，中国发明协会不愧是党和政府联系广大发明者的桥梁纽带，是具有广泛影响和良好声誉的发明者之家，是发现激励创新人才、展示转化发明成果的重要平台，为建设创新型国家、促进现代化建设作出了重要贡献。在此，我向大家以及全国广大发明者表示崇高的敬意和衷心的感谢！

当今世界科技发展突飞猛进，创新创造、日新月异，科技竞争在综合国力竞争中的地位更加突出。世界各主要国家纷纷把科技创新作为国家发展战略的核心，加大对新兴技术和产业领域的投资，加强体制创新和政策引导，力求掌握世界经济科技发展主动权。借此机会，我提出四点希望：第一，服务中心任务，为加快转变经济发展方式作贡献；第二，坚持以人为本，大力发现和培育发明创造人才；第三，发挥独特优势，积极促进发明成果转化应用；第四，加强自身建设，切实提高协会凝聚服务的能力和水平。

同志们，我们所处的时代，是一个创新人才可以大显身手、大有作为的时代；现代化建设的伟大实践，为广大发明者展示才华、实现价值提供了广阔舞台。让我们紧密团结在以胡锦涛同志为总书记的党中央周围，深入贯彻落实科学发展观，全面实施科教兴国战略、人才强国战略和知识产权战略，努力在全社会形成关心、支持、参与发明创造的生动局面，为提升自主创新能力、实现全面建设小康社会的宏伟目标作出新的更大贡献！

谢谢大家！

> 范例四

国家林业局某局长在中国林学会成立90周年纪念日的致辞

尊敬的×××副总理,同志们、朋友们:

今天,我们在这里共聚一堂,隆重庆祝中国林学会90华诞。在此,我谨代表国家林业局,对中国林学会走过90年的光荣历程表示热烈祝贺!向中国林学会全体会员和广大林业科技工作者表示诚挚问候!

90年前,一批有志于推动中国林业发展的仁人志士,在政治、经济、学术等条件都十分艰苦的情况下,以谋求中国森林学术及事业之发达为宗旨,发起成立了中国第一个林业学术团体——中华森林会,开创了我国近代林学和社团事业发展之先河,举起了一面闪耀着爱国、求知、进取精神和推动中国林业事业发展的光辉旗帜。中国林学会以建设林业、服务祖国为宗旨,提出了许多重要的林业发展战略思想,对推动我国林业建设事业不断前进产生了十分重要的影响。中国林学会第一任理事长梁希先生描绘的让"黄河流碧水,赤地变青山"的壮美画卷,成为新中国成立以来几代务林人的不懈追求和奋斗目标。

90年来,中国林学会紧密团结了一大批林业科技精英,积极搭建学术交流和研究平台,不断追求科学真理,锐意创新,产生了一大批国家级和省部级科研成果,培养了成千上万名林业科技专家,涌现出数十名学部委员和两院院士,有力促进了林业科技的繁荣和发展。中国林学会坚持以传播林业科技知识为己任,大力开展科普宣传活动,在树立生态道德,繁荣生态文化,弘扬生态文明,提高全社会生态意识方面做了大量卓有成效的工作,有力调动了社会力量积极投身于祖国的林业建设。

90年来,中国林学会经受了长期的风雨考验,创造了一种以林报国、振兴中华的爱国精神,坚持了一种实事求是、追求真理的科学精神,形成了一种热爱林业、不懈奋斗的敬业精神,发扬了一种百折不挠、勇于拼搏的进取精神和默默无闻、大公无私的奉献精神。中国林学会的活动领域不断地拓展，活动方式不断地创新，发挥的作用越来越大，所取得的一系列重要成果和精神财富，为中国林业特别是新中国林业建设事业作出了重要贡献。

90年后的今天，我们欣喜地看到，中国林学会已经成为全面推进现代林业建设的一支不可或缺的重要力量，成为我国林业事业中历史最悠久、学科最齐全、会员覆盖面最广、组织体系最完善，在国内外林学界都享有崇高声望的重要社会团体，中国林学会的所有会员和全体务林人为此感到自豪。

同志们，坚持科学发展，建设现代林业，是时代赋予我们的神圣使命。让我们紧密团结在以胡锦涛同志为总书记的党中央周围，高举邓小平理论和"三个代表"重要思想伟大旗帜，全面落实科学发展观，与时俱进、开拓进取、狠抓落实，以优异成绩迎接党的十七大召开，为全面建设小康社会作出新的更大贡献。

建校、建院周年纪念日致辞

范例一

某中学校长在建校70周年纪念日的致辞

尊敬的各位领导、各位来宾，亲爱的各位校友：

大别秋色醉天台，金沙碧水映红安。今天，在这秋高气爽的美好时节，在党的十七大即将召开之际，我们满怀喜悦的心情，聚集一堂，共庆××一中七十华诞，这是××一中校史上具有里程碑意义的盛事。借此机会，我谨代表全校师生员工向关心、支持和帮助我校发展的各级领导、校友和社会各界人士致以崇高的敬意！并向曾经在××一中这块热土上辛勤耕耘的老领导、老同事以及正在这里工作的每一位教职员工表示衷心的感谢。

七十年风雨沧桑，七十年奋斗不息。1937年秋，敬爱的董必武同志亲自创办的××县初级中学在县城土井街秦王氏祠堂内诞生了，这就是××一中的前身。日本帝国主义的铁蹄践踏××县后，××县初级中学在那血雨腥风的岁月里，历尽沧桑，先后四迁校址，五易校名，1958年正式更名为××县第一中学。在那风雨飘摇的年代，无论学校处于怎样的困境中，这颗由董老播下的革命火种，都显示着顽强的生命力。七十年来，××一中始终担负着播撒真知、传承文明、立德育才、科教兴国的历史使命，为中国革命和建设培养了一大批优秀人才，在这片红土地上彰显着××人的灵气与睿智。

七十年岁月峥嵘，七十年情深似海。陈列室里，那一张张图片留下了你们多少美好的回忆；荣誉台前，那一块块牌匾又记录了你们多少的辉煌。虽然，昔日的中学生活贫困艰苦，但你们并不失求知的热情和砺志奋进的雄心。你们领受着师长的谆谆教诲，书生意气、挥斥方遒，以优异的学业和骄人的成绩回报了母校！校友们建功立业于五湖四海，叱咤风云于大江南北，用各种不同的方式，回报社会、回报师恩，你们是××人民的光荣，你们是××一中的骄傲。

七十年薪火相传，七十年春华秋实。××一中在抗日战争的硝烟中诞生，在新中国成立后国民经济恢复时期成长，在改革开放的新时代得到了长足发展。在党和政府的关心下，××一中已从一株幼苗逐渐长成了参天大树。随着新世纪的到来，学校更是进入了"持续发展，追求卓越"的鼎盛时期，办学规模迅速扩大，办学条件不断改善。七十年，是我们××人不解的情结，是我们永远的自豪！七十年，是我们超载时空的情愫，是我们永恒的记忆！

在今天这样一个喜庆而值得纪念的日子里，我们衷心感谢各位领导和社会各界人士，你们用崇高的情怀，铸造了能体现××一中精神的丰碑；你们用坚实的脊梁，撑起了××一中发展的蓝天！你们饱含桑梓情怀，回到故乡、回到母校，重温昔日的情谊，饱含你们对家乡的深深眷念，对家乡父老的殷殷深情！长江前浪携后浪，群山高峰挽低峰。我们追忆往昔，我们更憧憬未来。我们将精诚团结，奋鞭自策，乘着教育优先发展的强劲东风，全面推行素质教育，不断深化课程改革，坚持走质量立校之路，努力开创××一中的美好明天。

各位亲爱的校友，让我们共同为××一中的明天祝福吧！祝福××一中永葆青春！祝福××一中越办越红火！再一次感谢各位领导、各位来宾、各位校友、各位师生的光临！祝大家身体健康、工作顺利、万事如意！谢谢大家！

范例二　某小学校长在建校100周年纪念日的致辞

尊敬的各位领导、各位来宾，亲爱的家长们、老师们、同学们：

大家好！秋高气爽，气候宜人。在这美好的时光里，我们欢聚在××小学的校园，共同庆祝母校百年华诞。首先让我们以最热烈的掌声，向前来参加纪念大会的各位领导、各位来宾、各位家长致以热烈的欢迎和衷心的感谢！

"忆往昔，峥嵘岁月稠"。回首××小学百年风风雨雨，留下的是几代人辛勤耕耘的足迹。××小学建校百年，历任校长二十余位，教职员工数百人，毕业生达万人之众。悠悠岁月，百年来，我们××人一直就以"教书育人，培养良才"为己任，凭着进取、奋斗、竞争与坚韧，屹立于××乃至闽东的教育之林，用爱心和心血，谱写了我们××小学办学的辉煌篇章。

历史的长河一浪推一浪，今天的××小学继往开来，秉承了学校一百年来的光荣传统，并不断取得令人注目的成绩。如今，××小学被确立为：少先队全国红旗大队、××大学奥数基地学校、中国少科院科普基地学校、国家级课题多种教学媒体协调教学中"自主探索、发展学习"试验学校、××省文明学校、××省少先队金奖学校、××省体育锻炼达标学校、××省武术基地学校、××市文明学校、××市实施素质教育先进学校、××市优秀家长学校、××市综治先进学校。

回首过去,我们充满骄傲和自豪;展望未来,我们倍感任重而道远。纪念建校一个世纪,是我校发展史上的一个重要里程碑,同时也是我校建设与发展的新起点。"雄关漫道真如铁,而今迈步从头越",路正长,任愈艰,只有思危,才能奋进。21世纪的教育,早已是一片希望的田野,我们面临的一切是全新的,唯有清醒,方能写好新的历史篇章。站在新百年的起点上,我们要全面贯彻党的教育方针,构建具有优质教育体系的学习型学校,让教师在超越自我中促进专业成长;让学生在体验成功中激励全面发展,把办学品位提升到一个更高的水平,在新课程改革的浪潮中,以学校的发展为本,强化特色教学,教会学生学习做人,教人求真。

××小学,将合着时代的节拍,与时俱进,奋发向前,走向又一个百年新的辉煌。最后,祝各位领导、各位来宾,家长们、老师们、同学们工作顺利、学习进步、身体安康、合家欢乐!

范例三
某工程职业学院院长在建院3周年纪念日的致辞

尊敬的各位领导、来宾、师生员工们:

大家好!桃花盛开、满目芳菲的四月,我们在此隆重举行××工程职业学院三周年校庆庆典活动。借此机会,请允许我代表学院领导班子向出席今天活动的各位领导、各位来宾表示热烈的欢迎!向学院全体师生员工表示热烈的祝贺,向关心和支持学院发展成长的各界人士表示衷心的感谢!

三年前的今天,学院董事长××,心系职业教育,情牵莘莘学子,带领董事会成员创办了××工程职业学院,从此拉开了××县高等职业教育的序幕,××工程职业学院也成为××市第一所民办高等职业院校。三年来，××工程职业学院历经沧桑，几经周折，又不断进步，不断发展，数创辉煌。从最初的不足千名学生到如今的4个二级分院27个专业13个方向，近5200多名学生，××工程职业学院"面向全国，服务社会，培养人才"的办学特色日趋明显，办学效益和教育质量稳步提高。

在三年的磨炼中，××工程职业学院锻铸了"明德、励志、笃学、敦行"的校训，凝练了"锲而不舍、勤学深思、面向实际、服务社会"的良好学风。这种学风，将在工程学子身上不断传承和发扬光大，续写××工程职业学院更加辉煌的历史新篇章。今后，××工程职业学院将以此为新的起点，秉承"勤俭办学、人才为本、质量第一、精益求精"的办学理念，与时俱进、开拓创新，坚持以改革为动力，坚持发展是硬道理，坚持质量是生命线，坚持"遵纪守法、团结向上、教学相长、爱国爱校"的校风，为建设一所富有浓郁地域特色的创新型学院，一所以培养科技精神和人文精神相糅合的，适应生产、建设、管理、服务第一线需要的高等技术应用性人才的高水平工科学院而努力奋斗。

斗转星移，岁月沧桑。三年风雨浸润流岚岁月，积淀下沉沉履步；三年峥嵘穿透纯净书声，抒写出精彩华章；三年的拓荒播种，这里已成为一片沃土；三年的锲而不舍，这里已成为人才的摇篮；三年的上下求索，这里已成为璀璨的明珠；三年艰苦求索，彪炳千秋；三年春华秋实，绚丽夺目。××工程职业学院5200名师生员工同舟共济，用"团结拼搏、开拓创新、知难而进、敢于争先"的××工程职业学院精神谱写了一部辉煌的史诗，铸造了××工程职业学院今天的荣耀。感谢我们的老师，是你们用智慧与汗水催开了满园蓓蕾；感谢我们的学子，是你们用成功与喜悦为母校赢得了辉煌。

回首往昔，我们骄傲；展望未来，我们向往；恩承荫庇，我们感激；承前启后，我们任重道远。往事如歌，未来如诗，如椽大笔写不完激情岁月，千言万语抒不尽满腔深情，长歌豪迈待我们挥斥方遒。愿××工程职业学院人能继续，植桂培兰不仰千种绿，栽桃育李尤钦万顷材。成就是昨天的句号，开拓是永恒的主题。在新的岁月里，在新的征程中，我们将紧紧把握时代的主旋律，狠抓校园建设，积极推进名师工程，继续深化课程改革，大力推进素质教育，向着更高更远的目标迈进。我坚信：××工程职业学院的明天会更灿烂！

谢谢大家！

建馆周年纪念日致辞

范例一

某特区副区长在某生态博物馆建馆10周年纪念日的致辞

各位专家、各位学者，各位领导、各位来宾，××社区的父老乡亲们：

在纪念改革开放30周年的金秋时节，我们迎来了中国第一座生态博物馆——××生态博物馆建馆10周年的大喜日子。在这里，我受××特区党委、人大、政府、政协四大班子的委托，向生态博物馆建馆10周年表示热烈的祝贺！向前来参加生态博物馆10周年庆典的各位专家学者、各位领导、嘉宾朋友表示热烈的欢迎和衷心的感谢！向××社区5000余父老乡亲表示亲切的问候！

光阴似箭，岁月如梭。转眼间，××生态博物馆走过了艰难探索、辛勤耕耘的十年历程。十年来，生态博物馆始终坚持"政府主导、专家指导、村民参与"的工作方针，按照《××原则》，不断探索、不断学习、不断总结，致力于××文化的保护、传承、弘扬和发展，有效地保护和保存了××文化遗产的真实性、完整性和原生性，促进了对外文化交流。与此同时，各级政府高度重视，不断加大投入，努力改善社区居民的生产生活条件，大力发展教育，加大扶贫开发力度，有力地推动了社区的经济和社会发展，居民的生活水平日益提高。实践证明，通过生态博物馆这种工作模式，对于实施民族优秀文化的有效保护和传承，促进对外开放，推动社区经济社会健康有序发展，提高居民生活水平具有极其重要的作用。

十年耕耘，十年收获。生态博物馆社区的环境面貌今非昔比。这种惊人的变化，得益于各级领导、国内外专家学者、社会各界，尤其是××王国政府、××国家文物局、××历任驻华大使的关爱和支持，在此，我谨代表××特区人民政府表示衷心的感谢！

××民族具有坚忍不拔、自强自立、吃苦耐劳的精神，具有朴实善良的品格，古朴、神秘、厚重的民族文化构成了××文化的独特魅力，受到国际国内的广泛关注。这是我们的自豪，也是我们的骄傲！希望××同胞倍加珍爱自己的文化。作为文化的主人，有责任和义务保护、传承、弘扬自己的文化，继而成为社区和谐持续发展的精神动力。特区政府将一如既往重视和支持社区的发展。我相信，只要我们携手共进，继续努力，生态博物馆社区的明天会更加美好！

最后，祝各位领导、各位专家学者，各位来宾和朋友们身体健康，万事如意！祝社区父老乡亲合家欢乐，日子越过越红火！

谢谢大家！

范例二

某市档案局局长在档案馆建馆50周年纪念日的致辞

尊敬的各位领导、各位来宾，同志们、朋友们：

流金溢彩的盛夏时节，我们在这里隆重聚会，庆祝××市档案馆建馆50周年华诞。首先请允许我代表市档案局（馆）全体干部职工，向到会的各位领导和来宾表示热烈的欢迎！并对多年来所给予档案事业的关心和支持，表示衷心的感谢！向50年来为××市档案事业发展作出过突出贡献的档案界的老领导、老同志表示崇高的敬意和亲切的问候！

岁月如歌，春华秋实。伴随着共和国成长的脚步，××市档案馆走过了50年的风雨历程。50年的探索，励精图治，奋力争先；50年的积淀，存真求实，功载史册。这50年，是档案人开创事业、存史资政的50年；是档案人务实奉献、开拓进取的50年；是档案人创新服务、跨越发展的50年。从1960年市档案馆成立至今的50年间，××市档案事业在发展中创新，在创新中超越，谱写了辉煌的篇章。

这是档案事业发展壮大的50年，这是档案事业服务大局的五十年，这是档案事业创新奋进的五十年，这是档案事业硕果盈枝的五十年。多年来，在市委、市政府的正确领导下，在省档案局的具体指导下，在社会各界的大力支持下，××市档案事业不断发展和壮大，谱写了骄人的辉煌篇章。1997年晋升为省一级档案馆；2005年晋升为全省AAA档案馆；2008年晋升为国家二级综合档案馆。多年来，市档案局（馆）先后荣获全国"十五"期间档案工作先进集体；全省"八五"、"九五"、"十一五"期间档案工作先进集体；省、市精神文明建设先进单位；市"三八"红旗集体；全市法制建设、学会工作、网站建设先进单位等多项荣誉称号。局机关还连续18年被评为全市党建工作先进单位。

五十年求实探索，半世纪铸就辉煌。××市档案事业所取得的辉煌成就，是市委、市政府正确领导的结果，是省档案局精心指导的结果，是市区党委政府、市直各有关部门及社会各界关心支持的结果，是县（市）区档案部门协调配合的结果，更是几代档案人不懈追求和无私奉献的结果。

50年是一个里程碑，承载着重托，寄予着希望。展望未来，××市档案事业的发展任重而道远。让我们站在新的历史起点上，以建馆50周年为契机，以科学发展观为指导，围绕党和政府工作大局，以存真求实的科学态度，以对历史负责、为现实服务的高度责任感，积极实践，开拓创新，加快推进档案资源体系和利用体系建设，努力把××市档案馆建设成为档案安全保管基地、爱国主义教育基地、档案利用中心、政府信息查阅中心、电子文件中心"五位一体"的新型公共档案馆，为服务城市发展和社会进步再谱新篇、再立新功、再创辉煌。

谢谢大家！

公司成立周年纪念日致辞

> **范例一**
> 某市市委副书记在某公司成立 8 周年纪念日的致辞

尊敬的各位来宾，各位领导，同志们、朋友们：

一年有四季，迷人在金秋。在这个收获的季节里，我们迎来了××公司 8 周年庆典。我代表中共××市委、市政府对××公司的 8 周年庆典表示热烈的祝贺，对××公司的所有员工表示诚挚的问候和真挚的祝贺。

流水似年，岁月如歌。弹指间，××公司已经在市场经济的大潮中搏击了 8 年，8 年的栉风沐雨、8 年的卧薪尝胆、8 年的执著奋斗，铸就了××公司 8 年的辉煌灿烂。企业从无到有，规模从小到大，生产从弱到强，经营招商引资，产品市场开拓，企业文化的建设。所有发展中我们凝聚的心血，拼搏中大家流淌的汗水，困境中我们吞咽的泪水，所有的喜怒哀乐，所有的酸甜苦辣，历练成××人不屈不挠、勇敢向上、积极进取的精神与品格，也就是这种精神与品格才成就了我们今天的事业。

所以，我要感谢大家，代表市委、市政府，代表全市 40 万人民感谢大家。感谢你们创造了××公司 8 年辉煌历史，感谢你们，同时也感谢全市所有的为××的经济建设和社会发展作出贡献，创造财富的人们，谢谢你们。

我们要说，××公司 8 年的辉煌已经成为历史。面对未来，路很长，也很艰巨。但是，我们今天所站的是一个全新的、更高的起点，"小荷才露尖尖角"嘛！我们坚信，××公司在××先生的英明领导下，面对未来更加激烈的市场竞争，更加严峻的挑战，都能秉承××人团结、敬业、务实、创新的精神。××公司的明天会更加的灿烂辉煌，更加的兴旺发达。

赢在世界，走向明天！祝××公司生日快乐！谢谢大家！

范例二

某货运有限责任公司董事长在公司成立10周年纪念日的致辞

尊敬的各位领导、各位来宾,女士们、先生们:

大家早上好!今天,我们在这里隆重聚会,举行××货运有限责任公司成立10周年庆典。在这个令人振奋的喜庆时刻,我代表公司全体员工,向莅临大会的各位领导、各位嘉宾和社会各界朋友表示热烈的欢迎和衷心的感谢!

10年前,沐浴着改革开放的春风,××县××车场宣告成立。昔日怀抱一腔热情,带着憧憬的梦想,××车场走上了艰辛的创业之路。在企业成立至今10年里,遍寻资源、开拓市场、挖掘客户,攻克一个又一个发展难关,在磨炼中逐渐成长、成熟起来。期间,随着车场规模的发展壮大,××县××货运有限责任公司应势成立。10年来,企业在市场经济的大潮中接受了洗礼,经受了考验;10年来,在各级领导的亲切关怀和社会各界人士的大力支持、帮助下,××货运有限责任公司一班人在复杂多变的商海里拼搏进取、阔步前进,不断取得新的业绩。

十年风雨兼程,十年沧桑巨变。十年在浩瀚的历史长河中,只是短暂的瞬间,但对××货运有限责任公司来说,却是一段发愤图强、阔步前进,挥洒汗水、创造辉煌的激情岁月。

创业充满艰辛,成绩来之不易。此时此刻,当我们回顾干事创业的奋斗历程时,每一位情系企业、关心企业的领导和社会各界朋友,都会倍感欣慰,每一位员工都会更加自豪。我们不会忘记,10年间各级领导多次莅临视察指导;我们不会忘记,10年间各亲朋好友和社会各界人士对企业的关心、帮助和支持。今天,展现在我们面前的××货运有限责任公司是一个朝气蓬勃、活力四射、文明和谐、极具发展潜力的民营企业,这是我们共同铸就的丰碑。

各位领导、各位来宾,朋友们,抚今追昔,意在登高望远;知往鉴今，志在开拓未来。今天，我们有十年奋斗夯实的发展基础，有长期积累的精神财富，有勤劳、智慧、开拓、奋进的员工队伍，完全能够在新的起点上不断实现新的跨越。今天，也是我们迈向下一个10年的第一天，我们今后的路还很长，困难和挑战还会更多，但我们坚信，只要我们和衷共计、风雨同舟、团结进取，我们将会勇往直前。让我们振奋精神，再次吹响前进的号角，向新的10年稳跨第一步，续写光辉灿烂的美好明天！

最后，祝本次庆典活动取得圆满成功！祝各位领导、各位来宾身体健康、工作顺利、安康幸福、万事如意！

谢谢大家！

范例三
某户外用品股份公司董事长在公司成立11周年纪念日的致辞

尊敬的各位领导、各位来宾，女士们、先生们：

下午好！在××11周年庆典开幕的时刻，首先请允许我代表北京××户外用品股份公司全体员工，向所有关心和支持××事业的各级政府领导、工商界人士、全国代理商、供应商伙伴、媒体朋友以及其他社会各界人士表达最诚挚的谢意！

11年前的今天，××公司在北京正式注册成立了。1999年1月，几个不安分的下海年轻人在香山脚下租来的两排破旧小平房里开始了艰辛却又充满激情的创业历程：自己动手测量场地、建设帐篷生产线，自己动手安装调试土暖气，自己动手建好冲水卫生间。心里攒着一股劲儿，憧憬着一个当时看来是野心勃勃的梦想：新公司要能做200万的年销售额那该是什么滋味啊。

11年的奋斗，历经1999-2003年艰难创业期和2004-2008年快速成长期，××实现了当初100倍的梦想，今天的××已经成为中国户外用品市场本土第一品牌，营销网络遍布全国130多个大中城市，10年年均销售复合增长率超过50%。2007年××被认定为中国驰名商标，并成为北京2008奥运特许生产商，创造了户外行业两项唯一。2008年××建成了业内规模最大的产品研发中心，物流信息化系统正在直达零售店面，也是刚刚过去的2008年我们完成了股份制改造，建立了完善的现代企业制度，为企业进一步规模化发展奠定了基础。

我认为，××快速成长的原因在于以下四个方面：首先要归功于改革开放、中国崛起的辉煌时代；其次是公司创业之初我们就明确了的自主品牌的发展道路，"打造卓越品牌，分享户外阳光生活"是我们的企业使命；再次是我们对持续提升"质量、创新、服务"三个核心竞争力的不懈追求，尤其是创新已经成为××最具识别性的企业基因；最后是"共同成长、共同分享"的××企业文化。

追忆十年风雨历程，在分享收获喜悦的同时，我们更要感谢各级政府对民族自主品牌的关爱，感谢广大消费者，感谢来自全国的代理商、供应商伙伴，感谢全国商场对××品牌的厚爱，是你们给了××舞台，借此机会我也由衷表达××和全体代理商的心声：给我们的面积大一点、再大一点！我们会给顾客带来更多的精彩。我们感谢媒体朋友，是你们的宣传和报道给××插上腾飞的翅膀！

我们感谢所有关心和帮助××成长的每一个人，××因您而更加生机勃勃！我也要感谢全体××员工，丰收的果实里凝结了我们每个人的辛勤汗水，未来的日子我们还将甘苦与共、勇往直前！

尊敬的各位领导、各位来宾，亲爱的朋友们，××新的十年序幕已经拉开，二次创业的号角已经吹响，××迎来了自创立以来内功最扎实、准备最充分的发展阶段。我们要继续保持艰苦奋斗的创业精神，锐意进取、持之以恒，在大家的帮助下续写××新的历史篇章。

谢谢大家！

店庆日纪念等庆典活动致辞

范例一

某董事长在总店9周年店庆活动上的致辞

尊敬的各位贵宾、各位朋友、亲爱的××1182名伙伴们：

大家晚上好！值此9周年庆典之际，我谨代表1182颗火热滚烫的心，为这场盛大而充满激情的庆典之夜拉开序幕！同时，我也要非常荣幸地告诉大家一个好消息：我们"××"大家庭即将在奥运会期间，迎来第十个家庭成员"北京瑞辰××店"的诞生！

今天，到场的嘉宾，有许多位长期以来，给了我们"××"鼎力支持的最重要的宾客，有我们亲密的合作伙伴：××店××的××总，×××店××的××总，××酒店的×总，××训练顾问有限公司的×××老师，××律师事务所的××先生；有我们曾经并肩战斗过的昔日同事，今天的朋友：××、××等；今天，我们还有很多很多坚持在异地工作岗位的"××"员工，未能来到现场，让我们把最热烈的掌声，送给我们最可爱的伙伴们！

感谢九年来1182颗心辛勤劳作挥洒下的每一滴汗水，相信九年来它已汇成了一条滚滚不息的企业长河！感谢1182双脚印踏踏实实踩下的每一个足迹，相信九年来它已修筑成了一条坚实宽广的企业之路！感谢所有的贵宾、朋友给予我们的每一次微笑、批评、赞美和教导，相信九年来它正如天空中的太阳一般给予了我们的温暖！

感谢无数双扶持的手，无数双关爱的目光，无数次的跌倒再爬起，无数次的蜕变与创新……感谢上天的眷顾，感谢机会的垂青，感谢我亲爱的"××"伙伴们。九年来，我们所走的每一步都坚定地贯穿于"踏踏实实，精益求精"！

今天，我们更要特别感谢"××集团"的××董事长和全体员工，感谢他们为我们提供了这个辉煌的舞台，让我们尽情地放歌欢舞，让青春的激情照亮庆典之夜的狂欢，让我们共祝企业之树长青！

谢谢大家！

范例二　某大厦总经理在大厦营业10周年庆祝活动上的致辞

同志们、朋友们：

在美丽泉城的×××和×××畔，在充满神奇历史印记和传说的××市里，10年前的今天，××大厦花儿一样盛装开放。春去春来，草木葱荣。值此10周年店庆之际，我谨代表××大厦，向多年来一直关心支持××、关爱扶持××的各级领导、嘉宾及业内同仁，表示诚挚的感谢！向多年来在大厦各个工作岗位默默奉献的全体员工，致以崇高的敬意！

××大厦，从十年前的"小荷才露尖尖角"，到今天的"映日荷花别样红"；从十年前的咿呀学语，到今天的"披星（四星级）戴月（金钥匙）"。××人秉承"团结奋进，学习创新"的××精神，坚持"求真务实，追求卓越"的××作风，以全心全意为顾客提供舒适方便的酒店环境和富有魅力的个性化服务，为员工提供舒心的工作环境和实现个人价值的舞台为使命，用优质高效的管理和日臻完善的服务，树立起了健康向上的××形象。特别是在参与了2008奥运会服务和2009全运会媒体村全程优质服务并赢得巨大荣誉后，××以高度的社会责任感，在业内巩固了更加良好的企业形象。

"×××畔的四星级酒店——××大厦我的家"已成为广大顾客在××的商务、旅途选择。"桃李不言，下自成蹊"。××大厦的每一步成长，都离不开社会方方面面的呵护与帮助，特别是一大批贵宾客户的鼎力支持，培育了××，壮大了××。也许我们不能创造出最好的服务，但我们却能通过不懈地努力，创造更好的服务，以关爱回报关爱，以真诚回报真诚。

"转方式、调结构、促发展"是党中央、国务院对我国经济发展方式转变和产业结构调整做出的重大部署。省市各级政府强调要把发展服务业放到首要产业的位置来抓。酒店业作为传统服务业的组成部分，也应担负着重要的责任和使命。新思维新机遇新挑战。"知者不惑，仁者不忧，勇者不惧"。已经10岁的××，怎样在新形势下结合自身的实际，谋求新的更大发展。无近忧必有远虑，这是我们在店庆喜悦的同时，需要进行的冷静思考。市场竞争已经从服务产品的竞争上升到经营理念的竞争。由此，我们认定××今后的治理及规范地运行，必须要遵循"正德、利用、厚民、惟和"八字方针，以此为根本，在实践中丰富提升管理境界。

十年时光，白驹过隙。我们在店庆喜庆之际，也深感今后任重道远。海不辞水，故能成其大；土不辞石，故能成其高。我们一定虚心学习业内同行的先进的管理经验，认真修正运行中存在的各种不足，确保××的管理和服务扎扎实实迈上一个又一个新台阶，以崭新形象和优质的服务，回报多年来一直关心我们的各级领导和忠诚宾客！

共祝愿：××好！

范例三
某酒店董事长在酒店12周年店庆活动上的致辞

尊敬的各位领导、各位嘉宾，亲爱的全体同事：

大家下午好！光阴荏苒、日月如梭，转眼间，××酒店度过了12个春秋。时事变迁，岁月沧桑，××酒店在拼搏中进取，在风浪中成长，在发展中壮大。

今天，红日高照，瑞气盈门。我们共贺××酒店12周年华诞，同时，也迎来了××第13个创业的春天！值此华诞荣庆和新年来临之际，我谨代表董事会向各位领导、各位来宾的关怀和祝贺，表示热烈的欢迎和衷心的感谢！十二年真情关注，十二年风雨同行，十二年携手共进，感谢一路上有您！您因××而奋斗，××因您而自豪。

××酒店自1993年成立，在党的正确领导下，全体××人以拓荒牛的精神，追求探索、发愤图强、克难求进，倾力营造新××、新形象，企业文化和团队建设取得了长足的进展，全员上下心齐劲足，经营面貌焕然一新，尤其是今年9月的月饼营销和11月份蚝文化节的全线启动，绩效考核的长效机制成功地付诸实践，唱响了"食在××，美在××"的金字品牌，至今已打造成××娱乐业的龙头企业，实现了经济的快速增长，为××地区的经济繁荣、为社区人民的文化娱乐、为××地区旅游业的蓬勃发展、为和谐社会的增光添彩，作出了应有的贡献。

风雨十二载，一路谱华章。十二年来，是你们用汗水刷新了××的历史，用青春抒写了××绚丽的凯歌，用智慧广开了××的财路，用雄心和壮志构筑了××美好的蓝图；××大业正蒸蒸日上，一切朝着稳定、健康的方向发展！

××的发展，我们可喜可贺！但是，过去取得的成绩已成为历史，未来的辉煌还需要我们努力去打造。时代的发展、社会的进步对我们提出了更新的任务和更高的要求。回顾过去，我们豪情满怀；展望未来，我们信心百倍。我们要坚定不移地贯彻市委、市政府关于创建"和谐××、效益××"的大政方针，始终坚持质量是企业的生命线的经营理念，让客人满意永远是我们追求的目标，致力营造温馨舒适环境，与客人建立密切友好的情谊，让客人长来××、选择××、喜欢××。

新的一年，我们要以高昂的斗志、饱满的工作激情投入到新年工作当中去，把工作的力度加大、把工作措施加强、把工作节奏加快；以创建"和谐××、效益××"为目标，群策群力，万众一心，把振兴××的宏伟事业不断推向新的前进！最后，我想用一句诗与诸位共勉：长风破浪会有时，直挂云帆济沧海！谢谢大家！

婚礼庆典活动致辞

范例一　某证婚人在婚礼上的致辞

各位来宾：

今天，我受新郎新娘的重托，担任××先生与××小姐结婚的证婚人感到十分荣幸，在这神圣而又庄严的婚礼仪式上，能为这对珠联璧合、佳偶天成的新人作证致婚词而感到分外荣幸，也是难得的机遇。

新郎××先生现在××单位，从事××工作，担任××职务，今年××岁。新郎不仅英俊潇洒、忠厚诚实，而且有颗善良的心，为人和善；不仅工作上认真负责、任劳任怨，而且在业务上刻苦钻研，成绩突出，是一位才华出众的好青年。

新娘××小姐现在××单位，从事××工作，担任××职务，今年××岁。新娘不仅长得漂亮可爱，而且具有东方女性的内在美，不仅温柔体贴、知人为人、勤奋好学、心灵纯洁，而且善于当家理财，手巧能干，是一位可爱的好姑娘。

古人常说：心有灵犀一点通。是情是缘还是爱，在冥冥之中把他们撮合在一起，使他们俩相知相守在一起，不仅是上帝创造了这对新人，而且还要创造他们的后代，创造他们的未来。此时此刻，新娘新郎结为恩爱夫妻，从今以后，无论贫富、疾病、环境恶劣、生死存亡，你们都要一生一心一意忠贞不渝地爱护对方，在人生的旅程中永远心心相印、白头偕老。

最后，祝你们俩永远钟爱一生、同心永结、幸福美满！

范例二　某领导在婚礼上的致辞

尊敬的各位来宾：

大家好！喜临门，喜洋洋。在此良辰美景，让我们举起酒杯，向新人们表示真诚的祝福。

祝福你们，新郎新娘，祝贺你们的美满结合。从相识、相恋到喜结良缘，你们经历了人生最美好的时光。你们的爱情是纯洁的、真挚的。千里姻缘，天作之合。在对理想和事业追求中建立的新家，正是你们谱写美妙爱情交响曲的延伸。祝福你们，新郎新娘，祝贺你们新婚快乐。

中国有句俗话："男大当婚，女大当嫁。"愿你们良宵花烛更明亮，新婚更甜蜜。真诚祝愿共浴爱河的俊男倩女，赏遍人生欢愉和甘甜。

祝福你们，新郎新娘，祝贺你们爱情之树常青。愿你们相亲相敬，恩恩爱爱，和和睦睦，白头偕老；愿你们尊敬父母，孝心孝情不变，依然是个好儿子、好女儿，这要当个好女婿、好媳妇；愿你们工作、学习和生活，步步称心，年年如意。

衷心祝福沉浸在新婚欢愉中的你们，幸福美满、心想事成。

范例三　某新郎家长在婚礼上的致辞

尊敬的来宾：

大家好！今天是我儿子××和××小姐结婚的大喜日子，我感到非常高兴和荣幸。高兴的是这对新人今天携手共同走进了他们婚礼的殿堂，开始了他们新的人生，我们也算完成了一个光荣的任务。荣幸的是有那么多的亲朋好友和父老乡亲送来了他们真挚的祝福。在此，我谨代表双方的家长向这对新人表示衷心的祝福，同时，我也借这个机会，向多年来关心、支持我们全家的各位领导、各位同事、各位朋友表示最衷心的感谢!

结婚是人生的大事,也是每个家长的大事。面对台上这对新人,面对台下这么多的亲朋好友,我送三句话给这对新人:一是希望你们互相理解、相互包涵,在人生道路上同舟共济;二是要尊敬和孝敬父母,你们结婚了,意味着父母老了,他们更需要你们常回家看看;三是不断进取、勤奋工作,要用实际行动来回报社会、回报父母、回报单位。

最后,我还想感谢我的亲家,培养出了这么好的一个女儿,给我们这么好的一个媳妇。

借此机会,我再一次地祝福这对新人生活幸福、互敬互爱,并且衷心祝福来参加我儿子、媳妇婚礼的各位来宾身体健康、家庭幸福!

第五章

拜祭性活动纪念致辞

范例一

某省省长在2011年黄帝陵拜祭活动上的致辞

尊敬的领导、各位来宾：

"中华开国五千年，神州轩辕自古传"，今天我们欢聚一堂，共同缅怀我们伟大的人文始祖——轩辕大帝。在这个喜庆的日子里，我谨代表××省政府向莅临此次庆典活动的各位领导、各位嘉宾、海内外同胞以及社会各界人士表示热烈的欢迎和衷心的感谢。

我很荣幸来诵读此次祭祀大典的祭文："惟公元二〇一一年四月四日。岁次己丑，节届清明。熏风和煦，万物滋荣。海内外华夏儿女，云集××，敬献悃诚。谨以黄钟大吕之乐，清醴鲜花之荐，恭祭我人文初祖轩辕黄帝之陵曰：大地回春，时运清明。五千年神州，人杰地灵；惟黄帝始祖，功德永恒。回首戊子，感慨深衷。履险如夷，民康国宁。浓情凝聚，融化江南雨雪冰冻。众志成城，创建汶川抗震奇勋。奥运圣火传五洲，禹甸喜圆百年梦。神七飞天耀寰宇，中华儿女遨太空。改革开放三十年，国强民富展雄风。金融危机，全力应对；科学发展，积极践行。一国两制,港澳归宗。海峡两岸,实现三通。放眼世界,互利共赢。看尧天舜土,海晏河清。"

我们今天举行这次祭祖庆典,就是深切表达海内外炎黄子孙对先祖的缅怀,并将秉承先祖遗风、共谋国家富强、民族昌盛的共同心愿。中国素有植树怀念先人的传统,据传黄帝亲手种植的柏树,如今被列为"中华第一树",立于轩辕庙中。此后,经历朝历代的努力,××古柏面积达到1330多亩。

××凝翠,沮水融融。在始祖陵前效法先祖种植连根柏,是为了寄托对轩辕黄帝的无限怀念,表达普天之下炎黄子孙热切盼望中华民族早日统一、繁荣复兴的愿望。目前,这片承载着海内外同胞虔诚敬祖之心,浓浓爱国之情的炎黄子孙林,与××千万株松柏共生共荣,成为海内外炎黄子孙同心同德,情系中华的美好象征。柏树的根坚韧不拔,蔓延着中华民族五千年的悠久文化,海外华人有责任将这种文化带到世界每一个角落并发扬光大。

预祝此次拜祭纪念活动圆满成功!谢谢大家!

范例二

某市市长在炎帝陵全球华人省亲拜祭活动上的致辞

尊敬的各位领导、各位来宾,全球华人朋友们:

桃花含笑踏春至,神农欢歌迎宾朋。今天,己丑年全球华人省亲祭祖大会在陕西宝鸡炎帝陵举行,我们齐集于此共同纪念中华民族的始祖炎帝。在这个喜庆的日子里,我谨代表××市政府对莅临此次祭祖大会的各位领导、各位来宾、全球华人朋友们及炎黄子孙们表示热烈的欢迎和衷心的感谢。

惟公元二〇〇九年九月十九日,农历八月初一,岁在己丑,良辰吉日。炎帝故里,金风送爽,硕果飘香。全球华人代表,聚首常羊山,以虔诚景仰之心，雅乐吉礼之仪，祭拜于炎帝之陵。曰：

吾祖炎帝，号曰神农；诞于姜水，永眠常羊。功盖古今，德耀天地。启人文，开教化；种五谷，解民饥；尝百草，令民康；设日市，兴贸易；埏埴器，盛而食；治葛麻，有衣裳；剡木矢，卫安宁；构房屋，蔽风寒；练丝弦，娱民神；画符号，创文字；炎黄盟，立华夏。赫赫吾祖，高山仰止；千秋鸿绪，万世显扬。

巍巍中华，五千年纪；泱泱华夏，源远流长。万里长城，人类奇迹；四大发明，民智彰显。孔孟老庄，圣贤云涌；易儒道学，文明彪炳。京杭运河，贯通南北；丝绸之路，连接欧亚。世界古国，咸百年而流竭；唯我中华，数千年以传承。

迨至近世，风雨如磐；列强宰割，内忧外患。吾族奋起，救亡图存；外驱强虏，内医沉疴。建立共和，重振雄风；今我中华，和谐盛世。经济中心，一以贯之；改革开放，坚定不移。六秩奋斗，国富民强；千年基业，成就辉煌。经济危机，沉着应对；审时度势，共克时艰。奥运盛会，百年成真；神舟探月，环球瞩目。抗震救灾，众志成城；台胞有难，举国驰援。友邦睦邻，广结伙伴；世界舞台，和平崛起。

古之陈仓，人文荟萃。文王访贤，周公制礼，穆公称雄，武侯伐北，唐王礼佛，张载设堂。悠悠八千年，文明破晓地。今之××，物华丰赡。太白探险，吴山寻幽，渭湖荡舟，石鼓迎霞，关山赏绿，嘉陵乐水。煌煌六十载，宝地换新颜。

吾辈有幸，主政一方；服膺使命，慷慨担当。四个第一，造福惠民；五大突破，再铸辉煌。科学执政，构建和谐；上下齐心，同奔小康。承先祖之基业，启未来之宏图。

炎黄子孙，同祖同宗；华夏儿女，同心同德。四海归乡，瞻仰祖地；常羊相聚，虔诚共祭。奠酒上香，顶礼膜拜；雅乐珍馐，恭祭吾祖。万民祈祷，帝降甘霖；佑我众生，同享福祉。大礼告成，伏维尚飨！

炎帝神农氏是中华民族的始祖，他始种五谷以为民食，遍尝百草以治民恙,织麻为布以御民寒,日中为市以利民生,剡木为矢以安民居,削桐为琴以怡民情……他使先民走出茹毛饮血的原始生活,实现了向农耕文明的跨越。千百年来,炎帝深受世人敬仰,他厚德载物、为民造福的仁爱精神,功昭日月,德泽后世,由此形成的姜炎文化更是中华民族自尊、自强、创新、创造精神的源泉,中华文明的源头。

预祝此次祭祖大会圆满成功!谢谢大家!

范例三
某市副市长在两岸海祭妈祖拜祭活动上的致辞

尊敬的各位领导、各位来宾,两岸的各位同胞:

今天我们海峡两岸的同胞齐集于此,共同祭奠我们的"海神"——妈祖。在这个喜庆的日子里,我谨代表××市政府向莅临此次祭祖活动的各位领导、各位来宾、海峡两岸的同胞及关注妈祖文化的社会各界人士表示热烈的欢迎和衷心地感谢。

妈祖文化蕴涵着仁爱、博爱、不畏艰难、舍己救难的高尚情操,是真的体现、善的化身、美的象征、和平的愿景,是中华民族传统文化中的一块瑰宝,共同的妈祖信仰文化已经超越了地域范围和族群界限,成为海峡两岸交流合作的一道亮丽风景线。本届海祭妈祖文化活动,以弘扬妈祖精神,展现"非遗"的风采,推进两岸交流为福祉,为两岸文化机构和妈祖信众提供了加强沟通深化交流的平台,表达了两岸同胞要交流、要合作、要和平的心声和愿望,增强了两岸同胞传承和弘扬中华民族优秀传统文化的责任感和使命感,突显了两岸共同的人文优势和美好追求。

××与台湾隔海相望,一衣带水,两地有着密切的地缘、血缘、亲缘和文缘关系。发祥于××湄洲的妈祖文化,是中华民族优秀传统文化的重要组成部分;是两岸超越意识形态、超越时空界限的共同追溯本源;是维系两岸同胞深情厚谊的精神纽带;是××经贸文化交流合作的重要推动因素。我们真诚地希望通过这次海祭妈祖文化活动，展现妈祖文化风采，进一步深化闽台民间交流，进一步扩大合作，推动××港口宜居城市发展。

预祝海祭妈祖活动取得圆满成功！谢谢大家！

范例四
台湾某妈祖研究专家在纪念妈祖诞辰1045周年拜祭活动上的致辞

尊敬的×××副主席，各位朋友，海内外的妈祖信众：

你们好！有幸应邀参加妈祖诞辰1045周年纪念大会，我感到十分高兴。在此，我谨代表台湾所有的妈祖宫庙和信众并以我个人的名义，对活动的主办方表示衷心的感谢，并对妈祖诞辰1045周年纪念大会的隆重召开表示祝贺！

妈祖，是人类和平与发展的使者；妈祖精神，是人类优秀品德的集中体现。今天，我们相聚在妈祖故乡，同拜海上女神，共连香火之缘，就是要学习妈祖博爱无私的崇高品质，就是要共同让伟大的妈祖精神更加发扬光大。

台湾与大陆，人同根、神同缘。妈祖是台湾人民心中的保护神，妈祖信仰是台湾最具影响力的民间信仰，在台湾有上千万的人信仰妈祖，因此台湾与妈祖的故乡——湄洲岛有着更加密切的联系。这种源远流长、割舍不断的妈祖情结，每年都吸引着无数怀念故土、祈求福祉的脚印和目光。尽管两岸咫尺天涯、遥遥相对，但拥有对妈祖共同的崇高的敬仰，却总把我们紧紧连在一起。

人类祈盼平安幸福，世界呼唤和平共赢。妈祖文化作为促进世界和平与发展的桥梁，沟通海峡两岸同胞的精神纽带，所具有普世的价值关怀和积极的现实精神，一定能在其中起到更加积极的作用，也一定能够更加发扬光大。

祝妈祖诞辰1045周年纪念活动取得圆满成功！谢谢大家！

第二篇

本土特色节日篇

第六章

除夕、春节致辞

范例一

某学校校长2006年除夕致辞

老师们、同学们：

在2007年新春佳节到来之际，我和老师不远千里来到××，与大家团聚、共同欢度中华民族的传统节日。首先我代表××及同学们向台胞××厂长多年来对××的支持和对同学们的关爱表示衷心的感谢！同时我代表我和家人、代表××5000多名师生、代表学生的父母向工作在××电子（××）有限公司的××工业学校"工学交替"的学生和实习就业的同学表示最亲切的节日问候！

"每逢佳节倍思亲"，此时此刻，同学们和你们的父母都在彼此思念。而当我看到××厂长和带队老师，亲自为大家准备的节日盛宴和安排的庆祝活动，以及同学们灿烂的笑容时，我在想，每一个同学已经感到不再孤单、不再寂寞，虽然身在异地他乡，但都会有××电子（××）有限公司不是家庭胜似家庭，公司的领导和校长、老师不是父母胜似父母，××同学不是兄弟姐妹胜似兄弟姐妹的感觉。

随着时代的发展、社会的进步，人们传统的思想观念正在发生着变化，节日外出、离家过年、假期不休已司空见惯。人生当中会出现一个个不同的"第一次"，同学们是第一次离开父母在外过年；第一次选择工学交替；第一次不要父母的钱，用自己的努力工作来帮助自己完成学业，我非常钦佩大家，我也由衷地祝福大家。希望大家珍惜自己、珍惜时光、珍惜机会；更加刻苦地锻炼自己、磨砺自己、提高自己；顾全大局、服从领导、听从指挥、搞好团结；多与家长通电话，多向家人报平安，尤其是务必注意安全，要善于保护自己、保护同学，做一个让老师和家长放心、安心的好孩子。

明天就是大年初一，新的一年、新的一天即将开始，祝大家春节愉快，并通过大家向你们的父母拜年。上个月我亲自把大家送来，今天我和大家一起吃年夜饭，待大家圆满胜利完成企业实习和社会实践的任务时，我再亲自把大家接回学校，与××师生团圆、与父母团圆！

谢谢大家！

范例二

某市市委书记2007年除夕致辞

各位老领导，同志们、朋友们：

欢声笑语辞旧岁，喜气洋洋贺新春。值此新年钟声即将敲响之际，在这春回大地、万象更新的美好时刻，我谨代表市委、市人大，向在××战斗过的各位老领导，向全市广大工人、农民、新经济组织人士、知识分子、干部，向武警部队全体官兵和公安民警、民主党派和无党派爱国人士、在××投资发展的各位客商，所有关心、支持××发展的各级领导和各界朋友们，致以新春的祝福！向节日期间坚守岗位的同志们，致以亲切的问候和崇高的敬意！

聚精会神谋发展，万众同心奔小康。刚刚过去的2007年，我市经济社会快速发展，综合实力不断增强。经济建设、政治建设、文化建设和社会建设都取得了较好成就，全市政通人和，人民安居乐业，呈现出发展加快、质效提高、结构改善、后劲增强，干群奋发向上，社会安定和谐的可喜局面。

回顾过去，硕果累累；展望未来，前景美好。2008年是全面贯彻落实党的十七大精神的第一年，是奥运年，是改革开放30周年，也是我市奋力建设××综合实力强市的关键年，是充满机遇、充满希望、也充满挑战的一年。在新的一年里，我们要坚持以邓小平理论、"三个代表"重要思想为指导，深入贯彻落实科学发展观，坚定不移地实施开放先导战略、项目兴市战略和"两区"带动战略，坚持以项目建设为主线，以城东新区和田镇工业新区建设为重点，以新型工业化、农业产业化和城镇化为方向，以深化各项改革、转变发展方式、创新体制机制为动力，以保障和改善民生为根本，全面加快××综合实力强市建设步伐，实现全市经济社会又好又快发展。

××人杰地灵，物华天宝，有着奋发图强、敢为人先的优良传统。在过去的岁月里，全市人民同心同德、艰苦奋斗，创造了辉煌成就。新的一年，我们发展的任务更重、责任更大。要完成今年的各项工作任务，我们必须大力发扬改革创新、求真务实、团结奋进的精神，凝聚全市广大干部群众的智慧和力量，坚定不移地走科学发展、和谐发展之路。我们坚信，有市委、市政府的正确领导，有市人大、政协的监督和支持，有全市各级组织和广大干部群众的齐心协力，有社会各界人士的鼎力支持，我们一定能够以百倍的信心、高昂的斗志和克难攻坚的精神，再创新业绩、再攀新高峰、再谱新篇章，迈出建设和谐××和××综合实力强市的新步伐，夺取全市改革和发展的新胜利！新的一年，××一定会更加灿烂美好！

现在，让我们大家一起共同祝愿，新的一年里，祝愿我们××风调雨顺、百业兴旺、社会和谐稳定、人民幸福安康！祝愿全市人民工作顺利，身体健康，合家幸福，万事如意！

谢谢大家！

范例三
某寺院住持2008年除夕致辞

尊敬的各位领导、各位来宾、各位善男信女：

大家晚上好！在2009年新春佳节到来之际，千年古刹××寺迎来了第×届听钟声活动，在钟声即将敲响之际，我谨代表××寺两序大众向各位嘉宾表示最热烈的欢迎和诚挚的祝福！

钟声象征和平、象征和谐、象征平安、象征幸福！佛经曰："闻钟声，烦恼轻，智慧长，菩提增。"人的一生大大小小的烦恼有108种，闻到钟声能祛除人一生中大大小小的烦恼。钟声祝愿和平，和平是人类的永恒期盼，和谐是人类向往的美好境界，让我们遵循伟大佛陀的教导，心多有和谐之想，意常存向善之念，多做和谐之事，则人类可心心相印，世界必欣欣向荣！在这辞旧迎新的美好时刻，我们大家共同聆听××钟声，祝愿国泰民安，祖国早日统一；聆听××钟声，祝愿××经济腾飞，人民安康；聆听××钟声，祝愿各位心想事成，合家幸福！

即将过去的一年，在市委市政府的领导下、在市宗教局的关心支持下，××寺本着继承传统、与时俱进的发展理念，以弘扬佛法带动旅游、以服务树立形象、以教育培养人才、以文化提升品位、以学修提高素质、以慈善回报社会。现在××寺拥有中级佛学院××书院，弘扬佛教艺术的××书画院，全省佛教首家慈善超市、助学广场，高质量的佛学网站，影响广泛的青年佛学社和对外开放的佛教图书馆。××寺钟、碑的文化拓展工程已进入实施阶段，华夏第一法华大钟已在浇铸，华夏第一大诗碑已雕刻，108口历代古钟收集完毕，争取在新的一年里竣工开放。

各位领导、各位来宾、善男信女，新年即将到来，××寺钟声保佑你们有求必应、有愿必成，保佑各位身体健康、合家幸福，平安吉祥、万事如意！

谢谢大家！

范例四
某公司总经理2009年除夕致辞

尊敬的各位同事、各位家属及××公司领导：

大家晚上好！在2010年新春佳节来临之际，我们满怀收获的喜悦欢聚一堂，共进晚宴，共叙友谊！在此，我谨代表公司及公司经营层向大家致以亲切的问候！向所有员工并通过你们向你们的家属致以新春的良好祝愿！向奋斗在各条生产战线上的员工致敬，特别是对那些还坚守在一线岗位的员工，诚挚地表达深深的谢意！

过去一年里，在集团公司、西北公司及董事会的正确领导下，在各级政府部门的支持下，我们团结一心、奋力拼搏，在生产经营、项目建设和企业管理上，克服金融危机对矿业企业的影响，圆满地完成了年初制定的各项奋斗目标。2009年是我们××铜业发展史上一个开拓之年、丰收之年、胜利之年。在此，我代表公司向过去一年来为公司发展作出积极贡献的所有员工，各级管理人员，全体员工家属道一声："大家辛苦了！"

充满希望的2010年已经到来，我们将继续坚持"主业做强，规模做大，管理严细，效益优先"的经营理念，发扬××"以人为本，追求卓越"的企业文化理念及××人吃苦耐劳、节能增效的精神，进一步把××事业做强做大，努力开创××事业的崭新局面！

面对未来我们豪情满怀，信心百倍！同志们，让我们团结一心、众志成城、与时俱进、开拓创新，为××铜业在2010年度的发展作出新的更大的贡献！

最后，祝愿全体员工及家属在新的一年中身体健康、工作顺利、家庭幸福！祝愿××铜业在新的一年里大展宏图、再攀高峰！

谢谢大家！

范例五

某酒店董事长 2010 年除夕致辞

××酒店全体同仁：

大家新年好！值此新春佳节来临之际，我代表酒店董事会向您及您的家人表示亲切的慰问和节日的祝福。祝你们在新的一年里健康快乐、吉祥如意！

回顾过去的一年，是××酒店实现战略突破、跨越发展、管理创新、文化提升的重要一年。皇家管家楼层的设立、四星级评定通过、省运会的圆满接待等，这些成绩的取得，饱含着你们的心血和智慧，凝聚着你们的耕耘与奉献。在此，我向你们表示最衷心的感谢，并致以最崇高的敬意！

2011 年，是××酒店持续发展的重要一年，我们要继续坚持以提高酒店赢利能力为主，开拓更广泛的销售市场，深挖节能降耗的潜力。我们更要坚持诚信经营；要不断提高对客服务水平和增强员工满意度，为社会创造财富，为员工谋取福利。

亲爱的同仁们，让我们携手一道，为××长青的基业而继往开来，为自己丰富多彩的人生而奋斗不息！最后，衷心地祝你们新春愉快、万事如意、合家幸福！

谢谢大家！

范例六

某医院院长 2008 年春节致辞

尊敬的卫生厅领导，××医院全体职工、离退休职工、家属同志们：

在这中华民族传统的盛大佳节即将来临之际、在这辞旧迎新的欢庆气氛里，××医院党政班子全体成员向为××医院发展竭忠尽智、顽强拼搏的全体职工，向与医院风雨同舟、关心医院发展壮大的全体离退休职工和家属们,向关怀指导、支持帮助××医院的卫生厅领导和社会各界朋友们致以新春的诚挚问候和衷心祝福!感谢你们一年来对××医院的支持和帮助,并真诚地道一声:你们辛苦了!

在过去的一年,我们以"围绕主题、把握灵魂、狠抓落实和深入人心上下工夫、在开拓创新上下工夫、在力求实效上下工夫"为指导思想,紧跟时代前进的脚步,同心同德、锐意进取、顽强拼搏,克服了各种困难,深化内部机制改革,医院各项工作保持良好的发展势头。

淡泊明志,宁静志远。在新的一年里,我们将以"创新为重点、人才为根本"为核心,以"医患零距离,服务零投诉,诊疗零缺陷"为理念,全体职工以"能受天磨乃铁汉,不遭人忌是庸才"、"事到盛时须谨慎,境当逆处仍从容"为座右铭,以持续提升医院价值为目的,继续拼搏,向着更高的目标迈进,全面开创我院各项工作的新局面。

"天时人事日相催,冬至阳生春又来",新春给我们带来新的希望,让我们在新的一年里,在卫生厅、××医科大学的正确领导下,继续保持弘扬我们的团队意识,敬业理念,高扬时代风帆,"追求卓越,再攀新高",以一流的技术,一流的服务质量,继续谱写医院光辉灿烂的新篇章!

最后恭祝大家身体健康、合家幸福、心想事成、万事如意!并对节日期间坚守工作岗位的员工,致以亲切的问候!

谢谢大家!

范例七

某公司董事长 2009 年春节致辞

尊敬的各位领导、全体员工:

伴随着新年嘹亮的钟声,我们满怀喜悦和奋进的心情,迎来了充满希望的新一年。在此,我谨代表×××公司向全体员工及家属致以新年的问候和祝福!

刚刚过去的2008年，经历了市场竞争激烈、大环境不太乐观等困难，但我们紧紧围绕公司的发展路线，在全体员工的共同努力下，取得了圆满的胜利，而且公司在2009年1月份顺利通过了GMP复检，这些令人欣喜和振奋的成绩证明：公司的战略是准确的！×××人是最棒的！

机遇蕴涵精彩，新的一年开启新的希望，新的历程承载新的梦想。2009年将是我们抢抓新机遇、迎接新挑战、加快新发展，朝着既定目标奋进的又一年，而且也是公司成立十周年富有纪念性意义的一年。在这不平凡的一年，公司组织结构进行了重新调整，而且明晰了结构调整后的职责，为新一年的良好发展奠定基础。

展望未来，我们×××人充满希望！我们将满怀信心，朝着更高的目标迈进！2009年是商机无限的一年，让我们携手并肩，向着更加高远的目标，去续写行业的旖旎新篇！我们坚信：新的一年、新的希冀、新的耕耘，通过全体员工的共同努力，公司一定能实现新的飞跃、新的辉煌！

祝大家在新的一年里，身体健康、工作顺利、合家欢乐、万事如意！

谢谢大家！

范例八

某市残联纪检组组长2010年春节致辞

同志们、朋友们：

今天，我们在这里欢聚一堂，辞旧迎新。谨此，我代表市残联党组、理事会向同志们致以诚挚的问候和良好的祝愿！

难忘的2009年，注定要成为残疾人事业划时代的一个时间节点。这一年里，我们携手社会各界，频频奏响残联工作的强音；这一年里，我们看到了一个个爱心奇迹，感染着我们，感染着许许多多捧出爱心的人群。收获的2009年，必将以残疾人民生的保障年，残疾人事业的发展年，残联工作的创新年，载入市残联发展的历史。

在社会保障与公共服务方面：我们坚持高位统筹，残疾人保障格局已经由以往的社会救济为主转变为政府的全面民生保障；我们坚持广开财路，残疾人服务资源正在由过分依靠财政投入转变为多方开发、融汇社会资源；我们坚持关爱与救助并重，残疾人的服务内容逐步由单纯的物质救助转变为广泛的社会关怀。

在残联工作和自身建设方面：我们一定要牢牢把握"喊破嗓子不如做出样子"，怀大爱之心，成大德之行。残联工作状态由被动跟进转变为主动作为；由推动落实转变为示范引领；由带着任务抓落实，转变为带着感情求发展；由相对边缘化的社会组织转变为日趋主导型的工作机构，被市长誉为民生工作的"主力部队"，社会建设的"正规军"。残疾人工作的领导环境已经由残联出题目、政府给答案转变为党政、残联共同出题目、求答案。

我们始终坚持密切与残疾人的联系，向残疾人问需、问苦、问计，积极推进体制创新、组织创新、理念创新、机制创新、载体创新、服务方式与活动方式创新，努力把工作做到51万残疾人及其300万亲友的心坎上。残疾人事业发展局面已经由残联的"单出头"、残联与政府的"二人转"转变为企业、政府、社会的"拉场戏"、扶残助残的"大合唱"。

惜别2009，我们无愧历史，无愧残疾人！展望2010年，残联工作前景美好、任务繁重、使命光荣！愿我们共同努力，将残疾人事业的崇高凝成不朽，让慈善的阳光普照大间！最后，衷心祝愿大家新年愉快、身体健康、合家欢乐、兔年吉祥！

范例九

某银行董事长2011年春节致辞

尊敬的各位领导，同志们、朋友们：

在紧张、愉快的工作中，我们豪迈地走过了虎虎生威的2010年，迎来了充满生机和希望的 2011 年。借此机会我代表董事会、行经营班子，向一直以来关心支持我行的地方党委、政府和各级领导，向多年来信赖、关注我行发展的社会各界朋友，向辛勤耕耘在各个岗位上的广大干部员工，向默默无闻支持我行工作的各位员工家属致以亲切的问候和诚挚的祝福，祝大家万事如意！

2010 年对于我行来说是很不寻常、很不平凡的一年。全体×商人尽心尽责、创新创业、努力工作，各项业务取得了不俗的业绩。存贷款规模又上一个新台阶，存款规模超过 160 亿元，贷款规模超过 110 亿元；成功举办了由上海社会科学院和我行联合主办的首届中小企业金融服务国际研讨会；成功实现了跨区域发展重大突破，9 月××分行隆重开业，11 月南京分行（筹）获得银监会批准，标志着我行在跨区域发展方面取得了关键性突破，标志着我行开始全面进入长三角经济圈的核心区域；成功实现了理财产品"零"突破，"财丰理财"品牌效应开始显现。2010 年，我们深切地体会到只要努力、敬业、讲策略，就一切皆有可能。

2011 年对我行来说必将又是一个不同寻常的年份。当前，国际、国内经济金融形势复杂多变，我行发展面临各种严峻挑战。我们不仅要面对不利局面和经营环境变化的挑战，而且还要审慎处理好体现特色与灵活经营、短期目标与长期目标、市场拓展与管理策略、企业收益与风险责任、员工素质与文化融合等关系。我行要按照科学发展观的要求，进一步树立大局意识、社会责任意识和可持续发展意识，积极推动改革创新，加快战略转型，强化资本约束理念，把握好信贷投放数量、节奏和频率，把科学发展观贯彻落实到各项工作中去，实现我行的大发展、大提高。

同志们，新的一年开启新的希望，新的空白承载新的梦想，新的起点蕴涵新的希望，新的征途赋予我们新的使命。辉煌的 2010 年已离我们而去，灿烂的 2011 年已呈现在我们面前。我相信，有我们的努力与拼搏，我们的步伐一定可以迈得更加坚实，我们的目标一定可以争取早日实现，我们的事业一定可以创得更加美好！

春回大地,万象更新!祝愿大家新年快乐、事事如意、合家幸福!谢谢大家!

范例十
某市市委书记2011年春节致辞

同志们、朋友们:

金虎匆匆过,耀眼玉兔回。在这辞旧迎新、欢庆佳节的美好时刻,我代表市委、市政府向全市各族人民致以新年的诚挚祝福!向一年来参与建设、支持发展的广大干部群众、驻部队官兵、公安干警、离退休老干部以及社会各界朋友,向节日期间仍然坚守在工作岗位和生产一线的同志们致以亲切的问候和崇高的敬意!

2010年是我市发展历程中不平凡的一年,发展形势极为严峻、复杂、极为困难,也是历史上发展较好的一年。面对全球金融危机带来的严峻挑战,全市人民坚持以科学发展观为指导,紧紧围绕市委、市政府确定的总体发展思路,坚定发展信心,开拓创新实干,实现了经济平稳较快发展,民生持续改善,社会和谐稳定。

在这一年里,全市上下认真贯彻落实中央和省委、省政府的各项决策部署,围绕着"四大建设",推进"一化三基"战略,加快了后发赶超的步伐。全力做好保增长、抓项目、调结构、促和谐、强基础的各项工作,经济社会呈现出科学发展、后发赶超的良好态势。在这一年里,全市上下始终坚持发展第一、民生优先、和谐至上,各项事业协调发展,社会大局和谐稳定,人民群众安居乐业,党的建设不断加强。这些成就,凝聚了全市人民的智慧和努力,倾注了全市人民的心血和汗水;这些成就,展示了巨大潜力和美好前景,彰显了敢为人先、矢志不渝、开拓创新的时代精神风貌。

2011年,是继往开来、创新发展的关键之年,是全面完成"十一五"

目标、谋划"十二五"规划的关键一年,是加快后发赶超的关键一年。形势与任务要求我们团结拼搏、实干奋进;激烈的竞争要求我们夙兴夜寐、只争朝夕;群众的热盼要求我们勇往直前、不负众望。我们一定要高举中国特色社会主义伟大旗帜,深入贯彻落实科学发展观,按照"坚持科学发展、加快后发赶超、实现富民强市"的总体思路,切实完成"转方式、调结构、保增长、惠民生、抓项目、强作风"各项工作任务。我们要立足于更快、着眼于更好,促大发展、做大总量、狠抓增量;要更加注重改善民生,营造和谐稳定环境,集中力量办好群众最急需、最热盼的实事;要以创新的精神不断加强和推进党的建设,着力锤炼一支战斗团队、和谐团队和创新团队,为推进××经济社会更快更好发展提供坚强保障。

风正济时,自当破浪扬帆;任重道远,还需策马扬鞭。我们坚信,在市委、政府的领导下,只要全市上下始终聚精会神搞建设、一心一意谋发展,进一步解放思想、坚定信心、自强自力、同心协力、激情干事、奋发进取,发展一定会取得新的更大成绩,明天一定会更加美好!最后,衷心祝愿全市人民新年愉快、身体健康、合家欢乐、兔年吉祥!

谢谢大家!

第六章 除夕、春节致辞

第七章

元宵节致辞

范例一

某镇镇委书记2007年元宵节致辞

尊敬的各位领导、各位来宾：

旺犬辞旧，听九州欢庆歌大有；金猪迎新，待四海和谐奔小康。值此举国同欢、万家团圆的喜庆时刻，我谨代表××镇委员会、人民政府以及全体干部群众，向全镇人民和关心支持××镇发展的社会各界朋友，致以节日的问候和新春的祝福！

盛世××多胜事，闻名古镇尽文明。××人民在委、县政府的正确领导下，认真贯彻落实中心一号文件和省、市、县农村农业工作会议精神，牢固树立"科学发展、加快发展、和谐发展"的工作理念，紧紧围绕"工业立镇、农业稳镇、科教兴镇"的发展战略，团结带领勤劳朴实的××人民，建和谐社会、造秀美生态、创开放环境、铸产业辉煌，开创了全镇社会主义新农村建设的新局面：民营经济快速发展，农业调产实效明显，工业经济再上台阶，重点项目全面告捷，综合治理成效显著，文明创建受省表彰，办学条件大为改善。

百鸟争鸣，高歌社会和谐曲；千帆竞发，喜见中华崛起时。××作为革命老区，人杰地灵，生机勃发。××人民是敢为人先的人民，××人民有勇争第一的精神。猎猎飘扬的红旗方阵呈现出了××人民向往春天、讴歌幸福的喜悦情怀；整齐划一的军乐队伍表达了××人民团结奋进、开拓创新的豪迈气概；铿锵有力的威风锣鼓呈现出××人民万众一心、拼搏进取的澎湃激情；脚步欢快的腰鼓表演道出了××人民富裕安康、欢乐祥和的美好祝愿；传统古老的十不阁演奏代表了××人民传承历史、展望未来的凌云之志！

党树新风弘扬正气，民创大业再铸辉煌。2007年是全面实施"十一五"规划的重要一年，也是我镇贯彻落实科学发展观，建设社会主义新农村的重要的一年。新的一年，镇党委政府坚持以党的十六届五中、六中全会和省第九次党代会、县第十次党代会精神为指导，紧紧围绕"工业立镇、农业稳镇、科教兴镇"发展战略，坚持按照"立足产业化、提升工业化、加快城镇化"的总体工作思路，科学发展、和谐发展、加快发展、努力推动社会主义新农村建设再上新台阶，全力打造殷实、平安、和谐新××！

最后，祝愿大家元宵佳节快乐！

范例二
某市市委书记2009年元宵节致辞

各位来宾，同志们、朋友们：

在2009年元宵佳节到来之际，我们在这里隆重举办2009年元宵焰火晚会。首先，我代表市委、市人大、市政府、市政协向各位来宾的到来表示热烈的欢迎，向全市人民、向华北××广大干部职工、向所有关心支持××市发展的各界人士，致以诚挚的问候和良好的祝愿！

刚刚过去的一年，是我市经济社会发展取得丰硕成果的一年。全市上下政通人和、百业兴旺，政治建设、经济建设、文化建设、社会建设全面推进,淀边油城洋溢着蓬勃生机,扁鹊故里孕育着新的希望。

新的一年里,市委、市政府将全面落实科学发展观,着眼加快工业化、城市化和农业产业化步伐,强力实施工业强市、石化兴市战略,下大力改善民生,多为群众办实事、办好事,让人民群众享受更多的发展成果,过上更加富裕、和谐、美满的生活。

今天的夜晚风清月圆,今夜的焰火绚烂多姿,今朝的××物阜民康。我相信,通过全市上下的共同努力,我们××的明天必将像今晚的烟花一样更加异彩纷呈,更加光辉灿烂。

祝各位来宾身体健康、工作顺利!祝全市人民,祝华北××广大干部职工幸福美满、合家欢乐、元宵节快乐!

谢谢大家!

范例三
某公司总经理2010年元宵节致辞

各位领导、各位嘉宾,同志们、朋友们:

在这吉祥喜庆的时刻,我们满怀喜悦的心情,欢聚一堂,共同迎接2010年元宵佳节,我们公司隆重举办了这场元宵节××文艺晚会。在此,首先让我代表公司向单位全体员工一年来的不懈努力表示衷心的感谢,向不畏严寒,在百忙中莅临企业,为我们带来精彩演出的各位××表演艺术家、向县剧团和县戏校的××新秀以及参与这场晚会演出的工作人员,表示热烈的欢迎和衷心的感谢!

回顾过去,成效显著,我们豪情满怀。2009年是进入新世纪以来,我们企业生产经营最为困难的一年。以董事长××为核心的公司领导班子面对严峻复杂的生产经营形势,全面分析、准确判断、果断决策、从容应对。团结带领全体员工坚定信心、迎难而上、共克时艰,努力化挑战为机遇,积极开展了惊天地、泣鬼神,彰显企业"三创精神"的生产自救和二次创业活动，顶住了企业股权变更后人心不稳，特别是资源严重短缺、品位下降、企业生产经营状况下滑的压力。

公司上下同心同德、众志成城、顽强奋战，认真落实"××××"工作方针，通过狠抓地质探矿，狠抓节能降耗和成本控制，努力提升企业经营效益，企业生产经营形势总体回升向好。与此同时，我们切实加强和改进新形势下党的建设工作，充分发挥基层党组织的战斗堡垒作用和广大共产党员的先锋模范作用，继续开展深入学习实践科学发展观活动，为推动企业又好又快发展提供坚强政治保证。

经过全体员工的共同努力，企业的生产经营、党建工作、精神文明建设，企业文化建设以及生态文明建设都取得了新的重大进展。这一年，我们取得了生产自救和二次创业活动的阶段性胜利，我们的工作得到了市经贸委、市安监局、县委县政府及各部门和社会各界的支持和鼓励。这一年，我们荣获了全国精神文明建设工作先进单位的荣誉称号，成功举行了建矿15周年庆祝活动。这一年，我们在极其艰难的情况，展示了万众一心、众志成城、和衷共济，敢于胜利的精神风貌，确保了企业生产经营工作回春转暖，维护了企业稳定，促进了企业发展。

立足当前，机遇难得，我们任重道远。2010年更是充满机遇，充满希望，充满挑战的重要一年。展望未来，前景美好，我们信心百倍，在新的一年里，只要有社会各界的大力支持，只要有在座各位的共同努力，我们将以更加饱满的热情，更加开放的胸襟，更加昂扬的斗志，更加务实的作风，在以××董事长为核心的公司领导班子的正确领导下，团结一致、奋力拼搏，共同开创××公司的美好未来。我们坚信，有我们的努力，××公司的明天一定会越来越辉煌，职工的生活一定会越来越幸福。

最后，衷心祝愿大家，元宵节快乐，工作干得顺心、生活过得舒心、家庭充满温馨！

谢谢大家！

范例四
某镇镇委书记2010年元宵节致辞

各位领导，同志们、朋友们，父老乡亲们：

伴随着新年的钟声，我们走进了2010年。在这辞旧迎新、吉祥喜庆的时刻，我们满怀喜悦共同迎接中华民族的传统节日——元宵节的到来！在此，我谨代表××党委、××人民政府向全镇父老乡亲，向奋斗在各条战线上的工作者，向所有关心和支持××建设发展的各界人士，致以节日的祝贺和良好的祝愿！

回顾过去，成效显著，我们豪情满怀。2009年，我镇在党的十七大精神的指引下，在全镇父老乡亲的鼎力支持下，以跨越发展为主题，以结构调整为主线，以制度创新和科技创新为动力，紧紧围绕"建设强大新××，营造渝西中心城"的总体目标，进一步解放思想、实事求是、与时俱进，开拓创新，全镇经济社会发展取得了显著成绩，财政实力不断增强，城市建设日新月异，招商引资再攀新高，社会事业蓬勃发展，人民生活不断改善，党的建设进一步加强，尤其是在防治"非典"斗争中，全镇人民更是展示了万众一心、众志成城、和衷共济、敢于胜利的精神风貌，确保了一方净土，维护了社会稳定。

立足当前，机遇难得，我们任重道远。2009年是全面完成"十一五"计划的攻坚年，也是我镇加快建设小城市的第一年，更是充满机遇、充满希望、充满挑战的重要一年。今年，我们更需要发扬与时俱进的创新精神，敢为人先的进取精神，奋发有为的实干精神和艰苦奋斗的创业精神"，围绕"加快建设小城市、全力以赴奔小康"总体目标，紧紧抓住××路建成通车这一契机，依托长江黄金水道，借助区位独特优势，狠抓重点工程，努力壮大经济增长，培育文化中心镇，打造现代化的港口城市。2010年，我们肩负着建设小城市、开创新××的历史使命，我们承载着打造××长江上游第一镇的宏图伟业，我们肩上的重任还很艰巨，我们要走的道路还很漫长。

展望未来，前景美好，我们信心百倍。在新的一年里，只要有在座各位的大力支持，只要有全镇父老乡亲的共同努力，我们将以更加饱满的热情、更加开放的胸襟、更加昂扬的斗志、更加务实的作风，在市委、市政府的正确领导下，团结一致、奋力拼搏，共同开创现代化新××的美好未来。我们坚信，有我们的努力，××的明天一定会越来越辉煌，人民的生活一定会越来越幸福！

最后，衷心祝愿大家，在新的一年里：春节玩得开心，工作干得顺心，生活过得舒心，家庭充满温馨！祝大家元宵节佳节快乐！

范例五　某县县委书记2011年元宵节致辞

各位领导，各位文艺爱好者：

在我们刚刚步入玉兔之年，喜迎元宵佳节到来之际，一年一度的元宵诗会在这里如期召开了。这是我县文化建设的又一盛事。在这里，我代表县委宣传部对这次会议的隆重召开表示热烈的祝贺，对各位领导的光临表示衷心的感谢，对参加本次诗会的文艺爱好者和社会各界人士表示诚挚的谢意！

近一年来，随着××经济和社会各项事业的大发展、快发展，新农村建设和招商引资工作的不断升温，生活在这如歌岁月的文学爱好者催发了创作激情，一大批较有影响的文学作品脱颖而出。我县青年作家××的一部23万字长篇小说《×××××》在《芙蓉》杂志上发表，产生了广泛的影响，引起了市委领导的高度重视。×××等一批文学爱好者的作品也在《中华诗词》、《诗刊》、《文化月刊》、《北大荒文学》、《诗林》等刊物上发表。一年四期的《苏城诗词》刊物在走完四年的历程后，今更辉煌，成为全省唯一坚持时间最长、作品数量最多、质量最高的县级刊物，形成了有130余人的诗词爱好者队伍，成为全省、全市响当当的诗词大县，堪称××的文化品牌。

几年来，我县的广大文艺爱好者在县委的正确领导下，响应人民和时代的召唤，高擎民族精神的火炬，通过各种艺术形式，在讴歌××、昭示光明、凝聚力量、鼓舞人心上发挥了不可替代的作用。县委忘不了你们，××人民忘不了你们。你们的功绩将永远载入××发展的史册上。

"等闲识得东风面，万紫千红总是春"。新世纪新阶段是我县文艺事业全面发展的关键时期，时代和人民期待着涌现一大批优秀的文艺家，期待着出现一大批精品力作。希望家乡更多的文艺爱好者不愧时代召唤，不辱历史使命，发挥聪明才智，以更加饱满的热情投身于文艺事业中来，创作出更多的群众喜闻乐见的优秀作品，充分发挥文艺作品教育人、鼓舞人的作用，丰富人民群众的文化生活，提升××的文化品位，打造××文化大县，为建设文明、富庶、和谐的新××再立新功。祝家乡颂歌元宵诗会圆满成功！

祝愿大家元宵节快乐！
谢谢大家！

第八章

清明节致辞

范例一
某学校校长清明节致辞

同学们、同事们:

时值清明,日暖风清、翠柏凝春,更显得郁郁葱葱。今天,我们怀着无比崇敬的心情,深切缅怀革命先烈们的丰功伟绩,追忆革命英雄们艰苦奋斗的光辉历程,祭奠革命烈士们的不朽英灵,以此来表达我们无尽的怀念和哀思,也以此告慰他们的在天之灵。

同学们、同事们,此时此刻我们心潮澎湃,思绪万千。这是一个埋葬着无数英雄的圣地,矗立在我们面前的烈士丰碑,同样也诉说着英雄们光荣而无悔的事业。诚然,烈士们已长眠地下,但他们坚贞的民族气节、高尚的道德品质和伟大的献身精神,将与青山共存、与日月争辉。岁月的风尘早已在烈士的丰碑上刻下了斑驳的印记,让我们无法不回想起那段沧桑沉重的往事:革命先烈们有的为了民族独立和国家尊严献出了宝贵生命;有的为了彻底埋葬旧世界,建立新中国而前赴后继、英勇无畏;也有的在和平建设时期,为了祖国的繁荣富强而献出了青春和热血。

先烈们,在中华民族面临生死存亡的危急时刻,是你们用自己的血肉之躯筑起了钢铁长城，与日本帝国主义侵略者进行着殊死搏斗；先烈们，是你们把对国家、对人民的爱化作战斗中同敌人拼杀的精神力量，宣布了蒋家王朝的灭亡，建立了人民当家做主的新中国；先烈们，又是你们在社会主义建设最需要的时刻，挺身而出，把宝贵的生命无私地献给了祖国和人民，把满腔热血洒遍了祖国大地。

先烈们，面对你们，我们肃然起敬，你们的辉煌业绩将彪炳史册、万古流芳！你们的英名也将与松柏同在、与江河共存！我们敬慕你们，我们学习你们，我们要以你们为榜样。

同学们、同事们，我们是祖国的生力军和未来建设者，美丽而繁荣的国家和城市，需要我们去维护和建设；清新而自然的环境和社会，需要我们去打造和创建；深藏在文明社会中的不良恶习，同样需要我们去纠正和引导。朋友们，让我们继承先烈遗志，为家乡的建设、为祖国的富强而努力学习、努力奋斗，做一个合格的青年学生，做一个优秀的社会公民，共创美好明天！

无辞辛劳奋国成，此辈安可不英雄。翠玉青山埋忠骨，彪炳史册载英名。革命先烈浩气长存，永垂不朽！

谢谢大家！

范例二　某市市委副书记清明节致辞

同志们：

时临清明，日暖风熏、翠柏凝春、葱葱郁郁、大地肃穆，告慰英灵。今天，我们怀着无比崇敬的心情，深切缅怀革命先烈的丰功伟绩，表达我们的崇敬和思念，以告慰英烈在天之灵。

忆往昔，是他们用生命铸就了人类的解放事业，践行了共产主义事业必然胜利的真理。在血雨腥风的战争岁月，在和平时期的社会主义建设和改革开放谋求经济社会飞跃发展中,无数仁人志士抱定"建立新中国,解放全人类"的信念投身革命;自1921年以来,××市有670名优秀儿女为了民族的解放事业、为了祖国和平统一、为了实现最广大人民群众的根本利益,矢志不渝,不惜抛头颅、洒热血、赴汤蹈火、舍生取义,用他们宝贵的青春和热血,谱写了一首首可歌可泣的壮丽诗篇,为我们创就了今天的美好生活和良好的发展环境。他们面对敌人的屠刀大义凛然、英勇就义,为革命献出了自己宝贵而年轻的生命。他们不恋享乐、无私奉献,为祖国领土的完整、繁荣、民族的独立强盛和社会主义建设,奉献了自己宝贵的青春和生命。因此,值得我们永远的纪念!

烈士们,安息吧!我们将继承你们的遗志,在"三个代表"重要思想指导下,深入实践科学发展观,认真贯彻落实党在新时期的工作方针,弘扬"流血流汗不流泪,掉皮掉肉不掉队"为特质的精神,团结一致、拼搏进取、奋力赶超,努力建设起一个现代化的××都市。

我们将以你们为实现共产主义远大理想,"不畏艰难,勇于献身"的革命精神鼓舞斗志;以你们为了民族的独立解放,前仆后继、不怕牺牲的进取精神坚定信心;以你们为了实现广大人民的根本利益,不求索取、一心为民的奉献精神勤政为民。在建设富裕型小康社会的征程中,时刻铭记我们肩负的历史使命,牢牢记住"两个务必"。继承你们的遗志,勇敢地接过社会主义革命和现代化建设的接力棒,务求科学发展,发扬光大革命传统,精诚团结、开拓创新,为××市的现代化建设作出更大的贡献。

青山埋忠骨,史册载功勋。革命先烈、浩气长存、永垂不朽!

范例三　某学校教师清明节致辞

各位同学、各位老师:

　　大家下午好!又是一年清明节,伴随着浓浓的春意,我们聚集在这里以我们自己的方式来缅怀革命先烈。站在这里，我们心中感慨万千，并不是为烈士生命的消失而悲叹，而是被那伟大的生命价值所震撼。他们不愧为炎黄子孙的后代，我们将永远记住他们。

同学们，西路军是在艰苦斗争中锻炼成长起来的英雄部队。69年前，为了打通与苏联的联系，获取军事物资援助，解决战略依托问题，西路军的广大指战员根据中央的既定战略方针，在绵延两千里的河西走廊，在敌强我弱、敌众我寡的极端不利条件下，不畏艰险、不怕牺牲，同国民党军队进行了殊死搏斗，从战略上牵制了国民党反动派对陕甘宁边区的围剿，谱写了可歌可泣的悲壮诗篇。

战争的硝烟已随风飘逝，历史仿佛已经远去。但是，西路红军浴血奋战的悲壮场景和留给我们的伤痛却是刻骨铭心的。对于我们来讲，那是永远的国殇、永远的奋争，也是永远的追思。在壮烈牺牲的一万多名西路军将士中，虽然有很多人没有留下遗骸，甚至没有留下姓名，但他们所表现出的坚持革命、不畏艰险的英雄主义气概和为党为人民英勇献身的精神，永远值得我们尊敬和纪念。

今天我们缅怀西路军、纪念西路军，就是要从那段悲壮的历史中汲取伟大的精神力量，把西路军不怕困难、不畏艰险、英勇献身的精神，转化为锐意进取、扎实工作、抓住机遇、认真学习、勇于进取、加快发展的实际行动，为××的改革和发展，为中华民族的伟大复兴作出更大的贡献，告慰革命先烈的在天之灵。毋庸置疑，振兴中华民族的重任已经落到我们青年一代的身上，全面实现中华民族伟大复兴的使命必须要我们付出智慧和汗水，全面建设安康和谐社会的远景目标更需要我们无私的奉献。

青山埋忠骨，史册载功勋。革命先烈，浩气长存，永垂不朽！

谢谢大家！

第九章 端午节致辞

范例一

某公司董事长2008年端午节致辞

尊敬的全体员工：

在这一年一度的端午节来临之际，我代表公司向广大员工表示最衷心的祝福和诚挚的敬意，并通过你们向你们的家人致以节日的问候和美好的祝愿！同时也向在节日期间坚守工作岗位的员工们道一声：你们辛苦了！

我们这次端午文化座谈会，是在全国上下一手抓抗震救灾工作，一手抓经济社会发展的非常时期召开的一次非常重要的节庆文化座谈会。刚才，各位专家学者从端午节的历史渊源、文化内涵、人文精神等不同角度作了精彩的发言，讲得非常好。在此，我代表本次座谈会的主办单位向各位专家学者表示衷心感谢，并致以节日祝贺！

过端午节，是中国人两千多年来的传统习惯。而今年是我国把端午节等中国传统节日列入国家法定节假日的第一年。包括端午节在内的中华传统节日，凝结着中华民族的民族精神和民族情感，承载着中华民族的文化血脉和思想精华，是维系国家统一、民族团结和社会和谐的重要精神纽带，是建设社会主义先进文化的宝贵资源，是中华民族文化遗产的重要组成部分。传统节日在中华民族的历史发展进程中，滋养着民族的生命力、创造力和凝聚力，对推动中华文化历史不断发展壮大起着不可替代的重要作用。

端午节作为中国传统节日之一，在中华民族的历史上源远流长，它作为我国人民对以爱国诗人屈原等为代表的民族英雄和爱国先驱表达缅怀之情、崇敬之意的传统节日，以其丰富的文化内涵和周期性、民族性、群众性特点，深深地融入人们的日常生活和精神世界，成为人们抒发爱国情感，弘扬民族精神的重要节日。我在此谈几点感受：

一、要突出爱国主义这一主题

端午节以各种祭奠活动纪念屈原，表达人们对屈原同情和崇敬之情，才赋予了端午节浓浓的爱国情愫和民族情结。屈原精神是端午节的节魂。因此，我们要引导人们过好端午节，首先就要弘扬爱国主义精神。

二、要挖掘端午节的文化内涵

经过五千年的文化积淀，我国形成了丰富的传统节日文化。端午节作为中国传统节日之一，文化内涵十分丰富。我们要深入挖掘端午节蕴涵的优秀传统文化精髓，取其精华、去其糟粕，使之与当代社会相适应，与现代文明相协调，即保持民族性又体现时代性。

三、要努力营造节日氛围

端午节作为中国传统节日，群众并不陌生，但要使广大人民群众真正了解端午节，还需要我们做大量的宣传引导工作。同时，要营造浓厚的传统节日氛围，深入宣传和报道各地组织端午节主题文化活动的情况，通过创作、宣传，体现端午节思想文化内涵、民族优秀传统文化的文艺精品，制作播出反映传统节日的影视作品，组织文艺团体深入基层开展文艺演出，开展各具特色的节庆群众文化活动，不断丰富群众的节日文化生活，营造浓厚的传统节日氛围，使广大人民群众了解端午节、认同端午节、喜欢端午节、过好端午节，使端午节这一传统节日焕发出新的生机。

最后，我代表公司管理层祝大家端午节快乐，工作顺利。谢谢大家！

范例二

某县县委宣传部部长2009年端午节致辞

尊敬的各位领导，各位嘉宾，参赛选手和观众朋友们：

大家好！五月莺歌燕舞日，又到粽味飘香时。在中国的传统节日——端午节到来之际，我们在这里隆重举行××县2009年端午节包粽子大赛。首先我代表县委宣传部、县文明办向各位领导的光临表示热烈的欢迎，向给予这次活动大力支持的××酒业表示衷心的感谢，向前来助兴的所有嘉宾、观众朋友以及参赛选手致以节日的问候！

端午节，又称端阳节、女儿节、午日节。过端午节，是中国人两千多年来的传统习惯。它凝聚着我们的民族精神和民族情感，是中华民族文化遗产的重要组成部分，是展示和传播优秀民族文化的重要载体，也是进行爱国主义教育的有效形式。端午节作为我国人民对以爱国诗人屈原等为代表的爱国先驱表达缅怀之情、崇敬之意的传统节日，以其丰富的文化内涵和周期性、民族性、群众性特点，深深地融入人们的日常生活和精神世界，成为人们抒发爱国情感、弘扬民族精神的重要节日。

县文明办举行这次端午节包粽子大赛活动，是为了积极响应中央、省、市文明办的号召，广泛开展"我们的节日"系列活动，更好地利用传统佳节引导全社会进一步了解传统节日、认同传统节日、喜爱传统节日、过好传统节日，加深乡土感情、增加爱国情感、提高科学意识、共树文明新风，进一步弘扬爱国主义精神，推进社会主义核心价值体系建设。

希望全县各地利用包括端午节在内的传统佳节，积极开展各类民俗文化活动，努力丰富广大群众的精神文化生活。同时，要将热闹过节与科学过节、文明过节结合起来，通过丰富多彩的民俗活动和群众性文体活动，深入推进文明城市、文明单位、文明村镇、文明社区等群众性文明创建活动，努力提升市民文明素质和城市文明形象。

最后，祝大家端午节快乐，合家幸福！祝各位选手赛出好成绩！祝大赛圆满成功。谢谢!

范例三

文化部某部长2010年端午节致辞

尊敬的各位领导、各位来宾,女士们、先生们、朋友们:

值此2010年端午节到来之际,文化部、国务院××事务办公室和××省人民政府共同主办的2010年端午节暨海峡两岸屈原文化论坛今天隆重开幕了。在此,我谨代表××部,表示热烈的祝贺!

我国是一个历史悠久的文明古国,在五千年的历史长河中,勤劳智慧的中华民族,创造了光辉灿烂、丰富多彩的非物质文化遗产。加强非物质文化遗产保护,深入挖掘和充分展示非物质文化遗产的深刻文化内涵,对于推动社会主义核心价值体系建设,弘扬中华民族优秀传统文化传统,提高中华文化软实力和国际影响力,具有重要意义。

近年来,在党中央、国务院高度重视下,非物质文化遗产保护工作取得了显著成绩。今年是端午节入选联合国教科文组织人类非物质文化遗产代表作名录后的首个端午节。××省高度重视,抢抓机遇,积极争取并认真筹办高规格的端午节庆活动,其中既有屈原故里祭祀、全国龙舟邀请赛、端午诗会等传统民俗活动,又有海峡两岸屈原文化论坛,活动主题突出、内容丰富、地域特色鲜明。筹备工作开展以来,××省、××市和××县精心组织,科学筹划,制定了详细的工作方案,做了大量卓有成效的工作,为活动的顺利开展奠定了坚实的基础。

我相信,此次活动的成功举办,对于加强端午民俗文化保护,弘扬中华优秀传统文化,推动××县、××省乃至全国非物质文化遗产保护工作,实现文化大发展大繁荣,必将产生重要的推动作用。

最后,预祝2010年端午节暨海峡两岸屈原文化论坛取得圆满成功!谢谢大家!

第十章

七夕节致辞

范例一

某市市委副书记七夕节致辞

尊敬的各位领导、各位来宾：

今天，我们迎来了我们中华民族的传统节日七夕节。在这个喜庆地日子里，"共盟山海誓，浪漫×××"——"我们的节日·七夕"首届中华爱情节，在燕山脚下、渤海之滨、风景秀丽的×××隆重开幕了。在此，我谨代表市委、市政府、市文明委向各位领导、各位来宾、各界朋友们表示最诚挚的欢迎和衷心感谢。

"七夕今宵看碧霄，牛郎织女渡河桥；家家乞巧望秋月，穿尽红丝几万条。"唐代诗人林杰的这首《七夕》诗，表达了对忠贞爱情和浪漫生活的无限向往。即将到来的"七夕节"，是有着几千年历史的中国传统节日。牛郎织女的美丽传说，凝聚着中华民族忠贞爱情的传统美德，彰显着家和万事兴的优秀民族文化，成为我们构建和谐社会不可或缺的重要文化元素。我们借助"七夕"这个重要的传统节日平台，举办首届中华爱情节，目的就是传承中华民族文化血脉，唱响"爱情忠贞，家庭和谐"时代旋律，推动建设中华民族共有的精神家园。

在这里我要感谢中央文明办、××省文明办的指导支持，感谢××网、××报的参与帮助。首届中华爱情节期间，我们将推出爱情大典、赛巧大会、情歌演唱会、相亲大会、情侣狂欢节等一系列特色活动。真诚祝愿各位领导、各位来宾和全国各地的情侣、夫妻，共度浪漫七夕，传承优秀文化，见证忠贞爱情，共促社会和谐。真诚地希望××悠久的历史文化、优美的生态环境和热情好客的人民，能给朋友们留下美好的记忆。

最后，祝大家七夕情人节快乐！

谢谢大家！

范例二 某文体旅游局局长七夕节致辞

尊贵的各位嘉宾、亲爱的会员朋友们：

今天是属于我们中国人自己的传统七夕情人节，在这浪漫而甜蜜的夜晚，怀着深深的情谊，××发展促进会、××早报、××有限公司携手在这里举行××周末青年沙龙"共享七夕节"活动。

借此良机，我谨代表××旅游局衷心地感谢各位尊贵的嘉宾朋友们，感谢团市委、《××早报》、××有限公司等相关部门、单位、企业一如既往的关心与支持，对你们的到来，我表示衷心的感谢和崇高的敬意。

××周末青年沙龙是××会与《××早报》合作主打的文化活动。今天，借着"七夕"夜色，我们与××有限公司精心设计了今晚的沙龙酒会。在这里，您能品味着玫瑰的芬芳、醉人的美酒、欣赏着浪漫的节目，享受着友人们浓浓的情谊，愿这一切的美好伴随我们尊贵的嘉宾、亲爱的会员们度过一个别样的情人节之夜。

再次祝大家七夕情人节快乐！干杯！

第十一章

中秋节致辞

范例一
某市民主党派主委中秋节致辞

各位领导、各位朋友,女士们、先生们:

金风送爽,今天,我们欢聚一堂,共同庆祝中华民族的传统节日——中秋佳节。欣逢盛世,我们同样也怀着十分喜悦和激动的心情,在这里与全市各界朋友一起,共同庆祝祖国的繁荣昌盛。借此机会,请允许我代表全市各民主党派、工商联、民族宗教、党外干部、党外知识分子以及××同学会成员,向在座的各位领导、各界朋友致以崇高的敬意、衷心的问候和节日的祝贺!

肝胆相照,荣辱与共。在这共度中秋,共庆盛世的时刻,我们不会忘记过去的艰难岁月,不会忘记中国共产党领导全国各族人民从胜利走向胜利的光荣和伟大。中国革命和实践证明,坚持中国共产党的统一战线的法定作用,坚持中国共产党领导下的多党合作和政治协商制度,坚持各民族的大团结,是促进祖国发展壮大、人民幸福安康的重要的政治保证。因此,我们必须牢记的宗旨是:坚持中国共产党的领导,坚持四项基本原则。在中国共产党的领导下,共同致力于祖国统一和中华民族复兴的千秋伟业。

长期共存，互相监督。我们也欣喜地看到，××自1985年建市以来，民主政治建设取得的巨大成就：民主党派成员从最初的几名单联成员发展到现在的600多人，民主党派组织从无到有到现在的6个市级委员会。特别值得欣慰的是，在中共××市委的重视努力下，我们民主党派市委机关办公地点也在中秋、国庆佳节之际喜迁新居；全市各族各界代表人士通过各级人大、政协参与政治协商、民主监督的政治舞台和参政领域也更加宽广。我们相信，在中共××市委的领导下，全市民主政治制度将会进一步健全和完善。

实干兴邦，与时俱进。党的"十六大"指出，要进一步团结为祖国富强贡献力量的社会各阶层人们。在新的历史时期，包括我们民主党派在内的全市统一战线各界人士，都有为中华民族的伟大复兴而奋斗的崇高使命感和巨大的政治热情。我们将把深入学习贯彻"十六大"精神与不断加强自身建设相结合，继承和发扬老一代领导人的优良传统，充分发挥独特的智力优势和桥梁纽带作用，在推进全市民主政治建设、服务经济社会全面发展、维护安定团结政治局面等方面作出新成绩、新贡献。

海上生明月，天涯共此时。我们全市各族各界人士，将紧密团结在以胡锦涛同志为总书记的党中央周围，沐阳光雨露、求春华秋实，为祖国统一，为中华民族的伟大复兴，为全市小康社会建设贡献出我们的忠诚、我们的智慧、我们的力量，为铸就××美好辉煌的明天而共同奋斗！

谢谢大家！

范例二

某燃料集团和煤建公司董事长中秋节致辞

尊敬的各位领导、各位来宾，同志们：

大家晚上好！在我们中华民族的传统节日中秋佳节来临之际，我公司中层以上管理人员再次相聚在××山庄举行"迎国庆，贺中秋"晚会。在此，我代表公司员工对他们的到来表示热烈的欢迎和衷心的感谢！

今年是××集团和××公司正式实施一体化改革的一年。由于今年中秋节在10月6日，加上最近工作比较多，所以这个"迎国庆，贺中秋"晚会安排在今晚举行。虽然今晚的月亮还没圆，但这丝毫不会影响我们聚会的心情，正所谓"天上月亮未圆，心中月亮先圆"。

在今年过去8个多月里，我公司在上级的指导下，在全体员工的努力下，克服了经营和发展中遇到的各种困难，各项工作取得明显成效，企业经营保持稳步发展，重组改革平稳有序推进。今年对我公司来讲是不寻常的一年，按照上级工作部署，××集团与××公司资产重组改革，今年进入实质性操作阶段，这不但关系到我公司的生存发展，也关系到整个××集团的生存发展。因此企业面临巨大的压力。

在这企业生存发展的关键时期，我公司党政领导班子齐心协力，广大职工同舟共济，一手抓经营管理、一手抓重组改革。我公司按照上级的要求和工作分工，协助制定好一体化运作实施方案，深入细致地开展宣传引导工作，稳定职工队伍。积极主动做好一体化方案的实施，有计划地做好××集团移交的经营业务和人员的接收，完成办公室搬迁工作，妥善做好富余人员分流安置工作，企业正常的经营管理没有受到太大的影响，一体化运作保持平稳有序推进。

我们公司所取得的这些辉煌成绩，离不开上级领导的关心和支持，也离不开广大员工，特别是在座公司中层以上管理人员的辛勤工作。在此，谨让我代表公司领导班子向关心和支持我公司工作的各级领导，向为公司生存发展辛勤工作的各位同仁及家属表示诚挚的问候和衷心的感谢！祝愿大家国庆节、中秋愉快、身体健康、合家幸福！希望大家玩得开心，玩得尽兴！

谢谢大家！

范例三　某台商中秋节致辞

尊敬的省、市各界领导，各位台湾朋友们：

下午好！又是一年一度的中秋佳节，又是一年一度的月圆时分，这是我们中国人非常重视的传统节日之一，也是中国人企盼团圆、庆祝团圆的节日。今天我非常高兴和在××工作的台商共同来参加这个中秋茶会，与省、市各界领导在一起，共赏美景、共品美食、共庆团圆！

每到中秋都会有一句老话挂在嘴边，那就是"每逢佳节倍思亲"。由于工作的原因，中秋节不能回台和家人团聚，这虽然有些遗憾，但在这个思念的日子里，省、市各界领导在百忙之中还不忘我们这些台商，为我们举办这次中秋茶会，对我们表示慰问，让我们这些台商相聚在一起，共叙家庭、亲情，让我们没有了身处异乡、远离亲人的伤感，反而有了一种能和更多的朋友、知己在一起共度中秋的快乐感觉。在这里要向给予我们悉心关怀的省、市各界领导表示我们最诚挚的感激之情！

如果说台湾是个美丽的海岛，那么××则是个美丽的内陆省份。鄱阳湖的落霞与孤鹜齐飞，滕王阁的气势和文化底蕴，都是让人不能忘记的美景。虽然两地在人文、风土上有所不同，但在××的这些日子里能感受到两地的人民都同样淳朴、可爱。在台湾企业工作的××籍员工在生活上给予我们细心照顾，在工作上也给了我们很多的建议，使我们有家一样的感受，在××能快乐安心的工作，和在台湾没有区别。

今天，台湾文化和××文化充分融合，两地员工能互相学习，取长补短，共同进步，这应该也是另一种意义上的团圆吧！

朋友们，海上生明月，天涯共此时。在这轮团圆的明月下，让我们手牵手、心贴心，尽情享受这美好的时刻吧！

谢谢大家！

范例四　某老年公寓领导中秋节致辞

各位叔叔、阿姨，公寓全体职工：

大家好！在这金秋送爽、硕果累累、喜获丰收的大好时节，我们迎来了今年的中秋佳节。这里我首先恭祝全体寓居老人和公寓全体职工身体健康，节日快乐！

中秋节是中国传统的节日，是合家团聚、把酒邀明月的喜庆日子。阖家相聚首，月圆人有缘。我们××老年公寓就是一个和谐相聚的大家庭。我们这个大家庭的所有成员就是因为有缘才相聚到一起来的。在我们这个大家庭中，护理人员像孝敬自己的父母一样竭诚为老人服务，寓居老人对公寓的管理和服务给予了热情的支持和配合，共同的努力使我们这个大家庭的成员越来越多，真可谓人丁兴旺、其乐融融。

一朵鲜花的绽放需要无数汗水的浇灌，一份伟大的事业需要无数人的共同努力。养老服务事业在我国是一项新兴的事业，更需要我们去为之拼搏和奋斗。各位老人入住××老年公寓，是你们及你们的子女对我们的最大信任。对此，我们一定会以百倍的努力和更加热诚及完善的服务去实现我们"尽心、尽力、尽孝"的服务宗旨，努力把各项服务措施落实到位，真正为大家创造一个更加幽雅、欢乐、安宁、舒适的生活环境。

"海上生明月，天涯共此时"，"但愿人长久，千里共婵娟"，这些美好的诗句，充分表达了我们欢度中秋佳节的喜悦心情。在这美好的氛围中，我真诚地祝福全体老人和全体职工节日愉快、合家幸福、万事如意！

谢谢大家！

第十二章

重阳节致辞

范例一

某省粮食局局长重阳节致辞

敬的各位老领导、老前辈、老同志：

飞火流霞迎盛世，欢歌笑语贺华章。在这秋高气爽、金桂飘香的日子里，合家团圆的中秋佳节刚刚离去，我们又迎来了中华民族传统的尊老敬老的重要节日——九九重阳节。在此，我谨代表省局党组，向在座的各位老年朋友们道一声节日的问候，祝愿各位老领导、老前辈、老同志身体健康、合家幸福、万事如意！

近年来，我省粮食工作在省委、省政府和省局党组的领导下，在全省粮食职工的共同努力和在座的各位老领导、老同志的大力支持下，取得了有目共睹的成绩：今年国家在我省先后启动了小麦和早、中晚籼稻最低收购价预案，全省各级粮食部门，以保护农民利益为己任，严格执行国家最低收购价政策。贯彻落实省政府关于加快粮食产业园区建设决策，协作愉快、成效明显。

霞披夕阳情无限，霜染秋枫叶正红。过去，你们以满腔热血，为××粮食的发展奉献了自己的青春和力量，付出了辛劳的汗水，谱写了光辉的篇章。今天，你们虽然离开了工作岗位，但"老骥伏枥，志在千里"，用长期积累起来的丰富知识和宝贵经验，通过各种方式继续为××粮食的改革、发展服务，为××粮食的崛起添砖加瓦；当年，你们用心血和智慧浇铸了××粮食的基业，为我们铺就了今日继续奋进的道路；现在，你们继续保持一个健康向上的心态、乐观积极的精神，对粮食工作十分关注，对我们的工作十分支持，表现出极高的政治素养和大局意识，表现出老共产党员的优秀品格，值得我们大家学习和敬佩。在此，我向你们表示衷心的感谢！

今年是"十一五"规划的开局之年，为了进一步加快粮食经济的发展步伐，优级化粮食产业结构，省局党组提出了：以邓小平理论和"三个代表"重要思想为指导，以科学发展观统揽全局，认真贯彻中央经济工作会议、农村工作会议和省委七届九次全会精神，紧紧围绕建设社会主义新农村这个主题，全面开展"产业发展年"和"依法监管年"活动，进一步加强粮食宏观调控，进一步推进国有粮食企业机制创新，进一步转变行政职能，确保粮食市场稳定和粮食安全，努力开创××产业经济跨越发展的新局面。

新形势、新任务、新挑战，更希望继续得到你们的关心和指导。我相信，有省委、省政府和省局党组的正确领导，有各位老领导、老前辈、老同志们一如既往的帮助和支持，我们一定能以更加坚实的步伐，团结和带领全省粮食职工共同为××粮食跨越式发展而努力奋斗，为我省的奋力崛起而作出新的贡献。同时也要求老干部处的全体工作人员继续发扬优良传统，全心全意为老同志做好服务工作。

最美莫过夕阳红。最后，我用一首诗来表达我对各位老领导、老前辈、老同志的祝愿："九九重阳金光照，万紫千红大地明。人老不失戎马志，余热生辉耀九重。振兴粮食心不老，祝与青松永同龄。"

范例二
某学校校长重阳节致辞

尊敬的各位前辈：

岁岁重阳，今又重阳。记得去年10月13日，我们在这儿庆祝"九九"重阳。今年，在老人节到来之际，我们重新相聚在这里，我代表学校向尊敬的老教师们表示最热烈的节日祝贺！祝你们福如东海、寿比南山、合家欢乐！

2009年喜事连连。国庆六十周年，全球祝贺。同时也是我校三对夫妻的金婚纪念，走进婚姻殿堂后，携手走过五十载，经历风雨同患难，时光流逝情不变，实在是弥足珍贵的。市里将在下月为他们祝贺金婚，在此，让我们用热烈的掌声向我校的三对金婚夫妻表示祝贺，祝他们快乐永驻、健康长伴、恩恩爱爱到永远！

2009年，又是我校四位老教师的七十古稀大寿，七十年风风雨雨、七十载生活沧桑，四位老教师对××学校的功劳我们铭记在心，祝愿四位寿星福如东海长流水、寿比南山不老松；同时祝愿所有的长辈增福、增寿、增富贵，添光、添彩、添吉祥；也祝每个家庭都幸福安康、事业发达、工作顺利！

家家有老人，人人都会老。无论是从亲情伦理的角度讲还是从道德法律的角度讲，无论从曾经为××学校所作的贡献还是从现在仍为××学校操劳，我们都应该义不容辞地去善待我们的前辈，尊重我们的老教师们，让我们的老教师们能够拥有一个幸福祥和的晚年。我们曾经说过，善待老教师就是善待我们自己，老教师的今天就是我们的明天，我们今天对待老教师的态度和方法就是以后学校后辈们对待我们的活样板。

也许我们并不善于辞令，也许我们工作并不到位，但我们有一颗尊老爱老的真诚之心，我们有一颗敬业、爱校的事业之心。若在此前我们有什么做得不够的地方，在此，我想请各位前辈们见谅，我们班子和全体教职工有勇气承担责任，有勇气改正错误，有勇气面对未来。

这个老人节，是我来校后的第二个老人节。我们学校的发展，渗透了你们老一辈教育工作者的汗水和心血，离不开你们的辛勤探索和奉献。学校的生存与发展，与大家休戚相关、荣辱与共。所以希望诸位今后一如既往，发挥余热，为学校发展献计献策，给我们的工作多提宝贵意见。我们这些后来者也一定不辜负你们的期望，在上级领导的带领下，再创××学校新的辉煌。

在这里，再一次向各位尊敬的老同志敬贺节日快乐，祝各位老前辈身体健康，愿你们如青松不老、古枫吐艳、晚菊傲霜！

范例三
九三学社某市市委书记重阳节致辞

社员同志们：

节日好！步步登高开视野，年年重九胜春光。在这秋高气爽，菊花飘香的季节里，我们与各位老同志欢聚一堂，共同庆祝中华民族的传统节日——重阳佳节。在此，我代表九三学社××市委通过你们向全社的老同志表示节日的问候，并致以崇高的敬意！

首先我向老同志们简要汇报一下今年的工作。概括起来就是两个重要会议、两个主要活动和一条贯穿始终的红线。两个重要会议：一是××市政协十一届一次会议，二是九三学社××省第八次代表大会。两个主要活动：一是春节联欢会，二是九三诞辰纪念活动。一条红线就是政治交接学习教育活动。这条红线贯穿社市委工作的始终。中共中央统战部与各民主党派中央，共同研究部署要用一年左右时间，在各民主党派中开展以坚持走中国特色社会主义政治发展道路为主题的政治交接学习教育活动。

在此期间，社市委多次参加了中共××市委、市政府、市政协召开的双月座谈会、政协中心组学习会、民主协商会、情况通报会、征求意见会、对口联系会和有关部门召开的各类视察、考察、调研、检查、联谊等活动，积极参与我市重要事件的民主协商，为××市的经济建设、政治建设、文化建设和社会建设贡献出应有的力量。

重阳节后，社市委很快要召开组织宣传工作会议，这是九三学社××市委召开的一次十分重要的会议，届时会议将对今后的组织宣传工作和参政议政工作作出重要部署。

当然，各项成绩的取得，离不开老年社员的关心和呵护，离不开你们的支持和帮助。你们现在虽然已经离开工作岗位，但仍然关心"九三"的事业，为"九三"做着力所能及的贡献。在此，我代表社市委向你们表示感谢。

最后祝愿老同志们身体健康、家庭幸福、节日愉快！

谢谢大家！

第十三章

藏历新年致辞

> **范例一**
> 原全国人大常委会副委员长热地 2009 年藏历新年致辞

尊敬的各位领导、同志们、朋友们：

今天，我们在这里欢聚一堂，共庆新春佳节、藏历新年。首先我代表党中央、国务院，向全区各族人民致以新春的美好祝福！向所有为西藏发展进步作出突出贡献的老党员、老干部、老模范致以崇高的敬意！

刚刚过去的 2008 年，也就是藏历土鼠年，是极不平凡的一年。在以胡锦涛同志为总书记的党中央的坚强领导下，在全国人民的大力支援下，西藏自治区党委政府团结带领西藏党政军警民，同心同德、努力奋斗，迅速平息了达赖分裂主义集团精心策划制造的，拉萨"3·14"打砸抢烧严重暴力犯罪事件。这有力地打击了分裂主义势力的嚣张气焰，维护了社会局势稳定，维护了社会主义法制权威，维护了人民群众根本利益；战胜了当雄、仲巴地震和山南等地强降雪等自然灾害；采取了一系列行之有效的措施，国民经济保持了跨越式发展的良好势头，社会局势基本稳定，社会事业全面进步，文化事业全面繁荣，农牧民群众生产生活条件得到更大改善，民族团结进步事业取得了新的进展，西藏的改革开放和现代化建设迈入了新的发展阶段。

2009年,也就是藏历土牛年,是新中国成立60周年,也是西藏民主改革50周年。再过一个多月,也就是3月28日,我们还将迎来第一个西藏百万农奴解放纪念日,这是西藏各族人民的一个有着特殊历史和现实意义的、非同一般的、值得庆贺的重大节日。应西藏各族各界人民群众的一致要求,为了教育后代、不忘过去、牢记历史、展望未来,2009年1月19日,西藏自治区九届人大二次会议决定把每年的3月28日定为西藏百万农奴翻身解放纪念日,以此隆重纪念和永远铭记这个百万农奴获得解放、获得新生的伟大日子。

民主改革是西藏历史上最广泛、最深刻、最波澜壮阔的社会变革。民主改革在政治上彻底推翻了政教合一的封建农奴制度,在中国共产党的领导下,建立了各级人民政权,广大农奴和奴隶翻身得解放,成为国家和社会的主人;在经济上彻底废除了封建农奴制的生产关系,极大地解放了社会生产力;在思想上摆脱了封建农奴制腐朽思想的枷锁,奏响了人民当家做主,民族区域自治好、祖国大家庭好的主旋律。维护祖国统一,反对分裂;维护民族团结,建设和谐西藏;解放思想、开拓创新,一心一意谋发展,聚精会神奔小康,成为西藏各族人民群众的共同心愿和自觉行动。这是在中国共产党领导下,在祖国大家庭里,西藏社会制度的巨大跨越,西藏社会历史的伟大转折,西藏各族人民人生命运的根本转变。这在整个人类社会发展史上都是一个奇迹。

民主改革50年来,西藏从黑暗走向光明、从落后走向进步、从贫穷走向富裕、从专制走向民主、从封闭走向开放。目前的西藏政通人和、百业俱兴、经济发展、局势稳定、社会进步、民族团结、边防巩固,人民群众安居乐业,呈现出一派欣欣向荣的新气象。今天的大好形势来之不易,我们要加倍珍惜,进一步巩固好、发展好。同时,我们必须认识到,我们前进的道路上还面临很多新的困难和挑战,不稳定因素还仍然存在。所以,反分裂斗争这根弦任何时候都不能松,一定要时刻提高警惕,防患于未然。

我相信，在以胡锦涛同志为总书记的党中央英明领导下，自治区党委、政府继续团结带领全区党政军警民，高举中国特色社会主义伟大旗帜，以邓小平理论和"三个代表"重要思想为指导，深入贯彻落实科学发展观，坚定不移地走有中国特色、西藏特点的发展路子，坚定不移地维护祖国统一、反对民族分裂、增进民族团结，西藏各族人民的生活一定会更加幸福美满，社会主义新西藏的明天一定会更加灿烂辉煌！

范例二
人民解放军西藏军区司令员杨金山2011年藏历新年致辞

尊敬的各位领导，同志们、朋友们：

今天我们满怀欣喜地迎来了2011年藏历新年。在这个喜庆的日子里，我谨代表驻藏人民解放军和武警部队官兵，向在座的各位领导、各位同志、各位朋友致以节日的祝福！向长期以来关心支持驻藏部队建设的地方各级党委、政府和广大人民群众表示衷心的感谢！向军队离退休干部、转业复员退伍军人和广大民兵预备役人员致以亲切的慰问！

2010年，党中央、国务院团结带领全国各族人民沉着应对、开拓前进，持续推进经济社会快速发展，胜利实现"十一五"目标任务，充分展现了社会主义中国的巨大活力。2010年自治区党委、政府围绕西藏跨越式发展和长治久安主题，团结带领全区各族人民，深入贯彻落实科学发展观，坚持走中国特色、西藏特点的发展路子，推动经济快速发展、民生大幅改善、社会持续稳定、城乡面貌一新，全区实现生产总值增长12.3%，开创了西藏经济社会发展最快、城乡面貌变化最大、人民得到实惠最多、城乡共同繁荣发展的重要时期。作为西藏驻军，我们感同身受、共享成果、引以为豪。

长期以来，自治区党委、政府，××书记和各位领导始终站在维护国家安全和发展利益的战略高度，关心支持驻藏部队建设，竭诚解决部队教育训练、战备执勤、边防基础设施建设、国防后备力量建设难题，想方设法安置转业干部、复员退伍军人、随军家属，为驻藏部队建设和发展提供了坚强后盾。

2011年是"十二五"开局之年，是中国共产党成立90周年，也是西藏和平解放60周年。我们一定要把推进西藏改革发展稳定作为义不容辞的责任，全面贯彻党和国家关于西藏工作的战略决策，深入落实中央第五次西藏工作座谈会和西部大开发工作会议精神，扎实推进国防和军队建设，完成好多样化军事任务，坚决捍卫边防稳定，维护社会稳定。大力支持西藏各项改革和建设事业，积极承担急难险重任务，为推进西藏经济发展、社会和谐、文化繁荣、民生改善作出新的更大贡献。

同志们，让我们紧密团结在以胡锦涛同志为总书记的党中央周围，高举中国特色社会主义伟大旗帜，深入贯彻落实科学发展观，全面推进西藏各项改革和建设事业，以优异的成绩向中国共产党成立90周年、西藏和平解放60周年献礼！

在这辞旧迎新、万家团圆的欢乐时刻，让我们衷心祝愿伟大的祖国繁荣昌盛，祝愿社会主义新西藏更加繁荣进步，勤劳智慧的西藏各族人民更加幸福安康！

范例三

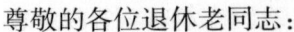

西藏自治区党委某常委2011年藏历新年致辞

尊敬的各位退休老同志：

今天，我们在这里欢聚一堂，共庆藏历铁兔新年。我受××书记、××主席委托，代表自治区党委、政府向曾经为西藏和平解放、建设社会主义新西藏作出贡献的各位离退休老同志致以节日的祝福和崇高的敬意。

刚刚过去的2010年和整个"十一五"时期，在中央的亲切关怀和全国人民的无私援助下，自治区党委、政府团结带领全区各族人民，坚定不移抓发展，尽心竭力惠民生，旗帜鲜明反分裂，团结拼搏、艰苦奋斗，圆满地完成了"十一五"规划目标任务，经济社会保持了跨越式发展的良好势头。

西藏经济社会发展取得的成绩，离不开全区离退休老同志的关心和支持，西藏能有美好的今天，各位老同志功不可没。你们曾经为西藏的和平解放、平息叛乱、民主改革立下了汗马功劳，为维护祖国统一和民族团结建立了不朽功绩，为改革开放和现代化建设作出了重大贡献，西藏发展进步的每一点成就，无不蕴涵着你们的心血和汗水。在长期的工作实践中，你们为西藏的发展进步留下了许多可贵的工作经验和宝贵的精神财富。

做好新形势下的老干部、老同志工作，是党和政府工作的一个重要部分，贯彻落实科学发展观的具体体现，是我们义不容辞的责任。各地、各部门、各单位，特别是主管部门的领导一定要从讲政治的高度，从维护西藏改革、发展、稳定的高度，以对党和人民负责的精神，满腔热情地做好老干部、老同志工作，尊重、关心、照顾好老干部、老同志。要认真抓好离退休人员政治待遇和生活待遇的落实，凡是符合政策规定的都要及时给予解决。要经常深入老干部、老同志中了解情况，倾听老干部、老同志的意见和要求，及时帮助老干部、老同志解决实际困难和问题。我们还希望离退休老同志老有所养、老有所学、老有所乐、老有所为，发挥余热，多为西藏经济社会发展献计献策，为推进西藏跨越式发展和长治久安再添新力，再立新功。

最后，在这辞旧迎新、万家团圆的欢乐时刻，让我们衷心祝愿伟大的祖国繁荣昌盛，祝愿社会主义新西藏更加繁荣进步，勤劳智慧的西藏各族人民和各位在座的老朋友们更加幸福安康！

第十四章

泼水节致辞

范例一

中共西双版纳傣族自治州某领导 2010 年泼水节致辞

尊敬的各位领导、各位嘉宾、各位朋友、各民族父老乡亲：

节日好！在春暖花开、缅桂飘香的季节，我们迎来了 2010 年泼水节即傣历 1372 新年节。值此喜庆时刻，我受××书记和××州长的委托，谨代表中共西双版纳傣族自治州州委、州人民政府向莅临我州的各位领导、各位嘉宾表示热烈的欢迎！向全州各族人民致以节日的祝贺！向长期以来关心和支持西双版纳改革发展的各位领导、各位嘉宾，向驻州人民解放军、武警官兵，向所有关心、支持和参与西双版纳建设的国内外朋友表示衷心的感谢！

西双版纳建州 57 年来，特别是改革开放以来，州委、州政府坚决贯彻党的路线和方针政策，以科学发展观统领经济社会发展全局，突出抓好经济建设第一要务，积极应对金融危机严峻挑战，紧紧抓住国家扩大内需重大机遇，带领全州各族人民坚定信心、创新举措、共克时艰、加快发展、经济建设、政治建设、文化建设、社会建设全面加强，各项事业蒸蒸日上，城乡面貌日新月异，人民群众安居乐业。

今年是"十一五"规划的决胜之年，又是应对国际金融危机冲击的重要之年，更是为"十二五"发展奠定坚实基础的关键之年。州委、州政府将继续坚持以邓小平理论和"三个代表"重要思想为指导，深入贯彻落实科学发展观，紧紧围绕"生态立州、科教兴州、开放活州、生物富州、旅游强州、依法治州"的发展战略，进一步坚定信心、抢抓机遇，进一步解放思想、开拓创新，进一步求真务实、真抓实干，更好地完成"十一五"规划的各项目标任务，为推动××州经济社会又好又快发展和跨越发展而努力奋斗！

孔雀开屏迎贵客，载歌载舞贺佳节。让我们在敬水、爱水、护水的祈福声中，敲起金铓锣，打起象脚鼓，共同庆祝2010年泼水节暨傣历1372新年节，尽情享受东方狂欢节的激情和快乐！祝愿各位领导、各位嘉宾、各位朋友、全州各族父老乡亲吉祥如意、幸福安康！

谢谢大家！

范例二

某公司董事长泼水节致辞

尊敬的各位领导、各位旅游界同仁、各位来宾：

在这春暖花开的时节，我们又迎来了一年一度的泼水节。泼水节是傣族同胞们的传统佳节。在这个喜庆的日子里，我代表××公司向多年来关心支持××建设与发展的州市镇、各级党委政府，向旅游界各位同仁、各位来宾表示衷心感谢！

××自1999年10月1日开业以来，共接待游客达280余万人次，由我州刚开始的旅游重点建设项目，发展成云南省旅游精品建设项目，直至今日提升为中国旅游知名品牌。××走过了由生存期到发展期一条艰难而漫长的道路，成功地探索出"公司+农户"的旅游发展之路，开创性地提出了"保护就是发展"的经营理念以及"立足世界、面向全国、走向全世界、争创世界民族文化旅游品牌"的发展战略。

在××成功推出"天天泼水节"活动的基础上,我们又在2006年推出了"泼水节印象"旅游景区××,全方位地打造民俗文化旅游品牌,填补了××旅游空白,受到了州市镇各级党委政府的充分肯定和支持。今年开春之季,我们又创办了西双版纳××旅行社股份有限公司,形成旅游网络一条龙,拓展客源市场,把握旅游主动。以旅行社为窗口、桥梁、为纽带,以景区为基础、为依托,做强做大旅游产业,为西双版纳旅游业再创辉煌作出新的贡献!

最后,祝愿我们××的独具特色的泼水活动能陪大家度过一个丰收而喜悦的一年!

祝大家万事顺心、吉祥如意!

谢谢大家!

第十五章

开斋节致辞

范例一 某网站特别顾问开斋节致辞

各位亲爱的兄弟姐妹们：

赛拉姆！今天晚上，是全世界穆斯林的尊贵节日——开斋节的前夜，我们怀着对伟大真主的虔诚和敬畏，完成了一个月的斋戒，兴高采烈地迎接节日的到来。在这普天同庆、合家团圆的美好夜晚，请允许我代表××全体同仁，向今天出席晚会的各位嘉宾、各位朋友、各位兄弟姊妹以及全天下所有同胞，恭祝一声开斋好！

为欢度尊贵的斋月、庆祝开斋节，连日来，××的各位同胞，自发地行动起来，用鲜花和彩旗以及耀眼的彩灯，将整个××装扮得流光溢彩、灯火辉煌。夜幕降临，漫步在灯火通明的大街小巷，一盏盏闪烁的彩灯，恰如漫天的繁星，使我眼花缭乱、目不暇接。伴随着穿梭的人流、喧闹的夜市，整个回坊已经成为一片欢乐的海洋。看到这一切，我心中充满了对真主的无尽赞美，也感到作为一个穆斯林的无比自豪。

此时此刻，我想在座的各位与我拥有同样的心情，因为你们都是这个家园的装扮者，是这个家园的主人。来自各个高校的大学生们也与我们一样,他们与××的兄弟姊妹们一起,精心准备了这台精彩的晚会,他们的演出,为节日的××可谓锦上添花,在此请允许我向所有演员表示衷心的感谢。当然,他们的成功离不开在座全体同胞的大力支持,你们为了伊斯兰事业,默默无闻地做着无私的奉献。对你们今天的到来,我也表示衷心的感谢。

  三年前,××××从零做起,开始向外传教,经过两年多的努力,伟大的真主眷顾了这里,相继有60人加入了伊斯兰教。在斋月之初,××××三喜临门,同时劝导了两个新穆斯林,而在今晚,我们再一次见证了真主的恩典,迎接了第61个新穆斯林。在座的各位同胞,相信与我一样,内心充满感动,可是你们经历了几次这样的场面,而我却亲身经历了61次,大家想一想,我们多么的荣幸,多么的激动。这样的幸福,在我看来,胜过整个吴侯德山,胜过太阳照耀下的一切。

  为此,××××将坚定不移地走下去,没有人可以阻止我们的道路,因为,真主会佑助为他的道路而奋斗的人。当然,××××的成功,离不开穆斯林同胞的大力支持,××××目前还是一株稚嫩的幼苗,她渴望你们的关心和爱护,渴望你们的支持和帮助,只有我们一起携手,才能获得更大的胜利。为此,××××敞开大门,期待着您的到来,期待着与您一起携手,共同建设神圣而伟大的伊斯兰事业。

  最后,请允许我用一句话结束今天的致辞:"没有胜者,只有真主!"谢谢大家!

范例二　某中学党委书记开斋节致辞

尊敬的××校长、尊敬的××副校长、尊敬的各位老师、亲爱的同学们:

  大家好!今天我们隆重集会,共同欢庆穆斯林传统节日——开斋节,值此,我代表××市××中学全体师生向同学们致以节日的问候和美好的祝福！

  为加快新疆维吾尔自治区实施科教兴国战略步伐，培养和造就少数民族优秀人才，切实促进新疆经济发展和社会进步，增强民族团结，维护祖国统一。教育部从2000年起在内地沿海发达城市开办内地新疆高中班，支援新疆教育事业，我校自2005年起也承担了这一项光荣而艰巨的任务。

  两年以来，在各级政府的关心和支持下，新疆班的各项工作蒸蒸日上，我们不断地摸索办班经验和教训，总结出一套科学的教学管理模式。在教学管理上坚持预科、高一单设、高二插班、分层走班制的教学模式，真正落实因材施教；在学生管理上把对学生的关爱和严格管理有机结合起来，做到爱而不溺爱、细而不包办、严而不苛刻。如果只有关爱，没有指导教育；只有信任，没有提醒启迪；只有尊重，没有批评帮助，那么学生的成才之路走的会很艰难。我们也制定了每周一次大型活动的计划，给每位同学制定了社会实践活动记录，组织丰富多彩的业余文化生活，拓展同学们的视野，努力促进学生全面健康发展。

  同学们，你们的到来，为校园增添了别样的风采，注入了新的活力，也开创了我校高中教育的新纪元。你们秉性单纯、耿直、豪爽、热情、开朗大方、朝气蓬勃、精力饱满、渴望幸福的未来、向往美好的前程，这一切都深深地感染着我们。

  深情系天山，悉心育英才。新疆部全体老师克服一切困难，认真落实党中央"努力把新疆班办好"的重要指示，在工作中研究，在研究中工作，你们放弃了休息日和节假日，把无私的爱献给了这些远方的孩子，大爱无疆；你们为新疆孩子所做的一切将载入史册。让我们紧紧地团结在一起，努力工作，让党和政府放心，让学校放心，让新疆人民满意，努力创办全国一流的内高班，为祖国的发展作出积极贡献。

  祝全体师生身体健康、家庭幸福、前程似锦、开斋节快乐！

  谢谢！

范例三 某镇镇委书记开斋节致辞

各位领导、各位来宾,广大穆斯林同胞们:

上午好!今天是伊斯兰教的传统节日——开斋节,也是我国回族、维吾尔族等10个少数民族的传统节日。在此,我们隆重集会,共同欢庆穆斯林的传统节日。我谨代表中共××镇党委、××镇人民政府向全镇广大穆斯林同胞致以节日的祝福和衷心地祝贺!

一年来,××镇清真寺管委会和广大穆斯林群众认真贯彻落实党和国家的民族宗教政策,始终坚持从维护民族团结、维护社会稳定的大局出发,确保社会大局的稳定。广大少数民族群众尤其是回族群众识大体、顾大局,与其他兄弟民族和谐相处,把精力和智慧凝聚到全面建设小康社会的事业中,使各民族和睦相处、共同发展,为促进民族团结、维护社会稳定、推动经济发展作出了重要贡献。对此,我来之前,镇委、镇政府领导叮嘱我一定要代表镇委、镇政府向广大穆斯林群众致以节日的问候和美好的祝福。

历史上,回族群众在养殖、屠宰、食品加工等方面有着传统优势,有尊商重商的浓厚氛围。希望大家紧跟时代步伐,进一步解放思想、振奋精神、与时俱进、开拓创新,加大民族经济结构调整和资金投入的力度,努力提高民族经济的运行质量,促进民族经济持续健康发展。同时,也希望广大穆斯林群众要牢固树立"爱国爱教、团结进步"的思想,维护和发展各民族和睦相处、共同繁荣的良好局面,为建设和谐社会作出新的贡献。

今后,我希望大家要继续认真开展民族宗教"×××"活动:即创建民族团结进步先进乡镇、村街活动和宗教界争创模范宗教团体、争创规范化宗教活动场所、争当模范教职人员、争当爱国守法信教群众活动。通过民族宗教"×××"活动,全面提高各级各部门和党政干部对民族宗教工作的认识,全面提高民族群众法制意识和团结意识,全面提高宗教界规范化管理水平，全面促进民族团结进步，宗教和睦稳定。

回顾过去，振奋人心；展望未来，任重道远。我们要以高度的政治责任感和敏锐性，充分认识民族宗教工作的重要性，树立"民族、宗教无小事"观念，注意学习和研究民族宗教问题，充分发挥各自的聪明才干，加强学习、建言献策、建功立业，用实际行动维护民族团结和社会稳定，要依法处理各种民族纠纷，维护社会大局稳定，为我镇的经济建设创造安定的社会环境。

最后，祝全体穆斯林同胞身体健康、节日愉快、合家欢乐、万事如意。谢谢大家！

第十六章 青年节致辞

范例一　外交部部长杨洁篪青年节致辞

同学们、朋友们：

在五四青年节即将到来之际，外交部举办大学生专场公众开放日，我谨代表外交部，对大家的到来表示热烈欢迎！你们热情洋溢、朝气蓬勃的面孔给外交部增添了春的生机与活力。感谢××学生合唱团奉献的歌曲，充满激情、催人奋进。

今年是五四运动90周年。五四运动的精神最根本的就是中华民族爱国主义精神。90年前，中国青年在国家和民族命运的紧要关头，挺身而出，掀起了轰轰烈烈的反帝反封建运动，拉开了中国新民主主义革命的序幕。近一个世纪以来，一代又一代的热血青年在五四运动的精神感召下，励志图强、前赴后继，为民族的独立、人民的幸福、国家的富强奉献出青春和力量。我们的国家从贫穷走向富强、从封闭走向开放、从落后走向进步，在建设中国特色社会主义道路上阔步向前。中国人民感到无比骄傲和自豪。

90年来，中国外交历经风雨，从割地赔款到香港、澳门回归，从饱受战乱之苦到坚定维护世界和平，从积贫积弱到大力促进人类共同发展，走过了一条非凡的道路。新中国成立后，特别是改革开放30年来，中国同世界的关系发生了历史性变化，中国外交进入了崭新的时期。在党中央坚强领导下，在祖国人民坚定支持下，我们顺应形势、开拓进取、把握机遇、化解挑战，取得了举世瞩目的成就。中国国际地位显著提高，国际影响日益扩大，与世界各国友好合作关系全面发展，中国正在以更加自信、开放的姿态活跃在世界舞台上，成为一支举足轻重的积极力量。不管世界风云如何变幻，一个信念始终贯穿中国外交，这就是祖国和人民的利益高于一切的信念；一种精神始终激励中国外交人，这就是中华民族百折不挠、自强不息的爱国主义精神。

同学们、朋友们，90年沧桑巨变，不变的是中国青年对国家前途和民族命运的历史责任和神圣使命。当代中国青年具有更高的知识水平和更广的国际视野，满怀炽热的爱国激情和强烈的报国志向，为祖国奉献着青春的光和热。在同反华分裂势力的斗争中，在抗震救灾的最前线，在北京奥运会志愿者的队伍里，广大青年不畏艰险、不怕困难、顽强拼搏、无私奉献，以实际行动维护了国家利益，捍卫了民族尊严，增进了中外友谊，向世界证明了你们是无愧于时代、无愧于祖国、无愧于人民的一代。

外交部与中华人民共和国一道走过了近60载岁月，但外交部是一个"年轻"的部。他们勇于开拓、敢于担当、勤于钻研、甘于奉献，用青春的才智和汗水为中国外交增光添彩。今天在场的获得"外交部优秀青年"称号的年轻外交官，就是他们中的杰出代表。21世纪的中国外交大有可为。中国外交是国家和人民的外交，是见证历史、参与历史、创造历史的伟大事业，需要更多的优秀青年，也为有志青年报效祖国提供了更广阔的舞台。欢迎你们积极投身祖国的外交事业。

同学们、朋友们，"少年智则国智，少年富则国富，少年强则国强"。让我们继承五四运动的光荣传统，弘扬爱国主义精神，携起手来，为中华民族的伟大复兴而奋斗！

祝大家五四青年节快乐!

祝大家学业进步,前程远大!

谢谢!

范例二　某矿矿长青年节致辞

同志们,青年朋友们:

今天我们迎来了又一个五四青年节。首先,请允许我向过去一年作出较大贡献的团支部、优秀团员、青年,表示祝贺和感谢,并通过你们向战斗在全矿各条战线的广大青年朋友们致以亲切的节日问候!

刚才矿团委对一年来的工作做了总结,今后的工作做了认真的布置安排,受表彰的先进集体和个人代表做了先进经验介绍,使人心情振奋,几位同志虽然来自不同岗位,但都有一个共同的理想追求,围绕矿山发展在平凡的岗位上作出了不平凡的贡献。矿党委副书记××同志对共青团工作提出了四点要求,讲得很好,下面我对青年朋友们提出三点希望:

第一,加强组织建设,服务矿山促发展。我们党历来高度重视共青团工作,始终把青年看做祖国的未来和民族的希望。毛泽东同志曾生动地把青年比作早晨八九点钟的太阳;邓小平同志也指出,青年一代的成长,是我们的事业必定要兴旺发达的希望所在。共青团是党领导的先进青年群众组织,团结和带领广大青年为党和人民的事业而奋斗,是共青团必须始终坚持的工作方向。在新时期共青团要在工作思路、工作方式和自身建设上进行创新,青年干部要忠诚党的事业、热爱团的岗位、竭诚服务矿山建设,青年是国家的未来、民族的希望,是我们党的新鲜血液更是我们××矿发展的中坚力量。

第二,理论联系实际,立足岗位谋发展。事业无止境,知识无穷尽,大家应该牢固树立终身学习的理念,坚持不懈地学习学习再学习。企业之间的竞争，归根到底是人才的竞争，是创新能力的竞争。青年人思维敏捷、风华正茂，最富有创新的活力。希望青年同志珍惜光阴，学而不倦，努力学习科学文化知识，从工作实践中汲取知识和智慧，把创新精神同科学态度结合起来，把胸怀大志同脚踏实地结合起来，敢于和善于推陈出新，不断地为企业建设建功立业。青年朋友们要以坚定的理想信念、旺盛的生机活力、强烈的进取意识和奉献精神，立足本职岗位、建功立业成才、唱响青春之歌、谱写壮丽人生，成为推动××煤矿稳步发展的一支中坚力量。

第三，树正气鼓干劲，同心同德作贡献。首先矿山是一所学校，优秀的员工永远是一名学生，希望全矿广大青年朋友们勤于学习、牢固树立细节决定成败的理念，从点滴做起、从小事做起。任何事业在发展的途程中都不可能是一帆风顺的，矿山建设也是如此，必然会遇到这样那样的挑战、困难和风险的考验。广大共青团员要谦虚谨慎、戒骄戒躁，牢固树立艰苦奋斗的思想，鼓干劲、树正气，为煤炭事业坚韧不拔地开拓前进。

理想和信念，是我们战胜艰难险阻，赢得胜利的强大精神支柱和力量源泉。而理想和信念的力量，只能通过投身火热的工作实践而不断焕发出来。青年人要自觉地到条件艰苦的地方去锻炼，在工作实践中经风雨、见世面、长才干、作贡献。也只有在这样的工作实践中，才能使自己更快更好地成长和成熟起来。

同志们、青年朋友们，希望你们牢记矿党政班子的嘱托，肩负起时代赋予的光荣使命，勤奋学习、扎实工作、开拓进取、努力拼搏，为矿山振兴发展，不断作出新的更大的贡献。共同创造幸福美满的生活，共同开辟更加美好的未来！

最后，祝青年朋友们节日快乐、学习进步、身体健康、事业有成！

谢谢大家！

范例三
某师范学院党委书记青年节致辞

同学们、青年朋友们：

在这春意盎然的时节，在这万象更新的美好时刻，我们共同纪念一个伟大的日子——五四青年节。在此，我谨代表学校党委向全校团员青年致以节日的祝贺！向广大团员干部表示诚挚的问候！向为青年学生健康成长付出辛勤劳动的教职员工致以崇高的敬意！

翻开历史的长卷，90年前爆发的五四运动，是一场伟大的爱国运动，唤起了几千年中华民族的觉醒，揭开了中国新民主主义革命的序幕，树立了一座推动中国历史进步的丰碑。90年来，爱国、进步、民主、科学的"五四精神"鼓舞一代又一代青年开拓进取、顽强拼搏，在中国革命、建设、改革的舞台上为祖国和人民积极贡献力量。

今天，我们正处于一个崭新的时代，祖国30年来改革开放所取得的辉煌成就，为广大青年提供了前所未有的成长环境，全面建设小康社会的宏伟目标更为青年创造了施展才华的大好机遇。生逢盛世的当代师院青年和各级团组织在学校党委和上级团组织的领导下，高举中国特色社会主义伟大旗帜，全面贯彻落实科学发展观，出色地完成了学校党政和上级团组织布置的各项工作，并且取得了骄人的成绩。在此，我谨代表学校党委、行政向长期以来关心、支持青年和青年事业发展的各级党政领导、全体教职员工表示衷心的感谢！

同学们、青年朋友们，时代的脚步铿锵有力，新世纪的青年更显风采。面对新的形势和任务，我们要坚持"育人为本、创新为魂、服务为基"这一共青团工作的原则，求发展之真，务服务之实。我们要紧密结合国内外形势的发展变化，紧紧围绕学校发展大局，使共青团工作更好地体现党的要求，符合时代发展的需要；要坚持发扬共青团的优良传统，结合新的时代特征与时俱进、开拓创新，推动共青团工作不断勃发出生机和活力；要根据我校现状和特点，不断创新工作方式，把更多的青年吸纳到团组织中来，不断提高团组织的服务能力、凝聚能力、学习能力、合作能力，进一步发挥好党联系广大青年的桥梁和纽带作用。

青年朋友应当与时俱进地理解、传承"五四精神"，以自己的实际行动来诠释"五四精神"的时代意义，使"五四精神"能够薪火传递、生生不息。中国青年运动90年的生动实践告诉我们，一切有理想有抱负的中国青年，只有在中国共产党的领导下，同人民紧密结合，为祖国奉献青春，才能有所作为。在此，我向全校青年朋友们提五点希望：第一，坚定理想信念，高举爱国主义伟大旗帜；第二，坚持发奋学习，奠定报效祖国的根基；第三，坚持实践创新，引领风气之先；第四，坚持无私奉献，勇担社会之责；第五，加强人格修养，力行高尚之德。

"五四精神"令人鼓舞，共青团的光辉历程催人奋进。同学们、青年朋友们，抚今追昔，我们心潮澎湃；放眼未来，我们豪情满怀。青年应当朝气蓬勃、自强不息、勤勉奋发、锐意进取，始终站在时代发展的最前列。让我们继续弘扬伟大的"五四精神"，牢记使命、心系祖国、刻苦学习、练好本领，在伟大的中国特色社会主义实践中谱写无愧于时代、无愧于"五四精神"的壮丽篇章！

范例四 某有限公司总经理青年节致辞

青年同事们：

大家下午好！

今天是五四青年节，是我们青年人的节日。在此受公司领导的委托，借五四青年节之际，我谨代表××有限公司管理层及全体员工表示热烈的祝贺！向参加今天纪念活动的全体青年朋友们致以节日的问候，同时也通过你们，向你们所在单位的全体青年员工，特别是今天仍然坚持在生产岗位上的青年员工们，致以崇高的敬意和诚挚的祝福！感谢你们多年来为公司的发展事业付出的辛勤劳动。

　　掀开百年中国近代史的一页，91年前的今天，中国青年学生为了抵制帝国主义列强在巴黎和会上支持日本对我国的侵略行径，在北京举行了声势浩大的示威游行，其后发展成为全国人民参与的反帝反封建的爱国运动，迫使政府罢黜卖国贼，拒绝签订和约，开创了中国青年运动的先河。90多年来，"爱国、进步、民主、科学"的"五四精神"，激励着一代又一代热血青年前仆后继，李大钊、杨开慧、毛岸英、刘胡兰、董存瑞、黄继光等，无数先烈们为了中国革命事业抛头颅、洒热血，换来了新中国青年的美好今天。

　　青年们，"世界是你们的，也是我们的，但归根结底是你们的，你们青年人朝气蓬勃，正在兴旺的时候，好像早晨八九点钟的太阳，希望寄托在你们身上"。新中国建立后，成长起来的一代青年有理想、有志气、文化高、思想接受能力强，是建设现代化强国的生力军。作为央企下属的××有限公司，占员工总数约51%的全体青年员工，为公司的事业发展，在不同的工作岗位上发挥了光和热，贡献了青春力量，涌现了许许多多先进事迹，公司为拥有一支优秀的青年员工队伍而自豪。

　　当前，公司正处于战略发展的关键时期，更需要全体青年弘扬"五四精神"，以主人翁的姿态积极投身到公司建设中去，在实践中汲取知识、沉淀智慧，把创新精神同科学态度结合起来，把胸怀大志同脚踏实地结合起来，敢于和善于推陈出新，不断地为企业发展壮大建功立业。

　　最后，祝各位青年朋友们身体健康、生活幸福、工作顺利！

　　谢谢大家！

第十七章

建党节致辞

范例一

某市市委书记建党节致辞

尊敬的各位领导，各位来宾，同志们、朋友们：

今天，我们怀着喜悦的心情，迎来了中国共产党成立86周年。在此，我们向战斗在全市各条战线上的广大共产党员和党务工作者致以亲切的节日问候！

中国共产党从诞生到现在，已经走过了86年的光辉历程。86年来，是中国共产党领导人民经过艰苦卓绝的武装斗争，建立了社会主义新中国，从根本上改变了中华民族的命运，写下了彪炳千秋的光辉诗篇；是中国共产党领导人民与时俱进、开拓创新，改变了一穷二白的落后面貌，走上了改革开放、全面建设小康社会的征途，开创了亘古未有的宏图伟业；面对突如其来的天灾人祸，以胡锦涛同志为总书记的党中央，带领全国各族人民，万众一心、众志成城、团结互助、和衷共济，谱写了一曲抗击"非典"的壮丽凯歌。

历史和现实充分证明，我们的党是富于创新精神、不断开拓进取、与时俱进的党；是经得起各种考验，勇于在困难和挫折中奋进的党；是忠实实践"三个代表"重要思想，认真落实科学发展观，脚踏实地为人民群众根本利益奋斗不息的党。每一名共产党员都应为此而感到光荣和自豪。

我们今天庆祝党的华诞，既要缅怀先辈的光辉业绩，发扬党的好传统、好作风，更要时刻牢记我们所肩负的历史重任，准确把握我们所处的历史方位，清醒认识我们面临的形势和任务。21世纪头20年，是一个必须紧紧抓住并且可以大有作为的重要战略机遇期。党的十六大提出了全面建设小康社会的奋斗目标；最近召开的省委工作会议，提出围绕建设"大而强、富而美"的社会主义新××的总目标，争取提前全面建成小康社会、提前基本实现现代化。

全省各地积极贯彻落实省委工作会议精神，出现了千帆竞发、百舸争流、加快发展的逼人态势。不进则退，小进亦退。如果我们看不到这种形势，就会在发展中落伍。全市广大党员要切实增强忧患意识和紧迫感、责任感，进一步解放思想，干事创业，加快发展步伐，争当建设小康社会的排头兵。

历经86年的征程，我们党正进入一个更加辉煌的历史发展时期，××已站在一个新的历史起点上，振兴××经济的历史重任落到全市7万多名共产党员的肩上。广大党员一定要切实增强使命感，以奋发有为的精神状态和干事创业的工作作风，再造××经济发展新优势，再创××各项事业新辉煌，为率先实现全面建设小康社会的目标而奋斗！

范例二　某镇镇委书记建党节致辞

同志们：

今天我们怀着喜悦的心情，隆重纪念中国共产党成立87周年。回顾党的光辉历程，弘扬党的优良传统，展望××美好未来。在此，我代表镇党委向在各自岗位上恪尽职守、爱岗敬业、艰苦奋斗、忘我工作的广大共产党员致以崇高的敬意和节日的问候！衷心期盼全体党员同志在加快构建和谐社会主义新农村中再立新功，再创佳绩！

回顾党的光辉历程，对于我们珍惜和平环境，加快经济发展有着强心振奋的作用。87年的实践告诉我们，必须始终坚持马克思主义基本原理同中国具体实际相结合，坚持科学理论指导，坚定不移地走自己的路；必须始终紧紧依靠人民群众，从群众中吸取前进的不竭力量；必须始终自觉地加强党的建设，不断增强党的创造力、凝聚力和战斗力，永葆党的生机与活力。历史一再证明，没有共产党，就没有新中国；有了共产党，中国面貌就焕然一新。中国共产党不愧为领导中国人民事业的核心力量。我们作为这个党中的一分子，应该感到自豪、感到骄傲。

同志们，当前全镇经济和社会事业发展进入一个新时期，全面实现镇第×次党代会提出的奋斗目标，加快发展壮大镇域经济，推进社会主义新农村建设进程的任务艰巨，核心和关键在于加强和改进党的建设。这是落实科学发展观，构建社会和谐的需要，是提高党组织的凝聚力、创造力和战斗力的需要，是实现富民强镇目标的根本保证。借此机会，我提三点希望和要求：一、切实加强各级领导班子建设，更好地发挥领导核心作用；二、切实加强党的基层组织建设，更好地发挥基层党组织的战斗堡垒作用；三、切实加强党员队伍建设，更好地发挥共产党员的先锋模范作用。

同志们，"共产党员"这几个字是庄严而神圣的，我们要感悟到这几个字的分量，建设社会主义新农村的任务很重，责任不轻，该怎么办？这是摆在我们全体党员面前的一道现实问题。我们是冲锋陷阵、身先士卒还是畏缩退却、拈轻怕重？考验的时刻到来了，希望我们的党员同志紧跟党组织、牢记党的宗旨、自觉践行先进性、时刻严格要求自己，爱岗敬业、奉献进取，走在时代前列，走在××事业发展的前沿，不断开拓进取、奋力拼搏，为党旗增辉，为人民造福，做无愧于历史、无愧于事业、无愧于人民、无愧于共产党员的人，为××的美好明天而努力奋斗！

范例三　某质监局局党委书记建党节致辞

敬爱的各位老领导、同志们：

7月，胜似春光明媚的花季，恰似秋影涌动的红霞，托举伟业的光辉如期而至。在七一建党节到来之际，我们全局党员干部在这里举行隆重的集会，共同庆祝中国共产党诞辰85周年。在这盛大的节日里，我谨代表××局党组，向辛勤工作在××战线上的党员和离退休的老党员，表示节日的问候，向今天受到表彰的优秀党员表示最热烈的祝贺。

回顾党的历史，中国共产党自成立的那一天起，就把解放全中国、解救劳苦大众为己任。在经历了二万五千里长征、八年抗日战争、三年的解放战争后，中国共产党带领全国各族人民终于推翻了压在人民头上三座大山，解放了全中国。至去年"七一"以来，在市委、市政府和州局党组的正确领导下，我们局党组一班人带领党员干部群众认真学习贯彻"三个代表"重要思想和"两会"精神，坚持以经济建设为中心，全面贯彻落实科学发展观，认真地履行综合管理和行政执法职能，团结奋斗、不怕困难，突出重点、真抓实干，各项工作任务完成，得到了上级充分肯定，党员干部思想认识得到了统一和提高，极大地推动了党组织的建设、质监事业的发展。

局党组在抓好质监事业发展的同时，狠抓了组织建设，坚持以党建目标管理为龙头，以食品安全和特种设备安全监管为重点，以党支部"五好建设"为基础，狠抓落实党员的"三卡"管理和基层组织的战斗堡垒作用得到了充分发挥，党组织的整体功能进一步得到了增强，党员素质得到进一步提高。去年"七一"以来，局党组加强了党建工作力度，层层建立党建目标管理制度，极大地调动了抓党建的自觉性，使党建工作走上了制度化、规范化的道路。

在看到工作成绩的同时，我们还应清醒地看到党建工作还面临着十分艰巨的任务。一方面，在新时期，还会遇到新情况和新问题，那么对党建工作提了出更高的要求。另一方面，党建工作与新的形式还不相适应。我们必须引起高度重视，在今后的工作中既要不断发扬成绩，又要不断解决前进中出现的问题。

我们作为一名共产党员，一是要以扎实工作为重点，树立立足岗位的敬业形象；二是要以心系百姓为重点，树立服务群众的奉献形象；三是要以加强学习为重点，学好邓小平理论和"三个代表"重要思想，学习科学知识、学习先进的管理经验、学习科学的发展观，用先进的科学理论丰富自己、武装头脑，做善于学习的表率；四是要用党员标准严格要求自己，以身作则，从我做起、从身边的小事做功起，做严于律己，身先士卒的表率；五是要以及行动与自律为重点，坚持原则、秉公办事；六是要用改革的、发展的观点来研究新情况，解决新问题。

祝愿此次大会取得圆满成功！

谢谢大家！

第十八章 建军节致辞

范例一

某市市委书记建军节致辞

尊敬的各位领导、各位来宾：

今天我们欢聚一堂，热烈庆祝中国人民解放军建军85周年。首先，我代表中共××市委、市人大常委会向军区、武警××市总队的各位领导，向人民解放军驻地部队全体指战员、武警官兵、预备役军人和广大民兵，致以节日的祝贺，向军队离退休干部、革命伤残军人、转业复退军人以及烈军属，表示诚挚的慰问和良好的祝愿！

中国人民解放军是一支具有光荣革命传统和辉煌战斗业绩的人民军队。85年来，人民军队始终与中华民族命运共系，与中国人民血肉相连，在中国共产党的领导下，经历了血与火的洗礼，为人民解放、民族独立、国家富强，进行了英勇顽强、艰苦卓绝的斗争，建立了卓越功勋。中国人民解放军不愧为人民民主专政的坚强柱石，不愧为捍卫国家主权和领土完整的钢铁长城，不愧为社会主义建设的重要力量，不愧为全心全意为人民服务的子弟兵。

长期以来，驻地解放军和武警官兵，大力弘扬人民军队的光荣传统，在圆满完成各项军事任务的同时，积极支持、参加地方的改革和建设，为我市两个文明建设作出了重要贡献，充分展现了人民子弟兵的英雄本色和威武之师、文明之师的光辉形象，赢得了全市人民的爱戴和赞誉。××各族人民永远不会忘记，在我市的重点建设工程、维护稳定、扶贫帮困和许多急难险重的任务中，都得到了驻地部队和武警部队领导的高度重视和关心，得到了广大指战员的大力支持和帮助。××的发展离不开军政军民团结，离不开军地的共同努力。在这里，我代表全市各族人民群众，向人民解放军驻××部队和武警官兵表示崇高的敬意和衷心的感谢！

发展是我们党执政兴国的第一要务。在××这样一个欠发达城市，加快发展是最大的政治，是广大干部群众的期盼。为了进一步加快发展，实现市党代会和人代会确定的奋斗目标，市委提出"两个高举、一个加强"和"两抓、两放"的重大举措。现在，全市上下已经形成了以项目为载体带动发展、以改革为动力促进发展的喜人局面。我们热切希望驻××解放军和武警官兵继续关心、支持、参与我市两个文明建设，为加快全市发展作出更大的努力。

同志们，"兵民是胜利之本"，"军民团结如一人，试看天下谁能敌"。在战争年代是这样，在和平建设时期同样是这样。让我们紧密地团结在以胡锦涛同志为总书记的党中央周围，高举邓小平理论伟大旗帜，全面贯彻"三个代表"重要思想，认真落实科学发展观，进一步巩固和发展军政军民团结，为加强军队的革命化现代化正规化建设，为加快××的经济社会发展而共同奋斗！

> **范例二**
>
> 某区区政协主席建军节致辞

同志们：

值此中国人民解放军建军86周年即将来临之际，××区政协向你们——曾身披戎装、戍边卫国的荣复转退军人们致以节日的问候和崇高的敬意！并祝大家节日快乐、身体健康、工作顺利！

中国人民解放军是我们党缔造和领导的人民军队，是新中国的缔造者，是维护国家安全统一的钢铁长城，是全面建设小康社会的重要保障。忆往昔，你们响应党和政府的号召，积极报名参军，舍小家、顾大家，为祖国的军队建设和国防事业作出了积极的贡献；看今日，你们转业不转志、退伍不褪色、顾全大局、服从安排，立足本职岗位作出奉献，为全区四个文明建设发挥了重要作用。祖国的安定，××的发展，倾注了你们的心血和汗水。如今，改革成为时代的潮流，是前进的动力；发展成为时代的主题，是解决各种问题的关键；稳定成为时代的强音，是改革发展的基础和前提。

改革开放30年来，在党中央和市委、区委的正确领导下，我们矢志不渝地推进各项改革，一门心思谋求发展，竭尽全力维护稳定，使全区经济社会逐渐步入良性发展轨道。特别是党的十七大以来，滨海新区的建设和发展，带动和促进了我区的经济建设迅速发展。发展是我们党执政兴国的第一要务。加快发展、和谐发展、科学发展是最大的政治，是广大干部群众的期盼。

现在，全区上下干事创业的良好氛围已经形成，各项事业的发展也取得喜人局面。这一切也融入了我们广大政协委员的汗水与智慧，你们在座的各位更是功不可没。当然，改革也是一场革命，是一种利益关系的新调整与再分配，不可避免地曾给你们在内的一部分人带来就业、生产、工作和生活等方面的困难。可是各位同志以军人特有的胸怀为国分忧解难，克服重重困难、努力奋斗，为自己创造了更大的发展空间，为国家作出了更大贡献。你们无愧于解放军大学校里培养出来的优秀战士，无愧于新时代最可爱的人。

衷心地希望你们继续发扬革命军人的优良传统和作风，继续关心国防建设，珍惜和保护自己的光荣历史和荣誉，珍惜政协委员的荣誉，严格遵守国家的法律法规，顾全大局，珍视团结，维护当前改革、发展、稳定的大好形势，为促进××经济建设，再接再历、努力学习、发扬革命传统，争取更大光荣！

范例三　某县县委书记建军节致辞

尊敬的驻××人民解放军，武装警察部队官兵，预备役军人、民兵，各位领导、同志们：

今天，我们欢聚一堂，热烈庆祝中国人民解放军建军节。首先，我代表县委、县人大、县政府、县政协，向人民解放军驻××部队全体指战员、武警官兵、预备役军人和广大民兵，致以节日的祝贺！向离退休军人、革命伤残军人、转业复退军人以及烈军属，表示诚挚的慰问！对你们长期以来始终不渝支持××经济发展、社会进步所作出的贡献表示衷心的感谢！

在人民解放军驻××县部队和武警官兵的大力支持和帮助下，全县上下紧紧围绕加快发展这一主题，以科学发展观为指导，经济社会发展呈现出逐渐加快的良好势头，各方面工作全面进步，社会安定，军政军民团结更加巩固，拥军优属、拥政爱民工作再上新台阶。改革开放以来，××经济始终保持较快增长势头，支柱产业发展壮大，特色经济迅速崛起，城市建设日新月异，社会各项事业不断向前推进，综合实力进一步增强，人民生活水平显著提高。2011年，全县完成国内生产总值63亿元，比2010年增长23.2%，位居全州第一，全省第五。现在，全县上下呈现出一派经济欣欣向荣、社会安定团结的大好局面。所有这些成绩的取得，是县委正确领导的结果，是全县50万各族人民共同努力的结果，同时，也是你们无私奉献，积极参与建设的结果。在此，我代表全县人民向你们表示衷心的感谢！

驻××部队和武警中队高举邓小平理论伟大旗帜，以"三个代表"重要思想和新时期军队建设思想为指导，按照"政治合格、军事过硬、作风优良、纪律严明、保障有力"的要求，全面加强部队建设并取得了新的成绩；你们牢记全心全意为人民服务的宗旨，发扬拥政爱民的光荣传统，与全县人民同呼吸、共命运、心连心，在圆满完成各项军事任务的同时，积极支援地方经济建设，主动承担急难险重任务，奋力抢险救灾，为保护国家和人民生命财产安全，维护社会稳定，促进经济发展和社会进步作出了巨大的贡献。

现在，××正面临着实现经济社会发展新跨越的艰巨任务。面对前进道路上的各种困难和风险，要实现我们的奋斗目标，必须动员和调动全县上上下下、方方面面的力量，尤其是要紧紧依靠广大军民的团结一心、共同奋斗。实践证明，坚如磐石的军政军民团结，是我们能够顶住压力，抗御风险，战胜困难，不断前进，最终实现我们发展目标的一个重要法宝。没有人民军队的支持，没有军政军民团结，就不会有改革发展稳定的大好局面，也就不会有××今后的更大发展。因此，今后我们将始终不渝地做好拥军优属工作，巩固和发展新型的军政军民关系；继续加强国防教育，努力提高全民的国防观念；切实加强民兵和预备役工作，为建设强大的国防后备力量作出新的努力。也希望驻××部队和武警中队进一步发扬自身的优势，把驻地当故乡，视人民为亲人，一如既往地支持地方搞好三个文明建设，努力促进驻地经济社会发展。

"军民团结如一人，试看天下谁能敌。"让我们高举邓小平理论伟大旗帜，更加紧密地团结在以胡锦涛同志为总书记的党中央周围，认真学习贯彻"三个代表"重要思想，全面推进三个文明建设，进一步加强军政军民团结，同心同德、开拓进取，为加快建设全面小康社会而努力奋斗！

谢谢大家！

第十九章

教师节致辞

范例一　某学校校长教师节致辞

尊敬的各位老师，亲爱的同学们：

大家好！在这美好的金秋时节，我们欢聚在一起，共同庆祝第23个教师节。首先，请允许我代表学校校务委员会，向辛勤耕耘在教育沃土上的全体教师致以最崇高的敬礼。祝老师们身体健康、万事如意，再创新的辉煌！

刚刚过去的一年，在上级主管部门的正确领导下，通过全体师生员工坚持不懈的努力奋斗，我校办学水平、办学质量得到稳步提高，全体教师用汗水和心血向××人民交了一份满意的答卷，为全镇的教育改革和发展留下了浓墨重彩的一页。去年中考取得了骄人的成绩，我校有15名同学进入××一中定向生录取线。其中，有9名被××一中正式录取！这些成绩的取得是我们老师和学生共同努力的结果。在此我由衷地说一声：老师，你们辛苦了。

尊师是中华民族的优良传统，中华民族的发展一直凝聚着教师们的辛勤汗水。如果没有了教师这一职业，我们的民族甚至整个社会的发展都将停滞甚至倒退。对社会来说，老师是人类灵魂的工程师，对学生来说，教师是科学文化的传播者，更是意志品格思想的塑造者。所以，尊师不仅是社会道德的客观要求，更是发自内心的真诚的感悟！

许多同学在教师节送上贺卡以表心愿。其实，尊师不在于这些，而在于我们同学的头脑中，是否时刻都有尊师重教的意识，在于是否将这种意识融于自己的每一言、每一行之中。在课堂上，专心致志的目光渗透出对老师的理解与支持；在校园里，文明的言语散发出对老师的尊重与敬仰；在生活中，彬彬有礼的行为体现了教师的培育。大家应当把自己拥有的高尚品格、顽强的意志、进步的思想、丰富的知识、健康的体魄以及将来走向社会后创造的巨大成果作为教师节献给老师们的礼物！

尊师，是学生对老师的敬爱与支持；爱生，是老师对学生的关爱与鼓励。让尊师爱生这一良好风尚把老师与同学紧紧联系在一起，共同创造更加灿烂的明天！让我们用真诚的理解努力地学习，为教师的节日画上一道绚丽的彩虹，放飞一片愉快的心情！

最后，祝愿全体教职工教师节快乐！

谢谢大家！

范例二　某学院院长教师节致辞

尊敬的各位老师、同志们：

大家下午好！在这金风送爽、丹桂飘香的美好时节，我们怀着激动和喜悦的心情迎来了全国第 24 个教师节，在此，我谨代表学院向在教育教学第一线上默默耕耘、辛勤工作的我院教师、教育工作者和为我院的改革发展作出重大贡献的离退休老教师、老教育工作者致以节日的问候！向为学院改革发展呕心沥血、恪尽职守的每一位教职员工表示衷心的感谢！向受表彰的先进集体和个人表示热烈的祝贺！

教育是一项神圣而光荣的事业，是民族振兴、社会进步的基石，是提高国民素质、促进人类全面发展的根本途径，寄托着亿万家庭对美好生活的期盼。教师是人类灵魂的工程师，是传播人类文明与文化的使者，是培育栋梁与英才的园丁。百年大计，教育为本；教育大计，教师为本。中国未来发展、中华民族伟大复兴，关键靠人才，基础在教育。强国必强教，强国先强教。教师是教育改革、发展的关键，推动教育事业科学发展，必须紧紧依靠教师和教育工作者。

多年来，党中央、国务院高度重视教育事业的改革发展，将教育放在了优先发展的战略地位。胡锦涛总书记明确指出："教育的根本目的是培养德智体美全面发展的社会主义建设者和接班人，必须全面贯彻党的教育方针，把促进学生健康成长作为学校一切工作的出发点和落脚点。"因此，我们应当为自己是一名教师、一名教育工作者而感到骄傲和自豪，应当为自己选择了教书育人的神圣工作而无怨无悔。

老师们、同志们，教育部对今年教师节的主题做了部署，那就是"贯彻全国教育工作会议，推进教育事业科学发展"。我们要真正贯彻落实全国、全区教育工作会议精神，就要紧密地结合我们学院的实际，扎扎实实地开展工作。今天受表彰的先进的集体和个人更是我院教书育人、为人师表的光辉典范。我希望获得表彰的教职工，戒骄戒躁，更希望全体教职工以他们为榜样，在各自平凡的工作岗位上为学院改革发展作出新的贡献！

老师们、同志们，致天下之治在人才，成天下之才在教化，行教化之业在教师。当前学院转制迎评工作已进入倒计时攻坚阶段，时间紧、任务重，需要我们大家的共同努力，顽强拼搏。学院改革发展的蓝图已经展现，老师们充分施展抱负和才华，发挥智慧与能力的大好机遇和广阔舞台已呈现在我们面前。让我们在学院党委的正确领导下，同心同德、磨砺奋进，为××经济管理干部学院的改革发展再谱写崭新的诗篇，再增添繁花之光彩！

最后，在这喜庆的节日里，让我向你们再道一声珍重，送一句祝愿：

祝愿每一位教职员工都有一个健康的身体、幸福的家庭、愉快的心情、甜蜜的生活、成功的事业！再一次祝大家节日快乐、万事如意！

谢谢大家！

范例三　某大学校党委书记教师节致辞

尊敬的老师们：

在新学年刚刚开始之际，我们又迎来了属于自己的光荣节日——第26个教师节。在此，我代表校党委、校行政向全校教职员工表示亲切的问候，向为学校改革发展作出贡献的离退休老教师表示崇高的敬意。

"国运兴衰系于教育"，教育是塑造未来、孕育希望的事业，是一个民族、一个国家兴盛的根基所在。教师肩负着传播人类文明、开发人类智慧、塑造人类灵魂的神圣使命。尊师重教就是奠基未来。中华民族素有尊师重教的优良传统，教师节这一节日本身，就体现了国家对教育事业的重视，体现了全社会对我们所从事的教育工作的理解和尊重。广大教师同样不负园丁和人梯的赞美，淡泊名利、默默耕耘，一直伴随着社会发展的步伐，用爱心和汗水装点着美丽的教育园地，成为引领社会的向导，塑造了当代教师的光辉形象，为当今社会创造了最为宝贵的精神财富。

教师是立校之本，强校之基。历经百年沧桑，尊师重教的传统始终在××人血脉中流淌。一代又一代××教师以为人师表、诲人不倦的高尚情怀，为国家、为社会培养了大批人才，为我们留下了弥足珍贵的教育资源和精神财富；一代又一代××人以勤奋、严谨的治学态度，练就了精湛的教学技能和扎实的科研本领，播撒着精益求精的科学精神。

形势喜人，也很逼人。我们深知，教师队伍建设是一所大学的根本性建设，拔尖人才和领军人才是大学竞争力的核心体现。建设具有地方示范作用的研究型大学，必须进一步提升师资队伍建设的内涵，培养和造就一支高素质的教师队伍。我们要加大学术团队建设力度,要着力优化教师队伍结构,要落实好岗位设置和绩效工资改革,进一步调整创新人才津贴发放办法,调动教师高水平发展的积极性,让广大教师干事有舞台、创新有动力、发展有后劲。

事业发展,人才为本。让我们进一步凝聚全校教师的整体力量,总结"十一五"发展成就,开启××大学"十二五"宏伟蓝图,向着具有地方示范作用的研究型大学奋进前行。

最后,祝大家节日愉快、生活幸福、万事如意!

第二十章

国庆节致辞

范例一

某厂党委书记2008年国庆节致辞

各位领导、各位来宾,同志们:

在中华人民共和国第59个生日到来之际,我代表厂党委、厂行政向各位来宾、全厂的全体员工及家属表示节日的祝贺和诚挚的问候!

回首我厂今年走过的每个月,经过全厂上下一心、卓有成效的工作,我厂的各项工作都取得了丰硕的成果。我们不仅实现了原油稳产和天然气的持续增长,而且企业的综合管理水平和地位都得到了全面提升,今年上半年我厂的业绩考核指标名列××公司第三名,员工收入也得到了大幅度提高。

成绩的取得来之不易,归根结底是我们目标明确、思路清晰、措施得力、狠抓落实的结果;是我厂各级管理干部和广大员工顽强拼搏、锐意创新、开拓进取的结果;是我们与××公司两家携手共进、互惠互利、共同发展的结果;同时也是地方政府、兄弟单位鼎力支持的结果。在这里,我再次代表厂行政、厂党委向地方政府、兄弟单位、全厂和服务公司的全体员工及一直默默支持我们工作的家属们表示最衷心的感谢!

展望今后的工作，我们要以创新为动力，以维护稳定为前提，以减少亏损、改善员工生产生活条件、提高员工收入为目标，同××公司携手共进，再铸××采油厂新的历史篇章，为党的十六大胜利召开献上一份厚礼。同时，也真心祝愿我们的友邻地方政府的经济更加繁荣，人们生活更加富裕。

最后，祝大家度过一个轻松、愉快的国庆节！

范例二
某县县委书记2009年国庆节致辞

同志们、朋友们：

丹桂飘香，橘红稻黄。今天，我们欢聚一堂，共同庆祝我们伟大的祖国成立60周年。首先，我代表县委、县人大常委会、县政府、县政协、县人武部向全县各族人民致以节日的祝贺！向辛勤工作在各个岗位上的同志表示亲切的慰问！向一直以来关心、支持××经济建设和社会事业发展的各界朋友表示衷心的感谢！

新中国成立60年来，中国共产党团结带领全国各族人民，战胜了各种风险和挑战，把四分五裂、贫穷落后的旧中国建设成为人民生活总体上达到小康水平、正在蓬勃发展的新中国，取得了举世瞩目的伟大成就。祖国面貌日新月异，综合国力大大增强，人民生活显著改善，国际地位日益提高。回顾60年的历程，我们作为一名中国人，感到无上荣耀！我们为伟大祖国所取得的辉煌成就感到无比自豪！

当年的××人民承受了战争的创伤，为革命的胜利付出了巨大牺牲，作出了重大贡献。勤劳勇敢的××人民具有光荣而优良的革命传统。新中国成立以来，特别是改革开放以来，历届县委、县政府团结带领全县各族人民，励精图治、艰苦创业，经济社会发展取得了令人瞩目的巨大成就，城乡面貌发生了巨大而深刻的变化。

回顾过去，我们踌躇满志；展望未来，我们豪情满怀。在十七大精神的鼓舞下，国家将进一步加大西部开发、新一轮扶贫开发和对民族贫困地区扶持的力度，我们拥有一个大有作为的战略机遇期。我们要抢抓机遇、乘势而上，坚持加快步幅谋求工业振兴，坚持市场运作聚集力量推进城镇化，统筹城乡经济社会协调发展的工作思路，加快城市建设步伐，增强综合服务功能，健全各项政策法规，为国内外客商提供更加完美的投资与创业环境，坚持"一切为了人民，一切依靠人民"的基本原则，不断改善人民生产生活条件，使城乡居民生活水平和生活质量有一个新的提高。

抚今追昔，共和国的沧桑巨变令人感慨万千；继往开来，全面小康社会的美好前景呼唤着我们奋然前行。让我们携起手来，更加紧密地团结在以胡锦涛同志为总书记的党中央周围，高举马克思列宁主义、毛泽东思想、邓小平理论和"三个代表"重要思想伟大旗帜，全面落实科学发展观、同心同德、团结拼搏，为推进小康建设进程，实现××的繁荣、文明与进步而不懈奋斗！

最后，衷心祝愿我们伟大的祖国更加繁荣富强！祝全县人民及参加××建设的各方朋友身体健康、美满幸福、吉祥如意！

范例三

某区党工委副书记2010年国庆节致辞

同志们、朋友们：

今天，我们满怀喜悦的心情，在这里欢聚一堂，共同庆祝伟大的中华人民共和国成立61周年。首先，我代表××区党工委、管委会向××区全体建设者和驻区部队、武警官兵、公安干警以及各条战线的同志、社会各界人士以及所有关心支持××区发展的海内外朋友，致以亲切的问候和节日的祝贺！

新中国成立61年来，在中国共产党的领导下，国家发生了翻天覆地的变化。特别是改革开放以来，国民经济持续快速稳定发展，综合国力不断增强，人民生活不断改善，文化生活日益丰富，民主法治深入人心，城乡面貌变化巨大，国际地位空前提高，当今之中国到处充满勃勃生机，各项事业蒸蒸日上。

今年是全国人民政治生活中极具意义的一年。既是新中国成立61周年，也是××区进行二次创业的重要一年。在省委、省政府和市委、市政府的领导下，××区党工委、管委会带领全体干部职工，认真实践"三个代表"重要思想，贯彻落实科学发展观，切实提高党的执政能力，努力把××区建设成为全市经济社会发展的发动机、火车头，三个文明的示范区。特别是今年以来，我们在环境优化、招商引资、产业发展、科技创新、成果转化等方面取得了突出成绩。中芯国际、TCL、MPS、友尼森、PCC等项目相继签约××区，××区的经济发展、园区建设和各项社会事业呈现一派喜人势头。

回顾过去，我们豪情满怀、充满希望；展望未来，我们踌躇满志、信心百倍。在举国欢庆中华人民共和国建国61周年的喜庆气氛中，让我们牢记光荣历史、弘扬优良传统、肩负责任使命，紧密团结在以胡锦涛同志为总书记的党中央周围，高举邓小平理论和"三个代表"重要思想伟大旗帜，认真落实科学发展观，开拓进取、求真务实，为全面建设小康社会，加快实现××区二次创业目标而努力奋斗，共同创造我们的幸福生活和美好未来。

最后，让我们衷心祝愿我们伟大的祖国更加繁荣富强！祝愿××区的事业更加灿烂辉煌！祝愿各位来宾、各位朋友、各位同志事业发达、身体健康！

谢谢大家！

> 范例四
>
> 某师范学校校长 2010 年国庆节致辞

老师们、同学们:

大家好!今天全体师生隆重集会,喜迎祖国母亲的 61 岁华诞,此时此刻,看着庄严的五星红旗冉冉升起,我们的心情无比激动,无比自豪。新中国走过了不平凡的 61 年路程,五星红旗也历经了 61 年的风风雨雨。如今,56 个民族的中华儿女团聚在国旗下,已把伟大的祖国建设得繁荣昌盛,让中国的威名传播四方!

祖国的辉煌成就再一次证明了中国共产党是中国人民的主心骨,是中华民族的中流砥柱,是战胜一切艰难险阻的坚强领导核心,任何困难都压不倒英雄的中国人民。

伴随着中华民族的伟大复兴,我校教育事业得到快速健康的发展,几十年来为××培养了大量小学教师,作为学校的一员,我们始终保持着昂扬向上的精神状态,开拓创新,锐意进取,团结拼搏,无私奉献,在学校建设史上写下了不平凡的一页。

回顾历史,我们心潮澎湃;展望未来,我们豪情满怀。今天的幸福生活来之不易,我们每位师范人要把满腔的爱国热情化为学习、工作中的强大动力,同心同德,励精图治,在党中央的坚强领导下,深入学习实践科学发展观,努力构建和谐平安校园,为推进我区学前双语教育发展作出新的更大贡献!

老师们、同学们,让我们在神圣的五星红旗下,在中华大地上,自豪地说一声:我是中国人,我为中国而骄傲!为五星红旗而骄傲!让我们携起手来,热爱伟大祖国,建设美好家乡,用我们的知识和智慧作出我们应有的贡献,让鲜艳的五星红旗永远高高飘扬!

谢谢大家!

第三篇

异国特色节日篇

第二十一章

感恩节致辞

范例一

某中学校长感恩节致辞

家长们、老师们、同学们：

大家早上好！今天我们迎来了××中学第五届感恩节，这是一个重大的节日，也是学校八大主题文化节课程系列中的一项重要课程。因为我们觉得感恩情怀是一个初中生成长积淀中一项重要的人文素养。懂得感恩的人往往热爱生活、珍惜生命，往往懂得包容别人、关爱他人，往往懂得奋发进取、主动发展。

感恩节里我们将开展一系列的主题活动，引导大家共同来感恩自然、感恩师长、感恩同学、感恩社会、感恩国家。感恩节是我们集中体验感恩情怀的日子，然而感恩又何尝只是一个节日里的情怀，她应该融入我们的每一天的生活中，体现在我们每一个眼神、每一句话语、每一个行动、每一次思考之中，她应该是我们的一种精神态度，应该是我们的一种生活方式、应该是我们的一种人生境界。懂得感恩的人是幸福而充实的。

同学们，不论是感恩节的活动，还是假期里"用我勤劳双手、捧出爱心一片"活动，还是艺术节里的爱心拍卖，还是暑期里赴贫困学校的助学考察，还是走上街头为地震孤儿募集善款，还是义务参加社区志愿者工作等，这些都是学校为同学们创设的体验感恩的学习课程，我希望大家积极地参与和学习，不断积淀自己的人文素养。

同样，生活中每一次同学之间的友爱互助，每一次家长老师们给予的悉心关爱和包容，每一次欣赏文学文艺作品时的真切感动，每一次自己面对困难和挫折时别人给予的鼓励和安慰等，这些都是生活给予我们的感恩教育，我也希望同学们要细心地体察，用心地感受，我希望大家都能铭记下生活中的每一次感动，积淀起感恩的高尚情怀，把她转化为自己成长和进步的精神动力，并懂得将来在他人和集体需要的时候主动及时地伸出自己的双手。

同学们、老师们、家长们，在这个特殊的节日来临之际，我再次号召大家做一个热爱生活、懂得感恩、友爱包容、胸怀大义的人，进而努力成为一个具有平民本色、精英气质的主动发展的××人！祝大家节日快乐！

范例二
某公司总经理感恩节致辞

各位××的兄弟姐妹们：

大家晚上好！时间在我们身边飞逝，当我们刚刚触摸到冬天的寒冷时，一年一度的感恩节又如期来临了，在这里，我代表××公司祝大家感恩节快乐！

也许有很多人已经体会到了，我们公司今年的感恩节活动组织得非常成功，也非常有意义。在集团各部门内举行的感恩故事会上，我们看到、听到了来自我们员工内心最深处的、最真挚的感恩之情。有许多人在这场感恩故事会上痛哭流涕，诉说着父母养育自己的艰辛与恩情；有许多人在这场感恩故事会上，回忆起自己授业恩师的良苦用心时情难自禁；还有许多人在这场感恩故事会上心潮澎湃，讲述了自己最艰难时所得到的帮助。

当他们的讲述打动我们的时候，一幕幕往事浮现在我们的脑海中，在不断地震撼着我们的心灵。

对于感恩，我们有一种久违的感觉。长久以来，我们一直带着一颗渴求拥有之心负重而行。我们渴求成功，渴求拥有幸福，渴求自己想要的一切……我们总是在渴求，却淡漠了亲人朋友的无私相助，是感恩文化让我们知道成功的取得要依靠众人的努力。"谁知盘中餐，粒粒皆辛苦"；"谁言寸草心，报得三春晖"，我们小时候就已经熟练背诵的诗句，讲的就是要感恩，中国绵延多少年的古老成语，告诉我们的也是要感恩。这样的古训也常常在提醒我们，无论生活还是生命，都需要感恩。

今天，我们大家在这里再次讲述感恩的时候，我希望每个人都能用实际行动来感恩，而不仅仅是停留在心里的一种触动，让心动变为行动是我们感恩的最好方式。感恩，并不需要多么丰富的物质报酬，也不需要给予多么高尚的荣誉。只要一句感谢的话，一个小小的问候，一个爱意的眼神，都能报答对别人的恩情。每天心怀感恩地说"谢谢"，不仅仅是使自己有积极的想法，也能使别人感到快乐。在别人需要帮助时，我们能够及时伸出援助之手；而当别人帮助自己时，我们以真诚的微笑表达感谢；无论什么时候，当我们悲伤时，都会有人来安慰我们。其实，这些小小的举动和每一个细节都深含一颗感恩的心。更重要的是，我们要将自己这种感恩的心传达给他人，让每个人都学会感恩。

生活给予我们挫折的同时，也赐予了我们坚强。因而，我们也就有了丰富的阅历。关键在于，要看我们有没有一颗包容的心来接纳生活的恩赐。酸甜苦辣不是生活的追求，但一定是生活的全部。不要因为冬天的寒冷而失去对春天的希望。拥有了一颗感恩的心，我们就没有了埋怨、没有了嫉妒、没有了愤愤不平。感恩，让我们在失败时看到差距；在不幸时得到慰藉、获得温暖，激发我们挑战困难的勇气，进而获取前进的动力。从此，我们不但有了一颗从容淡然的心，还有了一颗积极进取之心！

感恩，不纯粹是一种心理安慰，也不是对现实的逃避，更不是阿Q的精神胜利法。感恩，是一种歌唱生活的方式，它来自对生活的爱与希望。人生好似一盏清茶，要去细细品味，而感恩好似一壶热水，加进去，才能让茶的味道清甜起来，才能让茶芳香四溢。鲜花总会过季，雨过总会天晴，人生要经过不断地付出努力才有价值、有意义，而我们的感恩之心依旧，感恩之情依然。

今天让我们学会感恩，明天我们以一颗感恩的心回报今天！让我们每个人都学会感恩，学会在生活中寻找属于自己的快乐！最后，再次恭祝全体××人感恩节快乐！恭祝所有××人的家属感恩节快乐！

谢谢大家！

范例三　某学校教师感恩节致辞

尊敬的各位领导、亲爱的同学们：

白云奉献给蓝天，于是蓝天便拥有了一颗感恩的心，它便把晴空万里给予人们；树叶奉献给大树，于是大树便拥有了一颗感恩的心，它便把一片片树荫洒向大地。

古人说得好："滴水之恩，应当涌泉相报。"感恩是一种生活态度，是一种品德，是一种思想境界。可是，我们有些人的感恩之心似乎在慢慢消失，取而代之的是无休止的抱怨。拥有了关爱我们的亲人，我们却抱怨他们太过唠叨；交到了真心以待的知己，我们却抱怨他们还不够朋友；过上了平淡安稳的日子，我们却抱怨它不够富裕……由于抱怨太多，我们忘记了感恩，忘记了我们是从何处来要到何处去。要说我们从何处来，我们是从母亲的怀里来，是我们的母亲忍受着十月怀胎的艰苦和生产的痛苦，期待我们降临人间。随着我们在人世间的第一声响亮的啼哭，母亲就开始日复一日、年复一年，无休无止地为我们操心、操劳、无怨无悔。母亲给了我们生命，养育我们健康成长，我们应感谢这生命的赐予，这无怨无悔的付出。

同学们，当我们懵懂无知，我们开始了学生生涯。在学校，老师教我们做人，给我们知识。在老师的培育下，我们学会了我们原来不懂的东西，明白了学习的目的，掌握了学习的方法，知道了人活着的真正意义，树立了远大的志向。

同学们，面对父母、老师的养育和教导之恩，我们是不是应该勤奋读书呢？答案是肯定的。那究竟怎样才能做到勤奋呢？是"三更灯火，五更鸡"，是"敏而好学，不耻下问"，是"读破万卷书，行万里路"，还是"应知学问难，在于点滴勤"？事实上这四句话就是勤奋的四层含义。假如我们能这样去做，也许能给父母、老师一点的安慰！

英国的作家萨克雷说："生活就是一面镜子：你笑，它也笑；你哭，它也哭。"你感恩生活，生活将赐予你灿烂的阳光。你不怀感恩之心，最终可能一无所有，如果你每天能带着一颗感恩的心，那么你面对生活的态度该是愉快积极的。

同学们让我们一起努力，让梦飞翔！

第二十二章

平安夜致辞

范例一 某保险公司总经理平安夜致辞

各位同人、各位朋友：

晚上好！今天，我们欢聚在一起，踏着圣诞宁静的钟声，共同迎来了一个祥和的平安夜。

在这个平安、祥和、激情的夜晚，我首先代表公司总经理室，向在座的各位同仁及今晚参加演出的朋友们表示热烈的欢迎。

即将过去的 2008 年，是保险公司发展史上极不平凡的一年。全市系统在公司党委、总经理室的正确领导下，以科学发展观为指导，以省公司标杆建设为实践，以令人尊敬为追求，大力推进业务发展、服务创新，着力加强队伍建设、夯实经营基础，呈现了可喜的发展局面。

截至今日，全市系统共实现保费收入 5.14 亿元，同比增长 36.2%；寿险首年保费 2.64 亿元，完成年度计划的 137.73%。其中：首年期交保费实现 1.08 亿元，完成年度计划的 110.31%；10 年及以上期交实现 6801 万元，完成年度计划的 116.08%；短险实现保费 3738 万元，完成年度计划的 100%（四季度专项销售）。面对突然调整的四季度期交任务，系统上下目标一致、奋力拼搏，计划达成率一直居于全省系统前列。

下面，就让我们循着2008年的足迹，看看一年来大家共同努力的成果：一是实现了协调发展。在完成上级计划的同时，始终以结构调整为主线，较好地实现业务增长与结构改善的协调发展。二是实现了全面发展。今年以来，公司发展的综合实力明显增加增强。首先是二线并进；其次是三大渠道全面提升；第三，四家单位整体崛起。实现了和谐发展。在业务销售快速发展的同时，公司的效益经营也取得了显著进步。经营指标一直是保险公司的短板。发挥优势、恶补短板，成为2008年公司发展的主旋律。四是实现了持续发展。

今天的保险公司在任务面前更坚定、在发展面前更主动、在困难面前更从容、在强手面前更自信，一个勇担责任、创造价值、崇尚专业、追求创新的新公司正满怀豪情、激情迸发地向着发展新征程阔步前进。成绩的取得，离不开全体员工的共同努力。今天是个感恩的日子，借此机会，我谨代表公司党委总经理室，向一年来辛勤工作、无私奉献的公司全体同仁们表示衷心的感谢！

今天是西方的平安夜，就像我们中国人除夕夜。在这里，我也用平安这两个字祝福大家，祝每一个××的员工平平安安，祝福你们的家人平平安安！

欢乐平安夜，激情你和我。今晚，就让我们唱起来、跳起来，一起狂欢吧！

谢谢大家！

范例二

某公司董事长平安夜致辞

各位领导，各位来宾：

大家晚上好！今天，我们欢聚在一起，踏着宁静的钟声，共同迎来了一个祥和的平安夜。在这个平安祥和的夜晚，我们的心中充满了祝福，充满了感激。在此，请允许我代表公司向所有的同事们、朋友们表示最热烈的欢迎。

今晚，我们一起狂欢，与遥远的西方共同庆祝这个充满浪漫的节日，因为它包含了天下人共同的心愿，那就是平安。平安是福，平安是人人期盼的东西，平安是生活的必需品。因为只有平安，我们才能实现自己的梦想；只有平安，我们才能对未来充满希望；只有平安，我们才有顽强的斗志克服一切困难；只有平安，我们的家庭才会幸福欢乐。平安融汇了天下人所共有的太多的情感与祝福。此时此刻，我把心中所有的祝福都化作"平安"这两个字，我祝愿公司的每一个员工平平安安，祝福你们的家人平平安安！

节日过后，我们将告别2009年，迎来全新的2010年。2010年是我们充满憧憬与期冀的一年，是一个让人振奋和激昂的一年。在新的一年，我们要坚持以发展为主线，一心一意谋发展，聚精会神搞建设。我们要把企业做大做强，少一点守旧多一点创新，少一点本位多一点融合，少一点指责多一点欣赏，少一点懈怠多一点勤奋。朋友们，让我们用真情与忠诚，用我们的智慧与汗水，共同为企业的明天奉献自己的力量吧！

我们大家来自五湖四海，从大江南北走来，怀揣最真的情，向往最美的事业，走到了一起。这就是缘，这更是福。董事长和我们大家一样非常珍惜这份福缘，为了让大家在公司生活得开心，生活得有激情，多次专题研究安排员工生活，今晚董事长又特地为我们租专场供我们狂欢。这不仅仅是公司的心意，更是公司决策层超前的思想意识。因为员工是人才，员工是公司最大的财富。今天是我们第一次组织这么大型的员工晚会，今后像这样的企业文化活动公司还会继续举行，将会越办越多、越办越好。

今天是个感恩的日子，让我们大家一同怀抱一颗感恩的心，感谢老板、感谢同事、感谢我们身边的每一个人，用我们的真情与忠诚，用我们的智慧与汗水，弘扬董事长所提出的三种精神，携手合作，共同打造出一个平安的××、打造和谐的××、打造财富的××！让××温泉走向辉煌，这将是我们共同的节日礼物，共同的人生收获，共同的事业与追求！

最后祝愿大家今晚能够跳出激情、唱出梦想！

谢谢大家！

第二十三章

圣诞节致辞

范例一　某学校校长圣诞节致辞

尊敬的老师、亲爱的同学们：

　　大家好！今天是圣诞节，在这充满温馨和快乐的节日里，首先，我代表学校送给你们最真挚的祝福，祝各位老师各位同学圣诞节快乐！用所有的喜悦，为你祈祷，愿你在这一年里平安、快乐！同时，也请同学们把学校的祝福送给你的家人、朋友，祝他们节日快乐、平安幸福。

　　这新的一年是我们充满憧憬与期冀的一年，是一个让人振奋和激昂的一年。这一学期是执著追求的一学期，是锲而不舍的一学期，是成长辉煌的一学期。虽然只有一学期，但我们的变化是翻天覆地、有目共睹的。这一学期来，面对风雨坎坷，我们在困难中前进，在迷茫中探索，依然取得了长足的进步，取得了骄人的成绩，感恩节演出获得了巨大成功。这是××人的骄傲，更是××教育崭新的一页。

　　"感恩的心，感谢有你，伴我一生，让我有勇气做我自己"一首《感恩的心》唱出了多少感恩的人的共同心声，我想每一位××人都记忆犹新。××电视台、××市电视台都分别报道了这项活动，在省里的民心网站上,我们学校的感恩节活动也被列入了头条新闻。本次活动全校师生能够积极参与,这展示了我校充满青春活力的精神面貌。同时我校的消防演练昨天也在×××新闻播出,希望我们××小学全体师生多多关注×××新闻,关注××小学的发展动态。

在刚刚结束的教育局科普知识竞赛中,我校六年级一班10名参赛同学努力拼搏,刻苦学习,再加上平时知识的积累,取得了全市十四所学校排名第六的骄人成绩,荣获了三等奖。在××市举办的交通征文竞赛中,我校的××同学撰写的作文荣获了××市交通征文优秀奖。这一切的努力让我们完全有理由相信:在新的一年,我们一定会变得更大更强,飞得更高更远!

同学们,时光老人的脚步在悄悄地挪移,你们是不是都有光阴似箭、岁月如梭的感觉?我们也不乏这种紧迫感。努力学习,做好学年的最后一次冲刺,满怀希望和信心来叩响人生这扇美妙的大门,用成绩和汗水去迎接2009年新年的钟声,愿圣诞之夜的烛光开启你心头的喜悦,使你崭新的一年更亮丽辉煌。在这生命的春天里,让我们播撒下希望的种子,辛勤地耕耘吧。再次祝大家圣诞节快乐!

范例二
某有限责任公司总经理圣诞节致辞

各位领导,各位来宾:

晚上好!新年的脚步已越来越近了,这新的一年是我们充满憧憬与期冀的一年,是一个让人振奋和激昂的一年。今天是圣诞节,在这个充满温馨的日子,我谨代表××向每一位关心××成长的朋友,向每一位参与××建设的伙伴们深情地道一声:新年好,你们辛苦了!

回眸这一年,是风风雨雨的一年,是执著追求的一年,是锲而不舍的一年,是成长辉煌的一年。虽然只有一年,但我们的变化是翻天覆地的,是有目共睹的。这一年来，面对风雨坎坷，我们在困难中前进，在迷茫中探索，承受了巨大的压力，依然取得了长足的进步。我们置身于全球竞争的潮流之中，扎根于市场的技术领域，我们强大的生命力来源于我们的自强不息，来源于我们的勇往无前。我们的组织充满激情，我们的员工任劳任怨，我们的领导雷厉风行，我们的产品品质也日趋完美。

我们拥有一批铁杆骨干，一批技术精英，一批销售干将，你们不计报酬、不辞辛劳、不分地域、不限时间、任劳任怨。这需要高昂的激情，需要忘我的境界，需要坚定的信念，也需要顽强的毅力和百折不挠的精神。

一年来，我们坚持以发展为主线，一心一意谋发展，聚精会神搞建设，进一步加快××钻头的发展，同时延伸产业链，积极寻求科技含量高的发展思路，加快集团化的经营模式。坚持以人为本，推进制度改革，营造以美好事业留人、深厚感情留人、良好待遇留人的创业环境。坚持科技兴企、信息强企，积极推进企业信息化进程，整合物流、资金流、信息流，提升企业信息化水平和核心竞争力。坚持深化改革，破除落后的、故步自封的传统思想，树立先进的、与时俱进的新思维、新观念；抛弃经验式的、粗放式的管理方式，采用科学的、现代化的管理方法。这一切的努力让我们完全有理由相信在新的一年，我们一定会变得更大更强，飞得更高更远！

机遇蕴涵精彩，创新成就伟业！2005年有很多事情等着我们去做，我们要把企业做大做强，做成一个集××钻头、××特钢、××中板、××房地产和××财物公司为一体的大集团企业；要形成集生产、物流、销售、资本运作为一体的完整产业链；要让××雄飞世界、傲立群雄！目标既然确定，行动就是最好的回答。我们一定要少一点守成多一点创新，少一点本位多一点融合，少一点指责多一点欣赏，少一点懈怠多一点勤奋，这样我们的目标将一定会实现。

我们需要的是永不满足、永远向上的拼搏之心，需要诚实信用、睿智创新、坚韧勇敢、终身学习。用付出兑换回报，用劳动创造价值，用实力证明我们存在的理由。当我们即将步入新的一年,即将跨进新的春天,即将重披新年阳光的时候,展望我们的未来,激发雄心壮志,倍感任重道远;面临激情燃烧的岁月,我们必须永远保持朝气蓬勃的精神和坚韧不拔的意志,去竞争、去开拓、去创造、去寻找更丰富的人生。

回顾昨天,我们欢欣鼓舞;展望未来,我们豪情满怀。值此辞旧迎新之际,我真诚祝愿你们新年快乐。最后,我还想赠送给你们两句话,一句是:知识就是力量,文明就是魅力。另外一句是:习惯决定性格,性格决定命运。当然也许我们会遇到这样那样的困难,我们在成长中会有这种那种的烦恼,但是,坚冰已经打破,航道已经开通,芝麻已经开门。只要我们众志成城、认准目标、义无反顾、战胜自我,那我们的脚下就没有迈不过去的沟坎,我们的头顶就没有驱不散的乌云!

最后,衷心地祝愿大家圣诞快乐、合家幸福!

范例三　某酒业协会副会长圣诞节致辞

尊敬的会长,女士们、先生们:

圣诞快乐!新年的脚步已越来越近了,在这个圣诞的夜晚,我谨代表××酒业协会向酒业的各界朋友及广大亲友家属们表示热烈的欢迎。

能和大家在此度过这一美好夜晚我由衷地感到高兴,即将过去的一年是××酒业辉煌收获的一年,我想酒业的各界朋友都毫不例外地带来了各自沉甸甸的喜悦和大家一起分享。在这种氛围里,我更加珍惜我们协会的这种肝胆相照、齐心协力,共同发展的良好气氛。过去的一年里,我们各自在为事业而奔波忙碌,没有时间和机会像今天这样愉快地相聚。在此,向大家并通过大家对你们的家人和团队致以美好的祝愿。祝:节日快乐、新年进步!

我们的协会大家庭即将迎来新的一年,希望我们一道再接再厉、继往开来，开创美好的新局面。相信我们酒业同行、会员只要恪守协会的宗旨和章程，积极参与市场竞争，团结一致，一定会把我们的协会办得更好！

　　朋友们，酒业面对越来越严峻的挑战，我们的前途是光明的，但道路也是曲折的。为此，我们一定要坚持"以人为本、诚信经营"的理念，互相学习、携手共进、提高产品质量、树立品牌意识，不断提高我们的综合竞争力，我相信，我们的目标一定能够实现。

　　最后，请大家举起酒杯，共饮此酒，祝大家平安、健康、快乐！

第二十四章

母亲节致辞

范例一

某市市妇联主席母亲节致辞

各位领导、各位来宾,姐妹们、同志们:

大家上午好!5月的微风里流动着浓浓的情意,5月的阳光中映射着炽热的深情。在这温馨怡人的5月,我们即将迎来一年一度的母亲节。传说母亲节起源于古希腊,是希腊人向众神之母赫拉致敬的日子。现代意义上的母亲节起源于美国,由安娜·查维斯等人发起,1914年美国国会通过议案,将每年5月的第二个星期天作为法定的母亲节,并流传到世界各地,成为感恩母亲的盛大节日。

今天,在母亲节到来前夕,我们相聚在市第一社会福利院,参加"妈妈,给您一个感恩的拥抱"母亲节感恩活动,身为母亲的我感到非常骄傲和自豪。在此,我谨代表市妇联向全市所有的母亲致以节日的祝贺和诚挚的问候!向长期以来一直关心支持妇女儿童事业的各位领导和社会爱心人士表示衷心的感谢和崇高的敬意!

世界上有一种爱,任你肆意索取,却不求回报,这就是母爱。是母亲,十月怀胎,经历生产的剧痛,把呱呱坠地的婴儿抚育成人;是母亲,担负着人类再生产的重任,用博大无私的情怀哺育一代代人成长,使人类生生不息、发展壮大。在卢梭的眼里,"母亲的愿望,是让她幸福的儿女留在世上。"母爱是博大精深的史诗,雨果说:"母亲的手臂是由温柔做成的,孩子们在其中酣睡。"波德莱尔说:"我想念你,至少像一本永恒的书。"今天,福利院的孩子们有话要说,他们要用一个充满爱的拥抱传递对爱心妈妈的浓浓谢意和感恩之情。

"谁言寸草心,报得三春晖。"感谢所有的爱心妈妈,你们身上体现了世界上最伟大、最无私的母爱!是你们的视如己出,让孩子们感受到了家的温暖;是你们的无私奉献,让苦难的心灵重燃爱的希望;是你们的点滴付出,让灿烂的微笑再次绽放。我们相信,一个在母亲那里得到过爱的温暖的孩子,一定会用爱再去温暖他人。衷心地希望越来越多的人加入到爱心妈妈的行列,一加十、十加百、百加千千万,大家共同努力,给孤残儿童更多的关爱和帮助,让他们能够共享阳光雨露,快乐成长!

最后,衷心地祝愿所有的母亲健康长寿!祝愿所有的爱心妈妈平安幸福!祝愿福利院的孩子们健康成长!预祝本次活动取得圆满成功!

谢谢大家!

范例二 某有限公司总经理母亲节致辞

尊敬的××公司员工母亲们:

红色的五月春意盎然、百花争艳。在这充满美好希望的季节里,一年一度的母亲节如期而至。值此母亲节到来之际,××制造有限公司谨向全体员工的母亲们致以节日问候和亲切慰问,祝母亲们节日快乐,健康幸福!并深情地道一声:"母亲们,你们辛苦了!"

世界因女性的存在而多彩,女性因作为母亲而伟大。母亲把我们从呱呱坠地的婴儿抚育成人乃至成家立业,其中多少艰辛、多少困苦都难以尽述。也许在人的一生中,有许多人许多事,经历了转身便会忘记,但在我们的心灵深处永远都不会忘记我们的母亲,永远不会因为岁月的流逝而消减我们对母亲那深深的爱。古人说寸草春晖,母爱确实是最值得我们感谢尊重的,是世界上最伟大的爱!

天地之广、宇宙之大,唯有母爱能流布天下、包容苍生,使世界充满真情、温暖、信心、希望,她充满着无穷的力量,我们××公司有一批深受母亲影响的可敬可爱的员工。他们在××公司,铭记着母亲的谆谆教诲,秉持着关爱之情、牢记感恩之心、树立诚信之德、遵守仁义之美,勇于拼搏奋进、不断追求卓越,推动着××公司取得了长足发展。××公司能有今天的辉煌,都是全体员工努力拼搏的结果,也是与员工母亲们的大力支持分不开的,没有你们的辛勤付出,××公司的成长不会一帆风顺。

值此母亲节来临之际,在向员工尊敬的母亲们献上我们敬意的谢忱的同时,我们也向员工的妻子和已为人母的女员工们献上真诚的祝福。你们既为人妻又为人母,母亲节是你们共同的节日,希望你们共同分享这一节日的快乐。我们会继续在××公司中积极倡导以人为本的感恩文化和道德教育,教育××员工时刻敬重母亲、弘扬母爱。尊敬的员工母亲们,也请你们相信,××公司的员工并不是只有在母亲节这天才要特别去关心您,365天里,在我们××人的心中,每一天都是母亲节。

虽然古语说至亲不谢,但今天我们还要充满深情地说一句:"谢谢您,母亲!"

再次祝伟大的母亲们节日快乐、安康长寿、万事如意!

范例三

某县县妇联主任母亲节致辞

全县各位母亲,各位子女们:

有一个人,她永远占据在你心里最柔软的地方,你愿用自己的一生去爱她；有一种爱，它让你肆意地索取、享用，却不要你任何的回报。这一个人，叫"母亲"；这一种爱，叫"母爱"！值此母亲节到来之际，县妇联向所有母亲们致以最诚挚的节日问候！

母亲节源于1906年，美国费城的安娜·查维斯小姐为了报答母亲的养育之恩，倡议建立母亲节，她的这一倡议很快得到人们的拥护和美国政府的认可。1914年，美国国会通过一项法令，规定了每年五月的第二个星期日为庆祝母亲的节日。此后，母亲节很快由美国波及世界各地，现在，母亲节已经成为世界性的节日。

其实关爱女性，关怀母亲也是中国人的传统。母亲，从来是大家最温暖、最乐于谈论的话题。我们感谢母亲赋予我们生命，感谢她教导我们成长，感谢她让我们感受到一份至纯至爱的人间亲情，感谢她让我们体会这人世间的各种灿烂与美丽。

世界上的一切光荣和骄傲都来自母亲。得意的时候，母亲不一定能在我们的身边和我们一起分享成功的喜悦，但她那谆谆教诲总能让我们不再迷失自己；失意的时候，母亲一定能在我们的身边，但她的鼓励及安慰，总能让我们在逆境中找到自我。母亲曾用她坚实的臂弯为我们撑起一片蓝天，而今，我们也要用我们日益丰满的羽翼为母亲遮挡风雨。莫道桑榆晚，微霞尚满天。让我们多给母亲一点爱与关怀，哪怕是酷暑中的一把扇子，寒冬中的一件毛衣，让母亲时刻感受到儿女的关心。

母亲与儿女共同构筑和谐家庭，共同守望家庭幸福更是我们应该倡导的美德。和谐家庭是经济社会发展的独特模式，是实现持续发展、快速发展、率先发展的必由之路。而和谐创业的基础是构筑和谐家庭，只有家庭细胞的稳定才有社会的繁荣与发展。希望我们的母亲们继续支持儿女在各自工作岗位上创业、创新、创造，也希望所有儿女们将感谢母亲的养育之恩、培育之情化为创造新生活、创造新业绩、创造新岗位的具体行动，为创造更加美丽的××作出自己应有的贡献。

五月的康乃馨，没有雍容华丽的姿态，没有浓香四溢的味道，只是清清淡淡的样子和安静祥和的心态,就像母亲。希望今天,所有的母亲都会从心里微笑,为了儿女、为了所有。××感谢你们,感谢伟大的母亲养育了好儿女,感谢好儿女为××作出了新的贡献。让我们共同体念亲情,共同守望幸福!

最后,衷心地祝愿全天下的母亲:节日快乐、身体健康、工作顺利、合家幸福!

第二十五章

父亲节致辞

范例一

美国总统奥巴马父亲节致辞

同志们、朋友们：

早上好！明天，成千上万的美国人将会满怀感激之情向父亲伸出双臂。我相信，做一名父亲是一个男人所能够做到的最重要的工作。今天，我要谈论的是我们的国家能够为含辛茹苦、努力抚养好子女的父亲所能给予的帮助。

一个出色的、坚强的父亲可以避免一辈子的失望和愤怒。相反，能一辈子得到满足，做一辈子的慈父。单亲家庭子女的高中失学率、20岁前生育孩子的可能性以及生活贫困的概率是双亲家庭子女的两倍。家庭中没有爸爸的孩子与有爸爸的孩子相比，在学校的表现更差，不管其家庭的收入如何。

然而，在当今社会，为人之父在许多方面都比我们父辈年轻时要艰难得多。为了养家，大多数父亲只得干更长时间的工作。同时，随着许多家庭主妇走上工作岗位，越来越多的父亲发现自己在家庭中承担的责任更大了。因此，如果我们要让美国家庭在21世纪变得更强，我们必须支持美国父亲竭尽全力养育子女。这就是为什么我们要争取通过家庭和医疗请假法规，要为最穷困的劳动家庭削减税收，同时，努力提高最低工资，使父母能够支付子女的大学教育费用；这就是我们为什么要致力于维护医疗补助方案，以帮助子女有残疾的劳动阶层的父母能够继续工作，养育子女。除向父亲提供支持以外，我们也应要求他们履行基本的职责。这就是为什么我们在努力加强儿童援助计划的力度。

令我感到骄傲的是，过去三年中用于儿童援助的捐款增加了40%。我们还敦促父亲们和母亲们通力合作，投入更多的精力和时间教育子女。事实上，今年夏季，教育部部长狄克·赖利正在争取父亲和母亲们的支持，在暑假期间经常为孩子朗读并和孩子一起阅读。近年来，孩子们的算术和理科成绩提高了，但阅读成绩却一直原地踏步。而且，孩子们离开学校后，阅读能力就会下降。

赖利部长的"现在就开始阅读"的倡议将鼓励100万的儿童保持阅读习惯，哪怕在离开学校以后，也要坚持阅读。父亲们通过每天与子女一起阅读，能为自己和孩子们留下终生的记忆。我知道，在这个父亲节，我和切尔西一起阅读的所有书籍都会成为我最宝贵的记忆。

我们还必须帮助父亲们保护其子女不受来自家庭之外的不良影响。美国的父母正在超负荷地工作以确保家庭的安全，并为子女树立良好的榜样，即使仅仅是为了获得大众文化，也使他们活得倍加辛苦。

父母们也都知道，除了电视和毒品以外，酒精和烟草也是子女们所面临的两大最危险的事物。我们的当局正在与成千上万的公民、包括反吸烟团体中的许多年轻人一起努力使我们的孩子远离烟草。在这个国家每天都有3000个孩子开始非法吸烟，其中1000人将因吸烟而缩短寿命。我们的政府已颁布严格的条令，禁止向儿童做烟草广告、禁止向他们销售烟草。

现在，有些反对我们限制向儿童做广告和销售烟草的政治领导人说，香烟未必使人上瘾，他们甚至别有用心地将孩子吸烟的危险与有些孩子喝牛奶的危险相提并论。那当然是烟草公司的说法。其实，下个星期将有

130名全国著名大夫和科学家开会讨论怎样使人们摆脱烟瘾，而不是它是否能使人上瘾的问题。因此，当政治领导人向烟草公司屈服，说香烟并不一定使人上瘾，并反对我们使烟草远离孩子的努力时，那么他们只是一味迎合那些大的利益集团，而不是为父母和孩子们着想。事实上，他们正在使为人父的责任更难履行。

因此，在今年父亲节的前夕，我在此向烟草行业说：请支持我们的努力，让烟草远离孩子们吧。我还要在公开场合对其他人说：别再与我所作的努力作对。你们应该支持这些努力才是。以前父母们有一件事不需要担心，那就是孩子不会在看电视或听收音机时接触到烈性酒广告。半个世纪以来，生产烈性酒的公司都自觉避免在媒体中播送他们的广告，理由十分简单，因为这是一种正确的做法。因此，本星期，当一家大公司宣布它将打破这个禁忌，在电视上做烈性酒广告，使我们的孩子在还来不及明白该怎样对付它，也来不及明白能否合法地这么做之前有觉悟守法，就受到酒的影响时，我感到十分失望。在自觉避免这种做法达50年之久，在当了50年有觉悟守法公司之后，现在一些公司正考虑改变计划。我请求这些公司回到原来有所禁忌的状态中去。撤回那些广告。我们感谢你们公司良好的责任感，而且我们的父母们需要这种责任感，得继续保持。

让我们都来下决心减轻为人之父的辛劳。我们将要祝贺我们的父亲，每一天都脚踏实地、默默无闻地辛勤工作的父亲，他们是好父亲、好丈夫、我们国家的好公民。我对你们所有的人说，感谢你们，上帝保佑你们，父亲节快乐，谢谢！

范例二

某生物公司总经理父亲节致辞

各位领导，各位来宾，××的中老年朋友们：

大家早上好！今天是一个隆重盛大的日子，是一个喜气洋洋的日子，之所以说它隆重，因为今天是一个全世界的节日——国际父亲节。我想，就在这个时间，在世界的每一个角落，都会听到对爸爸的祝福，在此请允许我代表全国5000多名工作在老年健康战线的夕阳美人，祝所有的父亲身体安康、生活幸福。

那么为什么又说它是一个喜气洋洋的日子呢？因为在这个喜庆的日子里，××市首家"×××"老年健康文化沙龙诞生了。在此我谨代表××公司对各位朋友的光临表示最热烈的欢迎！对在座的各位勤劳的、光荣的父亲们表示崇高的敬意！对市老龄委给予老年健康事业的支持，表示最衷心的感谢！

2000年8月，中共中央国务院作出关于加强老龄工作的决定，××技术有限责任公司作为中国银发事业的实践者和先行者，积极响应党中央国务院的号召启动了一系列的关爱老年健康行动，脚踏实地、积极努力地创造老年健康生活方式，倡导老年朋友乐度晚年的新风。××作为××公司总部在××的分支机构，一直以"老吾老以及人之老"为服务宗旨，以"老有所学，老有所乐，老有所为"为服务目标，为老年人营造一个温暖祥和的生活乐园。

在去年的8月，启动了免费的×××老年学习班，下设书法班、国画班、音乐班、舞蹈班、模特班、长寿养生班等，让中老年朋友既开阔了视野，增长了才干，又丰富了文化生活。并与同年的11月在社会各界的支持下启动了×××首届健康睡眠组合知识大奖赛，用科学的理论和知识，引导老年朋友走科学的保健之路。在今年的三月推出了×××百位健康老人婚纱摄影展，让老年朋友在一张张精美的照片中回首往日的爱，继续未了的大学梦。这样的活动还有很多很多，并且还要一如既往地开展下去。

最后祝愿全天下父亲身体健康，合家幸福！

第四篇

世界通用节日篇

第二十六章

元旦致辞

范例一
某省某商会秘书处秘书长 2008 年元旦致辞

各会员单位：

新年的钟声即将敲响，时光的车轮又留下了一道深深的印痕。伴随着冬日里温暖的阳光，××省××商会在各会员企业的大力支持下完成了成长中的第一步。值此商会成立一周年和元旦到来之际，商会秘书处全体工作人员向各会员单位致以节日的问候！敬祝各位节日快乐、事业顺利、身体健康、合家幸福！

一年的时间可以很短，短得只是每个人生命中的一小段；也可以很长，长得不可磨灭，因为这一年中我们所作的努力和改变足以留下长远的发展前景。省××商会就是这样一个新生命，从紧密的商会筹建工作起，到充满期待的商会第一次会长办公室会议胜利召开，商会以它蓬勃的生机和良好的状态打开了石油市场的大门，并做起了我们民营石油企业家们的坚强后盾。

销售经理交流会、企业计量员培训、合作推介会、企业战略管理名家讲坛……商会成立后，立足于会员的利益，开展了一系列的活动。在这样一个发展与挑战并存的时期,团结就是力量,所以商会通过各方面调查研究,与各个会员单位进行沟通,致力于成为一个供大家交流、合作和共同进步的平台。

党的十七大召开以后,建设社会主义生态文明提上了议程。认真学习贯彻十七大精神,做好节能减排工作成了我们民营企业的新目标和新任务。同时,各地不断爆发的油荒,国内成品油价格与国际油价倒挂等石油形势也给我们商会带来了巨大的挑战。如何切实解决会员企业发展中存在的问题与困难,维护会员企业的合法权益,是我们不断前进的动力。商会还开展了对成品油市场供应的专项调研,将会员企业中普遍存在的问题及遇到的突出困难进行整理,并联合相关部门,将调研结果向省、市以及国家有关部门汇报,并积极参与了新形势下的新能源开发问题,为我们的每一个会员企业谋进步。

当然,商会的存在是因为各家会员企业的信任和支持,各项活动的开展还都离不开大家对商会的配合与理解。坚信在我们所有人的共同努力下,商会一定会带领大家迎来无比灿烂的明天!再次感谢所有会员企业对于商会工作的支持!

最后,衷心地祝大家节日快乐、万事如意!

谢谢大家!

范例二

某市市委书记2009年元旦致辞

同志们、朋友们:

2009年的钟声已经敲响。在这辞旧迎新、万象更新的美好时刻,我谨代表中共××市委、××市人民政府,向全市人民致以亲切的慰问和美好的祝愿!向所有关心支持××发展的社会各界人士和海内外朋友表示衷心的感谢!

岁月不居，天道酬勤。回首2008年，在自治区党委、政府的正确领导下，市委、市政府团结带领全市人民，以开展深入学习实践科学发展观活动为动力，以实施《××经济区发展规划》和科学发展三年计划为重点，以扬起开放风帆、推动科学发展、共筑增长一极、建设宜居××为主题，努力克服国际金融危机冲击带来的困难，大力优化环境、强力推进项目、着力改善民生、合力唱兴××，全面推进经济建设、政治建设、文化建设，实现了保增长、保民生、保稳定、保持××发展良好势头的目标，把危机之年转变成为转机之年、奋进之年、突破之年，进一步夯实了发展基础。

在极不平凡的2008年，在以往多年努力的基础上，全市人民解放思想、开拓创新、团结奋斗，干成了一些事关××当前及长远发展的大事和多年来想干而尚未干成的实事。××炼油异地改造石化项目全面开工，掀起了投资建设新热潮。不断优化经济结构，努力提高发展质量；适应××加快发展的新要求，大力优化发展环境，为加快发展创造了良好条件；致力深化开放合作，引进了一批大型企业到北海投资，成功举办了第二届××区域经济合作市长论坛；坚持以人为本，着力改善民生，办成了一批与人民群众切身利益紧密相关的实事。这些成绩来之不易，是自治区党委、政府正确领导和大力支持的结果，是市委、市政府科学决策和真抓实干的结果，是全市人民克难攻坚和团结拼搏的结果。

"天时人事日相催，冬至阳生春又来。"2009年，是××进一步抢抓机遇、加快发展的关键之年。新的一年，发展形势更加逼人，发展任务更加繁重，发展前景更加美好。全市广大干部群众要倍加珍惜当前来之不易的大好形势，高举中国特色社会主义伟大旗帜，深入贯彻落实科学发展观，按照自治区党委、政府的决策和部署，认真贯彻《国务院关于进一步促进××经济社会发展的若干意见》，加快实施《××经济区发展规划》，紧紧抓住国家实施新一轮西部大开发和中国——东盟自由贸易区建成的重大机遇，推进项目求突破、发展产业增实力、优化环境创优势、扩大开放添活力、改善民生促和谐、繁荣文化聚合力、加强党建促发展，全力推动××科学发展、和谐发展、跨越发展。

机遇蕴涵精彩，实干成就伟业。创造××更加美好的明天，需要全市人民共同奋斗。在新的一年里，市委、市政府将继续团结带领全市人民，以坚定的信心、澎湃的激情、昂扬的斗志、百倍的干劲、务实的作风，迎接新挑战、完成新任务、实现新目标、创造新业绩、开创新局面、谱写新篇章！衷心祝愿全市人民新年快乐、幸福安康！

谢谢大家！

范例三 某气象局局长2010年元旦致辞

同志们、朋友们：

一元复始，气象更新！值此2010年元旦之际，我代表××气象局党组，向全国广大气象工作者致以新年的祝福！向辛勤工作在各个岗位，特别是坚守在边疆、高山、海岛、荒漠地区基层艰苦台站的气象工作者，以及节日期间坚守工作岗位的同志们致以崇高的敬意和诚挚的问候！向所有关心、支持气象事业发展的各级领导和社会各界人士表示衷心的感谢！

2009年是令人欢欣鼓舞的一年。这一年，是新中国成立60周年，也是××气象局成立60周年。60年来，在党中央、国务院的高度重视和亲切关怀下，在全国气象工作者的共同努力下，气象事业发展取得了举世瞩目的辉煌成就，成功地走出了一条具有中国特色的气象事业发展道路。2009年也是令人信心倍增的一年，党中央、国务院对气象事业发展的高度重视，对60年气象事业发展巨大成就的高度赞誉，对气象为推动经济社会发展、保障人民安康福祉、维护国家安全所作出的突出贡献的高度肯定，对推动气象事业实现更大发展、为经济社会发展和人民安康福祉作出更大贡献的高度期待。

回首2009年，气象工作成就令人欢欣鼓舞；展望2010年，我们满怀信心迎接挑战。目前，我国经济回升向好趋势不断巩固，经济社会发展取得显著成效，但要保持我国经济平稳较快发展也面临不少困难和矛盾。同时，在全球气候变暖背景下，我国极端天气气候事件明显增多增强，防灾减灾和应对气候变化的任务对气象工作提出了新的要求。2010年是实施"十一五"规划的最后一年，气象部门面临着谋划"十二五"时期气象事业科学发展、全面推进气象现代化建设的重大任务。

让我们更加紧密地团结在以胡锦涛同志为总书记的党中央周围，高举中国特色社会主义伟大旗帜，深入贯彻落实科学发展观、解放思想、开拓进取，以改革创新的精神、求真务实的作风、科学严谨的态度，推动我国气象事业实现更大发展，为全面建设小康社会、加快推进社会主义现代化提供有力保障，为改善全球气候环境、促进人类社会可持续发展作出积极贡献！

范例四　某公司总裁2010年元旦致辞

尊敬的奋斗在各条战线的全体员工：

2009年的一页即将翻过去、新的一年即将开始，我代表公司向奋斗在各条战线、各个区域的全体员工致敬，你们辛苦了！特别是对那些还奋斗在艰苦地区、艰苦岗位的员工，我诚挚地表达深深的谢意。你们承载了我们更多的希望，更美好的明天。我也代表公司深深地感谢数十万家属给我们的支持和理解，没有你们的牺牲与奉献，就不会有我们今天的成功，你们辛苦了！

在过去的一年里，我们成功地经受住了考验，我们的员工不愧为这个时代的弄潮儿，在这么极端困难的条件下，创造了这么优异的成绩。"风华绝代总是乱世生"，今年全球绝大多数区域投资都趋下降，一开年各地区部都呈负增长，能实现这样的成绩，怎么不是风华绝代，怎么不是英雄辈出！

我们2009年销售额将超过300亿美元，销售收入将达到215亿美元，客户关系得到进一步提升。在这一年里，中国作为本土市场历史性地突破了100亿美元，光传输、接入网，我们走向了世界第一，有力地支撑了公司的发展。我们成功地在突尼斯铺设了第一条海底光缆。供应链在及时、准确、优质、低成本交付上，打了一系列漂亮仗，这些关键项目的成功开展，将更加全面地促进职业化与流程的优化和进步。同时，财经管理已开始全面进步的冲刺，后勤服务进行了改良，行政服务及客户服务有了相当的进步，海外员工的生活发生了很大的变化，在异国他乡，有了家的感觉。明年的巴塞罗那展会，会看到我们客户服务系统的大进步，到时，请全体海外员工检阅。

这一年又是举步维艰的一年。我们公司进行了组织结构及人力资源机制的改革；改革的宗旨是，从过去的集权管理过渡到分权制衡管理，让一线拥有更多的决策权，以适应情况千变万化中的及时决策。为了保证这种授权机制改革的运行，我们要加强流程化和职业化建设，同时加强监控体系的科学合理的使用。为了实现我们的远大理想，我们要抛弃狭隘心理，敞开胸怀，广纳天下英才，以成功吸引更多有能力的人加入我们的奋斗队伍。我们要加强本地化建设，提升优秀员工的本地化的任职能力。只有我们的队伍壮大了，才会产生伟大的成绩。

我们要坚持从成功的实践中选拔干部，坚持"猛将必发于卒伍，宰相必取于州郡"的理念，引导优秀儿女不畏艰险、不谋私利，走上最需要的地方；我们也要从各级党组织中选拔一些敢于坚持原则、善于坚持原则的员工，在行使弹劾、否决中，有成功经验的员工，通过后备队的培养、筛选，走上各级管理岗位；我们要充分发挥干部后备队选拔、培养干部的作用，使一些优秀的员工找到更适合他们的岗位。

新年的钟声振动着我们的心，胜利鼓舞着我们，只要我们坚持自我反省不动摇，我们就会从胜利走向胜利，待来年我们再共饮庆功的酒。祝愿大家在新的一年里身体健康、合家幸福！

谢谢大家！

范例五　某学校校长2011年元旦致辞

尊敬的各位老教师、老前辈，亲爱的老师们、朋友们：

晚上好！值此辞旧迎新之际，我们在这里举行××迎新年庆祝晚宴，我代表学校党政领导对大家的到来表示热烈的欢迎！向一直关心支持我们工作的离退休老领导、老教师表示深深的感谢！向一年来辛勤奋斗在各种工作岗位上的各位老师致以深深的敬意！并通过你们向你们的家属表示衷心的感谢和致以节日的问候！

对于我们学校的离退休老教师我关心得不够，我们从11月份开始，为学校在职教职工生日时送上生日蛋糕，我们决定从明天开始，把这项暖人心工程扩大到我们离退休老教师。让每个老教师在生日的时候都能收到学校的祝贺与一份小小的心意。另外，这学期我们成立两个非常设机构，一个是校友联络办，一个是学校文化与宣传研究室。我们计划明年成立离退休教师办公室，设立离退休教师之家，欢迎离退休教师常到学校来走走看看，多为学校的发展建言献策。

2010年即将结束，回首走过的一年，学校实现了新旧领导班子的顺利接替和学校的平稳发展，我们领导班子精干、团结，行政干部队伍体现出想做事、爱做事的干劲与激情，全体教职工脚踏实地、爱岗敬业。展望2011年，我们充满希望。我相信，有在座各位老领导、老教师的支持与鼓励，有我们全体教职员工的共同努力，我们一定能够实现新目标，取得新成绩！

同志们，为了××的发展，我们要齐心协力，树立大局意识、责任意识、创新意识，发扬团结协作精神，在工作中互相尊重、相互学习、树立新的服务理念，为把学校建设好、管理好，同舟共济、努力奋斗！

下面，我提议，让我们共同举起杯，祝愿大家新年快乐、身体健康、家庭和美！祝愿我们××的明天更美好、更辉煌！干杯！

第二十七章

国际劳动妇女节致辞

范例一

国家统计局局长国际劳动妇女节致辞

全体女同胞们:

早春三月,万象更新。在全国"两会"胜利召开之际,我们迎来了"三八"国际劳动妇女节。我谨代表国家统计局,向全国统计系统的妇女同胞致以节日的问候和诚挚的祝贺!

2009年是我国历史上十分重要的一年,也是统计工作直面考验的一年。面对国际金融危机的严重冲击,广大统计工作者以严谨求实的科学态度,全力推进各项统计改革和建设,为各级党委政府进行宏观管理和科学决策提供了大量统计数据和政策建议,在共和国统计史上书写了新的光辉篇章。这些成绩的取得,凝聚着全国统计系统广大妇女同胞的聪明智慧和辛勤汗水。

今天是"三八"国际劳动妇女节100周年纪念日。在这个特别的日子里,我们不会忘记,你们顶着严寒酷暑,在街头巷尾、田间地头忙碌调查的身影;我们不会忘记,你们尽忠职守、默默奉献,用心血奏响乐章的感人场面。你们用自己的才智和劳动,创造着人生和事业的奇迹和辉煌,展示着新时期统计系统妇女良好的精神风貌。你们为统计事业改革和发展所作出的积极贡献,赢得了社会的广泛尊重和赞誉。广大统计工作者为你们而自豪,正是有了你们这个"半边天",统计工作才更加有活力,统计改革才更加有动力,统计队伍才更加有朝气。在这里,衷心地向你们道一声:统计系统的妇女同胞辛苦了!

面对这个催人奋进的时代,面对进一步提高统计数据质量的庄严使命,希望统计系统的妇女同胞进一步增强责任感和使命意识,大力发扬自尊、自信、自立、自强精神,以饱满的工作热情和良好的精神状态,开拓创新、锐意进取、热爱生活,在本职岗位上不断开创工作的新局面,以自身的进步与贡献赢得更加广泛的肯定和社会尊重。

世纪的蓝图需要我们共同去描绘,美好的未来需要我们携手去创造。2010年我国经济所面临的形势比以往更为复杂,统计工作也面临着更大的挑战、更复杂的局面。在这种情况下,唯有改革,统计才能更有活力;唯有发展,统计才能更有生机。作为统计系统的"半边天",希望全国统计系统的妇女同胞以提高统计能力、提高统计数据质量、提高政府统计公信力为主线,坚定信心、勇于创新、奋力拼搏、勇挑重担,在各自的岗位上尽展巾帼风采,为统计事业的发展作出新的贡献!

让我们共享春天的阳光,分享节日的快乐。衷心祝愿全国统计系统的妇女同胞工作顺心、家庭幸福、身体健康、青春永驻!

范例二

某县妇联主任国际劳动妇女节致辞

各位领导、妇女同志、来宾们:

大家好!在阳春三月和煦春风中,我们共同迎来了全世界劳动妇女团结战斗的节日——三八妇女节。在这个处处洋溢着喜庆的节日里,我谨代表××县妇女联合会向在座的各位妇女姐妹们致以节日的祝福,向奋斗在全县各条战线上的广大妇女工作者们致以最诚挚的问候,向所有关心和支持妇女事业的各级领导和社会各界人士表示最衷心的感谢和最崇高的敬意!

100年前,为了争取自由的权利和平等的待遇,妇女们经过英勇的战斗,换来了全世界妇女的节日——三八妇女节。这个节日,并不只是一面争取平等、解放的旗帜,而是一个推动社会进步、文明的标志,是我们女性高擎"三八"旗帜,焕发英姿的礼赞。中国的妇女不会忘记,在15年前江泽民总书记在全世界100多个国家首脑和高层官员面前,庄严宣告"男女平等是促进我国社会发展的一项基本国策"。这个划时代的宣言,肯定了妇女们的重要性,提升了妇女们的地位,把中国妇女事业的发展推向了一个前所未有的高度。随着社会的发展、时代的前进,我县的妇女事业在党和政府的关心与支持下,取得了蓬勃发展。

回顾历史,我们骄傲;展望未来,我们期待。2010年是虎虎生威的一年,是备受瞩目、充满希望的一年,也是充满机遇、富于挑战的一年,世界为我们敞开了大门,时代为我们创造了条件。乘着"三八"国际妇女节的东风,我们要高举邓小平理论的伟大旗帜,以"三个代表"重要思想为指导,牢固树立科学发展观,在县委、县政府的正确领导下,在市妇联的关心指导下,根据妇女儿童两个规划实施要求,带领全区妇女姐妹们积极响应市妇联"学习新知识、创造新业绩、建设新生活"的号召,把握时代脉搏,抢抓机遇,努力开拓妇女工作新局面,将我县的妇女事业推上一个崭新的台阶。

同志们、姐妹们,妇女节100周年即将来临,让我们以忘我的热情、昂扬的斗志,投入到宏图伟业中去,让我们以坚定的信心、奉献的精神,投身于为建设社会主义和谐社会的光辉事业中去。美好的未来等待我们去共同开创,让我们携手奋进,共铸明日的辉煌!

最后,祝愿在座的姐妹们工作顺利、生活美满、身体健康、万事如意、合家幸福!

> 范例三
>
> ## 某公司总经理国际劳动妇女节致辞

尊敬的领导，尊敬的女士们、先生们：

大家好！今天是一个特别的日子，是属于女士的伟大节日——"三八"妇女节。在此谨祝公司的女士们事业有成、家庭幸福、青春永驻！

众所周知，"三八"妇女节是为了纪念世界各国劳动妇女为争取和平民主、妇女解放的节日，至今已有近百年的历史。时至今日，"三八"妇女节又被赋予了新的历史含义，当代女性在社会主义精神文明和物质文明建设中起到了举足轻重的作用，而在我们公司的发展中尤为突出。

当我们公司实现跨越式发展，实现一年一个新台阶，呈现出"芝麻开花——节节高"的良好态势，我们忘不了公司管理层当中的巾帼英雄，是你们展现了巾帼不让须眉的英雄气概和独特魅力，工作中雷厉风行；是你们兢兢业业、无私奉献，视公司为家，风里来雨里去，一心扑在工作上，舍小家保大家，为公司的发展作出了巨大的牺牲。

我们忘不了我们精美的包装产品的背后，有我们朴实、善良的车间姐妹，是你们远离家乡的亲人，不分天寒酷暑而坚守在自己的岗位上，用勤劳的双手塑造了那灿烂至极的缤纷世界。我们忘不了我们的阿姨任劳任怨，无私奉献、早出晚归，是你们用灵巧的双手为我们送上可口的饭菜，是你们用辛勤的汗水换来了那一片干净、清洁的蓝天，是你们这半边天，为公司的发展作出了重要的贡献，在此真诚地说一声：你们辛苦了！××取得的可喜成就有你们一半的功劳！

公司的发展是不断向前的。属于我们的辉煌还需要我们继续创造，属于我们更大的挑战需要我们继续承担，新时期需要以更加昂扬的斗志去不断的奋斗，而作为新时期的女性也应该跟上时代的节拍和步伐，希望你们以木兰从军的气魄，用更加饱满的热情投入到为××美好的明天的工作中，××美好的明天需要你们用灵巧的双手去描绘！

最后衷心地祝愿全体女职工,节日快乐、青春永驻、身体健康、合家幸福!

谢谢大家!

第二十八章

植树节致辞

范例一

某市市委书记植树节致辞

同志们、朋友们：

春回大地，万象更新，一年一度的植树节到来了，我谨代表××市政府向参与和支持我市绿化事业的同志们、朋友们表示衷心的感激！向造林绿化第一线的广大干部群众表示亲切的慰问！

过去的一年，我们经受了50年一遇的干旱天气的考验，在市委、市政府的正确领导下，在全市群众的大力支持和配合下，我们市以"绿化美化家园·共享白云蓝天"为主题，展开了一系列国土绿化和义务植树活动，获得了明显成效。

2010年，全市群众要围绕"树立科学发展观，建设林业生态市"为主题，进一步加强对国土绿化的认识，坚持生态、经济、社会协调发展，以开展创建省林业生态县和创立全国绿化典范乡村活动为载体，加快林业生态工程建设，全面提升森林生态质量，努力完成"青山、绿水、蓝天"和山川秀美的宏伟目标，为我市全面建设小康社会提供生态保障。

在新的一年里，我们要加大宣传力度，大力宣传党和国家关于国土绿化和义务植树的各项方针政策、法律法规；大力宣传国土绿化和生态建设的成就；大力宣传人与自然和谐发展，不断提高全民绿化认识，使全民、全社会自觉关心、支撑、参与我市的绿化和生态建设。

我们要不断创新、丰富和发展全民义务植树的形式，提高适龄公民的尽责率。新形势下，全民义务植树活动，要在原有的基础上，在广度上拓展，在深度上推进，在内涵上丰厚，做到领导到位、措施到位、资金到位，早安排、早规划、早行动。

我们要大力展开部门绿化，完善部门绿化责任制。各单位要在搞好自身绿化的同时，积极参加地方义务植树活动，履行每个适龄公民的法定义务。要大力推进城乡绿化建立和绿色通道建设，让森林进城、园林下乡，让绿色通道真正建成绿化线、风景线和致富线。

同志们、朋友们，让我们积极行动起来，继续发扬中华民族植树造林的优良传统，人人动手，利用春季植树造林的大好时机，再次掀起全民义务植树运动和国土绿化建设新高潮，建设更美好的家园。

谢谢大家！

范例二　某市环保局局长植树节致辞

尊敬的各位领导，同志们、朋友们：

在春回大地、万物复苏的美好季节里，我们迎来了第33个全民义务植树节。市环保局、市委、市政府号召全市机关、学校、人民团体、企事业单位和全体市民踊跃动手多植树，为建设美好家园、造福子孙后代，作出自己的努力和贡献。

当前，面对资源环境约束加剧的严峻挑战，党中央、国务院把造林绿化工作提到了推动科学发展、保障国家生态安全的战略高度来认识和谋划。刚刚颁布的《全国主体功能区规划》，将中原经济区纳入重点开发区域,特别是把××列为国家层面的重点生态功能区,为我省加快推进生态文明建设带来更多的发展机遇。我市在"十二五"规划中,明确提出要把××建成中原经济区南太行、沿黄生态屏障区,通过广泛开展造林绿化,推动我市生态文明建设不断跃上新台阶。

全民义务植树活动开展30多年来,在历届党委、政府的倡导和带领下,全市人民发扬愚公移山精神,齐抓共建、广泛参与,取得了令人欣喜的成绩。累计建成义务植树基地30多个,完成造林保存面积6万余亩,义务植树尽责率超过90%,林木覆盖率达到52.4%,城市绿化覆盖率达到39.97%,建成区绿地率达到37.63%,人均公共绿地面积达到9.97平方米。今日的××,城在绿中,绿在城中,已经创建成为省级绿化模范城市。广大人民群众不仅是植树造林的参与者,同时更是美好环境、生态文明的受益者。

今年是我市创建全国绿化模范城市和国家森林城市的关键一年,全市上下要高度重视,全民动员,迅速行动,推动植树造林工作深入开展。要以开展全民义务植树30周年系列宣传活动为契机,深入宣传义务植树的公益性,增强全民造林绿化和生态环境保护意识;要认真落实领导干部任期绿化目标责任制,积极开展植绿、护绿、兴绿活动,努力创建绿色家园;要把植树造林与加强森林保护管理和推进集体林权制度改革紧密结合,构建生态增优、林业增效、林农增收的长效机制;要把建绿造绿和爱绿护绿紧密结合,做到种植一片、成活一片、美化一片。

市民朋友们、同志们,让我们携起手来,立即投身植树造林活动,使我们的家园处处绿树成荫、满城春意盎然,努力把××建设成为宜居之城、文化之城、生态之城、魅力之城。

第二十九章

国际劳动节致辞

范例一

某市市委书记国际劳动节致辞

全市广大市民,同志们、朋友们:

在春意盎然、充满生机的美好季节里,全世界劳动者迎来了自己的光辉节日——五一国际劳动节。在此,我代表市委、市政府,向全市广大干部、职工和劳动群众致以亲切的节日问候!向全市各条战线的劳动模范致以崇高的敬意!向外来投资者、创业者、务工者致以诚挚的谢意!

劳动最光荣,劳动者最可敬。在过去的一年里,全市上下以科学发展观为统领,以"双调双转"为动力,迎难而上、开拓奋进,全市经济社会继续保持追赶型跨越式发展态势,主要指标超计划完成,"十一五"目标圆满实现。成果来之不易,成绩归功人民。×××经济的快速发展,社会的和谐进步,无不凝结着全市劳动人民的聪明才智和辛勤汗水。

劳动创造财富,劳动创造未来。今年,是"十二五"开局之年,市委×届××次全会明确提出以"求实创新、跨越争先"为主题,以"××××"为载体,全面加快"××"建设,努力实现"××××"宏伟目标。五年再造一个×××经济,综合实力迈进全省第一方阵,需要全市广大劳动者万众一心、众志成城、攻坚克难、奋力前行。

劳动锤炼品质，劳动塑造精神。经过追赶跨越的磨砺，"自强不息、创新创业、开拓开放"的城市人文精神，已经成为引领全市人民勤勉敬业的精神动力。特别是各条战线涌现出的先进模范，在平凡的岗位上创造了不平凡的业绩，是我们这座城市的骄傲，是跨越争先的标杆。我们要在劳动中不断创造、升华城市人文精神，不断赋予新的时代内涵，把"爱岗敬业、争创一流、艰苦奋斗、勇于创新、淡泊名利、甘于奉献"的劳模精神，融入城市人文精神之中，进一步激发全市人民的创造潜能和劳动热情，在劳动创造中熔铸具有××特质的城市之魂。

××已阔步迈上跨越争先的新征程，希望全市广大职工和干部群众积极投身于"三实两创"活动之中，脚踏实地、真抓实干，用辛勤的劳动共同创造××人民的美好生活，以优异成绩迎接建党90周年。

最后，祝全市广大劳动者身体健康、工作顺利、节日快乐！

范例二

某学校工会主席国际劳动节致辞

各位老师：

在五一国际劳动节即将来临之际，我代表工会向辛勤工作的全体教职员工，致以节日的祝贺和亲切的慰问！

在过去的一年里，全校教职员工，恪尽职守、勤奋工作、努力钻研。他们中有党员和干部，有呕心沥血的班主任，有乐研善教的教研组长、备课组长和科任教师，有任劳任怨的行政后勤服务人员，有为学校赢得荣誉的同志，也有那些辛苦劳累却默默无闻的做临时工的同志。在大家的共同努力下，圆满地完成了各项工作任务。感谢大家的理解和支持，感谢大家的付出，谢谢大家！

新的学年已经开始，展望未来，任重道远。本学期，我们将以科学发展观为指导，以提高教育教学质量、促进教师专业化发展和依法治校为重点，坚持正确的办学方向，坚持改革创新，全面贯彻党的教育方针，全面提高办学水平。我代表工会向全体教师提几点希望：

第一，要解放思想、实事求是，进一步确立先进的教育理念。观念上的落后是真正的落后，观念上的差距是最大的差距。每个教师都要注重观念的更新，树立先进的正确的教育观、教学观、学生观、发展观、价值观、名利观，做有先进教育思想的教师，有了全新的教育观念，才能适应新课程的需要，才能适应教育教学改革的需要，才能有效反思我们的教学行为，才能切实推进有效教学。

第二，要强化师德修养，不断提高师德水平。"学高为师，身正为范"，要进一步加强师德修养，提高政治素养和道德情操，教书育人，为人师表，使自己成为政治过硬、品德优良、职业道德高尚的教育工作者。

第三，要加强学习，进一步提高教书育人的本领。

首先要搞好自主学习和有效学习。学习是一种习惯，学习更是一种精神。教师既是人类灵魂的工程师，更是人类文明的传播者、创造者和人类精神家园的守望者。其次要勤于读书。我们大力倡导让读书成为教师生活的智慧方式，让网络成为教师成长的崭新舞台，让科研成为教师发展的不竭动力。我们提倡并鼓励教师搞好教育论坛与文化沙龙，让思想的火花激情碰撞，让知识的火焰尽情燃烧。

第四，要热爱教育、热爱学生，增强责任感。教育是一项神圣的事业，只有具有崇高的责任感，工作才会有源源不断的动力。学生使教师的知识世界求真务实，学生使教师的精神家园四季常青，学生使教师的生活层面快乐而充实。把爱献给学生，是教师最大的幸福。把爱献给学生，才能创造教育的奇迹；把爱献给学生，才能成就伟大的事业。

第五，再次衷心祝愿全体教师节日快乐、工作顺利、身体健康、家庭幸福！

范例三

某文化传播公司董事长国际劳动节致辞

全体员工：

×城处处春意暖，××喜报传新篇。在这充满激情的五月，全世界劳动者迎来了自己的节日——五一国际劳动节。在此，我谨代表××文化传播公司向辛勤工作在全国各地的××人致以节日的祝贺和崇高的敬意！向长期关心、支持××发展的各级领导和社会各界朋友们表示衷心的感谢和诚挚的慰问！

劳动最伟大，劳动最光荣，劳动创造了××的财富，劳动者创造着××的未来。自成立以来，公司在科学发展观的指导下紧紧围绕以"创新、挖潜、效率、争先"为核心内容的工作大纲，努力构建发展多元化、品牌国际化的文化企业，已先后启动了：与中国国家体育总局、中国国际体育旅游公司等合作的"2009年国际丽人雪域风情挑战赛"，与中央台合作的现实题材电视剧《×××》等项目。这些成绩的取得是公司全体员工共同努力的结果，是社会各界朋友们热情帮助的结果，更是全国××人大力支持的结果，在此，我谨代表公司向大家表示衷心的感谢！

新起点、新征程、新事业，为××的未来勾画出宏伟的蓝图。尽管在前进的道路上还可能有困难与阻力，但拥有员工们的敢想敢拼，拥有家人们的积极进取，拥有各级领导和社会各界的鼎力相助，××一定能够战胜任何艰难险阻，实现既定的宏伟目标。

年内实现集团化的愿景在激励着××人向着理想而努力奋斗！只要我们紧密地团结起来，坚定信心，同心同德、与时俱进、勇于创新，我们就一定能够把××的事业做得更强、更快、更好，以更好的成绩回报社会、回报家人、回报员工！

祝大家节日愉快、身体健康、工作顺利、万事如意！

第三十章

国际护士节致辞

范例一

某医院总支部书记国际护士节致辞

同志们：

大家上午好！时光匆匆走进灿烂的五月，喜悦的心情伴随着前进的步伐。值此一年一度的"5·12"国际护士节来临之际，我代表院总支、医院全体职工向工作在临床一线的护理人员致以节日的问候和崇高的敬意。

护理学是医学科学领域里的一门综合性应用科学，自从有了人类，就有了护理行业。我院建院50余年来，近百名护理工作者在长期的临床实践中，发扬救死扶伤的革命人道主义精神，以高尚的社会主义道德，精湛的护理技术，默默无闻、勤勤恳恳，使无数垂危患者得到了救护，为千千万万人民群众的身心健康和家庭幸福付出了艰辛的劳动和汗水。

护理工作是平凡的工作，然而任何伟大的事业都包含于平凡的过程之中，在你们平凡、细微、具体、日复一日的劳作中，一个个虚弱的病体变得强健，一副副痛苦的表情变得开朗，家庭因为你们而更加快乐、温馨，社会因为你们而更加生机勃勃。你们的工作体现了党和政府的温暖和对广大人民群众的关爱，体现了社会主义制度的无比优越性，体现了崇高的革命人道主义精神，人民感谢你们，党和政府感谢你们，医院感谢你们。

护士的岗位是爱心和责任穿起的生命线，它和人类的健康、神圣的生命紧密相连，生命在这里升华，康复在这里实现，痛苦在这里被驱赶，这是一项阳光灿烂充满爱心的事业；这是一项和谐社会，推动人类进步的事业，你们应该为自己的选择而骄傲而自豪。虽然你们面对的是肆虐的病毒和无情的死神，但你们毫不退缩，坦然面对，你们用自己的行动实践着投身护理事业的诺言。

随着时代的发展，经济的繁荣，科学技术的进步和卫生改革的深化，社会、医院对护理工作的需求日益扩大。护理所要达到的不仅是帮助病人恢复健康，还要帮助健康的人群预防疾病，提高健康水平；帮助身患重症者获得心理上的支持和自我控制疾病的能力，提高生命质量；帮助伤残者最大限度地恢复功能和临终者得以安宁、平静地离去。护理要以人为中心，提供人所需的一切健康服务。因此，我们要求广大职工行动起来，充分利用时间学习有关的医学知识和专业知识，提高自己的理论水平和技术能力。每个职工都要成为学习型职工，在我院形成一种浓厚的学习氛围和学术气氛，树立我院的精神形象。

每个医护人员一定要严格遵守医德规范，树立高尚的职业道德，使自己的行为和工作充满仁爱，富于人情味，文明行医，礼貌待患，给病人解疑、解难，与病人交心、交友。只有这样，病人才会信任我们医院，愿意来我们医院就诊，我们医院的发展才能稳步向前。

同志们，护理工作任重而道远，希望我院全体护理人员以白求恩和南丁格尔为榜样，以服务人民、奉献社会为宗旨，牢固树立"救死扶伤、忠于职守、爱岗敬业、热忱工作、开拓进取、精益求精、乐于奉献、文明行医"的行业风尚，塑造"求团结、干事业、讲奉献、促发展"的行业形象，用职业道德、职业责任、职业纪律规范自身行为，为广大患者提供良好的护理服务，为我院的二次腾飞贡献自己的力量。

谢谢大家！

范例二 某区区委会主任国际护士节致辞

同志们:

今天,我们在这里隆重集会,热烈庆祝全世界护理工作者的光辉节日——"5·12"国际护士节,重温南丁格尔精神,进行"神枪手"竞赛活动。在此,我谨代表区委、区政府向医院广大护理人员致以节日的问候和诚挚的慰问。

"5·12"国际护士节是为了纪念近代护理学创始人弗洛伦斯·南丁格尔,激励广大护士继承和发扬"燃烧自己,照亮别人"的人道主义精神而设立的国际性专业节日,至今已98载。从南丁格尔创立近代护理学之日起,护理工作便与人道主义精神和以关爱生命、救死扶伤为核心的职业道德密切联系在一起,受到社会和公众的尊重和敬慕。

多年来,区人民医院的广大护理人员认真学习南丁格尔的人道主义高尚品质,秉承全心全意为人民服务的宗旨,在平凡的护理工作岗位上,以高尚的职业道德、严谨的工作态度、精湛的护理技术,兢兢业业、勤勤恳恳,为患者提供周到的人文化护理,为保护人民群众的健康,促进我区卫生事业发展作出了重大贡献,受到了各级领导和人民群众的好评。去年,儿科护理获××市"先进集体"称号,×××获广东省"优秀护士"称号,×××获××市护士演讲比赛二等奖。今年,×××被评为××市"十佳护士",×××等12名护士被评为××区"优秀护士",×××被录取到香港进修培训一年,是全市两个骨科专科护士之一。

常言道"三分治疗,七分护理",护理是一份艰辛烦琐、默默无闻的工作,但广大护理人员无怨无悔、日复一日、矢志不渝地在各自岗位上默默奉献,履行为人民健康服务的神圣使命。以患者的欢乐为自己的最大欢乐,以患者的幸福为自己最大的幸福,忠实地实践"竭诚协助医师之诊治,务谋病者之福利"的南丁格尔誓言。特别是在节假日期间,万家团圆,人们都沉浸在节日的喜悦里,而广大护理人员却仍战斗在临床第一线,恪尽职守、舍家忘我、心系病人,用热血和真情呵护生命,用行动弘扬救死扶伤、勇于奉献的人道主义精神,谱写了一曲曲动人的时代颂歌,塑造了白衣天使的光辉形象。

随着社会的发展,医院日益发展壮大,人们对护理服务的要求也在逐步提高,这也给护理事业提出了更高的要求。这就要求护士一要养成慎独精神,不断加强自身素质建设,刻苦学习业务理论知识;二要转变观念,强化人本服务意识,深入开展整体化护理;三要积极进取,开拓创新,努力做到思想观念与时俱进;四要开发创造性思维,利用护理知识体系;五要进一步发扬人道、博爱、奉献的"南丁格尔精神",树立全心全意为病人服务的理念,做护理事业的排头兵。

同志们,让我们牢记南丁格尔"终身纯洁,忠贞职守"的誓言,明确"健康所系,性命相托"的神圣职责,继承和发扬南丁格尔精神和护理事业的光荣传统,以开展医院管理年活动和机关作风建设年活动为契机,树立"病人第一、质量第一、服务第一"的观念,营造和谐的医患关系,努力为群众提供优质便捷的医疗服务,为推动全区卫生事业的持续健康发展而努力奋斗!

最后,衷心祝愿全体护理工作者节日快乐、工作顺利,祝愿广大医务工作者健康、平安!

谢谢大家!

范例三

某医院受表彰的护士国际护士节致辞

亲爱的护士姐妹们:

当和煦的春风融化了冰山上的积雪,春天向我们招手的时候,我们欣喜地迎来了自己的节日——"5·12"国际护士节。值此"5·12"国际护士节来临之际，我谨向在本次护士节上接受表彰的优秀护士长、优秀护士表示祝贺，同时向奋斗在全院护理战线上的同志们送上节日的问候，向你们致敬，并道一声：大家辛苦了！

从南丁格尔创立护理专业之日起，护理工作便与人道主义精神和以关爱生命、救死扶伤为核心的职业道德密切联系在一起，受到社会和公众的尊重和敬慕。随着社会经济的发展、医学技术的进步以及人民群众对健康和卫生保健需求的日益增长，护理作为卫生事业的重要组成部分，在防治疾病、身体和心理康复、健康教育、维护和促进人民群众健康等方面，发挥着愈来愈重要的作用。著名作家冰心老人曾经说："爱在左，同情在右，走在生命的两旁，随时撒种，随时开花，踏着荆棘，不觉得痛苦，有泪可落，却不悲凉。"因为护理这个职业，它和爱、健康、生命、神圣始终联系在一起。从此，生命在这里诞生，健康在这里跳跃，痛苦在这里匿迹，死亡在这里却步！

5月12日，是我们的节日。这一天，大家将接受鲜花、祝福、赞美，也将收获荣誉、理解和尊重。医生们用精湛的技术驱除病人肉体痛苦的同时，是我们用爱心和真诚治愈了他们的精神创伤。白天，踏着轻盈的步伐，穿梭于病房之间；夜晚，拖着疲惫的身躯守候在病人身旁，多少个酷暑寒天，多少个节假日都能看到大家忙碌的身影。你们本着"德为护、爱为怀、诚为信、患为先"的护理理念，用微笑面对每一位患者，用真诚赢得每一份尊重，用爱心呵护每一个生命，用智慧创造着一个又一个生命的奇迹！

今年是我院抓质量、上技术、强服务、实现跨越式发展最为关键的一年，我们一定要进一步改善服务态度，提高护理质量，当好生命的守护神，不断提高自身素质，勇于创新，紧紧围绕今年的奋斗目标，开展具有我院特色的护理单元活动，在各护理单元中打造学习型、服务型团队，再创我们医院护理特色、护理品牌。

五月的鲜花已经为我们绽放，五月的乐章已经为我们奏响！医院的繁荣不但是我们衣食生计的源泉，更是我们责无旁贷的使命。让我们同心同德，手牵着手、心连着心、一路耕耘、一路高歌，为开创××医院护理事业更加美好、辉煌的明天而奋斗！

谢谢大家！

第三十一章

国际儿童节致辞

范例一

某学校党委书记国际儿童节致辞

尊敬的各位来宾，老师们，亲爱的少年朋友们：

早上好！在这阳光明媚、鸟语花香的初夏时节，彩旗带着心愿迎风飞扬，笑脸伴随希望尽情绽放。我们又迎来了小朋友们的喜庆日子——六一国际儿童节。在这欢乐的时刻，请允许我代表学校向少年儿童致以节日的祝贺，祝小朋友们节日快乐！向关心少年儿童健康成长、支持教育事业的各位领导，社会各界人士表示最衷心的感谢！向到会的各位来宾表示热烈的欢迎！更要对为少年儿童的成长付出艰苦劳动、倾注无私爱心的全体老师表示由衷的感谢和崇高的敬意！

同学们，你们是早上八九点钟的太阳，是祖国的花朵，是明天的希望。从现在到本世纪中叶，我们将全面建设小康社会，基本实现中华民族的伟大复兴。伴随这一历史进程，你们将度过花季，经历人生的金色年华，以自己的青春与智慧、热血与奋斗，去实现几代中国人孜孜以求的强国梦想，去创造伟大祖国更加光辉灿烂的明天，去迎接人类更加辉煌的未来！党和人民殷切希望你们志存高远、胸怀祖国、放眼世界。希望你们从小做起，从现在做起，培养良好品德，努力学习、健康成长。希望你们富于想象，乐于探索，敢于创新，善于创造，勇于实践。希望你们立志于年少之时，奋斗于一生之中；不负人民的重托，不负祖国的厚望，不负伟大事业的召唤；为家乡争光，为民族争光，为祖国争光；谱写最壮丽的青春之歌，成就最辉煌的人生业绩。

同学们，我们正处于一个充满希望与挑战的新时代，你们是幸运的一代，也是肩负重担的一代。少年时代是美好人生的开端，远大的理想在这里孕育，高尚的情操在这里萌生，良好的习惯在这里养成，生命的辉煌在这里奠基。我真诚地希望同学们要珍惜美好的生活，树立远大理想，在校做一名好学生，在家做一个好孩子，在社会上做文明的小公民，从小事做起，从现在做起，把握正确的人生航向，用行动来证明这个时代因你们而绚丽，未来的××学校将以你为荣！

同学们，儿童时代是美好人生的前奏，是生命乐章的序曲，远大抱负从这时产生，高尚情操从这时孕育，良好品行从这时养成，过硬本领从这时练就，青春活力从这时萌动。让我们共同珍惜这美好的时光，去迎接美好的未来。世界是我们的，更是你们的！世界有你们，明天更辉煌！

最后，祝愿此次庆祝活动圆满成功！

谢谢大家！

范例二

某管理局局党委书记国际儿童节致辞

少先队员、小朋友们：

今天是六一国际儿童节。在这个属于你们的盛大节日里，局团委、教育处、局少工委在这里隆重举行庆六一暨"我是文明小天使"文艺演出，就是要号召、引导大家争做推进公民道德建设的小天使，长大成为建设祖国的栋梁之才。在此，我代表局党委、管理局向你们并通过你们向××广大少年儿童致以节日的祝贺！向辛勤耕耘在教育一线的少先队辅导员、少年儿童工作者表示衷心的感谢和崇高的敬意！

中华民族具有悠久历史和灿烂文化，在几千年的历史实践中创造了辉煌的文明成果，形成丰富的道德规范，孕育优秀的民族品格和精神。同时，在建设社会主义的进程中，又形成了许多新的道德观念、道德规范、道德风尚。爱国守法，明礼诚信，团结友善，勤俭自强，敬业奉献……正是在这种优秀道德的激励、推动之下，中华民族才能始终万众一心，历尽风雨而巍然屹立于世界的东方。人无德不立，雷锋、吴运铎、张海迪、赖宁……共和国53年的历史时空，闪烁着一个个平凡而光辉的名字。每一个名字都代表一段感人的故事，每一段故事都是一面弘扬道德的旗帜，都是一座人格的丰碑。这些名字，不仅为后世传颂和景仰；他们的精神，更是激励广大少年儿童不断学习进取的源泉。

"德"字从行，本义"攀登"。良好道德习惯的养成，如同攀登险峻的高山，是一个长期、艰辛的过程，而少年时期正是人的一生道德形成的关键阶段。希望××广大少年儿童继承和发扬中华民族积淀下来的优秀民族精神和品格，学习和实践新时期社会主义的道德风尚，时时事事都注意用道德规范自己，"勿以善小而不为，勿以恶小而为之"，逐步达到一个高尚的精神境界，成为对祖国、对社会、对自身有责任感的好公民。要理解和感悟"合格小公民"的标准和要求，积极参与道德实践，从一点一滴做起，从身边的小事做起，做到"知"与"行"相统一，努力成为家庭里的好孩子，学校中的好学生，社会上的好少年，大自然的好朋友，成为有理想、有道德、有文化、有纪律的社会主义新人。

最后，祝××广大小朋友们节日快乐、学习进步、茁壮成长！

范例三

某学校校长国际儿童节致辞

亲爱的少先队员们、尊敬的辅导员老师们：

今天是六一国际儿童节，在这个喜庆的节日里，我们学校隆重举行六一国际儿童节庆祝活动。在此，我谨代表学校向关心少年儿童成长的老师们、辅导员们表示崇高的敬意和诚挚的问候！向全体少先队员们致以节日的祝贺！

少年儿童是祖国的未来，是国家的希望，党和国家领导人历来关心少年儿童的成长。少先队员们，今天你们是天真烂漫的红领巾，明天将成为现代化建设的生力军，中华民族的伟大复兴要靠你们去奋斗，几代中国人孜孜以求的强国梦想，伟大祖国更加光辉灿烂的明天，将在你们这一代少年儿童的奋斗和创造中最终得以实现。你们是幸运的一代，更是肩负重任的一代。为此我谨代表学校向全体少先队员们提出几点希望：

第一，要从小树立远大的理想，培养高尚的道德情操。理想是人生的太阳，是催人奋进的动力。少年有志，未来有望。全体少先队员们，要明确自己的历史责任，把个人的奋斗志向同国家的前途命运紧紧联系在一起，把祖国富强、民族振兴作为自己的崇高追求。要增强民族自尊心和自信心，继承和发扬中华民族的传统美德，学习和实践社会主义公民道德，从一点一滴、一言一行做起，逐步养成文明礼貌、团结互助、诚实守信、遵纪守法、勤俭节约、尊敬师长、热爱劳动的良好品行，努力成长为有理想、有道德、有文化、有纪律的社会主义事业的合格接班人。

第二，要掌握丰富的知识，培养勇于创新的精神。掌握丰富的科学文化知识是一个人事业成功的基础，在科学技术突飞猛进、国际竞争日趋激烈、社会发展日新月异的今天尤其如此。"少壮不努力，老大徒伤悲"。当前，学习是你们第一位的任务。希望你们要有强烈的求知欲和上进心，发愤读书，勤奋学习，努力掌握科学文化知识，增强创新精神和能力，为今后的发展打好基础。创新是一个民族进步的不竭动力，少年儿童要从小培养创新的思维，要把创新变成自己的良好习惯，要敢于对自己提出问题，敢于去发现问题，超越现实，这样才能适应改革事业的发展，才能推动社会不断的进步。

第三，要锻炼强健的体魄，培养良好的心理素质。当代少年儿童不应该是温室里的花朵，而要做敢于搏击风雨的雄鹰。要坚持体育锻炼，不断增强体质，以适应完成学习任务和将来担负繁重工作的要求。要养成乐观向上、知难而进、不怕挫折的心理素质，塑造勇于探索、富于想象、善于创造、团结协作的心理品格，以积极进取的精神状态迎接未来的挑战。

借此机会，我也向全体少先队辅导员和少年儿童工作者表示衷心的感谢和崇高的敬意！多年来。你们为少先队事业辛勤耕耘，默默奉献，做出了巨大的成绩。党和人民感谢你们、敬重你们，希望你们继续发扬甘为人梯的精神，不断提高思想政治素质和业务素质，以坚韧的毅力、踏实的工作，为少先队的建设与发展再立新功。

少先队员们，繁荣昌盛的美好前景在召唤着我们。我们要努力提高自身素质，在新的人生起点上再接再厉，使自己成为新世纪祖国建设需要的栋梁之才。

最后祝庆祝活动圆满成功！祝少先队员们节日愉快！

第三十二章

记者节致辞

范例一

某县广播电视局局长记者节致辞

同志们：

声屏开远景，大地舞新风。今天，我们又迎来了第9个新闻工作者的节日——记者节！在此，我谨代表×县广播电视局，向全局新闻工作者致以节日的问候及诚挚的感谢！

新闻工作者肩负着武装人、引导人、塑造人、鼓舞人的神圣使命，是先进文化的传播者，是时代进步的记录者，是党和政府联系群众的桥梁和纽带。在这个国富民强、民族复兴的伟大时期，我们新闻工作者更应该担负起历史赋予的重任，积极有为、引领时代。做社会前行的助推器，做社会环境的净化器。每一个新闻工作者都应当把社会责任放在首位，以高度负责的精神爱岗敬业、精诚团结，为社会的稳定和发展、为广电事业的崛起发挥重要作用。

从记者这个职业诞生至今，新闻工作者身体力行、脚踏实地，用公正良心、社会责任，表达百姓心声、记录时代发展，把视角对准热点，把镜头瞄向民生，为经济建设作出了巨大贡献。记者的岗位是高尚的，这高尚来自于真诚；记者的岗位是光荣的，这光荣来自于奋斗；记者的岗位是神圣的，这神圣来自于奉献！九个春秋过去，我们见证着30年改革开放的成果。九个春秋过去，我们记录着×县经济社会发展的辉煌！

走过夜晚，走过晨曦，走过风雨，走过四季。新闻工作者年复一年、日复一日，唱响主旋律，打好主动仗，讴歌时代精神，弘扬社会正气，为改革发展创造了良好的宣传氛围，为构建和谐×县提供了强有力的舆论支持。近年来，我们在省市台和报纸发稿年均200余篇，质量考评全市第一。今年在省台已发片11个，市台发片73个；每年摄制电视专题片20多部，提高了×县的知名度和影响力。在全省、全市广播电视奖评选中，我台年获奖比例达到80%以上，一、二等奖获奖数量仅次于市台，被市委市政府评为新闻宣传先进单位。

近年来，在县委、县政府的正确领导和上级业务部门的大力支持下，我台实施"××××"战略，涌现出了一大批优秀新闻工作者，他们为了党的新闻事业，恪尽职守、无私奉献，自觉为人民服务，为社会主义服务，为构建和谐社会服务，树立了×县新闻工作者的良好形象。他们用声屏传递真情，用笔墨构筑和谐，用高度的责任感和使命感，强化新闻报道的力度和深度。也许我们发出的声音不会成为千古绝唱，也许我们拍摄的片子不会成为写意大作。但是，我们知道春天里会有我们的一抹阳光，我们坚信秋天里会有我们的一串硕果！

不积跬步，无以至千里；不积小流，无以成江河。2009年我们感动中国，2009年我们震撼世界！激情融化了南方冰雪，真情筑起了震区的新貌，抗震救灾显现了民族的精神，精彩奥运展露出共和国的强盛！喜看声屏飞歌，展望前程似锦。今天，腾飞的×县把跨越式发展的号角吹响，彰显出了强县的风范和实力！火红的时代，火红的希望，给了我们广电人必胜的信心，给了我们前行的力量！让我们以改革的精神，以豪迈的热情，团结协作、锐意进取、从我做起、从现在做起，为党的新闻事业作出新的更大的贡献！

最后祝大家节日愉快！工作顺利！

> **范 例 二**
> 某市宣传部部长记者节致辞

尊敬的各位领导、各位来宾，新闻界的朋友们、同志们：

又是一个丰收的季节，又是一个欢庆的时刻。在全市上下深入学习贯彻党的十七届四中全会精神之际，我们迎来了第10个记者节。在此，我谨代表中共××市委、市委宣传部和市新闻工作者协会并以个人的名义，向全市广大新闻工作者致以节日的祝贺和亲切的慰问！

记者节，是我们新闻工作者喜庆欢乐、载歌载舞的日子。在这样一个特殊的日子里，我们有理由欢庆。党和政府十分关心我们新闻工作者，市委书记××同志分别走访慰问广播电视台、中国××网和××日报社，为我们送来了节日的祝贺和寄语。我们也以各种形式庆祝自己的节日，报社开展"三讲两树"演讲比赛，激发干部职工在秣马厉兵中再创佳绩；广播电视台举办趣味运动会，激发干部职工在团结和谐中开拓奋进。今天，我们更是欢聚一堂，共度佳节、共叙友情。

记者节，是我们新闻工作者回顾过去、盘点成绩的日子。在这样一个特殊的日子里，我们有理由自豪。记者的岗位是高尚的，这高尚来自于真诚；记者的岗位是光荣的，这光荣来自于奋斗；记者的岗位是神圣的，这神圣来自于奉献！一张张《××日报》，把握时代脉搏，传递主流声音，关注民生促和谐；一个个广播电视节目，客观报道新闻事实，声屏并茂，立体展示××新形象；一次次的鼠标轻点，中国××网把××推向世界，让世界了解××；一期期《××周刊》，关注社会热点，倾听百姓呼声，服务大众生活；一趟趟千里寻访，搭起"天下××人"思乡、恋乡、报乡的桥梁。实践证明，我们新闻工作者是一支经得起各种考验、值得党和人民信赖的队伍，是一支敢担责任、善打胜仗的队伍，是一支充满朝气、富于活力的队伍。

记者节,是我们新闻工作者品味责任、思考未来的日子。在这样一个特殊的日子里,我们更感使命光荣。守望道义,不辱使命,是我们不变的追求。我们要弘扬主旋律,坚持正确的舆论导向,不断增强政治敏锐性和政治鉴别力,严格遵守宣传纪律,做到守土有责。要服从服务于全市大局,紧紧围绕市委、市政府中心工作,为发展呐喊助威,为改革解疑释惑,为开放造势鼓劲。要不断改革创新,始终坚持"三贴近",把版面留给群众,把镜头对准基层,把话筒交给百姓,关心群众疾苦,倾听群众呼声,维护群众利益。要不断加强队伍建设,坚持马克思主义新闻观,深化"三项学习教育"活动,引导广大新闻工作者不断提高思想政治水平,增强业务本领,努力建设一支政治强、业务精、作风正、纪律严的新闻宣传队伍。

记者节,是我们新闻工作者背起行囊、重新出发的日子。作为我国仅有的三个行业性节日,记者节是一个不休假的节日。在这样一个特殊的日子里,我们来不及整理行装,又要踏上新的征程。我们一定要认清肩负的神圣使命,自觉践行科学发展观,以更加坚定的政治立场、更加饱满的工作热情、更加渊博的专业知识、更加宽广的视野境界、更加崇高的职业操守和更加有为的精神状态,为建设实力诚信生态和谐新××再立新功。

范例三 某市广电局党委书记记者节致辞

广大新闻工作者们:

这丰收欢乐的季节,我们新闻工作者又迎来了一个欢聚的时刻——第11个记者节。今天×部长在百忙之中出席会议,我们感到非常荣幸,同时也备受鼓舞。在此,我谨代表局党组,向全局新闻工作者致以节日的问候及诚挚的感谢!

记者的岗位是高尚的，这高尚来自于真诚；记者的岗位是光荣的，这光荣来自于奋斗；记者的岗位是神圣的，这神圣来自于奉献！记者节，凝聚着党和人民给予新闻工作者的一份特殊荣誉，我们要倍加珍惜。在建设中国特色社会主义事业的光辉道路上，在构建社会主义和谐社会的伟大实践中，新闻工作者使命光荣，大有可为。记者节，凝聚着党和人民赋予新闻工作者的一份特殊责任，我们要勇于承担。身体力行、脚踏实地，用公正良心、社会责任，表达百姓心声，记录时代发展，把视角对准热点，把镜头瞄向民生，做社会前行的助推器，做社会环境的净化器！为社会的稳定和发展、为广电事业的崛起发挥重要作用！

今年以来，我局新闻宣传工作进一步改善。内部宣传上，电视台落实每日评稿制度，电台开展媒体联动，节目质量和影响明显提高；通联的加强使节目的贴近性加强；外部宣传上，上大台稿件居××市前列，××电视台新闻有了新的突破。

在下阶段工作中，我们将突出做好以下几方面工作：

1. 抓宣传。一是进一步充实完善自办××电视频道的节目内容；二是紧紧围绕市委市政府的中心工作，继续办好广播电视栏目；三是不断加强基础设施建设；四是加大对外宣传力度，有针对性地组织优质稿件上送，攻大台、攻头条。

2. 抓队伍。一是加强班子建设，努力建设一支政治合格、业务精通的广电干部队伍。二是开展业务培训，特别是一线记者、编辑的培训，使新闻宣传更有特色。三是大力引进人才，通过各种形式，大力引进数字电视、网络建设等方面的技术人才，促进广播影视的全面发展。

今年离年底的时间仅有两个多月。希望全体新闻工作者以豪迈的热情、团结协作、锐意进取、从我做起，从现在做起，找准工作中存在的薄弱环节，再添措施、再鼓干劲，全面完成各项宣传任务，为党的新闻事业作出新的更大的贡献！

最后祝大家工作顺利、佳作连连、事业有成、节日快乐！